JN432270

Pandemics and the Future

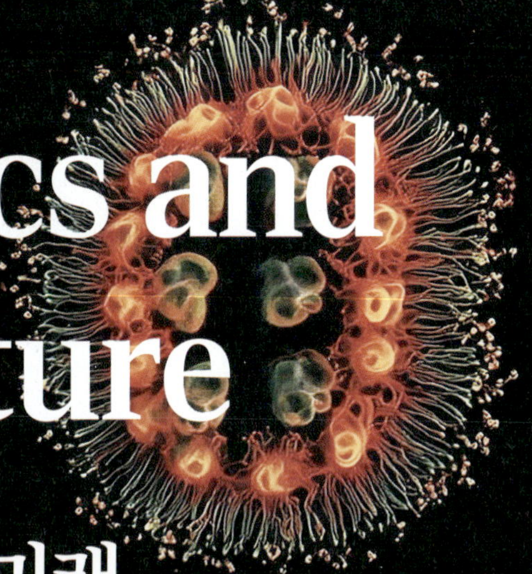

팬데믹과 미래

팬데믹 100년의 기록과 다가올 '감염병 X'

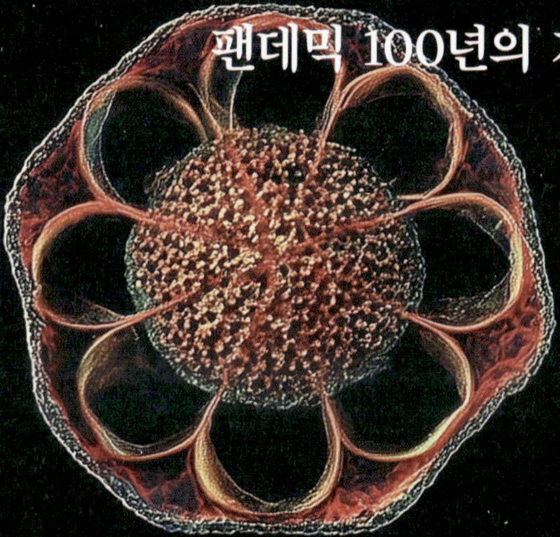

안동일

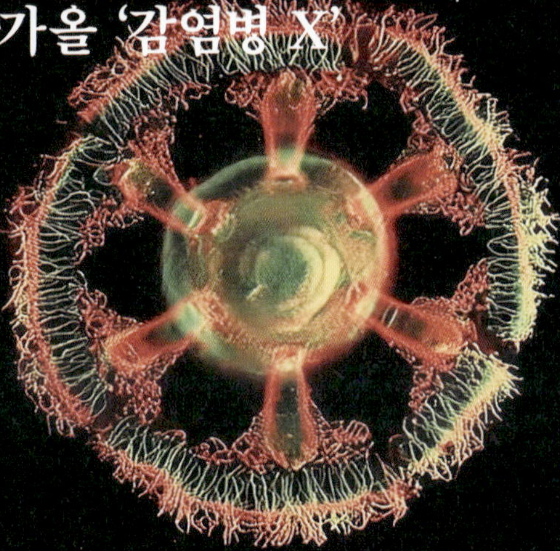

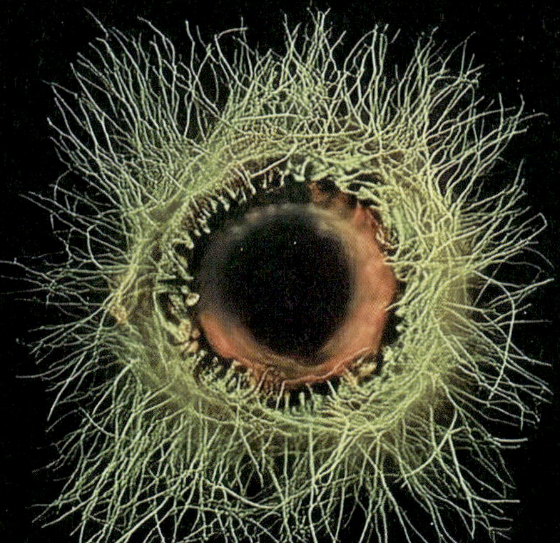

박영사

추천사

전 세계적으로 7백만 명 이상의 사망(WHO 추계)과 3조 8천억 달러 이상의 경제적 손실(IMF 추계)을 초래한 코로나 19 팬데믹이 발생한 지 5년여가 지났습니다. 전 지구가 실타래처럼 얽히고 맞물려 돌아가는 현대 사회에서 팬데믹은 생명의 직접적인 위협일 뿐 아니라, 수많은 경제·사회 활동과 일상생활을 속박하며 우리 모두에게 뼈아픈 상처를 남겼습니다.

더 큰 우려는 코로나 19 팬데믹이 끝이 아니라는 사실입니다. 단순한 유전자 변형만으로도 팬데믹을 일으킬 수 있는 조류독감을 비롯한 신종 바이러스들이 여럿 존재합니다. 이들 중 일부는 치사율이 30~40%에 이르는 것도 있습니다. 말하자면 우리는 '팬데믹 시한폭탄'을 안고 살아가고 있는 셈입니다. 그렇기에 코로나 19의 교훈을 깊이 새기고, 다가올 팬데믹에 철저히 대비해야 합니다.

저자 안동일 교수는 결핵 전문의를 거쳐 세계보건기구(WHO)에서 20여 년간 감염병 분야의 전문가로 활약했습니다. 특히 제가 WHO 서태평양지역 사무처장으로 10년간 근무할 당시, 안 교수는 중견 간부로서 7년간 함께 일하며 깊은 학식과 경험으로 WHO 서태평양 지역 운영에 큰 힘을 보태주었습니다.

이번에 출간한 『팬데믹과 미래』는 저자의 WHO에서의 경험과 이후 학자로서의 연구와 성찰을 담아낸 결과물입니다. 지난 100여 년간 주요 감염병과 팬데믹의 사례를 상세히 분석했을 뿐 아니라, 최근 5년간 코로나 19 팬데믹을 계기로 세계 각국과 한국의 대응을 비교·심층적으로 다루고 있습니다. 또한 다가올 팬데믹을 전망하고, 이를 준비하기 위한 실질적인 방안도 제시하였습니다.

이 책은 감염병 분야 연구자뿐 아니라 팬데믹의 역사와 기전, 현재의 상황과 미래 예측에 관심 있는 모든 이들에게 소중한 지침서가 되리라 믿습니다.

신영수
서울대학교 명예교수
세계보건기구 서태평양지역 명예 지역총장

코로나 19 팬데믹이 우리에게 남긴 가장 큰 교훈은 무엇일까요? 그것은 "다음 팬데믹이 과연 올까?"가 아니라 "언제, 어디서, 어떤 모습으로 찾아올까?"라는 물음입니다. 안동일 박사의 『팬데믹과 미래』는 바로 이러한 시대적 요청 속에서 탄생한 귀중한 결실입니다.

1918년 스페인 독감에서 2025년 현재, 그리고 앞으로 닥칠 '감염병 X'에 이르기까지 100여 년 인류 감염병사를 관통하는 통찰력이 돋보입니다. 특히 저자가 제시하는 미래 팬데믹 대응 5대 원칙은 실천적이면서도 구체적이며, 우리가 반드시 준비해야 할 미래의 청사진을 보여주고 있습니다.

이 책의 가장 큰 강점은 '현장성'입니다. WHO 내부에서만 접할 수 있었던 국제 거버넌스의 작동 원리, 각국 정책 결정의 배경과 한계, 글로벌 협력의 성공과 실패가 생생하게 기록되어 있습니다. 코백스의 교훈, 한국 K-방역의 성과와 한계, 백신 외교의 명암 등은 현장에서 직접 체득한 저자의 관찰이기에 더욱 설득력이 있습니다.

학술적 엄밀성과 대중적 접근성을 동시에 갖춘 점 또한 높이 평가할 만합니다. 복잡한 감염병학과 국제보건정책을 일반 독자도 이해할 수 있도록 풀어내면서도, 전문가가 참고할 수 있을 만큼 깊이 있는 분석을 놓치지 않았습니다. 특히 부록에 수록된 국제보건 커리어 가이드는 미래 글로벌 보건 인재를 꿈꾸는 젊은 세대에게 귀중한 나침반이 될 것입니다.

무엇보다 이 책이 전하는 메시지는 '희망'입니다. 팬데믹의 공포를 강조하기보다, 인류가 축적한 지혜와 경험을 토대로 더 나은 미래를 만들어 갈 수 있다는 확신을 심어줍니다. 천연두 박멸의 역사적 성취에서 mRNA 백신의 과학적 혁신에 이르기까지, 위기 속에서 더욱 강해져 온 인류의 회복탄력성이 감동적으로 드러납니다.

박노례
인제대학교 보건대학원 석좌교수

제가 저자를 처음 만난 것은 꼭 30년 전, 방역과장으로 일하던 첫 해였습니다. 우리나라에서 가장 많은 감염병인 결핵을 전공하고 결핵협회에서 활동하던 분이 WHO로 이직한다고 했을 때, 한편으로는 국내의 큰 문제를 해결해야 할 분이 떠난다는 아쉬움이 있었습니다. 그러나 이제 은퇴 후 20여 년간의 경험을 바탕으로 대학 강단에서 국제보건을 가르치는 교수로 거듭난 것은 매우 드물고도 환영할 만한 일입니다. 그런 그가 이번에 '팬데믹은 끝났는가'에 대해 저술했다는 소식은 반가운 동료를 다시 만난 듯 기쁜 일입니다.

이 책은 단순한 감염병 연대기가 아닙니다. 지난 100년간 인류가 맞닥뜨린 팬데믹의 역사 속에서 무엇을 배우고, 어떻게 미래를 준비해야 하는지를 묻는 깊은 성찰의 기록입니다. 저자는 WHO에서 20여 년간 현장을 누비며 사스, 신종플루, 에볼라, 코로나 19까지 굵직한 감염병 위기를 직접 경험했고, 그 과정에서 얻은 교훈을 담담하면서도 설득력 있게 풀어냈습니다.

책은 스페인 인플루엔자, 두창 박멸, HIV/AIDS 같은 20세기 감염병에서 코로나 19까지 이어지는 서사를 통해 감염병이 더 이상 예외적 사건이 아니라 우리 시대의 '상수'임을 보여줍니다. 또한 저자가 제시하는 다섯 가지 제언 — 봉쇄 없는 대응, 예방 중심의 패러다임 전환, 백신 민주주의와 글로벌 연대, 국제공조의 복원, 디지털 헬스의 적극적 활용 — 은 미래 보건 거버넌스의 방향을 명확히 제시합니다.

코로나 19의 종료를 “끝”이 아니라 “새로운 시작”으로 읽어내는 이 책은 연구자에게는 개념의 틀을, 정책 담당자와 실무자에게는 실행 지침을, 학생과 시민들에게는 팬데믹 시대를 살아가는 데 필요한 통찰을 제공합니다. 경험을 성찰로, 성찰을 실행으로 연결하고자 하는 모든 이들에게 자신 있게 권할 수 있는 책입니다.

이종구
의학 한림원 부원장
전 질병관리 본부장

안동일 교수는 WHO와 동의어라 할 만합니다. 20여 년간 WHO 서태평양 지역 감염병 해결을 위해 헌신한 전문가이기 때문입니다. 저는 1982년 11월 WHO 회의에 한국 대표로 참여하기 시작하여, 고(故) 이종욱 전 사무총장과 함께 국제보건규칙(IGWG) 개정 작업에 참여하여 IHR 2005를 출범시켰고, 제네바에서 이종욱 사무총장의 서거를 곁에서 지켜보았습니다. 안 교수는 WHO에서 수많은 감염병 대응 현장을 경험하였고, 귀국한 후에는 전 세계의 정보망을 총동원하여 코로나 팬데믹을 예측하고 관리 대책을 제시하였습니다.

빌 게이츠가 2022년에 『넥스트 팬데믹을 대비하는 법』을 출간하였다면, 안 교수는 2025년 현재 『팬데믹과 미래』를 세상에 내놓았습니다. 이 책은 흥미로운 역사와 철학, 수필을 아우르며 큰 그림을 그려내는 저작으로, 한편의 지적 여정이자 통찰의 기록이라 할 수 있습니다.

안동일 교수는 예방 중심의 패러다임 전환, 봉쇄 없는 대응, 백신 글로벌 연대, 국제 공조의 복원, 디지털을 활용한 대응이 반드시 이루어져야 앞으로 인류가 큰 곤란을 피할 수 있을 것이라고 강조하였습니다. 금년 제78차 세계보건총회(WHA)에서 팬데믹 조약이 채택된 이후, 현재는 실행을 위한 부속서 협상이 진행 중이어서 이 책에서는 아직 다루지 않았습니다. 그러나 정부 간 워킹그룹에서 논의 중인 이 협상은 미래를 예측하고 권고하는 저자의 논지와 깊이 맞닿아 있습니다.

이 책의 출간은 많은 이들이 팬데믹의 본질을 이해하게 하고, 향후 팬데믹 조약과 부속서 협상의 마지막 단계까지 성공적으로 타협하여 국제보건의 정의를 실현하는 계기가 될 것으로 기대합니다.

손명세
국제보건기술연구기금 이사장
전 WHO 집행이사회 부의장

안동일 교수는 지난 21년 동안 WHO에서 활동하며 세계 각지의 팬데믹 현장을 직접 경험해 온, 한국이 배출한 대표적인 국제보건의료 전문가입니다. 그는 결핵, 사스, 신종플루, 에볼라 등 인류의 생존을 위협해 온 굵직한 감염병들과 싸워 왔으며, 이러한 경험은 코로나 19라는 미증유의 위기 속에서 더욱 빛을 발하였습니다. 코로나 19 팬데믹이 전 세계를 휩쓸던 시기, 안 교수는 한국뿐 아니라 여러 해외 국가에도 컨설팅을 제공하며 수많은 정책 결정자와 현장 의료진에게 실질적인 조언을 아끼지 않았습니다.

『팬데믹과 미래』는 안동일 교수가 WHO와 글로벌 현장에서 축적한 통찰과 데이터, 그리고 코로나 19 최전선에서 검증된 전략을 집대성한 결정판입니다. 1918년 스페인 독감부터 21세기의 코로나 19 팬데믹, 그리고 다가올 감염병 X까지 100년의 기록과 교훈을 촘촘히 엮어내어, 독자들에게 “왜 준비해야 하는가”와 “어떻게 대응해야 하는가”를 명확히 보여줍니다.

특히 미래 세대에게 이 책은 단순한 기록물이 아니라 행동의 안내서가 될 것입니다. 앞으로 신종감염병은 변수가 아니라 상수가 될 것이기 때문입니다. 『팬데믹과 미래』는 과학적 분석, 국제 협력의 사례, 디지털 헬스의 중요성, 그리고 현장 리더십의 경험을 두루 담아내어 보건의료 분야를 준비하는 젊은 세대는 물론, 정책가·연구자·시민 모두에게 실천적 지혜를 전해줄 것입니다.

박용준
보건 의료NGO ‘글로벌케어’ 이사장
전 국제개발협력민간협의회 회장

목차

02 21세기 신종 감염병의 첫 물결

03 코로나 19, 팬데믹의 얼굴

프롤로그

팬데믹은 끝났는가

필자는 1995년부터 2016년까지 21년간 '세계의 보건소'라 불리는 WHO에서 활동하였다. 결핵 전문의로서 5년간 국내에서 환자를 돌보다가, 1995년부터 필리핀 마닐라에 있는 WHO 서태평양지역 본부 감염병 팀에 합류하여 아시아 결핵 퇴치를 위한 업무를 시작하였다. 그 후, 21세기 신종 감염병 시대의 서막을 알린 사스(SARS)가 2002년 말 중국 광둥성에서 발생하였다. 당시 필자는 사스 사태를 실질적으로 총괄하던 WHO 마닐라 지역본부의 신종 감염병 프로그램을 지원하며, 사스가 어떻게 전 세계로 확산되었고 또 어떻게 퇴치되었는지를 목격할 수 있었다. 2005년부터 2011년까지는 WHO 라오스 사무소에서 근무하면서 조류독감과 2009년 신종 플루 대유행을 현장에서 경험하면서, 라오스의 유엔 팬데믹 대응 계획 수립의 책임을 맡아 일하였다. 2014년부터 2016년까지는 서아프리카 에볼라 사태가 국가 비상사태로 확산되었다. 당시 WHO는 전사적으로 대응하였으며, 필자가 책임을 맡고 있던 WHO 캄보디아 사무소도 시에라리온의 에볼라 퇴치 지원에 직접 참여하였다. 이처럼, 20여 년간 WHO에서 다양한 신종 감염병 사태와 여러 집단감염 및 긴급 대응 상황을 경험한 일들은 필자에게 자연스럽게 공중보건학의 선생님이 되어주었다.

2016년 WHO에서 은퇴한 후에는 한국으로 돌아와 연세대학교 보건대학원에서 감염병과 국제보건을 강의해 왔다. 동시에 아시아와 아프리카에서 보건의료 사업을 수행하는 국내 보건의료 NGO인 글로벌케어를 자문하고 돕는 역

할을 맡고 있었다.[1]

그러던 중, 2019년 12월 초 중국 우한에서 원인 불명의 폐렴이 처음 보고된 지 불과 2~3주 만에 아시아 인근 국가들로 빠르게 확산되었다. 그리고 몇 주 뒤에는 북미와 유럽으로까지 번지면서 세계는 코로나 19 팬데믹을 맞이하였다. 중국 정부는 2020년 1월 23일, 인구 1,100만 명의 대도시 우한을 전격 봉쇄하는 초강수를 두었고, 일주일 뒤인 1월 30일, WHO는 '국제 공중보건 비상사태(PHEIC)'를 공식 선언하였다.[2]

중국 정부가 우한 시민들의 자유를 송두리째 유보하는 극단적인 결정을 내렸을 때, '코로나 19가 도대체 얼마나 심각하길래 이런 조치를 취하는 것인가?'하는 의문이 들었다. 동시에 엄청난 쓰나미가 밀려오고 있다는 불안감도 엄습하였다. 비교적 여유로운 인생 후반기를 보내던 중이었기에, '무언가 적극적으로 대응하는 활동을 해야 할까, 아니면 조용히 지켜봐야 할까?'하는 고민이 깊어졌다. 그러던 중, 2020년 2월 중순 글로벌케어로부터 코로나 19 관련 특집 글을 써달라는 제안을 받았다. 의과대학을 졸업한 이후 35년 이상 감염병과 씨름해 왔지만, 이번처럼 완전히 새로운 바이러스에 대한 글을 쓰는 것이 과연 가능할지 확신이 서지 않았다. 그러나 며칠간 고민한 끝에, '이 신종 바이러스에 대해 깊이 아는 사람은 전 세계적으로 거의 없다. 결국 모두가 같은 출발선에 있는 것이나 다름없다. 쉽지 않겠지만, 열심히 연구하면 새로운 지식을 얻을 수 있고, 이를 다른 사람들과 나눌 수도 있을 것'이라고 생각하게 되었다. 그렇게 하여 나는 '세계화 시대의 감염병, 감염병의 세계화'라는 제목으로 특집 연재물을 집필하기 시작하였다. (이 연재물은 이 책의 부록 1에 실려 있으며, 연재물에 대

---

1 글로벌케어는 1997년 한국에서 설립된 국제보건의료 NGO로 아프리카, 아시아, 남미의 개발도상국 및 재난지역의 보건의료지원, 지역사회 개발 및 긴급구호 사역을 하고 있다.

2 공중보건비상사태는 WHO가 감염병의 국제적 확산으로 인해 다른 국가나 지역에 공중보건 위험 상황이 초래되었다고 판단할 때 공식적으로 선언하는 국제적 위기 상황을 뜻하며 2007년 발효되었다. 전 세계의 전문가들로 구성된 WHO '비상위원회'의 권고를 바탕으로 사무총장이 선언 여부를 결정한다. 2009년 신종 플루 대유행, 2014-2016년 서아프리카 에볼라 사태, 2020년 코로나 팬데믹, 2022년의 엠폭스 등 현재까지 총 8회에 걸쳐 선언되었다.

한 해제 및 후기는 제8장에 수록되어 있다).

그날 이후, 나는 코로나라는 거대한 블랙홀에 빨려 들어갔다.

시시각각 변하는 감염 확산 상황과 각국의 대응 정책 및 그 효과를 신속하고 정확하게 분석하는 것이 연구의 출발점이라는 사실을 깨닫기까지 오래 걸리지 않았다. 한국이 아닌 글로벌 관점에서 코로나 팬데믹을 분석해야 했기에, 해외 미디어를 루틴으로 접하기 시작하였다. 처음으로 뉴욕타임스(미국)와 가디언(영국) 디지털 판을 구독했고, 한국과 해외의 주요 신문 여섯 개를 매일 읽으며 코로나 관련 기사를 추적하였다. 중요한 기사에 인용된 보건의료 전문 저널을 다시 찾아 상세히 검토하며, 데이터 접근성을 높여갔다. 매일 두세 시간씩 자료를 수집하는 것은 감당할 만하였지만, 팬데믹 상황이 악화되고 대응 전략의 한계를 마주할 때면, 우려와 고민이 쌓이며 정신적인 스트레스가 몰려왔다. 코로나 팬데믹은 단순한 연구 주제가 아니었다. 이것은 나와 내 가족, 우리 사회, 그리고 지구촌 전체가 직면한 생명의 위협이었다.

시간이 흐르면서 팬데믹 관련 양질의 정보를 생산하는 연구기관, 대학, 국제기구, NGO, 보건의료 전문 미디어, 개인 블로거들의 웹사이트를 체계적으로 정리하게 되었다. 덕분에 자료 수집에 드는 에너지를 절약할 수 있었지만, 결국 새로운 문제에 직면하였다. 이제는 차고 넘치는 정보와 데이터를 어떻게 효과적으로 선별할 것인가가 더 중요한 과제가 되었다. 그렇게 하루하루 데이터를 수집하고 분석하며, 강의 자료를 만들고 특집 글을 작성하는 긴장된 나날이 이어졌다.

2023년 5월, WHO가 코로나 19로 인한 '국제 공중보건 비상사태'의 종식을 선언하면서 코로나 19는 팬데믹에서 풍토병(엔데믹)으로 전환되었다.[3] 그 순간, 3년 넘게 이어진 나의 코로나 팬데믹과의 씨름도 끝이 났다.

3 '엔데믹'이라는 용어는 감염병이 특정 지역이나 인구 집단에서 지속적으로 존재하는 상태를 의미한다. 팬데믹과 달리 예측 가능하고 통제 가능한 형태로 자리 잡는 경우를 뜻한다. 풍토병이란 단어와 동의어이다.

얼마 전, 같은 보건대학원의 권준욱 교수가 '감염병 X, 코로나 이전 세상은 다시 오지 않는다'라는 책을 출간하며 추천사를 부탁해 왔다. 권 교수는 국립보건연구원장으로서 한국의 코로나 19 대응 최전선에서 3년 이상을 치열하게 싸워온 경험을 담아 책을 집필하였다. 일종의 개인 차원의 코로나 백서라 할 수 있는 그 책을 읽으며, 특히 '경험에서 얻은 방역 십계명'이 깊은 인상을 남겼다. 또한, 역사적 사건 속에서 개인이 경험한 과정과 배운 점을 기록으로 남기는 것이 얼마나 중요한지 다시금 깨닫게 되었다. 그러면서 나 역시 지난 4년간 코로나 19와 신종 감염병을 연구하고, 배우고, 알게 된 것들을 기록해야 하지 않을까 하는 생각을 하게 되었다.

다음 팬데믹은 '오느냐, 안 오느냐'의 문제가 아니라 '언제 오느냐'의 문제라고 많은 전문가들이 말한다. 이제 신종 감염병은 더 이상 변수가 아니라 상수가 되어가고 있다. 그렇기에 더 이상 책을 쓰는 일을 미룰 수 없다는 생각이 들었고, 결국 컴퓨터 앞에 앉게 되었다.

『팬데믹과 미래』는 1918년 스페인 독감부터 2020년 코로나 19 팬데믹까지 100년간의 글로벌 보건의료 역사를 감염병이라는 시각으로 조망하고 재해석한 책이다. 또한, 인류가 다음 팬데믹을 효과적으로 대비하고 대응하기 위해, 지난 100년 동안 발생한 다양한 양상의 팬데믹에서 어떤 교훈을 얻을 수 있을지에 초점을 맞추고 있다. 이러한 이유로, 책의 부제를 '팬데믹 100년의 기록과 다가올 감염병 X'로 정하였다. 신종 감염병과 미래 팬데믹이 변수에 머무르지 않고 상수로 자리잡고 있는 이 시대에, 이 책이 일반 독자들에게 팬데믹에 대한 이해를 높이는 데 도움을 주고, 나아가 다음 팬데믹을 효과적으로 대비, 대응해야 할 후학들에게 조금이나마 기여할 수 있기를 바라는 마음으로 집필하였다.

특히, 필자가 WHO에서 일했던 1995년부터 2016년까지 경험했던 감염병 사태(HIV, 사스, 신종 플루 대유행, 에볼라)에 대해서는 현장감과 생동감을 살리기 위해 직접 경험한 내용과 개인적 느낌을 포함시켰다. 책의 대략적인 내용은 다음과 같다.

1부. 감염병 100년, 전쟁의 시작

20세기 인류 역사에서 가장 많은 사망자를 낸 세 가지 감염병을 중심으로 이야기한다.

1장, '스페인 독감: 모든 팬데믹의 원조'에서는 20세기 최초의 팬데믹이자, 20-21세기를 통틀어 보건의료 역사상 가장 많은 사망자를 초래한 100년 전의 대재앙을 되짚는다. 당시 상황을 재구성하며, 코로나 팬데믹 대응에 참고할 만한 단서를 찾기 위해 수많은 의과학자들이 100년 전의 사건을 파고든 과정을 살펴본다.

2장, '천연두 박멸: 인류의 첫 승리'에서는 인류가 유일하게 퇴치에 성공한 감염병인 천연두의 박멸 과정을 조명한다[4]. 전 지구적 백신 접종 캠페인을 통해 질병을 완전히 사라지게 만든 국제보건의 쾌거가 어떻게 가능했는지 탐구하며, 천연두 박멸의 경험이 미래 팬데믹에서의 백신 전략과 어떻게 연관될 수 있을지 살펴본다.

3장, 'HIV: 끝나지 않은 점진적 팬데믹'에서는 감염병 시대의 종말을 기대했던 인류가 1980년대 초 HIV의 등장으로 그 꿈을 접고 다시 감염병과의 힘겨운 싸움을 하게 되는 역사적 전환점을 다룬다. HIV와 에이즈에 대한 일반적인 설명보다, WHO 사무총장이었던 고(故) 이종욱 박사가 주도한 '예방에서 치료로의 패러다임 전환'이 HIV 환자 및 사망자 감소에 미친 영향을 조명한다. 또한, HIV 팬데믹은 단기간에 끝나는 급성 팬데믹이 아니라, 40년이 지난 현재까지도 지속되는 점진적 팬데믹이라는 특징을 갖고 있다. 만약 미래 팬데믹이 이러한 형태로 진행된다면, HIV 대응 경험이 어떤 면에서 반면교사가 될 수 있을지 고찰한다.

---

4 두창은 흔히 천연두라고 불려 왔으나, 이는 일본식 표현으로 현재 학술적 공식 문서에서는 두창을 표준 용어로 사용한다.

2부. 21세기 신종 감염병의 첫 물결

21세기에 발생한 세 가지 중요한 신종 감염병인 사스(2003년), 신종 플루 대유행(2009년) 및 서아프리카 에볼라 사태(2014~2016년)를 다룬다. 이들은 메인 게임이라고 할 수 있는 코로나 팬데믹에 비하면 마치 예선 경기와 같았으나, 각 감염병의 역학적 상황과 대응 방식을 살펴보며, 당시 국가들의 경험이 코로나 팬데믹 대응에 어떤 영향을 미쳤는지 분석한다.

4장 '사스: 21세기 신종 감염병 시대의 서막'은 최근 30-40년 사이에 신종 감염병이 증가한 원인을 알아보고, 사스가 발생했던 베이징, 홍콩, 토론토에서의 대응 실패와 좌절, 그리고 이후 시행된 개혁 조치들을 살펴본다. 또한, 같은 코로나바이러스 계열에 속하는 사스(SARS-CoV-1)와 코로나 19(SARS-CoV-2)의 차이점을 비교하며, 사스는 7~8개월 만에 종식되었음에도 불구하고, 코로나 19는 왜 전 세계를 휩쓴 팬데믹이 되었는지를 분석한다.

5장, '신종 플루 대유행: 과대평가된 위협'에서는 2009년 3월 멕시코에서 처음 발견된 이후 전 세계로 급속히 확산되었던 신종 인플루엔자 팬데믹 사태를 다룬다. 1918년 스페인 독감의 재현이 되는 것이 아닌가하는 많은 우려 속에서 시작되었지만, 시간이 지나 치사율이 낮다는 점이 밝혀지면서 큰 피해 없이 마무리되었다. 새로운 감염병이 출현할 때마다 초기에는 그 치사율과 확산 정도를 정확히 예측하기 어려운 만큼, 팬데믹 대응의 적절한 수준과 방향에 대해 지속적으로 고민할 수밖에 없다는 면에서 반면교사의 역할을 할 것이다.

6장, '서아프리카 에볼라 사태: 비극과 교훈'은 1970년대부터 간헐적으로 발생해 아프리카 국가들에게 익숙했던 에볼라가, 왜 40년 만에 전례 없는 대유행으로 확산되었는지 분석한다. 실패의 원인을 짚어보며, 미래 팬데믹에서 같은 실수를 반복하지 않기 위한 교훈을 찾는다.

3부. 코로나 19, 팬데믹의 얼굴

수많은 사망자를 남기고 전 세계를 패닉으로 몰아넣으며, 팬데믹의 폐허와 피해를 낱낱이 보여준 코로나 19에 대해 다룬다. 이 책의 본론에 해당하는 부분으로, 책 전체 분량의 약 절반을 차지한다. 팬데믹의 상황과 전개, 대응 전략, 그리고 미래 전망까지 폭넓게 살펴본다.

7장, '코로나 19: 100년만의 리얼 팬데믹'에서는 코로나 19의 전체적인 타임라인을 열거한 후, 현재 엔데믹으로 전환된 상황을 바탕으로 향후 전망을 분석한다. 특히, 코로나 19 위기를 극복하기 위해 인류가 사용한 전략을 검토하는데, 이는 4부에서 제시하는 미래 대비 방안의 기초 작업이 된다. 또한 '누가 다음 팬데믹을 주도할 것인가?'라는 소제목에서는 다음 팬데믹에서 성공적으로 대응할 가능성이 높은 국가들을 조명하며, 이들이 어떤 모범 사례를 보여주었는지 살펴본다.

8장, '코로나 팬데믹 첫 1년의 기록과 5년의 경험'은 두 부분으로 구성되어 있다. 첫째는, 2020년 3월 13일부터 2021년 1월 18일까지 총 5회에 걸쳐 작성한 특집 리포트로, 코로나 팬데믹 초기의 글로벌 상황, 대응 전략, 그리고 향후 전망을 다루었다. 제목은 '감염병의 세계화, 세계화 속의 감염병'으로, 백신 없이 살아남기 위해 고군분투했던 팬데믹 첫해 인류의 대응 과정을 상세히 담고 있다. 내용이 비교적 전문적이라 독자들의 부담을 덜기 위해 본 책의 부록 1에 배치하였다. 둘째는, 2025년 현재 시점에서 당시의 글들을 돌아보고, 5년간의 경험으로부터 얻은 교훈과 추가로 나누고 싶은 이야기를 후기 형식으로 정리한 것이다. 보건이나 의료쪽에 종사하지 않는 일반 독자들의 경우 부록은 생략한 채 후기만 읽어도 될 정도로 후기의 내용을 일종의 해제처럼 구성하였다.

4부. 미래를 위한 제안

이 책의 결론부로, 미래 팬데믹 대비를 위한 다섯 가지 핵심 제안을 담고 있다.

9장, '다음 팬데믹은 이미 시작되었다: 감염병 X의 경고'에서는 아직 인류에게 감염된 적이 없는 미지의 병원체, 즉 가상의 질병인 '감염병 X'를 포함해, 향후 팬데믹을 일으킬 가능성이 높은 주요 병원체들을 살펴본다. 다음 팬데믹은 과연 이미 시작되었는지, 언제 어디서 발생하게 될 지 알아본 후, 더 이상 변수에 머무르지 않고 '상수'로 자리 잡고 있는 신종 감염병 위기 상황을 조명한다.

10장, '미래 팬데믹, 어떻게 대비할 것인가'에서는 인류가 다음 팬데믹을 효과적으로 대비 대응하기 의해 반드시 필요한 다섯 가지 원칙을 제시한다. 대응 중심에서 예방 중심으로의 패러다임 전환, 봉쇄 없이 팬데믹 대응하기, 백신 국수주의 극복을 위한 글로벌 연대, 국제 공조 시스템의 복원, 디지털 헬스를 최대한 활용한 팬데믹 대응이 그것이다. 1장에서 9장까지의 내용은 이러한 원칙들을 뒷받침하는 역사적 경험과 보건학적 지식이자, 인류 생존 방식에 대한 이야기라 할 수 있다.

각 장마다, 해당 감염병이 미래 팬데믹에 주는 교훈을 마무리에 가능한 한 삽입해 소결론의 형태로 정리하였다. 보건의료에 대한 관심이 높은 독자들을 위해, 중요하거나 흥미로운 정보들은 박스 형태로 삽입하였다. 그러나 이러한 내용에 관심이 적은 독자들은 박스를 건너뛰더라도 책의 흐름을 이해하는 데 큰 지장은 없을 것이다. 책을 꼭 순서대로 읽을 필요는 없다. 먼저 이 책의 결론인 10장을 읽고 나서, 나머지 장들이 10장과 어떻게 연결되는지를 살펴볼 수도 있다. 코로나 19 팬데믹에 대한 내용이 궁금하다면 7장과 8장을 먼저 읽어도 좋을 것이다. 주요 국가들의 팬데믹 대응 방식에 관심이 있다면, 7장 '누가 다음 팬데믹을 주도할 것인가?'를 먼저 살펴보는 것도 방법이다. 미래 팬데믹이 어떤 병원체에 의해 발생할 가능성이 높은지 알고 싶다면 9장 감염병 X의 경고부터 읽어도 무방하다. 국제보건의 숨겨진 이야기들이 궁금하다면 HIV 장을 먼저 읽어볼 수도 있다.

책 소개를 부록 2에 실었다. 감염병과 팬데믹에 대한 공중보건학적 접근을 한 책들과 감염병의 역사, 포스트 코로나 시대의 변화된 세상과 삶의 모습, 백신 개발의 비밀, 그리고 자유를 잃은 우한시민들의 삶에 대한 기록 등 이 책에서 다루지 않은 내용에 대한 국내외 저자들의 책들을 소개하였다.

국제보건이나 국제개발협력에 종사하거나, 이 분야에 관심을 갖고 미래 커리어를 준비하는 독자들도 있을 것이다. 그런 분들을 위해 '국제보건의 길: WHO와 글로벌 무대에서 성장하기'를 부록 3에 추가하였다. Q&A 형식으로 구성된 이 부록에서는 여덟 가지 질문을 통해 국제보건 분야에서의 성장과 경험을 공유한다. 오래전부터 국제보건을 꿈꾸는 후배들에게 WHO와 국제무대에서의 일과 삶에 대해 이야기해달라는 요청을 받아왔는데, 이번에 그 숙제를 마친 셈이다.

2025년 3월, 벽산제에서

저자 안동일

01

감염병 100년, 전쟁의 시작

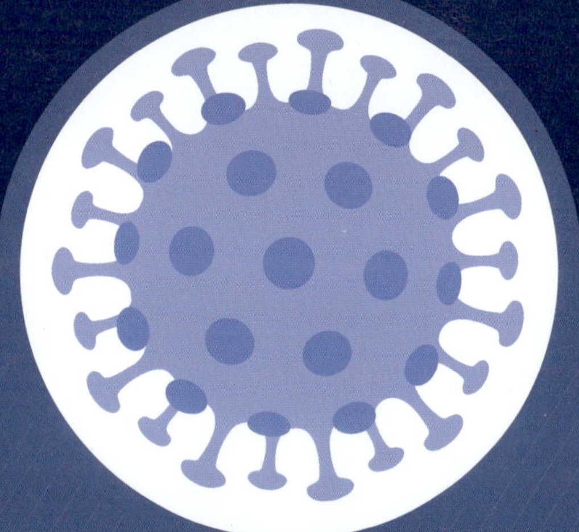

- **1장** 스페인 독감: 모든 팬데믹의 원조
- **2장** 천연두 박멸: 인류의 첫 승리
- **3장** HIV: 끝나지 않은 팬데믹

Chapter 01

스페인 독감: 모든 팬데믹의 원조

스페인 독감[1]은 20세기 최대의 팬데믹으로, '모든 팬데믹의 원조'라고 불린다.[2] 이 표현은 미국의 독일계 병리학자인 제프리 타우벤베르거가 사용한 용어로, 그는 스페인 독감의 유전자 염기서열을 밝혀내며 감염병 연구에 괄목할 만한 업적을 남겼다. '원조'라는 단어에는 두 가지 의미가 담겨 있다. 첫째, 1918년 이후 발생한 세 차례의 또 다른 인플루엔자 팬데믹들이 모두 스페인 독감 바이러스로부터 파생되었다는 점이다. 인플루엔자 바이러스는 대략 약 16세기 전후해서 인류 사회에 침투해 들어온 이후 총 4회에 걸쳐 팬데믹을 초래하였다. 1918년의 스페인 독감, 1957년의 아시아 독감, 1968년의 홍콩 독감, 2009년의 신종 플루 대유행이다. 그리고 1950년대 이후의 세 팬데믹들은 스페인 독감의 변형 바이러스에 의해 발생하였다(자세한 내용은 박스 1 참조). 둘째, 감염 규모와 희생자 수에서 압도적인 기록을 남겼다는 점이다.[3] 1918년, 제1차 세계대전이 끝날 무렵, 이 신종 바이러스에 대한 면역이 거의 없던 인류는 속수무책으

---

1 스페인 독감은 학술적으로는 '스페인 인플루엔자(Spanish influenza)' 혹은 '스페인 플루(Spanish flu)'가 정확한 표현이다. 다만 일반 독자에게 친숙한 전통적 명칭인 '스페인 독감'을 본서에서는 사용하였다.

2 Jeffery K. Taubenberger and David M. Morens. 1918 Influenza: the Mother of All Pandemics. Emerging Infectious Diseases. January 2006. Vol. 12, No. 1.

3 4번의 인플루엔자 팬데믹 중 가장 피해가 심했던 경우는 스페인 독감으로 약 5천만 명의 사망자가 발생하였고, 아시아 독감과 홍콩 독감은 1-2백만 명 규모의 사망자를 냈는데 이는 계절성 독감보다 2-5배 정도 많은 것을 의미하며, 신종 플루 대유행은 계절성 독감보다도 사망자가 적었다. 이 책에서는 스페인 독감(1장)과 신종 플루 대유행(5장) 두 가지만 다루었다.

로 감염되었다. 당시 전 세계 인구 17억 명 중 약 3분의 1이 감염되었고, 최소 5천만 명이 사망한 것으로 추정된다. 이는 제1차 세계대전으로 인한 사망자의 약 2.5배에 달하며, 제2차 세계대전의 사망자 수와 맞먹는 규모다. 일반적인 겨울철 인플루엔자의 치사율이 약 0.05퍼센트 수준인 것에 비해, 스페인 독감의 치사율은 이보다 훨씬 높았다. 실제로 1918년 팬데믹의 영향으로 그해 평균 기대수명이 약 12년 감소한 것으로 보고되었다.[4]

1. 80년 만에 밝혀진 스페인 독감의 비밀

제프리 타우벤베르거는 미국 워싱턴 D.C.에 위치한 육군병리연구소에서 일하던 저명한 바이러스 병리학자였다. 그는 1918년 스페인 독감으로 사망한 환자의 조직 샘플을 찾기 위해 오랜 시간 탐색했고, 마침내 제1차 세계대전에 참전하였다가 스페인 독감으로 사망한 로스코 보건이라는 미군 병사의 부검 기록에서 손톱만 한 크기의 폐 조직을 발견하였다. 병리학자로서 꿈에 그리던 '금광'을 찾은 순간이었다.

타우벤베르거 연구팀은 이 폐 조직에서 일부지만 스페인 독감 바이러스의 유전자 서열을 밝혀냈고, 1997년 사이언스 저널에 이 획기적인 연구 결과를 발표하였다. 그는 먼저 폐 조직에서 유전물질(DNA)을 추출하였다. 80년 가까이 보존된 조직이었기에 DNA는 심하게 손상된 상태였고, 인간 DNA와 바이러스 DNA가 뒤섞여 있었다. 연구팀은 중합효소 연쇄 반응(PCR) 기법을 활용해 바이러스 DNA를 증폭시키는 과정을 거쳤다. 이후 증폭된 DNA 조각들을 하나씩 분석하고 퍼즐처럼 맞춰 나가는 작업이 이어졌다. 이 과정은 느리고 노동 집약적인 작업이었지만, 오랜 노력 끝에 마침내 2005년, 1918년 인플루엔자 바이러

4 VCU News. VCU alumnus Jeffery Taubenberger, a leader in flu research, revisits the 1918 pandemic and discusses vaccine development [Internet]. 2018 Feb 21 [cited 2025 Sep 26]. Available from: https://news.vcu.edu/article/vcu_alumnus_jeffery_taubenberger_a_leader_in_flu_research_revisits

스의 전체 유전자 서열을 완성하는 데 성공하였다. 유전자 분석 결과, 1918년 스페인 독감의 원인은 조류에서 기원한 인플루엔자 바이러스로 H1N1 타입이라는 사실이 밝혀졌다.[5]

인플루엔자 바이러스는 두 가지 주요 항원 단백질에 의해 구분된다. 헤마글루티닌(Hemagglutinin, H)과 뉴라미니다제(Neuraminidase, N)가 그것이다. 헤마글루티닌에는 18가지 타입(H1에서 H18까지) 뉴라미타제는 11가지 타입이 있다(N1에서 N11까지). H와 N 조합에 따라 바이러스의 타입과 병원성이 결정된다. 예를 들면, 스페인 독감은 H1N1형 인플루엔자 A 바이러스1가 원인이고, 2004년 이후 아시아에서 많이 유행했던 고병원성 조류독감은 H5N1 형이다. 1918년 이전에는 H1N1형 인플루엔자 바이러스가 존재한 적이 없었던 것으로 보인다. 즉, 이 바이러스는 완전히 새로운 변종이었고, 당시 인류는 이에 대한 면역력을 갖고 있지 않았다. 그 결과, 기존의 계절성 독감과는 비교할 수 없는 규모의 전례 없는 팬데믹이 발생하였다. 타우벤베르거는 80년 전 보존된 폐 조직에서 바이러스 유전체를 복구함으로써, 스페인 독감 바이러스의 기원과 유전적 구성을 밝히는 데 결정적인 기여를 하였다. 이 연구는 이후 인플루엔자 연구와 신종 바이러스 대응 전략에 중요한 단서를 제공하였다.

박스 1 팬데믹을 부르는 바이러스의 유전자 변이 - 돌연변이, 재조합, 재편성의 3 기전

유전자 변이는 다소 복잡한 개념이지만, 1918년 스페인 독감(H1N1) 이후 세 차례의 인플루엔자 팬데믹을 일으킨 바이러스 변이는 물론 코로나 팬데믹 동안 나타난 델타 변이 및 오미크론 변이 등을 이해하기 위해, 그 주요 기전을 살펴보고자 한다. 유전자 변이는 다음의 3가지 기전으로 일어난다.

첫째 돌연변이(mutation)다. 이는 바이러스의 유전물질(DNA 또는 RNA)에서 일부 아미노산이 외부 자극에 의해 변형되거나 손실되는 작은 수준의 변화다. 이러한 변화가 반복적으로 축적되면 1~2년 후 단백질의 형질이 변하면서 바이러스의 병원성이나 감염력이 변화할 수 있다.

둘째 유전자 재조합(recombination)이다. 이는 바이러스 유전물질 내에서 아미노산 서열 일

5 Jeffery Taubenberger. The Origin and Virulence of the 1918 "Spanish" Influenza Virus., Proc Am Philos Soc. 2006 March; 150(1): 86-112.

부가 바뀌는 중간 규모의 변화로, 보다 직접적인 유전적 재배열이 일어나는 경우이다. 코로나 팬데믹 동안 등장한 변이 바이러스는 돌연변이와 유전자 재조합을 통해 발생하였다. 예를 들어, 코로나 19 델타변이는 감염력과 독성이 모두 증가한 경우였으며, 오미크론 변이는 델타 변이보다 감염력이 더 강하였지만 치사율이 현저히 낮아지는 변화를 보였다. 스페인 독감의 경우도 흥미로운 변화를 겪었다. 1918년 봄에 발생했을 때는 치사율이 높지 않았으나, 같은 해 가을과 겨울을 지나면서 2차 대유행 때 치사율이 급격히 증가하였다. 팬데믹 기간(1918~1920년) 동안 발생한 전체 사망자의 약 80퍼센트가 이 2차 대유행 때 발생하였다. 과학자들은 당시 바이러스가 유전자 재조합을 일으킨 후 더 치명적인 형태로 변화했을 가능성이 높다고 추정하고 있다.

셋째 유전자 재편성(reassortment)이다. 이 과정에서는 서로 다른 종을 감염시키는 두 개의 바이러스가 제3의 숙주에서 결합하여 완전히 새로운 바이러스 타입을 형성한다. 예를 들어, 사람 인플루엔자 바이러스와 조류 인플루엔자 바이러스 및 돼지 인플루엔자 바이러스가 동시에 돼지에 감염을 일으키는 경우, 이 세 가지 바이러스의 유전물질이 섞이면서 전혀 새로운 바이러스가 탄생할 수 있다. 2009년 신종 플루 대유행이 바로 이러한 기전으로 발생한 사례다. 이 바이러스는 사람, 조류, 돼지 3종류 인플루엔자의 유전자 조합이 섞이면서 변형되었고, 이를 돼지 독감(swine flu)이라고 부르기도 하였다. 유전자 재편성이 일어나면 바이러스의 스파이크 단백질(헤마글루티닌과 뉴라미니다제)의 구조적 변화가 발생하며, 인체의 면역 시스템이 이를 새로운 병원체로 인식하지 못해 대규모 감염을 초래할 가능성이 커진다. 1957년 아시아 독감 팬데믹과 1968년 홍콩 독감 팬데믹도 같은 유전자 재편성 기전에 의해 발생하였다. 이들 바이러스는 모두 1918년 스페인 독감 바이러스(H1N1)에서 변형된 타입이었다. 즉, 1918년 스페인 독감(H1N1), 1957년 아시아 독감(H2N2), 1968년 홍콩 독감(H3N2)은 서로 다른 타입이지만, 모두 같은 계열의 인플루엔자A 바이러스에서 유래한 팬데믹이었다. 이는 새로운 팬데믹을 유발할 가능성이 있는 인플루엔자 바이러스의 지속적인 변이를 이해하는 데 중요한 시사점을 제공한다.

2. 전 세계를 삼킨 침묵의 질주: 스페인 독감의 확산

'팬데믹(Pandemic)'이라는 단어는 그리스어의 pan(모든)과 demos(사람)가 합쳐진 '모든 사람'이란 뜻에서 유래했는데, 감염병이 전 세계적으로 확산된 상태를 의미한다. 코로나 19 팬데믹 초기, 바이러스는 중국에서 시작해 한국 등 동아시아로 빠르게 확산되었으나, 유럽과 북미에서는 아직 감염자가 보고되지 않은 상태였다. 당시 보건 전문가들은 이 신종 바이러스가 어떤 경로로 확산될지 예측하기 위해 100년 전 스페인 독감의 확산 패턴과 대응 정책을 연구하였다. 역학자, 공중보건 전문가, 정책 수립자들은 1918년 당시의 의료 자료, 보건 데이터, 언론 보도를 샅샅이 분석하며 코로나 19 대응의 실마리를 찾고자 하였다. 필자 역시 2020년 초, 코로나 팬데믹의 흐름을 예측하기 위해 1918년 스페인 독감의 사례를 연구하였다. 그러던 중, 2000년 2월 어느 날, 가슴을 뛰게 만든 한 장의 지도를 발견하였다. 그것이 바로 다음 장의 [그림 1]이다.

▶ 그림 1 1918-1920년의 인플루엔자 팬데믹. 점선은 1918년 3월부터 시작한 1차 곡선의 확산경로를 의미하며, 직선은 수개월 후 가을부터 시작된 2번째 곡선의 확산경로를 나타낸다. 검은 사각형과 원은 그 당시 감염의 거점 지역을 각각 나타낸다.

출처: Nicholeson의 Textbook of Influenza

[그림 1]은 1918~1920년 팬데믹 당시 인플루엔자 바이러스가 어떻게 지리적으로 확산되었는지를 시간의 흐름과 함께 보여준다. 지도를 보는 순간, 세 가지 중요한 점이 눈에 들어왔다.

첫째, 당시 바이러스의 확산 속도가 상당히 느렸음을 알 수 있다. 오늘날과 같은 글로벌화된 시대에는 비행기 여행을 통해 바이러스가 단시간에 전 세계로 확산된다. 코로나 19의 경우 불과 2~3개월 만에 전 세계 모든 대륙으로 퍼져 나갔다. 하지만 1918년에는 사람들의 이동이 여객선을 통해 주로 이뤄졌기 때문에 바이러스 확산이 상당히 천천히 이루어졌다. 특히 아프리카, 오세아니아, 아시아 일부 국가들은 1918년 가을이나 1919년에 들어서야 첫 감염이 보고되었다. 둘째, 확산 경로가 군사 이동과 밀접한 연관이 있었다. 1차 세계대전에 참전하기 위해 미국 동부 항구에서 출항한 미군 함대가 바이러스를 유럽으로 옮겼고, 이후 유럽에서 다시 아프리카, 아시아, 오세아니아로 확산되었다. 셋째, 바이러스의 기원에 대한 논란이 존재한다. 스페인 독감이 어디서 시작되었는지에 대해서는 의견이 분분하지만, 1918년 초 미국 중부에서 발생했을 가능성이 크다는 것이 유력한 가설이다.[6] 특히, 캔자스주의 한 군사 기지에서 1차 세계대전 파병을 준비하던 병사들 사이에서 집단 감염이 발생하였다는 기록이 남아 있다. 일부 과학자들은 중국 기원설을 제기하기도 하지만, 신빙성이 떨어진다는 견해가 지배적이다. 지도에는 신종 바이러스가 미국 서부에서 동부로 이동한 후([그림 1]의 점선 0) 전 세계로 확산된 것으로 나타나 있다.

이 지도를 보면서 다양한 생각이 스쳐 갔다. '아, 그 당시는 이처럼 천천히 팬데믹이 확산되었었구나, 태평양의 섬나라들은 일년이 지나도 감염되지 않는 나라가 있을 정도로 안전 했었구나.' 등 온갖 생각을 하면서 지도를 보고, 또 보았다. 이미 세계화가 되고, 지구촌이 일일 생활권으로 재편성된 21세기 오늘날에는 그대로 적용될 수 있을 것 같지 않은 지도 한장을 놓고 감염병 확산의 여러가지 시나리오를 생각했던 이유는 그만큼 코로나 19 초기 상황이 한치 앞을 내다 볼 수 없어 절박한 마음 때문이었으리라.

6 참고로 지도에는 마치 외부에서 발생해서 미국으로 이동해 온 것처럼 미 서부 연안쪽에 물음표를 붙여 놓았다.

▶ 그림 2. 1918-1919 스페인 인플루엔자 팬데믹 당시 영국의 인구 1000명당 사망률

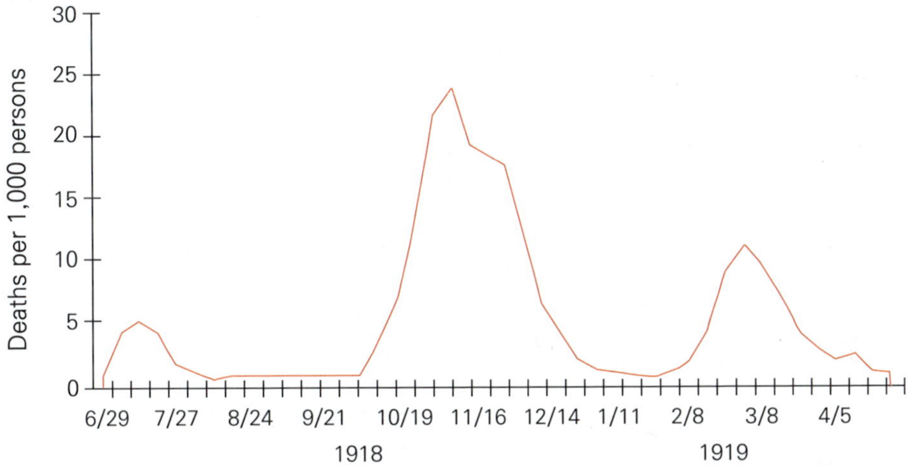

출처: Jordan E, 1927

[그림 2]는 1918~1920년 영국에서 스페인 독감이 어떤 패턴으로 확산되었는지를 보여준다. Y축은 인플루엔자 및 그로 인한 합병증(주로 폐렴)으로 인한 사망자 수를 나타낸다. 1918년 봄, 1차 유행 때는 감염자 대부분이 경미한 증상을 보였고, 의사들조차 이를 인플루엔자로 인식하지 못하는 경우가 많았다. 당시 이탈리아의 일부 의사들은 "현재 유행하는 열병은 증상이 너무 약해 인플루엔자라고 보기 어렵다"는 의견을 학술지 란셋(Lancet)에 기고하기도 하였다. 그러나 같은 해 가을부터 시작된 2차 유행에서는 상황이 완전히 달라졌다. 환자들은 기관지 출혈이나 장 출혈을 동반하며 피를 토했고, 사망률도 급격히 증가하였다. 미국에서는 시신을 담을 관이 부족해지자, 사망자를 트럭에 실어 집단으로 매장하는 일이 벌어지기도 하였다. 당시 일부 의사들은 인플루엔자가 아닌 뎅기열, 콜레라, 장티푸스로 오진하기도 했을 정도로 증상이 심각하였다.

이처럼 바이러스의 치명성이 급격히 증가한 이유는 2차 유행 당시 변이 바이러스가 출현했기 때문으로 보여진다. 학자들은 1918년 여름 동안 바이러스가 변이를 거치면서 더욱 강한 병원성을 갖게 되었고, 이에 따라 10월경부터

사망률이 급증한 것으로 보고 있다. 코로나 19 팬데믹에서도 유사한 변이 현상이 나타났다. 2020년 10월, 인도에서 델타 변이가 등장하며 치사율이 급격히 상승했고, 이로 인해 많은 사망자가 발생하였다. 그러나 약 1년 후 등장한 오미크론 변이는 감염력은 높았지만 치사율이 낮아, 결국 코로나 19는 엔데믹(풍토병)으로 전환될 수 있었다. 스페인 독감과 코로나 19의 차이점은, 스페인 독감은 시간이 지나면서 바이러스의 독성이 더 강해졌지만, 코로나 19는 2021년말 이후 반대로 독성이 약해졌다는 점이다. 스페인 독감 당시 2차 유행에서 발생한 사망자는 1차 유행보다 훨씬 많았으며, 전체 사망자의 약 80퍼센트가 이 시기에 발생한 것으로 보고된다. 이후 3차 유행이 1919년에 발생하면서, 총 2년에 걸쳐 팬데믹이 진행되었다. 영국의 사례를 보여주는 [그림 2] 외에도, 유럽 각국에서는 다양한 팬데믹 확산 패턴이 나타났다. 일부 국가는 한두 번의 큰 유행 곡선을 보였으며, 또 다른 국가는 비교적 작은 규모의 유행이 여러 번 반복되는 양상을 보였다. 코로나 19 팬데믹 역시 국가마다 다른 확산 패턴을 보이며 진행되었다. (부록에 실린 특집 4의 [그림 8] 참조). 이는 각국의 대응 정책, 보건의료 체계, 사회적 거리두기와 같은 조치들의 차이에 의해 영향을 받았기 때문으로 여겨진다.

스페인 독감 팬데믹은 약 2년간 지속되었으며, 이후 수십 년간 인류와 공존하다가 서서히 사라졌다. 전 세계 인구의 약 3분의 1이 감염된 것으로 알려져 있지만, 더 많은 인구가 감염되지 않고 확산이 멈출 수 있었던 데에는 몇 가지 요인이 작용하였다. 당시 존재하던 다른 종류의 인플루엔자 바이러스가 일부 사람들에게 교차면역을 형성해 주었을 가능성이 있으며, 교통망이 덜 발달된 상황과 1차 세계대전으로 인한 인구 이동의 제한도 확산을 늦춘 요인으로 작용하였다.

스페인 독감으로 인한 사망자 수는 학자들 사이에서 의견이 분분하다. 최소 2,000~3,000만 명, 최대 8,000만~1억 명까지 추산하는 연구도 있으며, 일반적으로는 4,000~5,000만 명 수준이 가장 많이 인용된다. 특히 개발도상국에서의 사망률이 선진국보다 몇 배 이상 높았다. 인도, 중국, 파키스탄, 나이지리아 등

사하라 이남 아프리카 국가에서는 보건의료 체계가 열악하여 유럽이나 북미보다 훨씬 높은 사망률을 기록했고, 결과적으로 전 세계 사망자의 약 80퍼센트가 아시아와 아프리카에서 발생한 것으로 추정된다.[7]

3. 젊은 층을 노린 팬데믹

스페인 독감의 가장 큰 특징 중 하나는 취약 연령층의 변화였다. 일반적인 인플루엔자는 65세 이상 노령층에서 사망률이 가장 높고, 젊은 연령층에서는 사망률이 상대적으로 낮다. 하지만 스페인 독감에서는 65세 이하가 전체 사망자의 90퍼센트 이상을 차지하였다. 특히 20~40대 성인층에서 사망률이 매우 높았으며, 이 연령층은 인구 비율도 높았기 때문에 전체 사망자의 절반 이상이 20~40대였다. 미국의 경우, 스페인 독감으로 인한 사망자의 평균 연령이 27세였다.[8]

노인층이 어느 정도 면역력을 가지고 있었던 이유로는 1889~1890년 러시아 독감으로 인해 형성된 교차면역이 지목된다.[9] 1889년 당시 전 세계적으로 확산된 러시아 독감은 팬데믹 수준의 감염병이었으며, 스페인 독감이 유행했을 당시 65세 이상 노인층의 상당수가 이미 러시아 독감에 감염된 경험이 있었다. 이로 인해 러시아 독감 바이러스에 대한 면역이 형성되었고, 스페인 독감 확산 당시 교차면역에 의해 감염과 사망에서부터 보호받을 수 있었던 것으로 보인다.[10] 반면, 20~40대 젊은 층에서 높은 사망률을 기록한 이유에 대해서는

---

7 Christopher J L Murray, Alan D Lopez, et al. Estimation of potential global pandemic influenza mortality on the basis of vital registry data from the 1918-20 pandemic: a quantitative analysis. Lancet. Vol 368, 2211-2218; December 23, 2006.

8 살인 미생물과의 전쟁, 마이클 오스터홈, 글항아리.

9 교차면역은 어떤 병원체에 대한 면역반응이 다른 병원체에 대해서도 방어 효과를 갖는 현상을 의미한다.

10 러시아 독감의 서브 타입(타입)은 안 알려져 있다. 하지만, 인플루엔자 바이러스 A의 한 타입(가령 러시아 독감 바이러스)에 의해 감염 된 경우, 다른 타입(가령 스페인 독감 바이러스)에 대해서도

여러 가설이 제기되었지만, 가장 유력한 설명은 사이토카인 폭풍에 의한 과도한 면역 반응이다. 젊은 성인은 면역 체계가 강한 편인데, 1918년 스페인 독감 바이러스에 감염되었을 때 면역 체계가 과도하게 반응하며 사이토카인 폭풍을 유발했을 가능성이 크다. 사이토카인 폭풍이 발생하면 면역 체계가 지나치게 활성화되면서 강한 염증 반응을 일으키고, 폐 조직이 심각하게 손상되며 급성 호흡 곤란으로 이어져 사망에 이르게 된다.

또한, 1918년 가을 2차 유행 당시 사망자의 상당수는 바이러스 자체보다는 이차 감염으로 인한 세균성 폐렴이 직접적인 사망 원인이었다. 당시에는 항생제가 개발되지 않은 시대였기 때문에, 세균 감염이 치명적이었으며, 이로 인해 20~40대에서도 사망자가 폭발적으로 증가하였다.

4. 1918년의 경고: 미래 팬데믹에 남긴 유산

스페인 독감이 21세기의 팬데믹 대비에 주는 교훈을 몇 가지 정리하며 이 장을 마무리하고자 한다.

첫째, 경고 기간의 중요성이다. 스페인 독감 팬데믹은 사전에 경고 신호가 있었다. 1918년 봄, 1차 유행이 발생했을 때 감염의 규모는 크지 않았으며, 증상도 비교적 가벼웠다. 그러나 불과 6개월 후인 가을, 2차 유행에서는 바이러스의 병원성이 강해지면서 치사율이 급격히 증가하였고, 엄청난 사망자를 초래하였다. 이러한 현상을 '헤랄드 곡선(Herald wave)'이라고 부른다. 헤랄드라는 단어는 '미리 알리는 것'을 의미하는데, 이는 마치 바이러스가 인류를 공격하기 전에 최소한의 예고를 준다는 의미를 내포한다.

팬데믹과의 전쟁에서 경고 기간은 백신 및 치료제 개발을 위해 절대적으로 중요한 시간이다. 코로나 19 팬데믹에서도 이 점이 명확하게 드러났다. 코로나 19 팬데믹 초기, 전 세계 대부분 국가들은 백신이 없는 상태에서 봉쇄 전

어느 정도의 면역력을 갖는 것으로 알려 졌다.

략(Lockdown)을 선택할 수밖에 없었다. 이는 백신이라는 '응원군'이 도착할 때까지 방공호로 숨어들어 피해를 최소화하려는 것으로 인류의 생존 전략의 일환이었다.[11] 그러나 백신이 등장한 이후 상황은 급격히 변화하였다. 팬데믹 발생 수개월 만에 개발된 코로나 백신은 2021년부터 대량 접종되면서 수많은 생명을 구하였다. 이런 경험을 바탕으로, 미래 팬데믹을 대비하기 위해 '100일 작전'이 추진되고 있다. 이는 팬데믹 발생 후 100일 안에 백신을 개발하는 것을 목표로 하는 전략으로, 일부 국가와 국제기구가 협력하여 준비하고 있다. 스페인 독감처럼 경고 기간이 있는 팬데믹도 있지만, 코로나 19처럼 처음부터 강력한 공격을 퍼붓는 팬데믹도 있다. 따라서, 다음 팬데믹이 언제, 어떤 형태로 올지 알 수 없는 상황에서 '100일 작전'은 신속한 대응을 위한 중요한 대비책이 될 것이다.[12] 경고 기간이 없거나 짧은 경우, 백신 개발을 단기간에 마쳐야만 팬데믹에 의한 피해를 최소화 할 수 있기 때문이다.

둘째, 팬데믹 취약 계층 예측의 어려움이다. 스페인 독감은 다른 감염병과 달리, 20~40대 젊은 성인층에서 가장 많은 사망자를 냈다. 전체 사망자의 절반 이상이 이 연령대에서 발생하였으며, 이는 일반적인 계절성 독감이나 코로나 팬데믹과 매우 대조적이다. 일반적으로 독감과 코로나 19의 경우, 사망자의 대부분이 60세 이상의 노령층에서 발생하지만, 스페인 독감은 젊은 연령층을 주로 공략하였다. 팬데믹에서 어떤 연령층이 가장 취약한가는 단순한 의학적 문제가 아니라, 사회경제적으로도 중요한 문제다. 중증 환자와 사망자가 젊고 생산성이 높은 연령층인지, 아니면 은퇴한 고령층인지에 따라, 의료 자원 배분뿐

---

11 코로나 19의 경우 (스페인 독감과 비교했을 때) 경고기간이 없었다고 필자가 기술하였지만, 혹자는 경고기간이 있었다고 이야기할 수도 있을 것이다. 팬데믹 이후 약 1년 이상 지나 우한의 오리지널 바이러스보다 치사율이 높은 델타 변이가 인도에서 발생하였는데, 이미 백신이 개발된 이후여서 백신 추가 접종자들은 무서운 델타변이에도 살아 남을 수 있었다. 이런 측면에서 보면 첫 일년간의 코로나 19 바이러스에 의한 감염은 일종의 헤랄드 곡선이라고 볼 수도 있을 것이다.

12 100일 작전은 영어로는 100 Days Mission이라고 하는데, 국제공중보건 위기상황 선포 후 100일 이내에 백신을 생산하는 것을 목표로 하고 있다. 감염병 혁신연합(CEPI)이 G7과 G20의 지지하에 추진하고 있으며, 백신 플랫폼 전략에 기반하고 있다. 백신 플랫폼은 9장 감염병 X의 경고에 자세히 기술하였다.

만 아니라 세계 경제와 노동력에도 큰 영향을 미칠 수 있기 때문이다. 그러나 다음 팬데믹에서 어느 연령층이 가장 취약할지를 미리 예측하는 것은 거의 불가능하다. 한 가지 분명한 사실은, 인류가 이 문제를 결정하는 것이 아니라, 바이러스가 결정의 키를 쥐고 있다는 점이다. 어떤 특성을 가진 병원체가 인류 사회에 침투하느냐에 따라 팬데믹의 양상과 피해 규모가 결정될 것이다. 야생동물에서 인간으로 바이러스가 넘어온 후, 사람 간 전파 능력을 획득하는 순간 팬데믹의 운명은 이미 결정된 것이나 다름없다. 이런 점을 생각하면 인간이 바이러스를 통제하는 것이 아니라, 바이러스가 인간의 운명을 좌우한다고 보아야 할 것이다. 팬데믹을 겪으면서 자연을 정복하기보다 더불어 사는 것이 얼마나 중요한지 다시금 깨닫게 된다.

셋째, 인플루엔자 바이러스의 중요성이다. 과학자들은 미래 팬데믹의 가장 유력한 후보로 인플루엔자 바이러스를 꼽는다.[13] 지난 100년 동안 인플루엔자 팬데믹이 네 차례나 발생하였다는 점을 고려할 때, 다음 팬데믹이 인플루엔자 바이러스에 의해 발생할 가능성은 매우 높다. 인플루엔자 바이러스는 현재도 매년 계절성 독감을 유발하며 지속적으로 변하고 있으며, 이에 대응하기 위해 백신과 치료제가 개발되고 있다. 인플루엔자 연구의 인프라는 다른 감염병보다 잘 구축되어 있어, 일부 전문가들은 다른 신종 병원체보다 대응이 덜 어려울 것이라고 보기도 한다. 그러나 항원의 대변이가 발생하여 전혀 새로운 인플루엔자 타입이 팬데믹을 일으키는 경우, 이에 대한 면역 형성이 잘 안 되어 있는 경우 인류는 대규모 감염과 사망에 직면할 수밖에 없다. 1918년 스페인 독감을 일으킨 H1N1형이 바로 그런 예였다.

<무시무시한 독감>의 저자인 존 배리는 "자연 발생하는 사람 독감 바이러스는 존재하지 않는다. 모든 독감은 조류 독감에서 비롯된다"고 단언하였다. 타우벤베르거는 2005년 유전자 분석을 통해 1918년 스페인 독감이 조류에서 기원한 인플루엔자 H1N1 타입의 바이러스였음을 입증하였다. 과거의 사례를

13 미래 팬데믹의 후보 병원체에 대해선 9장 감염병 X의 경고 [그림 10]을 참조하기 바란다.

보면, 인플루엔자 바이러스, 특히 조류독감(H5N1)과 같은 고병원성 변종이 미래 팬데믹을 유발할 가능성이 가장 높다. 치사율이 50퍼센트를 넘는 고병원성 조류독감이 인간 사이에서 효율적으로 전파되는 형태로 변이한다면, 코로나 19나 스페인 독감보다 훨씬 치명적인 팬데믹이 될 수도 있다.[14] 이에 대한 더 자세한 내용은 '박스 2: 왜 조류독감이 무서운가'에서 설명한다.

박스 2 치사율 50퍼센트, 다음 팬데믹의 유력 후보? - 조류독감의 위협

조류독감은 그 중요성만으로도 따로 한 장(Chapter)을 할애해 다루어야 할 정도의 주제지만, 현재까지 인간 감염 사례가 많지 않아 이 책에서 독립된 장으로 다루지는 않았다. 그러나 조류독감의 심각성을 고려하여, 주요 핵심 사항을 정리해 본다.

조류독감은 1878년 이탈리아에서 '닭 전염병'으로 처음 기술되었으며, 당시에는 가금류에만 국한된 질병으로 인식되었다. 1955년에야 이 질병이 인플루엔자 A 바이러스의 일종임이 밝혀졌지만, 인간 감염 사례는 보고되지 않았다. 그러다가 1997년 홍콩의 가금류농장에서 H5N1 타입의 조류독감이 대규모 발생하였고, 약 150만 마리의 닭과 가금류가 살처분 되었다.[15] 이 과정에서 조류독감 바이러스에 의해 감염된 최초의 환자가 발생하였는데 총 18명이 감염되고 6명이 사망하였다. 이는 가금류와 인간 건강의 연관성을 국제적으로 인식시키는 계기가 되었다. 그 이후 2003년부터 H5N1, H7N9 등 여러 타입의 조류독감 바이러스가 가금류와 밀접한 접촉을 한 사람들에게 발생하였다. 감염 사례는 주로 베트남, 태국, 인도네시아 등 동남아시아와 북아프리카에서 보고되었으며, 치사율이 약 50퍼센트에 달하여 '고병원성 조류독감'이라 불렸다. 다행히, 사람 간 전파는 매우 드물었고, 발생하더라도 주로 환자의 가족 내에서 제한적으로 감염되었다. 2003년 이후 2024년 12월 12일까지 WHO에 보고된 H5N1 감염 사례는 24개국에서 총 954건, 사망자는 464명(치사율 48.6퍼센트)이었다.[16]

북미와 유럽에서는 대규모 상업 농장에서 가금류를 사육하며 철저한 생물안전 조치를 시행

14 마이클 오스터홈의 <살인 미생물과의 전쟁> 19장의 시나리오는 소름이 끼칠 정도이다. 일독을 권한다.

15 가금류는 가축화된 새를 총칭하는 용어로, 주로 고기, 알, 깃털을 생산하기 위해 사육되는 조류를 의미한다. 대표적인 가금류에는 닭, 오리, 거위, 칠면조, 메추라기 등이 포함된다. 이 중 닭이 가장 흔한 가금류로 고기와 달걀 생산을 목적으로 한다.

16 World Health Organization. Cumulative number of confirmed human cases for avian influenza A(H5N1) reported to WHO, 2003-2024, 12 December 2024. Geneva: WHO; 2024.

하고 있어, 2020년 이전까지는 조류독감이 거의 발생하지 않았다.[17] 그러나 2020년 이후, 유럽과 북미에서도 조류독감 환자가 지속적으로 발생하고 있어, 이에 대한 국제적 관심이 높아지고 있다. 2021년부터 2024년 12월 12일까지 WHO에 보고된 조류독감 인간 감염 사례는 92건으로, 이 중 64퍼센트가 미국에서 발생하였다. 특히, 2021년 발견된 클레이드 2.3.4.4b 변종은 유전자 재조합을 통해 포유류에 대한 감염력이 증가한 형태로 나타났다. 이 변종은 야생조류뿐만 아니라 가금류, 포유류, 인간에게도 감염을 일으키는 것으로 확인되었다. 기후 변화로 인해 철새의 이동 경로가 변화하면서 야생조류와 가금류의 접촉 가능성이 높아진 것도 감염 증가의 주요 원인 중 하나다.

신종 감염병이 등장할 때, 과학자들이 가장 먼저 주목하는 것은 전파력(감염력)과 치사율이다. 조류독감의 치사율은 이미 50퍼센트를 넘는 매우 높은 수준인데, 사람 간의 전파력이 낮아 대량 감염 사태는 아직 발생하지 않았다. 그러나 돌연변이나 유전자 재조합을 통해 전파력이 강해지는 순간, 조류독감 팬데믹은 코로나 19나 스페인 독감보다 훨씬 치명적인 결과를 초래할 수 있다.

결론적으로 조류에게만 발생하던 인플루엔자 바이러스의 하나인 조류독감이 1997년 처음 사람에게 감염을 일으킨 이후 30년 가까이 인류사회를 배회하며 호시탐탐 기회를 엿보고 있다. 전파력이 높아지는 쪽으로의 변이 발생이 바이러스 입장에서의 기회에 해당하는데, 그 순간 인류는 파멸 수준의 재앙을 맞을 수 밖에 없다. 100년 전의 스페인 독감을 가리키면서 "자연 발생하는 사람독감 바이러스 같은 것은 존재하지 않으며, 모든 독감은 모두 조류 독감"이라고 단언하면서 우리에게 경종을 울렸던 존 배리의 경고를 다시 한번 생각하게 된다.

넷째, 개방적 커뮤니케이션과 시민 참여의 중요성이다. 스페인 독감은 제1차 세계대전 중에 발생하였으며, 전쟁 중이었던 북미와 유럽 대부분의 국가에서는 새로운 감염병에 대한 홍보가 거의 이루어지지 않았다. 당시 전쟁 중 언론 통제가 심했기 때문에, 일부 국가에서는 감염병에 대한 정보를 전혀 보도하지 못하였다.[18] 미국의 일부 지역에서는 전쟁 비용을 충당하기 위한 시민 대행

17 야생조류, 특히 철새에 있는 조류독감 바이러스가 가금류 사육장의 조류들과 접촉하면서(배설물, 깃털, 사체 등) 조류독감 감염이 일어나므로, 가능한 한 실내에서 사육하고, 야생조류와의 접촉을 차단하기 위해 양계장이나 가금류 사육장에 보호망이나 울타리 등의 안전망을 설치하여 감염예방을 시도하고 있다.

18 1918-1920년 인플루엔자 팬데믹 당시, 제1차 세계대전에 참여하였던 서유럽의 주요 국가와 미국

진을 강행했고, 그 결과 대규모 인플루엔자 확산이 초래되어 상황이 더욱 악화되었다.[19] 스페인 독감으로 5천만 명 이상의 사망자가 발생한 것은 단순히 바이러스 자체의 치명성 때문만이 아니라, 정부의 정보 통제와 공동체 연대의 부재가 큰 영향을 미쳤다고 볼 수 있다. 코로나 팬데믹에서는 정부의 개방적 정보 공유, 시민들의 자발적 참여, 그리고 공동체 연대의식이 팬데믹 대응에서 중요한 역할을 하였다. 실제로 효과적으로 팬데믹을 관리한 국가들은 투명한 정보 공개와 시민 협조가 뒷받침된 곳들이었다. 이는 다음 팬데믹에서도 여전히 중요한 요소로 작용할 것이다.

등은 언론 검열이 심하여 감염병 유행에 대한 언론보도는 매우 제한적이었다. 하지만 참전국이 아니었던 스페인은 독감에 의한 팬데믹 상황에 대해 언론이 자세히 보도하였다. 그러면서 스페인 독감이라고 명명되었다.

19 가령 당시 사회적 거리두기를 실시하는 대신 전쟁비용 충당을 위한 캠페인 행진을 강행하였던 필라델피아는 1918년 9월부터 12월까지의 기간 동안 13940명의 추정 사망자가 발생하여, 이는 사회적 거리두기를 실시했던 세인트루이스의 2880명 사망자에 비해 약 5배가량 높았다. (참고-University archives and records centre. University of Pennsylvania: Research Medical Centre, Kansas City, Missouri)

Chapter 02
천연두 박멸: 인류의 첫 승리

지난 100년간 보건의료 역사상 가장 성공적이고 영향력이 컸던 사건과 업적 두 가지를 꼽을 때 천연두 박멸과 항생제 개발은 단연코 빠지지 않는 후보군에 속할 것이다. 천연두[20]는 최소 기원전 1500년경부터 존재하였으며, 20세기에만 약 3억 명의 사망자를 낸 것으로 추정되는 인류 역사상 가장 치명적인 감염병의 하나였다. 그러나 1977년 10월 소말리아에서 마지막 환자가 발생한 이후 지구상에서 완전히 사라졌다. 이는 역사상 최초이자 유일하게 인류가 자연 발생한 감염병을 완전 박멸한 사례로 기록되었다. 한편, 항생제 개발의 시작은 1928년 알렉산더 플레밍이 페니실린을 발견하면서 열렸다. 이후 다양한 항생제가 개발되면서 세균 감염으로 인한 사망률이 급격히 감소하였고, 평균 수명 연장에도 지대한 영향을 미쳤다[21]. 천연두 박멸과 항생제 개발의 성공은 인류에게 감염병 시대의 종말이 가까워진 듯한 낙관적 전망을 안겨주었다[22].

---

20 두창은 흔히 천연두라고 불려 왔으나, 이는 일본식 표현으로 현재 학술적 공식 문서에서는 두창을 표준 용어로 사용한다.

21 페니실린이 없었다면 현재 인구 수가 절반 이하일 것이라는 연구결과도 있다. 영국문화원이 세계 1만 명을 대상으로 최근 80년간 세계를 바꾼 발명을 조사한 결과 페니실린은 '월드와이드웹(www)'에 이어 2위를 기록하였다.
정 용철 의료전문 기자, 전자신문, 페니실린 발견 90주년, 항생제 명과암 [Internet]. Electronics Times. 2018 Feb 22 [cited 2025 Sep 26]. Available from: https://www.etnews.com/20180222000145

22 천연두 박멸 이후 확산되었던 감염병 시대의 종말이 오고 있다는 낙관론에 찬물을 끼얹는 사건이 1980년 천연두 박멸 선언 이후 2-3년이 채 안 되어 발생하는데 바로 우리가 잘 알고 있는 HIV로

1. 불가능한 시대의 가능성: 왜 천연두인가

WHO가 주도가 되어 전 세계가 함께 이루어 낸 위대한 천연두 박멸의 전략적 측면을 살펴보기 전에 왜 하필 전 세계가 천연두 박멸에 올인 하였는가를 살펴 보자. WHO와 국제사회가 천연두를 선택한 이유는 다음의 두 가지 이유 때문이다. 첫째는 문제의 심각성이고, 둘째는 문제 해결의 가능성이다.

우선 문제의 심각성부터 살펴 보자. 천연두는 바리올라(Variola) 바이러스에 의해 발생하며, 감염자의 약 30퍼센트가 사망하는 치명적인 질환인데, 소아의 경우 치사율이 약 80퍼센트에 달하기도 한다. 천연두 바이러스는 기원전부터 존재하였는데, 18세기 유럽에서는 매년 약 40만 명이 천연두로 사망하였으며, 천연두 박멸 프로그램이 본격화 되었던 1967년 당시 WHO 자료에 의하면 한 해 동안 약 1500만 명이 감염되고, 그중 200만 명이 사망하였다. 역사적으로는 스페인의 남미 정복 당시, 유럽의 정복자들에 의해 전파된 천연두로 인해 당시 원주민의 약 90퍼센트에 해당하는 엄청난 규모의 사망자가 발생한 것으로 알려 졌다[23]. 오랜 세월에 걸쳐 천연두에 노출되었던 유럽인들은 천연두에 대한 면역력을 가지고 있었지만, 천연두 바이러스에 노출됐던 적이 전혀 없었던 남아메리카 원주민들은 이 바이러스에 대한 면역이 없어 천연두가 일종의 '생물학적 무기'와 같은 역할을 한 셈이다. 천연두의 또 다른 문제는 질병의 후유증, 특히 얼굴은 물론 전신에 나타나는 곰보로 인해 심각한 사회적 편견과 낙인이 초래된다는 점이다. 1960년대 전후에 초등학생이나 청소년기를 보냈던 독자들

다음 장에서 자세히 다루어 진다.

23 1519년 스페인 장군 코르테스와 그의 부대가 멕시코에 도착하면서 천연두가 퍼지기 시작하였다. 당시 멕시코 원주민 인구는 약 2,500만 명으로 추정되었는데, 단 2년 만에 160만 명으로 급감하였다. 당시까지만 해도 원주민들은 이 새로운 질환에 대한 면역력이 전혀 없어 전쟁으로 인한 사망자보다 훨씬 많은 사람들이 천연두에 의해 사망한 것으로 보고 있다. 또한 1531년 스페인의 프란시스코 피사로의 군대가 잉카 제국(지금의 페루)을 침략했을 때, 잉카 황제 후아이나 카팍과 그의 후계자들까지 천연두로 사망하면서 정치적 혼란이 발생했고, 이는 스페인의 잉카 정복을 쉽게 만들었다. 잉카 제국의 군대와 주민들 역시 면역이 없었기 때문에 천연두로 인해 대규모 사망자가 발생하였다.

은 천연두 환자 얼굴의 흉터(곰보)가 얼마나 말 그대로 징그럽고, 타인에게 혐오감을 주는지, 그리고 그로 인해 환자들이 겪은 사회적 어려움을 잘 기억할 것이다. 나병이라고도 불리는 한센씨병에 비견될 만큼 심각한 사회적 차별과 소외의 원인이 되었다. 얼굴의 흉터는 특히 여성에게 불리하게 작용하여, 결혼 기회가 제한되는 등 피해가 막심하였다. 천연두는 단순히 생명과 건강을 위협하는 질병에 그치지 않고, 생존자들에게 사회적 편견과 낙인을 남기는 심각한 질병이었다.

천연두가 박멸의 대상으로 떠오르게 된 두 번째 요소는 문제 해결 가능성이었다. 천연두 박멸 운동이 한참이던 1960년대 당시 말라리아, 결핵, 홍역 등도 천연두와 비슷한 정도의 사망자를 내는 심각한 감염병이었다. 하지만 이들 질환 중 박멸 가능성은 단연코 천연두가 높았다. 실제로 WHO는 천연두 박멸 프로그램을 시작하기 수년 전인 1955년 말라리아 근절 프로그램을 대대적으로 시행했는데 실패로 끝나고 말았다. 살충제인 DDT 살포를 통해 말라리아가 기생하는 모기를 없애면 자연히 말라리아도 감소할 것으로 보고 시작한 대대적인 말라리아 퇴치 캠페인은 적극적인 DDT 살충제의 효과로 인해 초기에 매우 성공적이었다. 하지만 시간이 지나면서 DDT에 대한 내성이 나타나 모기 퇴치가 어렵게 되고, 환자 수는 계속 증가하여 말라리아 근절 프로그램은 1969년 종료되면서 실패로 끝났다. 결핵의 경우도 문제는 심각하였지만 박멸은 거의 불가능 하였다. 왜냐하면 결핵균에 일단 감염되면 감염자의 약 5퍼센트는 1-2년 이내에 결핵이 발병한다. 하지만, 나머지 5퍼센트는 감염 후 수십년 동안 아무 증상을 일으키지 않고 감염된 사람의 체내에 있다가 나이가 들어 면역력이 떨어지면 긴 겨울잠에서 깨어나듯 다시 결핵균이 활성화되어 수십년 후에 발병하는 특징이 있다. 따라서 결핵의 근절이나 박멸은 불가능에 가깝다. 홍역은 전파력이 매우 높아 예방 접종률이 90퍼센트 이상으로 높아야 백신에 의한 집단면역이 가능해지는데, 백신 접종률 90퍼센트를 이루기란 쉽지가 않아 많은 리스크가 따른다. 이에 비해 천연두는 다음과 같은 특징들 때문에 박멸이 가능할 것으로 전문가들은 내다 보았다. 첫째, 모기 같은 곤충 매개체가 없고 인간만이 바이러스의 숙주이므로 전염 경로가 단순하며, 따라서 감염 경로를 차단하기 위해선 사람들을 대상으로 백신 접종만 잘하면 된다는 것을 의미한다. 둘째, 천연두는 무증상 감염자가 없고, 감염된 경우 증상이 뚜렷하므로(특유의 발진과 수포 형성) 감염자를 쉽게 식별하고 격리할 수 있다. 셋째, 천연두 환자와 접촉한 경우 백신을 접촉 후 3~7일 이내에 접종하면 면역 반응이 접촉자의 체내에서 일어나서 바이러스의 확산이 멈추게 된다. 따라서 접촉자들에게 백신 접종을 하면 추가 확산을 막을 수가 있다. 이러한 특징들로 인해 천연두 퇴치가 다른 감염병들보다 상대적으로 쉽고, 국제적으로 협력을 잘하면 세계적 수준의 박멸도 가능할 것이란 전략적 판단을 전문가들은 하였다. 실제로 소련과 미국은 가장 먼저 20세기초반부터 대대적 백신 접종을 실시하였고, 마침내 1936년과 1949년에 각각 천연두를 근절시켰다[24].

1958년 WHO 세계총회에 참석한 소련의 보건부 장관 빅토르 젤레놉스키는 자국의 경험을 바탕으로 천연두 박멸을 제안하면서 2,500만 회 분량의 백신을 매년 WHO를 통해 개발도상국에 기부할 것을 천명하였다. 미소 냉전 시대에 국제공중보건 이슈에 대한 지원을 통해 개발도상국에 대한 영향력을 증대시키고, 서방국가와의 경쟁에서 긍정적인 이미지를 구축하고자 하는 정치적 배경속에서 이루어진 제안이었다. 많은 개발도상국들은 소련의 제안을 환영하였고, WHO 세계총회에서 천연두 박멸 결의가 채택되어, 마침내 1959년에 글로벌 천연두 박멸 프로그램이 공식적으로 시작되었다. 1959년 당시 북미, 서유럽과 소련, 오세아니아 등은 이미 천연두가 거의 근절된 상태였지만, 아프리카, 아시아 및 남미와 중동의 일부 국가들의 경우 천연두는 중요한 풍토병으로 해마다 약 1천만명 이상의 환자가 발생하고 이 중 약 200만 명이 사망하였다. 글로벌 박멸 프로그램의 초기 전략은 각국에서 자국민의 80퍼센트 이상에게 천연두 예방백신을 접종하여, 집단 면역을 형성함으로 질병을 근절하는 것이었

24 소련은 1919년부터 천연두 의무접종 정책을 시행하여 천연두 근절을 가장 일찍 이룬 국가 중 하나이다.

다. 그러나 개발도상국의 열악한 보건의료 인프라와 백신 공급의 부족으로 초기 성과는 제한적이었다. 소련은 동결건조 백신을 약속대로 공급하였는데 이는 당시 가장 안정적인 형태의 백신으로, 열악한 환경에서도 보관과 운송이 용이하였다. 하지만 소련의 대규모 기부에도 불구하고, 전 세계적으로 필요한 양에는 크게 미치지 못하였고, WHO는 각국 정부가 자체적으로 추가적인 재정을 투입하거나 생산 능력을 확충해야 한다고 제안하였다. 하지만 백신 부족 외에도 물류 인프라 부족, 백신 부작용 우려로 인한 낮은 접종률 등 복합적인 문제가 혼재되어 있었다.

1950년대 말부터 WHO가 추진하던 말라리아 근절 프로그램에 더 큰 관심을 갖고 이를 적극적으로 지원해왔던 미국은 천연두 박멸 프로그램 초기에는 소극적이었는데, 천연두 박멸은 소련이 주도한 프로젝트란 정치적 시각도 작용하였다. 하지만 냉전 시기, 개발도상국에서 영향력을 확대하려 소련과 경쟁하던 미국은 말라리아 근절 프로그램이 실패로 기울자, 천연두 박멸 프로그램 참여를 미국의 긍정적 이미지를 강화할 수 있는 기회로 인식하게 되었다. 이에 따라 1967년부터 WHO의 '강화된 천연두 박멸 프로그램'(Intensified Smallpox Eradication Program)에 본격적으로 참여하며 중요한 역할을 맡게 된다.

2. 천연두 박멸의 과학과 국제협력

글로벌 천연두 박멸 프로그램의 전략은 초기와 후기로 나뉜다. 즉, 1959년 론칭 이후 '강화된 천연두 박멸 프로그램'이 시작되는 1966년까지의 초기전략과 1967년 프로그램이 강화된 이후 1978년 소말리아에서 마지막 천연두 환자가 있기까지의 후기전략이다. 초기전략은 주로 대규모 백신 접종을 통한 천연두 바이러스에 대한 집단면역 형성으로, 이를 위해 지역 및 국가별 백신 생산과 백신 접종 방법의 개선에 초점을 맞추었다. 이 접근법은 1950년대 이전에 이미 천연두 근절을 한 서유럽, 소련, 북미 등의 경험에 기반한다. 이들 국가의 천연두 예방백신 접종률은 전 국민의 약 80퍼센트 이상으로 높았고, 그 결과

집단면역 효과에 의해 천연두 환자가 더 이상 발생하지 않게 되었다. 따라서 천연두가 많은 개발도상국에도 80퍼센트의 백신접종 전략을 세웠는데, 개발도상국들은 백신 확보, 분배, 접종 및 모니터링을 위한 보건의료 인력이나 재정이 부족하였다. 또한 소련이 기부하는 백신은 개발도상국의 전체 수요에 턱없이 부족하였고, 백신의 부작용에 대한 우려도 있어 백신 접종률이 기대만큼 올라가지 않아 초기 프로그램의 성과는 일부 국가를 제외하고는 미미한 편이었다. 이에 소련은 1966년 WHO총회에 '강화된 천연두 박멸 프로그램'을 제안하였는데 격렬한 토론끝에 단 2표 차이로 통과되었다. 이는 WHO 역사상 가장 치열했던 결정 중 하나로 평가되는데, 천연두의 전 세계적 박멸이 기술적으로 가능할지에 대한 일부 국가들의 우려가 반영된 결과였다.

강화된 프로그램, 즉 글로벌 천연두 박멸 후기전략의 주요 내용은 '감시 및 격리 전략'으로 어느 지역에 신환자가 발생하면 정부 당국에 신속히 보고하고, 보고 즉시 신환자들의 접촉자들에게 백신을 접종해 천연두의 진행을 차단하는 소위 '차단예방접종'을 시행하는 것이다.[25] 천연두 바이러스는 앞에서 기술한 것처럼 감염된 사람에게 예방 접종을 하면 추가 감염을 차단할 수 있다는 독특한 특성이 있기에 차단예방접종이 가능하였다. 전 국민의 80퍼센트 이상에게 대량 접종을 실시하는 전략보다 환자 발견과 환자의 접촉자들에게 백신을 접종하는 '감시 및 격리 후의 차단예방접종'이 자원이 한정된 개발도상국에 더 효율적이란 사실이 알려지면서 주된 전략으로 자리잡아 갔다. 또한 안정성이 높아 보관이 용이한 동결 건조 백신의 공급 확대를 통해 백신 효과를 높인 것이 주요하였다. 소련이 고온 등 열악한 환경에서도 안정적으로 보관 및 사용이 가능한 동결 건조 백신을 기증하면서부터, 그전에 주로 사용하던 냉장온도에

---

25 감시 및 격리 전략은 국가의 지역 보건소나 의료 기관은 천연두 환자 발생을 매주 정부 당국에 보고하고, 보고를 받은 정부는 보고 접수 2-3일내에 신환자가 발생한 지역에 보건의료 요원을 파견하여 접촉자 추적을 적극적으로 실시한 후 접촉자들에게 차단 예방 접촉을 실시하는 것을 뜻한다. 감시 및 격리 전략이 효과적이었던 이유 중 하나는 천연두가 명확한 증상(발진)을 동반하기 때문에 감염자를 쉽게 식별할 수 있었다는 점도 작용하였다. (참고-Smallpox Breman Fogarty International Center, National Institutes of Health, Bethesda, Maryland, USA)

서의 보관을 요하는 액체형태의 백신을 대체하기 시작하였다. 각 국가들이 동결건조 백신의 생산을 시작하였는데 국가마다 제각각의 방법으로 제조하다보니 백신의 효과가 떨어지는 경우가 많았다[26]. 이의 해결을 위해 WHO는 강화된 천연두 박멸 프로그램의 일환으로 동결건조 백신 생산 매뉴얼을 만들어 공급하고, 백신 전문가들을 여러 개발도상국에 파견하여 생산 기술 지원을 하고, 국가의 백신 효율성 검사 역량 강화를 하는 등 백신 생산의 질 향상을 위해 많은 노력을 기울였다.

천연두 박멸 후기인 1967년 이후 가장 큰 공헌을 한 국가는 미국이다. 두 가지가 눈에 띄는데 하나는 미국 질병통제예방센터가 서아프리카와 중앙아프리카의 천연두 퇴치 프로젝트 지원을 강화한 것이고, 다른 하나는 WHO로 파견된 질병통제예방센터의 닥터 헨더슨이 글로벌 천연두 박멸 프로그램의 책임을 맡게 된 일이다. 우선, 미국의 아프리카 프로젝트 지원에 대해 알아보자. 미국 질병통제예방센터는 1960년대 후반 서아프리카 및 중앙아프리카의 나이지리아, 가나, 말리, 세네갈 등 20개국에서 천연두 박멸 캠페인에 참여하여, 1970년까지 약 2,500만 명이 천연두 백신을 접종하는 것을 지원하였다. 앞서 기술한 '감시 및 격리 후의 차단예방접종'이란 새로운 접근법을 집중적으로 사용하였는데, 그 결과, 이들 20개국에서 천연두 감염이 완전히 중단되었다. 아프리카 프로젝트의 성공은 WHO 글로벌 박멸 노력에 중요한 동력을 제공하였으며, 국제적 협력과 기술적 전문성, 지역사회의 참여가 결합되면 공중보건 문제를 극복할 수 있음을 보여주는 사례로 남았다.

미국의 또 다른 기여는 끈기와 결단력이 있고 혁신적으로 알려진 미국 질병통제예방센터의 의사 닥터 헨더슨을 WHO에 파견하면서 시작된다. 훗날 '천연두 박멸의 아버지'라 불리우게 된 닥터 헨더슨은 1954년 미국 로체스터 의과대학 졸업 후 존스 홉킨스 공중보건대학에서 보건학 석사를 취득한 후 미국 질병

26 1967년에 WHO가 시행한 국가의 백신 효과 검사 결과 개발도상국가에서 생산하는 백신의 약 10퍼센트 정도만이 WHO기준에 부합된다는 충격적인 사실이 들어 났다.

통제예방센터에서 감염병 감시 및 통제와 백신 프로그램을 담당하였다. 미국 정부는 닥터 헨더슨을 1966년 WHO로 파견하였고, WHO는 그를 강화된 천연두 박멸 프로그램의 책임자로 임명하여 글로벌 캠페인 전략을 수립하고 지휘하도록 하였다. 그는 새롭게 시도되는 감염 및 격리 전략을 디테일하게 수립하였고, 각국 정부와 협력해 천연두 박멸 프로젝트를 효과적으로 실행하는 데 중추적 역할을 하였다. 그의 리더십하에 글로벌 백신 생산 및 공급, 대규모 예방접종, 감시 및 격리에 따르는 차단예방접종 체계가 천연두 주요 개발도상국들에 구축되었다[27]. 천연두 박멸 프로그램은 1977년 소말리아에서 마지막 자연감염 사례가 보고되면서 종료되었다. 1980년 5월 8일, WHO는 천연두가 완전히 박멸되었다고 선언하였다. 이는 전염병이 인류의 연대로 박멸될 수 있음을 증명한 중요한 순간이었다.

박스 3 마지막 천연두 환자, 백신 전도사가 되다 - 알리 마알린의 이야기

필자는 보건대학원에서 신종 감염병 과목을 강의하는데, 항상 천연두 박멸에 대한 내용을 포함하고 있다. 주로 천연두 박멸을 위한 글로벌 전략, 글로벌 커뮤니티가 극복한 난관들을 중심으로 진행하는데, 이 글을 쓰는 과정에서 우연히 알게 된 흥미로운 사실이 있어 이를 독자들과 공유하고자 한다. 소말리아에서 1977년에 발생하였던 천연두가 지구상의 마지막 케이스였고, 그 후 2년간 새로운 환자나 유사한 환자 발생이 실제로 없었는지 각 국가의 상황을 면밀히 관찰, 주시한 후 2년이 지나서 WHO는 박멸을 공식 선언하였다. 여기까지는 다 아는 이야기인데 지구상의 그 마지막 환자가 누구이고, 어떤 삶을 살았는지에 대해선 잘 알려지지 않았고, 필자도 개인의 프라이버시 문제라 굳이 알려고 하지 않았었다. 그런데 그 마지막 환자가 공인(公人)의 삶을 산 것을 알게 되었고, 따라서 책에 소개하는 것이 매우 자연스러울 수 있겠다는 생각이 들었다. 지구상의 마지막 천연두 환자는 알리 마오 마알린으로 소말리아 출신이다. 마알린은 소말리아 메르카 지역의 한 병원에서 요리사이자 보건 종사자로 일하였으며, 천연두 박멸 팀에서 임시 예방접종 요원으로 활동하였다. 하지만, 정작 본인은 백신 접종을 받지 않았다.[28] 1977

27 천연두 박멸 성공 후, 닥터 헨더슨은 1977년 WHO를 떠나 그의 모교인 존스 홉킨스 공중보건대학원에서 학장으로 재직하며, 공중보건 교육과 연구를 이끌었다. 그 후 1990년대는 미국 보건복지부에서 생물테러 대비 및 대응 프로그램의 책임자로 활동하면서, 2001년 탄저균 공격 사건 이후 미국의 생물테러 대비 전략을 개발하는 데 중요한 역할을 하였다.

28 알리 마알린은 2007년 인터뷰에서 '젊은 시절에 천연두 백신을 맞지 않은 것은 바늘이 무서웠기

년 10월, 마알린은 두 명의 천연두 감염 아동을 병원에서 격리소로 이송하는 차량에 동승하였는데 그때 천연두에 감염된 것으로 보여 진다. 환자 이송 후 2주가량 지나서, 마알린은 고열과 두통 증상을 보였다. 처음에는 말라리아로 오진 되었다. 며칠 후 천연두 특유의 발진이 나타났고, 10월 30일 천연두로 최종 진단되어 격리소로 옮겨졌다. 마알린이 일하던 병원은 일시적으로 폐쇄되었으며, 환자와 의료진 모두 격리되고 예방접종을 받았다. 그외에도 마알린과 접촉했던 161명이 추적되었으며, 접촉자 중 백신 미접종자는 즉시 예방접종을 받았다. 또한 그의 집 주변 약 50가구가 추가적으로 예방접종을 받았다. 이와 같은 비상 조치로 인해 다행히 그 후 새로 발생한 환자는 없었고, WHO는 1980년 역사적인 천연두 박멸을 선언하였다.

마알린은 합병증 없이 완전히 회복되었으며, 같은 해 11월 말 퇴원하였다. 그 후 그는 소말리아에서 자신의 경험을 바탕으로 백신 접종의 중요성을 알리는 활동에 헌신하였다. 2004년에 마알린은 공식적으로 소아마비 예방 접종요원이 되어 자원봉사자들을 조직하고, 집집마다 다니며 아이들에게 예방 접종을 시키고, 소아마비 백신 접종을 거부하는 부모들을 설득하는 데 주력하였다. 그는 '나는 지구상의 마지막 천연두 환자입니다. 소말리아가 천연두의 마지막 국가였던 것처럼 소아마비의 마지막 국가가 되지 않도록 돕고 싶습니다'라고 말하며 헌신적인 노력을 10년 이상 이어갔다. 마알린은 소아마비 예방접종 캠페인에 참여하며 지역 보건 활동을 수행하던 중 말라리아에 감염되어 2013년 7월 22일 갑작스럽게 사망하였다.[29]

알리 마알린은 주사 바늘이 무서워서 백신을 피했던 매우 평범한 소시민 중 하나였다. 하지만 어느 날 갑자기 자신이 지구상의 마지막 천연두 환자가 된 사실을 알게 되었다. 생존자로서 자신이 천연두 박멸이라는 인류의 위대한 공중보건 성취의 상징적 인물이 된 것을 긍정적으로 받아들일 수도 있지만, 백신을 맞지 않아 천연두 환자가 된 것을 부정적으로 여길 수도 있었을 것이다. 마알린은 자신의 '마지막 천연두 환자'라는 정체성을 긍정적으로 활용한 대표적인 예로서, 자신의 경험을 통해 백신 접종의 중요성을 널리 알리고, 다른 전염병 퇴치 노력에도 헌신함으로써 공중보건 분야에 중요한 유산을 남겼다.

때문'이라고 말하였다.

29 소말리아는 1998년 소아마비 박멸 프로그램을 시작했으며, 2002년에 자국 내 토착성 폴리오 전파를 성공적으로 중단하였다. 하지만 그 이후 수입된 소아마비 바이러스와 소아마비 백신접종자에게 생기는 백신유래 소아마비 환자가 간헐적으로 발생하다가 2013년 5월 199건의 많은 환자가 발생하였다. 정부는 WHO의 지원으로 대대적인 소아마비 백신 캠페인을 전개하였고, 2014년 이후 야생 소아마비 바이러스 감염 사례는 더 이상 발생하지 않았다. WHO는 2015년 10월, 소말리아에서의 소아마비 발생이 공식적으로 종료되었다고 선언하였다.

3. 인류 최초의 승리, 미래 대응의 이정표

이 책의 집필 동기가 두 가지 있는데 하나는 스페인 독감 이후 100년의 팬데믹 역사를 정리하는 것이고, 또 다른 하나는 다음 팬데믹을 효과적으로 대비하기 위해 여러 다른 양상의 주요 신종 감염병들로부터 배울 수 있는 레슨이 무엇인지 살펴보는 것이다. 책의 구상 초기에 지구상에서 사라진 천연두를 리뷰하는 것은 첫 번째 측면에서는 큰 의미가 있겠지만 과연 두 번째 측면에서도 충실한 내용이 들어날지 감이 오지 않았었다. 최근의 코로나 19 사태가 워낙 격렬했고, 만 5년이 지난 현재까지도 엔데믹의 양상으로 진행형인데 반해 천연두는 인류가 그 존재 자체를 완전히 박멸시킨 인류 역사상 유일한 질병으로 두 질환의 전개 방향이 정반대로 흘러 갔기 때문이었다. 다행히 집필 과정에서 여러가지 흥미롭고 중요한 교훈들이 드러나고 관찰되어 한때 천연두를 책에 반드시 포함시키지 않을 수도 있겠다고 생각했던 것이 후회될 정도였다.

여러 시사점 중 첫째는 정치적 측면이다. 즉, 전 지구적 보건의료 문제의 해결을 위해선 국제적 협력이 필수적이고, 이를 위한 정치적 의지가 매우 중요하다는 점이다. 에드워드 제너가 1796년 우두 접종법을 개발하여[30] 천연두 퇴치의 초석을 마련하였지만, 실제로 인류가 천연두를 박멸한 것은 그로부터 184년 후였다. 질병 퇴치에는 과학적 이해뿐만 아니라, 사회적 수용과 글로벌 협력 등 다양한 요소가 필요한데, 천연두 퇴치는 이 모든 요소가 결합된 역사적 업적이며, 오늘날 공중보건에서 국제적 협력을 통한 연대가 얼마나 중요한지를 알려주는 교훈으로 남아 있다. 흔히들 천연두 박멸을 마치 WHO가 이룬 업적처럼 이야기하는데, 사실 WHO는 일종의 플랫폼 역할을 하면서 플랫폼의 운영 규칙을 만들고, 모든 국가가 이 플랫폼을 효과적으로 활용할 수 있도록

---

30 에드워드 제너는 1796년, 소 젖을 짜던 사람들은 우두(소의 천연두)에 감염된 후 천연두에는 걸리지 않는다는 점에 착안하여, 8세 소년 제임스 피프스에게 우두 바이러스를 접종하였다. 접종 후 천연두 바이러스를 주사하였지만 소년이 천연두에 걸리지 않는 것을 확인하여 우두법의 효과를 입증하였다.

가이드라인을 만들고 전략적 지원을 한 것이 전부였다. 앞서 기술한 것처럼 냉전시대의 두 주역인 소련과 미국이 이 플랫폼을 한껏 활용하고, 많은 개발도상국들이 적극 참여하면서 국제보건 플랫폼이 작동되기 시작하였다. 플랫폼의 초기 성과가 미비하자 소련이 플랫폼의 강화를 제안하였고, 이것이 회원국들의 지지를 얻어 글로벌 천연두 박멸 버전 2.0인 '강화된 프로그램'이 1967년에 론칭되었다. 베트남 전쟁으로 인해 국제적 여론이 악화된 미국은 자국의 이미지 개선을 위해 플랫폼 2.0에 적극 참여를 하였다(아프리카 천연두 박멸 프로젝트 및 닥터 헨더슨의 WHO파견 등). 또한 소련이 초기에 약속한 천연두 백신을 1959년부터 1978년까지 약 14억회분 기증하면서 천연두 박멸 2.0은 성과를 내기 시작하였고, 마침내 목표를 달성케 된 것이다. 이는 냉전 시기 미소 양국간 협력의 상징적 사례로 평가된다. 이는 코로나 팬데믹 때 G2인 미국과 중국의 행보와는 확연히 차이가 난다.

전 지구적 이슈인 기후변화와 환경보호, AI 및 디지털 혁명과 관련된 규제, 이주 및 난민 문제, 감염병으로 인한 글로벌 보건안보 이슈들은 한 국가나 몇몇 국가의 노력만으로는 결코 해결할 수 없고, 글로벌 협력과 연대가 반드시 필요하다. 하지만 코로나 사태 전부터 패권을 다투며 긴장 관계속에서 무역전쟁을 벌여왔던 미국과 중국은 코로나 팬데믹 때 상호 협력은 커녕 상호 비방하였고, 급기야 미국이 코로나 팬데믹의 플랫폼을 제공하고 관리해야 하는 WHO를 탈퇴하겠다고 하면서 글로벌 협력이 구조적으로 무너져 내렸다.[31] 7장 '다

31 미국은 코로나 19의 발원지로 중국을 지목하며 "중국 바이러스" 또는 "우한 바이러스"라는 표현을 사용하면서 우한 실험실에서의 바이러스 유출설을 제기하였고, 반대로 중국은 미국 군대가 바이러스를 중국으로 가져왔다는 음모론을 제기하며 맞대응 하였다. 중국은 자국의 강력한 봉쇄 정책과 이로 인한 빠른 회복을 홍보하며 공산당 체제가 민주주의보다 효과적이라는 메시지를 전 세계에 퍼뜨렸다. 반면, 미국은 중국의 초기 대응 실패와 인권 문제(홍콩, 신장 위구르 등)를 강조하며 중국 체제를 비판하였다. 양국은 서로를 비난하며 국제 사회에서 자국의 입장을 강화하려는 선전전을 펼쳤는데, 결국은 WHO와 같은 다자간 협력기구와 관련해서 양국 간 불신이 깊어지며 효과적인 글로벌 대응이 어려워졌다. 미국은 WHO가 중국에 편향적이라고 주장하며, 초기 팬데믹 대응에서 WHO가 중국에 유리한 정보를 제공하였다고 비난하면서 트럼프 행정부는 WHO에 대한 자금 지원을 중단하고, WHO에서 탈퇴하겠다고 선언하였다. 한편 중국은 WHO에 대한 재정적 지

음 팬데믹의 챔피언은 어느 나라가 될까'에서 살펴 본대로 동아시아 국가들이 팬데믹에서 좋은 성과를 낸 것은 기술적인 측면 이전에 유교적 배경을 바탕으로 한 동아시아 특유의 공동체성과 연대가 있었기 때문에 가능하였다. 글로벌 레벨의 성과도 동일하다. 글로벌 차원의 연대와 이에 기반한 효과적인 글로벌 보건 거버넌스가 다음 팬데믹 대응의 성공과 실패를 좌우할 열쇠가 될 것임은 자명하다.[32]

둘째는 전략적 측면이다. 보건의료 인프라가 부족한 개발도상국에서 전국민의 80퍼센트에게 천연두 백신을 접종하는 것이 어려워지자, WHO는 1967년부터 천연두 박멸 전략을 수정하였다. 80퍼센트 목표를 고수하지 않고, 신환자가 발견되면 접촉자 추적 후 백신 접종을 하는 '감시 및 격리 후 차단예방접종' 전략으로 변경하였다. 이러한 유연한 정책은 효과가 있었다. 코로나 19 팬데믹 때도 비슷한 상황이었다. 코로나 19 백신이 개발된 초기에는 국민의 60퍼센트가 백신접종을 받으면 집단면역이 형성될 수 있다는 판단하에 백신을 확보한 고소득 국가들은 대국민 접종강화 캠페인을 벌였다. 하지만 델타 및 오미크론 변이의 출현으로 인해 집단면역의 꿈을 접어야만 했고, 그 후 억압정책에서 이완정책으로 전환해 나갔다(7장의 5. 글로벌 팬데믹 대응 전략 중 '변이 바이러스의 출현과 팬데믹 대응정책의 변화 참조). 다음 팬데믹이 어떤 병원체에 의해 나타날지 알 수 없고, 효과적인 백신이 얼마만큼 일찍 개발될지 알 수 없는 현 상황에서 어떤 정책을 초기에 쓰고, 어떤 종류의 정책 변화가 필요할지 구체적으로 논의할 수 있는 단계는 아니다.[33] 하지만 국가별 상황과 컨텍스트에 따라, 그리고 백신 개발 및 변이의 전개 상황에 따라 정책 수립을 유연하게 하는 것이 중요하다는 것을 천

원을 확대하며, 국제 사회에서의 영향력을 강화하려 하였다. 미국과 중국이 함께 공조해도 쉽지 않을 팬데믹 대응인데 G2가 서로 비난을 하며 대결을 하는 바람에 글로벌 보건 거버넌스가 완전히 실종되어 버렸다.

32 거버넌스는 공공 또는 민간 영역에서 권한을 행사하고, 자원을 관리하며 정책을 결정하는 과정과 체계를 뜻한다.

33 7개월 만에 개발된 코로나 19와 달리 HIV는 40년이 지난 현재까지 백신개발에 실패하였다.

연두 박멸 경험이 우리에게 이야기하고 있음을 깊이 새길 필요가 있겠다.

셋째는 인적 측면이다. 인류에게 천연두 박멸이란 커다란 선물을 선사하는 데 가장 큰 기여를 한 사람을 둘 꼽는다면, WHO의 글로벌 천연두 박멸 프로그램 책임을 맡아 일했던 닥터 헨더슨과 나이지리아에서 의료 선교사로 활동하며 현장에서 얻은 경험을 통해 감시 및 격리 전략을 개발한 닥터 포이그일 것이다. 천연두 박멸의 아버지로 알려진 닥터 헨더슨은 많은 문헌에서 잘 알려져 있다. 그의 이야기는 앞의 본문과 각주에 소개되어 있어, 여기서는 닥터 포이그에 대해 기술코자 한다. 윌리엄 포이그는 미국 아이오와주에서 1936년 출생하였으며, 아버지는 루터교 목사였다. 그는 어린 시절 파푸아 뉴기니에서 활동한 루터교 선교사였던 삼촌에게 영감을 받아 의학 및 글로벌 보건에 관심을 갖게 된다. 워싱턴 대학교 의과대학을 졸업한 후 공중보건위기상황 전문가 양성 과정인 미국 질병통제예방센터의 역학 조사관 훈련 과정을 2년간 수료한 후 콜로라도주에서 감염병 조사관으로 활동하였다. 그 후 하버드 대학에서 공중보건 석사과정을 마친 후 1966년 나이지리아 동부 지역의 농촌지역에서 루터교 의료 선교사로 활동을 시작하였는데 그때 나이가 30세였다. 그 당시 나이지리아는 천연두가 여전히 심각한 공중보건 문제로 남아 있었다. 그러나 내전으로 인해 농촌 지역의 의료 인프라 및 보건 인력이 부족한 상황이어서 최소한의 자원으로 공중보건 문제를 해결하기 위한 혁신적인 접근 방식이 필요 하였다. 그는 80퍼센트를 목표로 하는 대규모 예방접종 대신 백신 부족 상황 속에서 혁신적인 소규모 표적 예방접종을 개발하였는데 바로 앞에서 기술했던 감시 및 격리 전략이었다. 이를 통해 보건의료 인프라가 열악한 아프리카에서 천연두 확산을 효과적으로 통제할 수 있었다. 이에 고무된 WHO는 이 전략을 주된 글로벌 전략으로 도입하였고(앞의 천연두 박멸 2.0 참조), 인도를 비롯한 많은 개발도상국들이 이 전략을 사용하여 천연두 박멸에 있어 큰 진전을 이루게 된다. 그 후 그는 1970년대 초에 미국 질병통제예방센터의 천연두 박멸 프로그램 책임자로 임명되어 서아프리카와 남아시아 등지에서 천연두 퇴치 사업을 주도하게 된다.

닥터 헨더슨과 닥터 포이그 두사람은 1962년 미국 질병통제예방센터에서 일할 때 처음 만났는데 당시 닥터 포이그는 응용역학 프로그램에 참여하였고, 닥터 헨더슨은 질병 감시 프로그램 책임자로 각각 활동하고 있었다. 1962년 첫 만남 이후, 두 사람은 서로의 전문성과 비전을 존중하며 협력 관계를 발전시켰다. 헨더슨은 WHO로 옮긴 후 전 세계적인 리더십과 조정 역할을 맡았고, 포이그는 아프리카 현장에서 혁신적인 전략을 수립하고 실행하며 천연두 박멸이라는 역사적 업적을 이루는 데 각각 기여하였다.[34] 전 세계적인 거대한 업적이나 사업들도 결국은 사람이 하는 일이다. 인류 역사의 수많은 성취와 진전의 뒤에는 그것을 위해 헌신하고, 길을 만들어 내면서 묵묵히 때로는 혁신적으로 일하는 사람들이 있기 마련이다. 공중보건의 수많은 역사와 스토리도 이런 사람들이 만들고 써내려 갔다. 소개한 두사람의 공중보건 의사들에 의해서 천연두 역사는 바뀌었고, 지구상의 마지막 천연두 환자였던 '알리 마오 마알린'에 의해 소말리아의 소아마비는 정복되었다. 다음 팬데믹 때 지구촌의 위기를 구해내며 공중보건의 새로운 역사를 써내려 갈 사람은 누구일까?

34 닥터 포이그는 그 후 카터 센터(The Carter Center)의 초대 사무총장 겸 보건정책 펠로우로 활동하면서 기니충 질환, 소아마비 등의 질병 퇴치 노력을 주도하였다. 그 이후 빌 게이츠 재단에서 고문으로 활동하며 백신 연구와 어린이 면역 프로그램을 지원하는 등 왕성한 활동을 하였다. 2012년, 76세 당시, 미국 시민에게 주어지는 최고 영예의 상인 대통령 자유 메달을 오바마 대통령으로부터 수여하였다. 닥터 포이그는 2025년 2월 현재 88세로 CDC가 있는 아틀랜타에서 살면서 강연, 자문, 공중보건 관련 행사를 통해 그의 경험과 지식을 공유하고 있다. 한편 닥터 헨더슨은 2016년 87세로 타계하였다.

Chapter 03
HIV: 끝나지 않은 팬데믹

HIV 장의 내용을 구상하면서 필자는 '21세기 현대인에게 가장 많이 알려진 질병 셋'이 무엇인지 AI에게 물어보았다. 1980년 초반에 발견된 HIV가 여전히 글로벌 톱3 질환에 포함되는지 알고 싶어서였다[35]. 두 개의 다른 AI에게 질문하였는데, AI-1은 코로나 19/심장병/HIV를, AI-2는 코로나 19/HIV/암을 답으로 제시하였다. 1980년대 초 이후 현재까지 약 4,200만명이 HIV로 인해 사망한 것으로 추정되며, 지금도 약 3,800만 명의 HIV 감염자가 있어 특히 보건 자원이 제한된 개발도상국에서 매우 중요하다는 설명이 뒤따랐다. HIV는 지난 40년간 괄목할 만한 치료법의 등장으로 치명적인 질환에서 벗어나 평생약을 복용하면서 관리할 수 있는 일종의 만성병으로 탈바꿈하였다. 그럼에도 불구하고 필자가 이 책에 HIV를 포함한 이유는 40여년의 시간이 지났지만 글로벌 톱3질환에 포함될 정도로 여전히 중요하다는 점 외에 두 가지가 더 있다. 다른 신종 감염병들과 다른 독특한 특징을 가지고 있으며, 또한 대응 정책에도 큰 변화가 있었기 때문이다. 그리고 HIV의 이 두 가지 고유한 특성과 대응 정책의 변화는 다음 팬데믹 대비 전략에 중요한 시사점을 제공하고 있다.

35 HIV는 '사람면역결핍바이러스(Human Immunodeficiency Virus)'를 뜻하는 바이러스 이름이며, AIDS(에이즈)는 '후천성면역결핍증(Acquired Immune Deficiency Syndrome)'으로, HIV 감염이 진행되어 면역체계가 심각하게 손상되고 특정 기회감염이 나타난 상태를 말한다. 이 책에서는 역사적 맥락과 대중적 용어 사용을 반영하여 'HIV' 혹은 'HIV 팬데믹'이라는 표현을 사용하되, 독자가 이해하기 쉽도록 경우에 따라 AIDS 혹은 에이즈 팬데믹과 같은 의미로 쓰였다.

1. 팬데믹의 또 다른 얼굴: 만성화된 위기

HIV의 첫 번째 특징은 감염이 서서히 점진적으로 진행된다는 점이다. 이러한 점진성은 감염된 개인의 병의 경과 뿐만 아니라 사회적으로 확산되는 과정에서도 관찰된다. 먼저, 환자 개인에게서 나타나는 점진적 진행을 살펴보자.

HIV에 감염된 후 처음 약 10년 동안은 별다른 증상이 없어 정상적인 생활을 이어갈 수 있다. 감염 사실을 모른 채 살아가는 경우가 많아, HIV 검사를 받지 않는 한 자신이 감염되었음을 전혀 인지하지 못하는 경우도 흔하다. 실제로 많은 감염자가 이러한 무증상 기간 동안 배우자나 성적 파트너에게 HIV를 전파하거나, 헌혈을 통해 수혈을 받는 사람들에게 감염을 확산시키는 경우도 발생한다. 그러나 항바이러스 치료를 하지 않으면 평균적으로 감염 후 약 10년이 지나면서 HIV 바이러스가 환자의 면역세포를 점차 파괴하면서 면역결핍 상태에 이르게 된다. 이로 인해 폐렴이나 결핵을 비롯한 다양한 소화기 및 피부 감염이 발생하며, 결국 이러한 이차 감염으로 인해 이차 감염 후 1~2년 내 거의 예외 없이 사망에 이르는 것이 HIV의 자연 경과이다[36]. 이렇듯 대부분의 감염병이 급성 질환인 데 반해, HIV는 만성 질환의 특성을 지닌 감염병이다[37].

다음으로 살펴볼 특징은 HIV가 사회적으로 확산되는 과정에서도 점진성을 보인다는 점이다. 병원체에 감염된 후 증상이 나타나기까지의 기간을 잠복기라고 하며, 이는 감염병의 사회적 확산에 있어 매우 중요한 요소다. 좀 더 쉽게 설명하면, 감염병의 확산 위험은 잠복기 동안에도 타인에게 감염을 일으킬 수 있는지 여부, 그리고 잠복기의 길고 짧음에 따라 크게 좌우된다. 인류가 감염병을 퇴치한다는 측면에서 가장 이상적인 것은 잠복기가 지나 증상이 나타난

---

36 HIV라는 명칭은 Human Immunodeficiency Virus(인간 면역결핍 바이러스)의 약자로, 이는 HIV가 인간의 면역 체계를 공격하고 특히 T-면역세포를 파괴함으로써 인체의 면역력을 점진적으로 약화시키는 특성을 반영한 이름이다. HIV 감염자가 치료를 받지 않을 경우, 결국 에이즈라고 알려진 후천성 면역결핍증후군(Acquired Immunodeficiency Syndrome, AIDS)으로 진행된다.

37 만성 질환에 속하는 감염병으로는 HIV외에 결핵, B형 및 C형 간염, 나병, 주혈흡충증 등이 있다.

후에야 비로소 전염성이 생기는 경우이다. 사스나 독감과 같은 많은 호흡기 감염병이 이에 해당한다. 2003년 사스 유행 당시, 전 세계로 확산되지 않고 20여 개국까지만 확산된 후 비교적 빠르게 종식될 수 있었던 이유는, 기침과 발열 같은 증상이 있는 환자만 감염력을 가졌기 때문이다. 즉, 유증상자를 적극적으로 찾아내 격리하는 방식으로 전파를 효과적으로 차단할 수 있었다. 반면, 증상이 없는 잠복기 동안에도 감염이 일어나는 경우는 인류에게 매우 불리한 시나리오다. 대표적인 예가 코로나 19다. 코로나 19에 감염된 사람이 증상이 전혀 없는 상태에서 마스크도 착용하지 않고 격리되지 않은 채 지역사회에서 정상적으로 활동할 경우, 타인에게 바이러스를 전파할 가능성이 매우 높다. 코로나 팬데믹의 경우 무증상 감염자에 의해 발생한 감염이 전체 감염의 약 40~50퍼센트를 차지하였다는 연구 결과도 있을 정도로, 잠복기간 동안의 감염 확산이 흔하였다. 이로 인해 지역사회 감염 차단이 사실상 불가능했고, 전 세계로 빠르게 확산되면서 불과 몇 주 만에 팬데믹으로 발전하였다. 잠복기가 길고 또한 무증상 감염이 활발하게 이루어지는 경우는 최악의 시나리오이며, 일종의 퍼펙트 스톰에 해당한다. 대표적인 예가 HIV다. 앞서 설명했듯이, HIV의 잠복기는 평균 10년으로 매우 긴데, 불행히도(바이러스 입장에서는 오히려 유리하게도) 이 기간 동안 감염이 활발히 이루어진다. 따라서 감염자는 자신이 감염되었다는 사실을 모른 채 수년간 성적 접촉이나 수혈 등을 통해 감염이 일어나면서 HIV가 전 세계로 확산되었다. 결국, 1990년대 말에서 2000년대 초 사이에 신환자 발생과 유병률이 최고조에 이르면서, 점진적으로 팬데믹 상황으로 이행해 갔다.

이처럼 HIV는 수개월에서 1~2년 만에 팬데믹으로 발전하는 다른 급성 감염병과 달리, 수십 년에 걸쳐 서서히 팬데믹으로 진행된 독특한 사례이다. 1980년대초 처음 발견된 이후 약 20여 년이 지나서야 감염률이 최고조에 도달하였으며, 지금도 여전히 많은 환자가 발생하며 팬데믹이 지속되고 있다.

HIV의 두 번째 특징은 사회경제적 요인과 밀접한 관련이 있다는 점이다. HIV의 발생은 단순히 의학적 요인에 국한되지 않으며, 사회적·문화적·경제적 요인과 깊이 연결되어 있다. HIV 감염은 성적 지향(동성애 등), 약물 사용, 성매

매 등과 밀접한 관련이 있으며, HIV 예방에 대한 지식 부족은 위험한 행동(예: 콘돔을 사용하지 않은 성관계, 안전하지 않은 주사기 사용)을 증가시켜 감염 위험을 높인다. HIV 감염 이후의 관리에서도 사회적 요인이 중요한 영향을 미친다. HIV 감염자에 대한 사회적 낙인과 편견은 감염자가 진단과 치료를 기피하게 만드는 주요 원인이 된다. 특히, 동성애자, 트랜스젠더, 성 노동자는 사회적 편견으로 인해 HIV 예방 및 치료에서 소외될 가능성이 더욱 크다. 또한, 저소득층은 진단·치료·예방 서비스에 대한 접근 기회가 제한되며, 이는 감염 확산을 더욱 심화시킨다. 이처럼, HIV는 단순한 의학적 질병이 아니라, 사회적 요소가 결합된 복합적인 감염병이라고 할 수 있다.

2. 예방에서 치료로: HIV 정책의 결정적 전환

국제사회가 HIV 사태에 대응하는 과정에서 두 차례의 중요한 패러다임 변화가 있었다.

첫 번째 변화는 HIV를 단순한 의료 문제가 아닌 사회적 문제로 인식하면서, 의료적 접근에서 사회·경제적 접근을 포함하는 포괄적 대응으로 전환된 것이다. 이러한 변화의 중심에는 1996년 유엔에이즈(UNAIDS)란 국제기구의 설립이 있었다. 유엔에이즈가 설립되기 전까지 HIV 예방 및 퇴치에서 가장 중요한 역할을 맡았던 기관은 WHO였다. WHO는 주로 글로벌 HIV 상황을 모니터링하고, 콘돔 사용을 통한 안전한 성행위를 강조하는 예방 정책에 집중하였다. 하지만 의료적 접근만으로는 HIV의 확산을 효과적으로 막을 수 없었고, 1990년대 초반에는 전 세계적으로 1,000만 명 이상의 HIV 감염자가 발생하며 상황이 더욱 악화되었다. 특히 아프리카 사하라 이남 지역에서는 감염자와 사망자가 급격히 증가하면서 심각한 공중보건 문제가 되었다.

HIV 확산은 단순히 개인의 행동 양식의 문제가 아니라, 사회·문화적 요인과 경제적 요인과 밀접하게 연관되어 있다. 따라서 HIV 예방 및 퇴치를 위해서는 의료적 접근뿐만 아니라 사회적·경제적 접근이 필수적이라는 공감대가 형성되었고, 이에 따라 1996년 유엔에이즈가 설립되었다. 유엔에이즈는 WHO를 비롯한 기존의 여러 유엔 기구와 협력하여 HIV 관련 정책을 조정하고, 사회적 요인에 초점을 맞춘 대응 전략을 추진하였다. HIV 감염자에 대한 사회적 낙인과 편견을 줄이기 위한 공공 캠페인을 전개하고, 지역사회와의 협력을 통한 예방 및 치료 프로그램 현지화를 추진하였다. 또한 취약 계층에 대한 지원을 강화하였고, 여성의 성적 자율성 증진 및 성폭력 방지를 위한 법적·사회적 조치를 강조하였다. 이러한 포괄적 접근을 통해 HIV에 대한 사회적 낙인을 줄이고, 더 많은 사람들이 검진과 치료를 받을 수 있는 환경이 조성되었다.

유엔에이즈는 1996년 설립 이후 글로벌 HIV/AIDS 대응을 주도하며, 의료적·기술적 접근을 강조하는 WHO와 협력하며 시너지를 창출하였다. 그러나 초기에는 두 기관 간 갈등과 긴장도 존재하였다. 유엔에이즈는 HIV를 사회·경제적 문제로 인식하고 다각적인 접근을 강조하였지만 WHO는 전통적으로 의료 중심의 접근 방식을 선호하였다. 또한, 두 기관 모두 HIV 대응을 위한 글로벌 기금이 필요했기 때문에 자원 확보를 둘러싼 경쟁도 있었다. 그러나 시간이 지나면서 두 기관은 공동 목표를 설정하고 협력을 강화해 나갔다. 특히, 유엔에이즈는 '90-90-90 목표'를 통해 글로벌 전략을 주도하였다.[38] WHO는 이에 맞춰 치료 및 예방 지침을 제공하며 유엔에이즈와 협력하였다. 현재 두 기관은 상호 보완적인 역할을 수행하며 협력 관계를 유지하고 있다.

두 번째 변화는 HIV 대응의 중심이 예방에서 치료로 전환된 것이다. 이러한 변화의 중심에는 WHO 사무총장 이종욱 박사가 있었다.

이종욱 박사는 한국 출신 의사로, 국제보건에 대한 관심과 열정을 바탕으로 1983년 WHO에서 일을 시작하였다. 이후 2003년, WHO 사무총장으로 선출되며 전 세계 공중보건 개선에 중대한 역할을 수행하였다. 이종욱 박사가 2003년

38 '90-90-90 목표'는 2020년까지 HIV 감염자의 90퍼센트가 검사를 통해 감염 여부를 알고, 그중 90퍼센트가 치료를 받고, 치료받는 사람의 90퍼센트가 치료에 성공하는 것을 의미한다. HIV와 관련해서 국제적으로 이처럼 명확한 성과중심의 목표가 세워진 것은 처음이었다.

7월 21일, WHO 제6대 사무총장으로 취임하던 날의 기억이 지금도 눈에 선하다. 필자는 당시 마닐라의 WHO 서태평양 지역본부의 결핵팀에서 일하고 있었는데, 인터넷으로 생중계된 신임 사무총장 취임식을 보게 되었다. 이종욱 신임 총장이 '향후 5년의 사무총장 임기동안 에이즈 치료에 집중하겠다'는 포부를 취임연설에서 밝히는 순간이었다. 그가 제시한 '3 by 5 이니셔티브(쓰리 바이 화이브 이니셔티브)'는 2005년까지 300만 명의 에이즈 환자에게 항레트로바이러스 치료제를 공급한다는 것을 의미하는데 이 전략이 발표된 2003년 당시 항레트로바이러스 치료를 받고 있는 사람은 전 세계적으로 약 40만 명에 불과하였다.[39] 따라서 2년 이내에 40만 명에서 300만 명으로 에이즈 치료를 확대한다는 거창한 계획을 세웠던 것이다. 그런데 이 발표와 동시에 필자의 옆방에서 취임 연설을 청취하고 있던 HIV팀의 일본인 의사 닥터 F가 필자의 방으로 달려와 소리쳤다. '닥터 안, 큰일났다. 믿을 수 없는 일이 벌어졌다.' 그동안 WHO나 유엔에이즈가 예방 중심의 정책을 강조하면서 치료쪽에 눈을 돌리지 않은 것은 치료제는 너무 비싸고, 개발도상국들은 재정이 부족해서 비용대비 효과적인 예방 사업(콘돔 사용, 보건 교육 등)에 집중했던 것인데 치료 중심으로 정책을 바꾸는 것은 거의 불가능한 과업에 도전하는 것이라면서 당혹감을 감추지 못하였다. 닥터 F는 필자와 개인적으로 가까워 평소에도 여러가지 이야기를 주고받는 사이인데, '가난한 개발도상국의 환자들에게 누가 그 비싼 치료제를 공급할 것인지, 6개월만 치료하면 끝나는 결핵과 달리 한번 약을 쓰면 평생 복용해야 하는데 과연 지속 가능할지, 6개월만 복용하는 결핵도 약제 내성이 생기면 치료가 실패로 끝나는데 평생 약을 먹어야 하는 항레트로바이러스 경우는 당

39 항레트로바이러스 치료제란 HIV 감염을 치료하는 약제군을 가리키는데, HIV가 레트로바이러스(Retrovirus) 계열에 속하는 바이러스이기 때문에 주어진 이름이다. 주된 치료 목표는 바이러스의 증식을 억제하여 인체의 면역이 저하되지 않게 함으로써 HIV나 에이즈의 합병증을 예방하는 것이다. HIV 감염자가 치료를 받지 않으면 감염 후 평균 생존기간이 약 8-12년 정도인데 반해, 항레트로바이러스 치료를 받은 그룹은 HIV에 감염되지 않은 일반 인구 그룹 대비 기대 수명이 거의 차이가 없을 정도로 획기적인 효과가 있다. 항레트로바이러스로 인해 HIV는 거의 반드시 조기 사망에 이르는 치명적인 질환에서 만성적으로 관리하면 되는 일종의 만성병의 일환이 되었다.

연히 약에 대한 내성이 생길텐데…'라면서 그가 생각하는 문제들을 길게 나열하였다. 듣고 보니 수많은 기술적, 재정적 문제들이 도사리고 있겠다는 생각이 들어 필자도 염려가 되었다.

HIV 치료제인 항레트로바이러스 약제는 1980년대 말 처음 개발되었지만, 당시 연간 치료비가 1만 달러 이상으로 북미나 유럽의 경제적으로 여유가 있는 환자들만 접근할 수 있는 약물이었다. 1990년대 중반에 이르러 여러 약제를 함께 사용하는 복합요법이 도입되면서 치료 효과는 향상되었지만, 연간 치료비는 2만 달러 이상으로 급등하였다. 이러한 비용 문제로 인해, WHO와 국제 보건 기구들은 개발도상국에서 에이즈 치료제를 보급하는 것은 현실적으로 어렵다고 판단하였다. 이에 따라, WHO는 치료보다 예방을 우선하는 전략을 수립하게 되었다. 즉, 콘돔 사용을 장려하고, 안전한 성관계를 교육하며, 감염 예방에 집중하는 방식이 HIV 대응의 핵심이 되었다. 하지만, 치료제가 존재함에도 불구하고, 수많은 에이즈 환자가 치료를 받지 못한 채 사망하는 현실은 비인도적이고 비윤리적이라는 비판을 피할 수 없었다. 2003년 당시 전 세계적으로 매년 100만 명 이상이 에이즈로 인해 사망하였으며, HIV 감염은 전 세계적으로 계속 증가하고 있었다. 하지만 항레트로바이러스 약제는 여전히 고가였고, 개발도상국에서 환자들에게 고가의 약을 보급하는 것은 요원한 일이었다. 그러나 2000년대 초반, 인도의 제약회사들이 특허 기간이 만료된 항레트로바이러스 약제의 복제약을 생산하면서 상황이 급변하기 시작하였다. 이 복제약은 연간 350달러, 즉 하루 1달러 수준까지 가격이 낮아졌으며, 이는 기존 치료비에 비해 획기적인 가격 인하였다. 그럼에도 불구하고, 이 금액조차 개발도상국의 가난한 HIV 환자들에게는 여전히 부담스러운 수준이었다. 비교하자면, 결핵 치료제는 6개월 동안 20달러 내외의 비용이 소요되며, 치료가 완료되면 복용이 끝나지만, 항레트로바이러스 약제는 HIV 바이러스의 활성을 억제하여 면역세포 감소를 막는 역할을 할 뿐, 완전한 치료가 불가능해 평생 복용해야 한다는 점에서 차이가 있었다. 이러한 이유로, HIV 치료제 보급은 단순한 의료 문제가 아니라, 국제사회에서 재정 지원과 정책적 결단이 필요한 과제가 되었다. 치료제를 안정적으로 공급하려면 국제기구, 공여국, 민간 재단 등의 지속적인 재정 지원이 필수적이었기 때문이다.

이처럼 어려운 상황 속에서도, 이종욱 신임 사무총장은 HIV 프로그램을 예방중심에서 치료중심으로 패러다임을 전환하는 것이야말로 당시 가장 심각한 국제보건 문제를 해결하는 핵심 과제라는 신념을 가지고 정면 돌파를 결심하였다. 그리고 그는 WHO 사무총장 취임식에서 에이즈 치료를 최우선 과제로 삼겠다는 비전을 발표하며, 돌아올 수 없는 루비콘의 강을 건넜던 것이다. 그리고 그의 야심찬 비전이 돌다리를 두드려 본 후에도 안 건넌다는 보수적인 일본인 의사의 눈에는 무모한 도전으로 비쳐졌던 것이다.[40] 이종욱 신임사무총장의 이러한 결단은 매우 과감한 도전이었으며, 국제 사회에서 큰 논란을 불러일으켰다. 특히, WHO 내부에서도 이처럼 고가의 치료제를 개발도상국에서 대규모로 보급하는 것이 과연 지속 가능한 전략인지에 대한 우려가 컸다. 그러나, 결국 이종욱 박사의 비전과 결단이 국제사회의 HIV 대응 전략을 근본적으로 변화시키는 계기가 되었다. 이후 WHO는 에이즈 치료제 접근성 확대를 위한 정책을 본격적으로 추진했고, 국제사회도 치료제 보급을 위한 재정 지원을 확대하게 되었다. 이러한 흐름 속에서, WHO는 HIV 감염자들이 치료제를 지속적으로 복용할 수 있도록 하는 장기적 정책을 수립하였으며, 에이즈 치료가 공중보건 차원에서 지속 가능한 전략이 될 수 있도록 하는 방향으로 패러다임이 변화하였다.

이종욱 박사의 WHO 사무총장 취임식 날, 그의 바로 뒷줄에는 한국계 미국인 의사, 닥터 김용이 자리하고 있었다. 김 용 박사는 하버드 의대 내과 교수이자, 국제보건 분야에서 영향력 있는 인물이었다. 그는 폴 파머와 함께 '파트너스 인 헬스(Partners In Health)'라는 보건의료 NGO를 공동 설립하였으며, 이후 페

40 (합리적인) 유럽인들은 돌다리를 두들긴 후 건너고, (조심성 많은) 일본인들은 돌다리를 두들긴 후 (괜찮은 것 같아 보여도) 안 건너고, (저돌적인) 한국인들은 돌다리를 두드려 보지도 않고 건넌다는 죠크를 들은 기억이 있다.

루에서 지역사회 보건요원을 활용한 다제내성 결핵 치료 모델을 성공적으로 구축하면서 국제 보건계에서 주목받기 시작하였다.[41] 이종욱 박사는 WHO 사무총장으로 선출된 직후, 김 용 교수에게 WHO HIV 프로그램 디렉터직을 맡아달라고 요청하였다. 김 용 박사는 이 요청을 흔쾌히 수락했고, 보스턴에서 제네바로 자리를 옮겨 WHO에서 새롭게 추진하는 '3 by 5 이니셔티브'의 책임자로 활동을 시작하였다. 당시 미국 정부는 '미국 대통령 긴급 에이즈 구호계획'이라는 대규모 프로젝트를 막 시작하는 단계였으며, 이를 위해 연간 150억 달러라는 막대한 예산을 투입할 계획이었다. 미국 정부와의 전략적 협력을 강화하고, 결핵 치료에서 성공했던 지역사회 기반 의료 모델을 HIV 치료에도 적용하기 위해 김 용이야말로 가장 적임자라고 판단한 이종욱 박사는 김 용 박사를 WHO로 영입하여 '3 by 5 이니셔티브'의 책임을 맡겼던 것이다.

2005년까지 300만 명의 에이즈 환자에게 항레트로바이러스 치료제를 제공한다는 '3 by 5 이니셔티브'의 목표 달성은 예상보다 2년 정도 늦춰지긴 하였지만, 이 프로그램은 HIV 환자의 치료 접근성을 획기적으로 개선하는 데 기여하였다. 또한, 단순한 치료 확대를 넘어, HIV를 전 세계적인 공중보건 위기로 인식시키고, 국제사회의 자원과 관심을 집중시키는 데 성공하였다는 점에서 높은 평가를 받았다. 더불어, 항레트로바이러스 약제에 대한 수요가 급증하면서, 개발도상국에서의 치료제 가격이 더욱 낮아지는 효과도 발생하였다. 즉, '3 by 5 이니셔티브'는 WHO 단독 프로젝트가 아니라, 유엔에이즈와 미국 대통령 긴급 에이즈 구호계획 같은 글로벌 파트너들과 협력하여 실행된 국제적 보건 전략이었다. 예방 중심에서 치료 중심으로 HIV 대응정책이 전환되면서 개발도상국 환자들의 에이즈 치료약제에 대한 접근성은 꾸준히 향상되었다. 현재 지구상에는 약 4000만 명의 HIV 환자가 있으며 이 중 77퍼센트인 3,070만 명이

41 폴 파머(Paul Farmer, 1959~2022)는 미국의 의사이자 인류학자로, 국제 보건분야에서 가장 영향력 있는 인물 중 한 명이다. 하버드 의대에서 의학과 인류학을 공부하였고, 아이티, 르완다 등 빈곤 지역에서 의료 서비스를 제공하는 데 평생을 바쳤다. 빈곤국가의 의료 불평등을 해소하는 데 많은 기여를 하였으며, '작은 변화를 위한 아름다운 선택', '감염과 불평등' 등 중요 저서를 남겼다.

항레트로바이러스 치료를 받고 있는것으로 추정된다. 현재 HIV로 인한 연간 추정 사망자는 약 65만 명으로 여전히 많지만 2000년 초반 '3 by5 이니셔티브' 직전의 약 200만 명에 비하면 현저히 줄어든 상태이다.

이종욱 박사는 2006년 5월, WHO 본부가 있는 스위스 제네바에서 뇌혈전 수술 중 합병증으로 갑작스럽게 세상을 떠났다. 그는 WHO의 '모든 사람에게 건강을' 이라는 비전을 실현하는 데 중요한 역할을 한 인물로 평가받고 있다. 한편, 김 용 박사는 '3 by 5 이니셔티브'의 기초를 놓은 후, 2005년 12월 WHO를 떠나 하버드 대학으로 복귀하였다. 이후 그는 다트머스 대학교 총장을 거쳐, 2012년부터 2019년까지 세계은행 총재를 역임하며 국제개발과 글로벌 보건 정책을 이끄는 중요한 역할을 수행하였다.

3. 다음 팬데믹에 백신이 없다면? HIV가 보여준 시나리오

HIV는 1980년대 초 처음 보고된 이후, 서서히 확산되다가 수년 후 모든 대륙에서 감염 사례가 나타났다. 수주 혹은 수개월 만에 팬데믹에 이르는 인플루엔자나 코로나 19 팬데믹과 달리, HIV는 점진적으로 퍼져 나가며 서서히 팬데믹 상황에 이르렀다. HIV 감염자의 관점에서 보면, 감염 후 최소 수년에서 평균 10년이 지나야 증상이 나타나면서 심각한 상태로 진행되는 만성 감염병의 일종이다. 이는 수일 혹은 수주 내에 급성 감염 상태로 악화되는 대부분의 감염병과는 차이가 있다. 다음 팬데믹이 급성 감염병일 가능성이 높지만, HIV처럼 만성적이고 점진적으로 확산되는 팬데믹이 발생할 가능성도 배제할 수 없다. 만약 다음 팬데믹이 만성형으로 점진적으로 진행된다면, HIV 사례는 중요한 반면교사가 될 것이다.

감염병 대응에서 인류가 사용할 수 있는 전략은 크게 세 가지다. 첫째는 행동 변화에 기반한 감염 예방이다(예: HIV - 콘돔 사용, 안전한 주사기 사용/코로나 19: 마스크 착용, 휴교, 사회적 거리두기). 둘째는 백신 개발 및 접종이다(예: 코로나 19 - 백신이 팬데믹을 종식하는 핵심 역할 수행). 셋째는 치료제 개발 및 복용이다(예: HIV - 초기에는 예방에 초점을 맞췄으나, '3 by 5 이니셔티브' 이후 치료 전략으로 전환). 이러한 경험을 바탕으로, HIV 팬데믹이 다음 팬데믹 대응에 주는 시사점은 크게 두 가지로 요약할 수 있다.

첫째, 백신 개발이 불가능할 수도 있다. 백신은 감염병 대응에서 가장 강력한 무기지만, HIV 백신 개발은 40년이 넘도록 실패하고 있다. 그 이유는 HIV 바이러스의 특성 때문인데 다음의 세 가지가 주된 이유이다. 첫째, HIV 바이러스는 돌연변이가 매우 빠르게 일어나며, 바이러스 표면 단백질의 구조가 지속적으로 변하기 때문에 단일 백신으로 모든 변종을 예방하는 것이 어렵다. 둘째, HIV는 숙주의 T-세포(면역세포)에 장기간 잠복할 수 있어, 백신이 제대로 작동하지 못한다. 셋째, 백신의 기본 원리는 면역 체계를 강화해 감염을 예방하는 것이지만, HIV는 면역세포 자체를 공격해 면역력을 약화시키므로, 백신 효과가 나타나지 않을 가능성이 크다. 이러한 이유로, HIV 백신 개발에는 수십 년간 막대한 자금과 연구 인력이 투입되었음에도 불구하고, 여전히 성공하지 못하고 있다. 최근 mRNA 백신 기술이 코로나 19 백신 개발에 기여하며 새로운 가능성을 열었지만, HIV의 특성을 고려할 때 mRNA 백신으로도 단기간 내 백신 개발이 가능할 것이라고 보는 전문가는 드문 편이다. 이러한 HIV 백신 개발의 어려움은 다음 팬데믹에서도 코로나 19처럼 백신의 도움을 받아 빠르게 종식될 것이라는 기대가 이루어지지 않을 수도 있음을 시사한다. 만약 다음 팬데믹이 발생했을 때 백신 개발이 실패한다면, 인류는 어떤 대안을 마련해야 할까?

둘째, 치료제가 팬데믹의 게임 체인저가 될 수도 있다. 코로나 19와 달리, HIV 팬데믹에서 가장 결정적인 돌파구는 백신이 아닌 치료제였다. HIV 치료제인 항레트로바이러스 약제는 초기에는 면역세포 수가 매우 낮아진 환자들에게만 제한적으로 제공되었다. 왜냐하면 약물의 부작용과 고가의 치료 비용으로 인해, 질병이 상당히 진행된 환자들에게 우선적으로 제공해야 한다는 판단 때문이었다. 그러나 2010년 전후부터 여러 연구와 임상 시험을 통해 조기 치료의 중요성이 입증되면서, HIV 치료 전략이 크게 변화하였다. 가장 획기적인 연구는 2011년 미국 노스캐롤라이나 대학교의 마이런 코헨 박사가 주도한

'HPTN 052' 임상 시험이었다.[42] 이 연구에서, 항레트로바이러스 치료가 단순히 환자의 건강을 개선하는 것뿐만 아니라, HIV 전파 위험이 96퍼센트나 감소된다는 사실이 입증되었다. HIV 치료를 조기에 시작하면 감염 전파 자체를 차단하는 효과가 있음이 확인되면서, '치료가 곧 예방'이라는 개념이 확립되었다. 이 연구 결과는 게임 체인저로 평가받으며, 전 세계 HIV 예방 정책과 치료 지침을 획기적으로 변화시켰다. 기존에는 HIV 감염자의 면역세포가 크게 감소해야 치료를 시작하는 '지연 치료' 전략을 권장하였지만, 2013년 WHO는 HIV 감염자는 지체 없이 치료를 시작해야 한다는 '조기 치료' 정책으로 전환하였다. 조기 치료를 받으면, HIV 감염자의 기대수명이 일반인과 거의 동일한 수준으로 연장되지만, 치료가 늦어지면 수년에서 최대 20년까지 조기 사망할 가능성이 크다는 연구 결과가 발표되었기 때문이다. WHO는 이후 면역세포 감소 여부와 관계없이, 모든 HIV 감염자에게 조기 항레트로바이러스 치료를 권장하는 방향으로 치료 지침을 수정하였다. 즉, HIV 백신 개발에는 실패하였지만, 획기적인 치료제의 개발 덕분에 인류는 HIV 팬데믹을 서서히 극복해 나가기 시작한 것이다.

HIV는 백신이 아닌 치료제가 팬데믹 대응의 중심 전략이 될 수도 있음을 보여주었다. 코로나 19 팬데믹에서는 백신이 결정적인 역할을 하였지만, 다음 팬데믹에서는 백신이 개발되지 않을 수도 있고, 오히려 치료제가 팬데믹을 통제하는 핵심 도구가 될 가능성도 있다. 다음 팬데믹의 게임 체인저는 무엇이 될 것인가? 다음 팬데믹이 찾아왔을 때, 우리는 어떤 전략을 준비해야 할까?

---

42 마이클 코헨은 HIV 감염자가 조기에 치료를 시작했을 때, 성적 접촉을 통한 HIV 전파를 얼마나 효과적으로 줄일 수 있는지 평가하기 위한 연구를 하였다. 이를 위해, 조기치료그룹(HIV에 감염되었지만 여전히 면역기능이 괜찮은 환자들을 대상으로 치료)과 지연치료그룹(면역세포가 많이 파괴되어 면역기능이 낮은 환자들을 대상으로 치료)으로 나누어서 각각의 결과를 비교하였다. 이 연구는 총 1,763쌍의 커플이 참여한 첫 번째 대규모 무작위 임상 시험으로 2005년부터 2010년까지 9개국(아프리카, 아시아, 아메리카) 13개 지역에서 진행되었다. 그 결과 치료를 조기에 시작한 그룹에서 HIV 전파 위험이 96퍼센트 감소했음이 확인되어 센세이션을 일으켰다. 그전까지만 해도 HIV 예방을 위해선 콘돔을 사용하거나 마약 환자들이 주사기를 공유하지 못하도록 하는 것이 중요하다고 생각했었고, 치료는 단지 환자의 생명 지연 역할만 한다고 믿었었는데, 놀랍게도 조기치료가 강력한 예방 효과를 갖는다는 사실이 밝혀진 것이다.

박스 4 바탐방의 비극, 크리스마스의 경고

"닥터 안, (캄보디아) 보건부 장관입니다. 긴급히 의논할 일이 있는데 오늘 오후 보건부로 좀 와 주시면 좋겠습니다. 바탐방 지역에 발생한 HIV 대량 환자 상황이 점점 안 좋아지고 있습니다. 필요하면 다른 유엔 기관 대표들에게도 연락하셔서 같이 오셔도 괜찮습니다." 긴장된 그 전화를 받은 것은 2014년 크리스마스를 며칠 앞둔 어느 날이었다.

12월 초부터 캄보디아 북부의 바탐방 지역에 원인 모를 괴질이 확산되고 있다는 루머가 있었고, 12월 9일 캄보디아 현지 언론은 바탐방주에 위치한 주민 약 2,300명의 작은 록사이 마을의 수십명 주민이 HIV 양성 판정을 받았다는 소식을 처음 전하였다. 그리고 장관의 전화를 받기 하루 전인 12월 20일, 영국 BBC가 캄보디아의 한 작은 마을에서 벌어지고 있는 수수께끼 같은 HIV 대량 감염 사태가 약 100명에 이른다는 보도를 하면서 사태는 일파만파 확산되어 갔었다. 주민수 2천 명 남짓한 작은 규모의 마을이라 HIV 환자가 가령 십년 동안 수명만 발생해도 다른 지역에 비해 많이 발생하는 것인데, 불과 수주 사이에 100명 가량의 환자가 발생하였으니 실로 엄청난 사건이 터진 것이었다. 더군다나 전체 환자의 약 40퍼센트는 HIV의 전형적인 감염경로인 성적 접촉과는 거리가 먼 노인층과 어린아이였다. 또한 전체 환자의 반 이상이 여성이었는데 이들은 하나같이 품행이 보수적인 전형적인 시골 여성들이었다. 처음 HIV 양성으로 확인된 환자는 74세 노인이었는데, 그의 동거 가족 2명도 HIV 양성이었다. 외딴 시골의 평화롭고 조용한 마을에서 상상조차 할 수 없는 재앙이 발생한 것이었다.

캄보디아 유엔에이즈의 대표에게 급하게 전화를 해서 장관의 메시지를 전했고, 그날 오후 같이 보건부 장관실로 향하였다. '록사이 지역에서 활동하는 55세의 무면허 의사가 주사기 바늘을 소독하지 않고 여러 사람에게 사용하면서 HIV 바이러스가 걷잡을 수 없이 확산된 것으로 파악하고 있습니다. 외국 언론 기관들이 어제부터 보도를 시작하였고, 훈센 수상께서도 사태를 염려하고 계십니다. WHO는 정확한 실태 파악을 위한 역학조사와 HIV 양성자에 대한 치료를, 유엔에이즈는 패닉 상황의 지역 주민들에 대한 사회경제적 조치를 어떻게 하면 좋을지에 초점을 맞춰서 지원과 협력을 해주기를 기대합니다.'

다음날 아침, WHO 서태평양 지역을 총괄하고 있는 신영수 사무처장의 전화를 받았다. "상황이 심각해 보이는데 필요하면 내가 직접 캄보디아를 방문할 수도 있겠습니다. 상황 파악이 끝나는 대로 어떻게 대처해 나가야 할지 계획을 세워 공유해 주세요. 서태평양 지역본부도 필요한 모든 지원을 아끼지 않겠습니다." 필자는 1995년 마닐라의 WHO 서태평양 지역본부에서 결핵 담당 전문가로 일을 하게 되면서 국제보건의 길로 들어 섰다. 첫 10년은 결핵프로그램을 위해 일을 하였다. 마닐라를 거점으로 아시아와 태평양 섬나라 37개 국가의 국가결핵사업을 지원하는 것이 주된 일이었다. 일년에 100일 가량의 출장을 통해 결핵이 만연한 지역 내 국가들을 방문하여 결핵 상황을 파악하고, 각 국가의 결핵사업을 위한 기술과 정책자문을 하는 것이 주된 일이었다. 그리고, 2005년부터는 국가 사무소에서 일하면서 라오스, 피지에 이어 캄보디아에서 일하던 중 HIV 집단감염 사태가 발생하였다. 2005년 이후 2014년 HIV집단감염 사태가 있기까지 지역본부가 있는 마닐라를 떠나 필드사역을 주로 하였던 지난 9년간 필드의 보건의료 사태로 인해 지역 사무처장으로부터 직접 전화를 받기는 처음이었다. 그만큼 흔치 않은, 하지만 무척 중요한 상황이 전개되고 있었던 것이다.

캄보디아는 킬링 필드의 아픈 역사를 갖고 있다. 1970년대 후반의 킬링 필드 대학살 이후, 1990년대 초반의 근대 국가 잉태 과정에서의 부정적인 열매의 하나로 HIV 왕국이 된 캄보디아는 HIV 퇴치를 국가적 어젠다로 세우고 많은 노력을 기울여 왔다.[43] 그 결과 2010년경에는 HIV가 상당히 감소하여 HIV퇴치의 모범 사례로 인정받고 있었다. 그러던 와중에 상상할 수 없는 HIV 집단감염 사태가 북부 바탐방 지역의 한 작은 마을에서 발생한 것이었다.

역학조사는 캄보디아 HIV 역학 최고 전문가인 닥터 본타낙이 이끄는 역학팀과 WHO 캄보디아 사무소의 HIV 담당자인 닥터 F가 맡았다. 닥터 본타낙은 미국 UCLA에서 역학박사를 받고 귀국하여 캄보디아 보건과학대학교 총장을 역임하고 있었다. 캄보디아 보건부와 WHO 합동 역학조사팀의 본격적인 활동이 장관과의 미팅 이후 전개되었다. 마닐라에 있는 WHO 서태평양 지역본부도 역학조사를 기술적으로 지원하였다. WHO 캄보디아 사업을 총괄하고 있던 필자는 장관과의 면담 직후 3시간반 가량 차를 타고 바탐방으로 향하였다. 12월 23일 오후에 사태의 진원지인 록사이 마을에 도착하여, 지역 보건소 소장으로부터 상황 브리핑을 들었다. 캄보디아 농촌 지역은 의료서비스 접근성이 낮아, 많은 주민들이 면허없는 저렴한 무허가 의료인을 이용하는 경우가 많은데, HIV에 감염된 의료도구(주사바늘이나 수액용 정맥주사 도구 등)를 소독없이 재사용하면서 혈액을 통해 HIV 바이러스가 확산된 것으로 알려 졌다.[44] 원인은 파악되었지만 그 지역의 얼마나 많은 사람이 감염되었는지, 그리고 이를 파악하기 위해 얼마나 넓은 지역의 사람에게 HIV 검사를 시행해야 할것인지 등 많은 의견들이 보건부-WHO 합동 역학조사팀내에서 오갔다. 새해초까지 약 2주간 지속적으로 검사를 확대하면서 데이터 결과를 분석한 후 다음 검사의 범위 확대 여부를 결정하기로 의견이 모아졌다.

필자는 24일 크리스마스 이브를 바탐방에서 보내고 25일 프놈펜으로 올라가기로 하였다. 닥터 본타낙과 닥터 F를 24일 저녁 식사에 초대하였다. 가족들과 떨어져 크리스마스 휴일을 보내고 새해 초까지 바탐방에 머물면서 합동조사팀을 이끌게 될 두사람에게 고마움을 표하고, 미안

43 1975-1979년의 킬링 필드 대학살의 주역이었던 폴포트 정권이 베트남의 개입으로 무너진 후, 약 10년간의 내전이 1980년대에 있었다. 그 이후 내전 종식과 유엔 감시하의 민주화 절차를 위한 파리 협정이 1991년 체결되었고, 파리 협정에 따라 1990년대 초반 유엔평화유지군이 캄보디아에 주둔하게 된다. 유엔 평화군의 활동은 캄보디아 민주화에 많은 도움을 주었지만, 유엔 평화군 도입 이후 캄보디아의 HIV 감염자가 급증을 하였다. HIV에 감염된 상태에서 캄보디아에 도착했거나, 태국과 같은 인접 국가에서 구위험 성접촉 이후 캄보디아로 돌아온 평화 유지군의 일부가 바이러스 확산을 촉진한 것으로 알려졌다. 그 이후 캄보디아는 아시아에서 HIV가 가장 높은 국가 중 하나가 되었다.

44 HIV는 그 특성상 감염이 되더라도 약 10년간 아무 증상이 없기 때문에 아마도 수년에 걸쳐 이 지역의 많은 사람들이 이런 비위생적인 의료행위로 인해 감염이 된 것으로 추정되었다.

한 마음을 스스로 달래기 위해 조촐하나마 저녁 대접을 하였다. 프놈펜에 있는 가족과 떨어진 채 캄보디아 북쪽의 작은 소도시에서 크리스마스 이브를 맞은 세 사람은 HIV 이야기로 시작해서 그동안의 인생 여정, 은퇴 후의 꿈과 계획까지 밤 늦도록 이야기하면서 색다른 크리스마스 이브를 전혀 뜻밖의 곳에서 보냈다.

2015년 2월 말까지 바탐방의 광범위한 지역에서 HIV 검사가 진행되었다. 총 8,893명의 지역주민이 검사를 받았고, 이 중 242명이 HIV양성으로 판정되었다.[45] 양성 환자의 바이러스 DNA 검사결과 대부분의 환자가 동일 바이러스에 의해 감염된 것으로 판명되어 소독하지 않은 주사기 바늘의 사용(정맥주사나 근육주사)에 의한 감염을 뒷받침하였다. 환자의 약 80퍼센트는 록사이 마을 출신이었다. 캄보디아 정부 당국은 바탐방 도립병원을 통해 항바이러스 치료제를 무료로 공급하기 시작하였다. 집단감염 사태 이후 보건부는 모든 의료 행위의 등록 및 감시를 강화하고, 불법의료 행위 및 무자격 의료인의 단속을 강화하여 2016-2018년까지 수백 건의 불법의료 행위를 적발하였다. 2015년 이후 캄보디아 의료 기관에서의 주사기 재사용이 급감하였다. 주민들에게 수십 년간 비위생적인 주사기를 사용하여 HIV 집단감염 사태를 일으킨 비면허 의료인 엠 찌린은 2014년 12월 22일 체포되었고, 재판을 거쳐 약 1년 후인 2015년 12월 3일 25년의 징역형을 선고받았다.

---

45 Mean Chhi Vun. Cluster of HIV infection attributed to unsafe injection practices-Cambodia, Dec 1, 2014- Feb 28, 2015. MMWR. Feb 19, 2016.

02

21세기 신종 감염병의 첫 물결

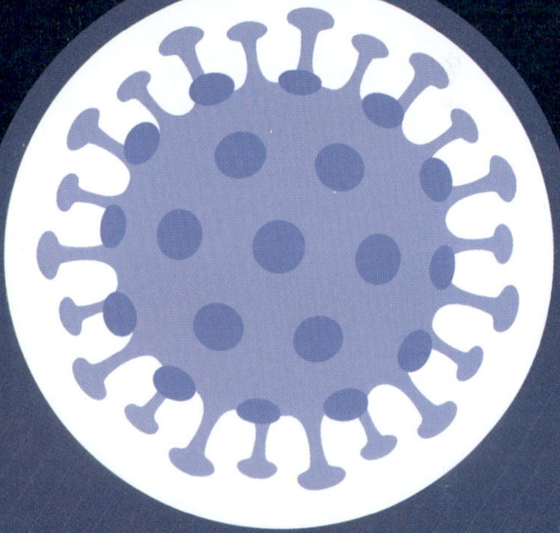

- **4장** 사스: 21세기 신종 감염병 시대의 서막
- **5장** 신종 플루 대유행: 과대평가된 위협
- **6장** 서아프리카 에볼라 사태: 비극과 교훈

Chapter 04
사스: 21세기 신종 감염병 시대의 서막

2002년 11월 중순, 중국 광둥성에서 원인을 알 수 없는 비정형 폐렴 환자가 증가하기 시작하였지만, 광둥성 보건당국은 별다른 조치를 취하지 않았다. 그러던 중, 광둥성 메모리얼 병원에서 폐렴 환자를 진료하던 64세 의사 류 젠룬이 가족 결혼식 참석을 위해 2003년 2월 22일 홍콩을 방문하면서 사태가 급변하였다. 닥터 류는 홍콩 메트로폴 관광호텔에 투숙하였는데, 호텔에 도착한 직후부터 고열과 기침 등의 증상을 보이기 시작하였다. 증상은 점차 심해졌고, 결국 홍콩의 종합병원에 입원하였지만 며칠 후 폐렴으로 사망하였다[1]. 문제는 그가 투숙했던 호텔에서 같은 층에 머물던 투숙객 10여 명이 감염되었다는 점이었다. 이들 중에는 캐나다, 미국, 싱가포르, 베트남 국적의 여행객들이 포함되어 있었다. 이들은 자신이 사스(SARS)라는 신종 바이러스에 감염되었음을 모른 채 각자의 나라로 돌아갔고, 이로 인해 사스는 아시아를 넘어 유럽과 캐나다 등으로 확산되기 시작하였다.

메트로폴 호텔에서 감염된 미국인 사업가 조니 첸은 홍콩에서 베트남으로 이동하였다. 그러나 하노이에 도착한 후 발열과 함께 몸 상태가 급격히 악화되었고, 2월 26일 하노이 프랑스 병원에 입원하였다. 폐렴 치료를 시작하였지만 상태가 전혀 호전되지 않자, 프랑스인 담당 의사는 WHO 베트남 사무소의 열

1 Joseph S.M. Peiris et al. The Severe Acute Respiratory Syndrome. N Engl J Med, 349(25): 2431-41: 2003 Dec 18.

대의학 전문가, 이탈리아 출신의 카를로 어바니에게 연락하여 의견을 구하였다. 닥터 어바니는 환자를 진찰하는 즉시, 매우 전염력이 높은 새로운 감염병이 출현했음을 직감하였다. 그는 즉각 WHO에 보고하여 새로운 병원체의 정체를 규명하는 프로세스를 시작하도록 조치하였다. 또한, 병원 내 감염을 최소화하기 위해 의료진에게 감염 관리 강화를 권고하고, 예방 조치를 즉시 시행하도록 요청하였다. 그러나 첸은 결국 3월 13일 폐렴으로 사망하였다. 더욱 안타까운 것은, 그를 진료하던 닥터 어바니도 같은 질병에 감염되어 3월 29일 사망하였다는 점이다.

1. 신종 감염병의 시대가 열리다

2003년 3월 15일, WHO의 브룬트란트 사무총장은 긴급 성명을 발표하였다. "최근 몇 주 동안, '사스'라는 비정형 폐렴 환자가 중국, 홍콩, 캐나다, 싱가포르, 태국, 베트남 등지에서 약 150명이 발생하였다. 그러나 병원체의 정체가 아직 밝혀지지 않았고, 전파 속도가 빨라 전 세계 보건의료 체계를 위협하고 있다. 이에 따라, 여행자들에게 특별 가이드라인을 제안한다."는 내용이었고, WHO는 여행자들에게 다음과 같은 지침을 권고하였다: 38도 이상의 발열 및 기침이나 호흡곤란 증상이 있는 사람은 즉시 보건당국에 보고할 것, 최근 사스 발생 지역을 방문했거나, 사스 환자와 접촉한 경우 의료 조치를 받을 것, 더 이상의 여행을 자제할 것.[2] WHO가 감염병 확산을 이유로 여행자들에게 특별 가이드라인을 발표한 것은 매우 이례적인 조치였다. 이에 따라, 전 세계 언론이 사스와 관련된 상황을 긴급 보도하기 시작하였다. 그러나 이때만 해도, 사스가 향후 전개될 '신종 감염병 시대'를 알리는 서막이 될 것이라고 예상한 사람은

2 World Health Organization. World Health Organization issues emergency travel advisory, Severe Acute Respiratory Syndrome(SARS) spreads worldwide [Internet]. 2003 Mar 15 [cited 2025 Sep 26]. Available from: https://www.who.int/news/item/15-03-2003-world-health-organization-issues-emergency-travel-advisory

많지 않았다.

신종 감염병은 새로 생긴 감염병이나(HIV, 니파 바이러스 등) 기존의 감염병(뎅기열, 말라리아 등) 등 특별한 조치를 취하지 않으면 다른 지역으로 확산되어 사회적 위협을 초래할 가능성이 많은 질환들을 통칭한다. 1940년 이후, 2000년대 초까지 약 330종의 신종 감염병이 보고되었으며, 그 발생 빈도는 점차 증가하는 추세였다.[3] 1940년대는 연평균 20종류가 발생하였지만, 1980-1990년대는 연평균 80종류로 증가하였다. 이 중, 인류에게 가장 심각한 영향을 미친 감염병은 단연 HIV였다. 1980년대 초 지구상에 처음 등장한 이후, 전 세계로 확산되며 약 4,200만 명 이상의 사망자를 초래하였다. HIV 신규 감염은 1995년경 정점을 찍은 후 점차 감소했고, 2000년대 초부터 항레트로바이러스 치료제 보급이 확대되면서 사망자 수도 줄어들기 시작하였다. 치료제가 등장하면서 HIV는 점차 '치명적인 감염병'에서 만성질환으로 인식되기 시작했고, 미디어의 관심에서도 멀어졌다. HIV이외에 다른 신종 감염병들도 있었지만 다른 국가로 확산되지 않고 끝난 경우가 대부분이어서 신종 감염병이란 단어 자체가 미디어를 통해 일반인에게까지는 잘 안 알려진 채 21세기를 맞이하였다.[4] 그러나 2003년 사스가 단기간 내 29개국으로 확산되면서, 감염병이 단순한 보건 문제가 아니라 사회·경제적으로 심각한 영향을 미칠 수 있음을 깨닫는 계기가 되었다. 이는 '세계화 시대의 감염병 위기'라는 새로운 국면을 맞이한 순간이었다. 이러한 점에서, 사스는 신종 감염병 시대의 서막을 알리는 신호탄이었다.

2003년 3월 15일, WHO는 정체불명의 폐렴을 사스(SARS, Severe Acute Respiratory Syndrome)라고 공식 명명하였다.[5] 이후, 여러 국가의 WHO 협력 연구

---

3 Kate E. Jones, et al. Global trends in emerging infectious diseases. Nature, Vol 451|21. February 2008.

4 예를 들어 니파 바이러스 1998년 말레이지아에서 처음 발견된 이후 싱가폴까지만 확산되었고, 1999년 미국 뉴욕시에서 발생한 Western Nile virus는 62명의 환자와 6명의 사망자가 발생하였지만 다른 지역으로 확산되지는 않았다.

5 코로나 19 팬데믹의 원인 바이러스도 같은 코로나 계열의 바이러스로 SARS-CoV-2라 명명되었다. 사스 바이러스는 SARS-CoV-1이라 명명되었다.

소에서 환자의 가래와 폐 조직에서 DNA를 분석한 결과, 사스의 원인 병원체는 코로나 바이러스 계열에 속하는 새로운 바이러스라는 사실이 4월 12일 밝혀졌다. 추가적인 역학 조사 결과, 바이러스는 박쥐에서 유래하여, 사향고양이(Civet Cat)로 전파된 후 인간에게 감염된 것으로 추정되었다. 사향고양이를 식용으로 판매하는 수산시장과 음식점을 통해 바이러스가 확산되었으며, 이를 통해 사스가 인간 사회로 퍼져나가 팬데믹을 촉발한 것으로 밝혀졌다.[6] 사스의 등장은 세계화 시대의 감염병 확산 속도가 얼마나 빠를 수 있는지를 경고한 사건이었다. 사스 이후, 조류 독감(2004~2006년), 신종 플루 대유행(2009년), 서아프리카 에볼라 사태(2014~2016년)에 이어 코로나 팬데믹(2020~) 등이 연이어 발생하며, '신종 감염병 시대'가 본격적으로 열리게 되었다.

2. 인수공통 감염병은 왜 증가하는가

20세기 중반 이후, 신종 감염병은 꾸준히 증가하고 있다. 이를 이해하기 위해 먼저 신종 감염병의 발생 기전을 살펴본 후, 그 증가 원인을 분석해 보자. 신종 감염병의 대부분(약 70퍼센트)은 인수공통 감염병에서 비롯된다. 인수공통 감염병이란 동물(주로 포유류)과 사람 모두에게 발생하는 감염병을 의미하며, 일반적으로 동물에서 사람으로 전파된다. 광견병, 조류독감이 대표적인 예이다. 예를 들어, 광견병은 감염된 개에게 사람이 물릴 경우 발생하지만, 사람 간 전파는 이루어지지 않아 광범위한 확산이 어렵다. 조류독감 역시 비슷한 패턴을 보인다. 조류독감 바이러스에 감염된 닭을 다루던 사람이 감염될 수 있지만, 이후 사람 간 전파는 거의 발생하지 않는다. 환자의 호흡기를 통해 가족 등 주변 사람들에게 일시적으로 전파될 가능성은 있으나, 대부분 인간 면역 체계에 의해 바이러스가 사멸하여, 사람 간 확산은 극히 드물다. 그러나 일부 인수공통 감염병은 사람 간 전파가 가능하며, 이 경우 감염병이 대규모로 확산되어

6 중국 광동성은 광동식 중국 음식으로 유명한데 야생동물을 별미로 즐기는 미식가들이 많이 방문하는 곳이기도 하다.

사회적 파장을 초래할 가능성이 크다. 사스, 메르스, 에볼라, 코로나 19, HIV 등이 이에 해당한다. 이러한 감염병들은 박쥐, 낙타, 침팬지, 원숭이, 사향고양이 등의 야생동물에 기생하던 병원체가 숙주의 종을 바꾸는 데 성공하면서 인간 사회에 정착한 사례들이다. 일부는 메르스처럼 국지적 유행으로 끝나기도 하지만, HIV나 코로나 19처럼 전 세계적 팬데믹을 초래하기도 한다.

그러면 최근 인수공통 감염병이 증가하는 이유는 무엇일까? 크게 세 가지 요인을 들 수 있다.

첫째, 인구 증가와 그로 인한 환경의 변화 때문이다. 인구가 증가하면서, 사람들이 주거지와 농경지를 확장하며 자연과의 접촉이 늘어나고 있다. 특히, 밀림을 개척하여 새로운 경작지를 확보하면서, 인간과 야생동물 간 접촉 빈도가 증가하였다. 그 결과, 동물의 바이러스가 인간에게 전파될 기회도 증가한다. 이것의 전형적인 예가 1960년대에 말레이지아에서 발생한 니파 바이러스(Nipah virus) 감염이다. 인구 증가로 인해 말레이시아에서 농경지 확장이 진행되었고, 이는 야생 박쥐와 인간 사이의 접촉을 증가시켜 박쥐에 기생하던 니파 바이러스가 인체에 감염을 유발하였다. 또한, 인구 증가로 인해 동물성 단백질(육류)의 수요가 급격히 증가하면서, 공장식 축산(대규모 동물 사육 시스템)이 등장하게 되었다. 이는 닭, 돼지, 소 등을 좁은 공간에서 밀집 사육하여 생산성을 극대화하는 방식인데 비좁고 비자연적인 환경에서 사육되면서, 동물들이 스트레스와 질병에 취약해지며, 밀집 사육으로 인해 조류독감, 구제역 등 전염병 발생 위험이 증가한다. 또한 동물들에게 항생제를 남용하여 동물들에서 항생제 내성균 출현 가능성이 높아진다.

둘째, 세계화와 도시화의 가속화 때문이다. 1980년 이후, 세계화와 도시화가 급격히 진행되면서 감염병 확산 속도와 규모가 더욱 커지고 있다. 한 국가의 특정 지역에서 발생한 감염병이 지역적 문제로 끝나지 않고, 비행기, 국제무역, 여행 등을 통해 다른 대륙으로 빠르게 확산되면서 문제의 심각성이 커졌다. 서아프리카 에볼라 사태(2014~2016년)가 좋은 예이다. 이전까지 에볼라는 아프리카 일부 지역에서만 국지적으로 발생했으나, 2014년 서아프리카 에볼라 사태에서는 감염이 도시로 확산되면서 유례없는 대규모 유행이 발생하였다.

셋째, 기후 온난화로 인해 곤충 매개 감염병(모기, 진드기 등)의 발생 빈도가 증가하고 있다. 기온이 상승하면 모기와 같은 질병 매개체가 번성하며, 이들의 서식지가 열대·아열대 지역에서 온대 지역까지 확장되면서, 말라리아, 뎅기열, 지카바이러스 등 감염병이 증가하는 경향을 보인다. 생태학자 엘리자베스 로는 신종 감염병 발생의 여러 요인을 정량적으로 분석한 결과, 서식지 개척, 농업 집약화, 국제 여행 및 교역 증가, 항생제 남용, 기후변화의 순으로 신종 감염병 증가의 주요 원인을 기술하였는데 기후변화는 전체의 6퍼센트를 차지하였다.[7]

위에서 살펴본 신종 감염병 증가의 주요 요인들은 단기간에 해결할 수 있는 문제가 아니다. 세계 인구는 2050년까지 97억 명에 이를 것으로 예상되며, 인구 증가는 주로 아프리카에서 집중적으로 이루어질 것으로 전망된다. 따라서 동물성 단백질(육류)에 대한 수요가 증가할 것은 자명하며, 공장식 축산과 대규모 가축 사육이 지속될 가능성이 높다. 세계화와 도시화는 계속 진행 중이며, 팬데믹 이후에도 '탈세계화' 현상은 나타나지 않았다. 2024년 현재, 세계 인구의 55퍼센트가 도시에 거주하고 있지만, 2050년에는 약 70퍼센트의 인구가 도시에 거주할 것으로 예상된다. 또한, 기후 온난화를 막기 위해 2016년 파리 기후협정에서 '2050년 탄소 배출량 제로' 목표를 설정하였으나, 최근 2~3년간 각국가 간 탄소 배출을 줄이기 위한 노력의 후퇴 상황을 보면 2050 목표 달성 가능성은 점점 희박해지고 있다. 앞으로의 문명화 과정과 인구 증가, 기후 변화의 방향을 고려할 때, 인류는(특히 미래세대는) 앞으로 더 많은 신종 감염병을 더 자주 마주하게 될 것이다.

---

7 Elizabeth Loh. et al. Targeting Transmission Pathways for Emerging Zoonotic Disease Surveillance and Control. Vector borne and zoonotic disease. 15(7): 432-437.

3. 세 도시의 경고: 베이징, 홍콩, 토론토의 사스 교훈

사스는 2003년 29개 국가로 확산되면서, 8,000여 명의 환자가 발생하였고, 이 중 약 900명이 사망하여 감염 치사율은 약 10퍼센트를 상회하여 상당히 높은 편이다. 코로나 19의 감염 치사율이 0.2-1.1퍼센트(고령 인구가 적은 개발도상국의 경우 0.2퍼센트, 고령자가 많은 선진국의 경우 약 1.1 퍼센트)임을 고려할 때, 만약 사스가 걷잡을 수 없이 확산되었다면 사회 경제적 피해는 그야말로 재앙적인 수준에 이르렀을 거라고 쉽게 추측해 볼 수 있다. 사스는 [그림 3]에서 보듯이 전 세계 29개 국가로 확산되었는데 파란색은 첫 환자 발생 이후 지역사회 발생이 상당수 있었던 국가들이고(중국, 대만, 홍콩, 캐나다), 나머지 회색은 주로 해외입국자를 통해 사스가 유입된 경우로 지역사회 감염은 거의 없었던 국가들을 의미한다. 사스 환자의 대부분은 중국(전체 환자의 66퍼센트)에서 발생하였고, 홍콩(22퍼센트), 대만(4퍼센트)에 이어 캐나다(3퍼센트)에서 전체 환자의 95퍼센트가 발생하였다. 이들 국가 중 사스의 사회 경제적 피해가 가장 심했던 중국, 홍콩, 캐나다의 상황과 대처에 대해 알아보자.

▶ 그림 3. 사스 환자의 분포: 2003년 8월 7일

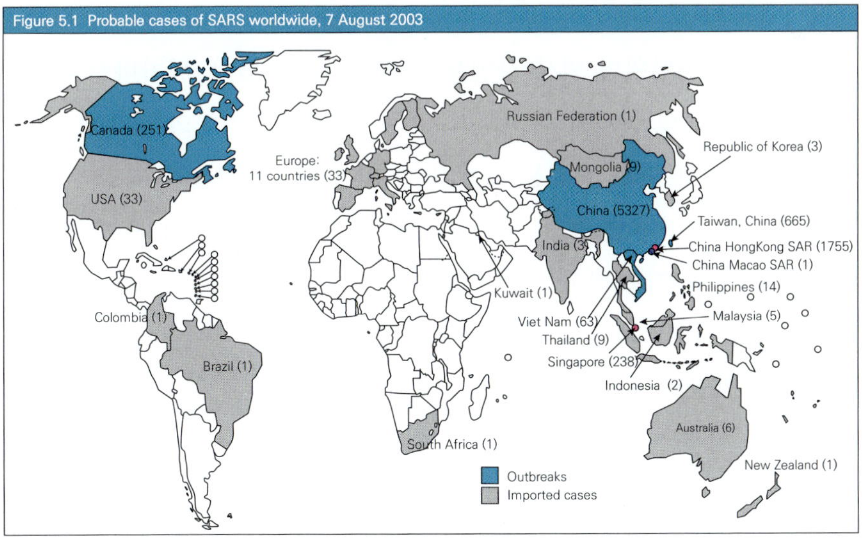

출처: World Health Report. SARS: lessons from a new disease. WHO. 2003

(1) 중국의 대응: 정보 은폐와 늦어진 조치

2002년 11월 중순, 광둥성에서 정체불명의 폐렴(훗날 사스로 밝혀 짐)이 발생하였다. 2003년 2월 초까지 100명 이상의 환자가 보고되었고, 그중 5명이 사망하였지만, 중국 보건당국은 사스의 존재를 공식적으로 인정하지 않았다. 더욱이, WHO가 감염병 전문가를 광둥성에 파견하려 하자 중국 정부는 이를 거부하였다. 이로 인해 2003년 3월 말까지 중국은 국제사회의 강한 비난을 받았다. 중국의 관료 시스템은 부정적인 이슈나 위기 상황을 대중에게 알리는 것을 꺼리며, 이를 비밀리에 관리하는 특성이 있다. 일반적으로 위기 상황이 임계점에 도달해야 공산당 상위 레벨(예: 중국 공산당 정치국 상임위원회)에서 정책 결정을 내리는 경우가 흔하다. 이러한 의사결정 지연으로 인해, 필요한 방역 조치가 늦어지는 경우가 많다. 특히 2003년 3월, 베이징에서는 중국 입법부 최고 기관인 전국인민대표대회가 열릴 예정이었다. 이러한 중요한 정치적 행사 기간 동안 감염병 발생 사실을 공개하면, 사회적 불안을 초래할 뿐만 아니라 공산당의 이미지가 손상될 위험이 있었다. 따라서 당 중앙에서도 사스 감염 확산을 제한된 범위에서만 공유하며 적극적인 대응을 미루었다. 그러나 상황을 반전시키는 두 가지 사건이 연이어 발생하면서 중국 정부는 결국 사스를 인정하고 적극적인 대응에 나서게 된다.

첫째는 북경 군병원의 의사 장옌용의 내부 고발이었다. 원자바오 총리가 4월 2일 사스 예방 및 통제를 논의하기 위해 국무원 집행 회의를 주재하였는데 보건부의 브리핑에 따라 회의는 사스가 '이미 효과적으로 통제되었다'고 선언하였다. 하지만 보건부 장관의 거짓 주장에 격노한 베이징 301 군 병원의 은퇴한 외과 의사인 장 옌용 박사는 두 개의 TV 방송국에 이메일을 보내 보건부 장관이 거짓말을 하였다고 비난하였다. 어느 방송국도 이 이메일에 대한 후속 조치를 취하지 않았다. 하지만 미국의 타임지는 이 내용을 즉시 웹사이트에 올렸고, 이로 인해 베이징 정치 당국자들은 상당한 압박을 받게 되었다. 둘째는 2003년 4월 초, WHO가 홍콩과 광둥 지역 방문 자제를 권고하는 여행 제한 조치를 발표하였다. 특정 지역에 대한 여행 제한 권고는 WHO의 55년 역사상 매우 드문 일이었다. 이 발표 이후, 홍콩에서 개최 예정이었던 국제 행사, 출장, 관광 일정이 대거 취소되었으며, 무역량이 급감하면서 중국과 홍콩 경제에 심각한 타격이 발생하였다. 이로 인해, 전 세계의 이목이 홍콩과 중국의 사스 사태에 집중되었고, 중국 정부는 더 이상 사스를 은폐할 수 없는 상황에 놓이게 되었다[8].

마침내, 2003년 4월 17일, 중국 공산당 정치국 상임위원회 긴급 회의가 소집되었다. 이는 앞서 열린 국무원 집행회의보다 더 상위 기관에서 진행된 회의로, 공산당 지도부는 사스의 심각성을 공식적으로 인식하고 대응 방침을 결정하였다. 이날 회의에서, 감염 사례를 은폐하지 말 것과 질병에 대한 정확하고 시기적절한 보고를 시행하라는 지시가 내려졌다. 공산당의 공식 지시 이후, 중국 정부는 즉각적인 조치를 취하기 시작하였다. 정부 매체는 각 성(省)의 사스 환자 수를 매일 업데이트하여 공개하기 시작했고, 보건부는 사스를 전염병 예방 및 치료법에 따라 모니터링해야 하는 질병으로 긴급 지정하였다. 모든 성(省) 단위 행정부는 매일 정오까지 사스 사례 수를 보고하도록 의무화하였다.[9] 같은 날, 보건부와 군 주요 인사들이 포함된 '베이징 사스 대응 합동팀'이 구성되었다. 4월 23일에는 '국무원 사스 통제 및 예방 본부'라는 전국 단위의 태스크포스가 조직되었으며, 우이 부총리가 총사령관으로 임명되었다. 이때부터 중국은 사실상 전시 체제에 돌입하였다. 공산당이 본격적으로 나서면서, 사스

8 중국의 사스 상황과 대응은 'Learning from SARS: Preparing for the Next Disease Outbreak: Workshop Summary 워크샵 리포트'를 참고하였다. 이 워크샵은 2003년 9월 30일, 10월 1일 양일간에 걸쳐 미국 미생물학회 포럼이 주관하였는데, 미국의 유수한 미생물학자와 공중보건 전문가들이 중국의 사스 상황과 문제점을 분석하여, 미래의 유사한 상황에 효과적으로 대응하기 위해 마련되었다. (Institute of Medicine (US) Forum on Microbial Threats. Learning from SARS: Preparing for the Next Disease Outbreak: Workshop Summary. Knobler S, Mahmoud A, Lemon S, Mack A, Sivitz L, Oberholtzer K, editors. Washington (DC): National Academies Press (US); 2004.)

9 중국에는 23개의 성(省)이 있는데, 한국의 도에 해당한다. 물론 인구는 한국의 도와는 비교가 전혀 안 될 정도로 많다.

대응에 막대한 자원이 투입되었다. 사스 예방 및 통제를 위해 20억 위안(약 2억 5천만 달러)의 국가 기금이 조성되었는데 주로 감염병 병원 시설을 업그레이드하고, 농민과 도시 빈민 계층의 사스 환자 치료비 지원에 사용되었다. 지방정부도 추가로 70억 위안(약 8억 7천 5백만 달러)를 투입하며, 전국적으로 사스 환자에게 무상 치료를 제공하였다.

중국 정부는 사스 감염 확산을 막기 위해 강력한 조치를 단행하였다. 감염이 심한 마을, 아파트 단지, 대학 캠퍼스를 봉쇄하고, 수만 명의 시민을 강제 격리하였으며, 체온 측정을 위한 검문소를 다수 설치하였다. 베이징에서는 5월 7일까지 약 2만 명의 주민이 격리 조치되었는데 이러한 과잉 대응은 국제사회에서 인권 침해 논란을 불러일으켰다. 그러나 이러한 강경한 조치 이후, 사스는 점차 확산세가 꺾이기 시작하였다. 5월 말부터 사스 환자 수가 급격히 감소하였고, 6월 24일, WHO는 베이징에 내려졌던 여행 자제 권고를 해제하였다. 8월 16일, 베이징 디탄 병원에서 마지막 두 명의 사스 환자가 퇴원하면서, 중국은 마침내 사스로부터 벗어 날 수 있었다.

사태가 진정된 후, 중국 정부는 사스 대응 실패에 대한 책임을 물어 대대적인 숙청 작업을 진행하였다. 4월 20일, 장원캉 보건부 장관과 멍쉐농 베이징 시장이 위기 관리 부실로 해임되었다. 5월 8일까지, 사스 대응이 미흡했던 120명 이상의 공무원이 해고되거나 처벌되었다.

중국은 광둥성에서 첫 환자가 보고된 후 약 4개월 동안 사스의 존재를 공식적으로 인정하지 않고, 정보를 은폐하며 아무런 조치도 취하지 않았다. 그 결과, 국내외에서 강한 비판과 실망, 분노를 초래하였으며, 국민들의 신뢰를 잃었을 뿐만 아니라, 국제사회에서도 중국의 신뢰도는 급락하였다. 이후 공산당 상부 조직이 개입하면서, 적극적인 환자 발견·격리·치료 정책이 시행되었고, 사스는 약 3개월 만에 종식되었다. 2008년 8월 8일, 베이징 올림픽을 통해 '세계로 뻗어 나가는 강대국 중국'이라는 중국몽 비전을 실현하려던 중국에게, 사스 대응 실패는 국가적 위상을 훼손하는 치명적인 사건이었다. 중국의 보건 시스템과 위기 대응 체계의 한계를 여실히 드러낸 사례로 남았다.

(2) 홍콩의 사스 대응: 모범적인 방역과 충격적인 아파트 집단 감염

앞서 설명한 홍콩 메트로폴 호텔에서의 집단 감염 사건을 통해, 사스는 아시아를 넘어 전 세계로 확산되었다. 그러나 역설적이게도 이 같은 국제적 확산이 오히려 사스의 정체를 밝혀내는 데 기여한 측면도 있었다. 홍콩에서는 광둥성에서 유입된 환자를 통해 2003년 2월 중순부터 사스가 발생하기 시작하였다. 감염자 수는 3월 말~4월 중순경 정점에 도달한 후, 6월 초 신환 발생이 멈추면서 사스 유행이 종식되었다. 홍콩은 중국 본토보다 사스 확산 기간이 짧았으며, 환자 발견, 접촉자 추적, 격리 조치 등 철저한 방역 대응으로 '모범적인 사례'로 평가받았다.[10] 홍콩 보건부는 사태 초기부터 신속하고 투명한 정보 공개를 통해 주민들에게 상황을 공유하고, 환자 및 접촉자를 조기에 발견하여 적극적으로 격리 조치를 시행하였다. 또한, 사스 전문 병동을 신속히 구축하여 병원 내 감염을 최소화하고, 출입국자에 대한 철저한 스크리닝을 통해 사스의 확산을 효과적으로 차단하였다. 이러한 경험을 바탕으로, 홍콩은 그 후에도 지속적으로 신종 감염병에 대한 감시, 대응 및 연구를 강화하며, 최근 코로나 19 팬데믹까지도 선제적이고 체계적인 대응 능력을 보여주었다.

그러나 사스 기간 중, 홍콩 보건당국을 충격에 빠뜨린 사건이 발생하였다. 바로 아파트 단지에서 발생한 대규모 집단 감염 사태였다. 2003년 3월 말, 홍콩의 아모이 가든 아파트에서 거주하던 주민 한 명이 사스에 감염되었다. 그로부터 불과 한 달도 지나지 않아, 같은 아파트 단지에서 329명이 추가 감염되었으며, 이 중 33명이 사망하는 참사가 발생하였다. 이는 당시 홍콩 보건당국이 예상치 못한 사태였으며, 홍콩 보건당국을 패닉 상태에 빠지게 만든 사건이었다. 당시까지 사스 바이러스는 환자의 기침이나 대화 중 발생하는 미세한 비말(침방울)을 통해 1~2m 이내의 가까운 접촉자에게 감염되는 것으로 알려져 있다. 이에 따라, 홍콩 정부는 마스크 착용과 사회적 거리두기를 강력히 권고했고,

10 Lee Shiu Hung. "The SARS epidemic in Hong Kong: what lessons have we learned?", J R Soc Med. 2003 Aug; 96(8): 374-8.

대부분의 홍콩 시민들은 이에 철저히 따르고 있었다. 그럼에도 불구하고, 아파트 단지에서 단기간에 300명 이상의 주민이 감염된 이유는 무엇이었을까? 홍콩 보건당국과 감염병 전문가들은 초기에는 아파트 집단감염 경로를 파악하지 못하고 크게 당황하였다. 아모이 가든 아파트 주민들은 감염을 피하기 위해 철저히 자가 격리를 하고 있었고, 사회적 접촉을 최소화했음에도 불구하고 대규모 집단 감염이 발생한 점이 수수께끼였다. 역학 조사팀은 바이러스의 이동경로를 분석하기 위해 컴퓨터 시뮬레이션 시스템을 활용하였다. 그 결과, 사스 바이러스가 물과 공기를 통해 확산되었을 가능성이 제기되었고, 이후 상세 조사를 통해, 감염 확산이 아파트 화장실의 배관 시스템과 관련이 있음이 밝혀졌다. 즉, 바이러스가 화장실 배관을 따라 이동하면서 위·아래층 주민들에게 확산된 것이었다.

사스 환자는 설사 증상을 동반하는 경우가 많다. 따라서 감염된 환자의 변에 있던 바이러스가 공기 중으로 퍼져나갈 가능성이 있다. 홍콩의 아파트는 화장실의 위층과 아래층을 연결하는 U자형 배관이 설치되어 있었는데, 이 배관에 물이 차 있어야 하부에서 올라오는 공기(오염된 공기)가 차단되는 구조였다. 하지만 아모이 가든 아파트 주민들은 화장실을 건조한 상태로 유지하는 습관이 있었다. 배관이 건조되면서, U자형 배관의 공기 차단 기능이 사라졌고, 결과적으로 바이러스가 포함된 공기가 배관을 따라 이동하면서 위층과 아래층 주민들에게 감염을 일으켰던 것으로 밝혀졌다[11]. 특히, 화장실의 환기 팬을 가동할 경우, 배관에서 올라온 바이러스가 공기 중으로 확산되는 음압 효과가 발생하면서, 사스 바이러스가 한 건물 내 여러 층으로 퍼지는 원인이 되었던 것이다. 이 같은 감염 경로는 전례 없는 사례였으며, 당시 보건 전문가들에게 큰 충격을 주었다. 아모이 가든 아파트 집단 감염 사건은 주민들의 공포를 극대화시켰다. 홍콩 시민들은 마스크 착용과 거리두기를 철저히 지키고 있었음에도,

---

11 U자 배관은 여기에 물이 차게 되면 물 때문에 배관 내 공기가 이동이 어렵게 되며 따라서 배관으로 배출된 바이러스 비말이 이동하지 못하도록 설계되어 있다. 한국도 홍콩과 비슷한데, 화장실 가운데 있는 하수구로 (샤워 등을 통해) 물을 많이 내려 보내지 않으면 U자 배관에 물이 안 차서 U자 배관이 감염 병원체를 차단하는 게 아니라 오히려 병원체의 통로 역할을 할 수도 있다.

자택에서조차 감염될 수 있다는 사실이 밝혀지면서 충격에 빠졌다. 많은 사람들이 가장 안전하다고 믿었던 집 안에서도 감염 위험이 존재할 수 있음이 입증되었다. 특히, 홍콩의 경우 전체 인구의 50퍼센트 이상이 아파트에 거주하기 때문에, 이 같은 감염 경로가 다른 아파트에서도 반복될 가능성이 높다는 점이 큰 우려를 불러일으켰다. 홍콩 정부와 WHO 전문가들은 '제2, 제3의 아모이 가든 사태'가 발생할 가능성을 우려하였는데, 다행히 다른 아파트 단지에서는 유사한 감염 사례가 보고되지 않았고, 이후 홍콩의 사스 유행도 점차 종식되었다.

아모이 가든 아파트 집단 감염 사례는, 전파 경로가 단순히 밀접접촉으로 인한 비말(침방울)만이 아니라, 환경적 요인(배관 시스템)도 감염 확산에 중요한 역할을 할 수 있음을 입증한 사례였다. 아모이 가든 케이스는 '접촉 없이도 감염될 수 있다'는 새로운 감염 메커니즘이 밝혀진 사례로 향후 신종 감염병 대응에서도 중요한 교훈이 되었다.

▶ 그림 4. 홍콩 아모이 가든 아파트 화장실의 배수관 구조

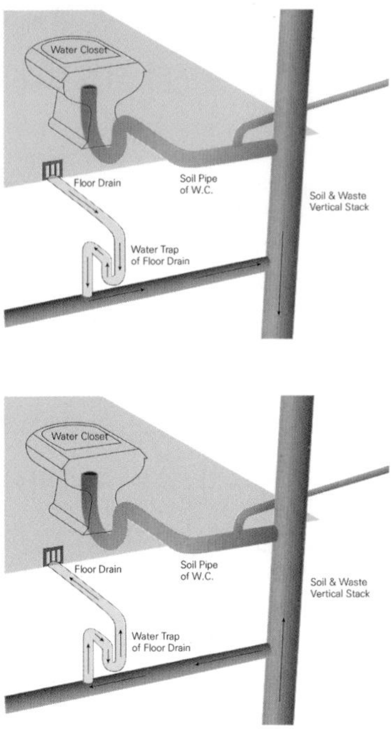

출처: Lee Shiu Hung. The SARS epidemic in Hong Kong. J of the royal society of medicine. Aug 2003

(3) 토론토: 서방 국가 최대 피해자

다음은 중국과 홍콩에 이어 다수의 사스 환자가 발생하며 심각한 사회·경제적 피해를 입은 캐나다 토론토의 사례이다.

캐나다에서 첫 사스 환자는 2003년 2월 말, 홍콩을 방문했던 78세 K씨로부터 시작되었다. K씨는 당시 사스 감염의 주요 발생지였던 홍콩 메트로폴 호텔에 머문 후, 귀국한 뒤 발열과 근육통을 앓다가 3월 초 자택에서 사망하였다. 그의 사망 이틀 후, 간호를 담당했던 아들이 발열과 호흡 곤란 증상을 보여 토론토 스카보로 종합병원 응급실을 찾았다. 그러나 그는 검사 결과를 기다리는 동안 하루 동안 개방된 응급실 공간에 머물렀고, 증상이 악화되자 중환자실로 이송되었다. 당시 그의 진단명은 결핵이었으며, 기관 내 삽관 등의 치료를 받았으나, 격리 병동이 아닌 개방된 중환자실에서 조치가 이루어졌다. 이후, 응급실과 비격리 중환자실을 거쳐 일반 병동에 입원하는 과정에서 사스 바이러스는 병원 내 의료진과 환자들에게 빠르게 확산되었고, 결국 스카보로 병원은 사스 확산의 중심지가 되었다.[12] 이는 2015년 한국 메르스 사태 당시 삼성병원 응급실을 방문한 한 환자로 인해 다수의 의료진과 환자들에게 감염이 퍼졌던 상황과 유사한 양상이었다.

캐나다 내 사스 환자가 빠르게 증가하고, 토론토에서 호주와 미국 등으로 사스 의심 환자가 유입되자, WHO는 4월 초 토론토 지역에 대한 여행 자제 권고를 발표하였다. 이로 인해 캐나다행 항공편이 취소되고, 국제회의 등이 연이어 중단되면서 캐나다 정부는 큰 혼란에 빠졌다. 이에 캐나다 정부는 사스 확산을 막기 위해 공중보건 조치를 강화하는 한편, WHO의 여행 자제 권고에 반발하여 정부 사절단을 WHO 본부가 있는 제네바에 급파하였다. 정부는 토론토의 사스 사태가 언론 보도만큼 심각하지 않다는 점을 강조하며 관련 자료를

12 ARCHIVED: Chapter 2: Learning from SARS: Renewal of public health in Canada - SARS in Canada: anatomy of an outbreak, Government of Canada, 2003.

제출하는 등 외교적 대응에 나섰다. 5월 초부터 환자 수가 감소하기 시작했고, WHO는 5월 14일부로 여행 제한 권고를 해제하였다. 그러나 5월 말 다시 병원 내 사스 환자가 증가하자, 캐나다 정부는 감염 확산을 막기 위해 '2차 응급 상황'을 선포하고 방역 조치를 한층 강화하였다. 캐나다의 사스 사태는 2003년 8월에 가서야 종결되었으며, 총 438명의 환자가 발생하고 44명이 사망하면서, 1918년 스페인 독감 이후 가장 심각한 감염병 위기 사례로 기록되었다.

4. 사스 이후의 세계: 국가와 WHO의 변화

사스는 21세기 신종 감염병 시대의 시작을 알린 사건이었다. 사스의 직접적인 피해를 입은 중국, 홍콩, 싱가포르, 캐나다 등 여러 국가에서는 이후 감염병 대응 체계를 대대적으로 개편하였으며, 국제적으로도 WHO의 국제보건규칙(International Health Regulations, IHR) 개정과 홍콩 출신 마가릿 찬의 국제 보건 무대 진출 등 중요한 변화가 일어났다.[13]

(1) 중국: 위기를 기회로

사스 당시 감염병 발생 사실을 은폐하고, 국가적 대응이 지연되었으며, 국제기구에 비협조적이었던 중국 정부는 이로 인해 국제적 신뢰를 잃고 국가 위상이 실추되는 결과를 초래하였다. 또한 강경한 방역 조치가 인권 문제를 초래하면서 국내외적으로 큰 비판을 받았다. 이를 계기로 중국은 사스 이후 대대적인 보건 시스템 개혁에 나섰다. 우선 중국 질병통제예방센터(중국 CDC)를 신설하고, 68억 위안(약 8억 5천만 달러)을 투자하여 중앙-성(省)-현(縣) 단위로 이어지는

13 국제보건규칙(International Health Regulations, IHR)은 전 세계적으로 공중보건 위협에 대한 대응을 조정하고, 국가 간 전염병의 확산을 방지하기 위한 법적 구속력이 있는 국제 협약으로 감염병 및 기타 공중보건 위협 발생 시 WHO에 24시간 이내 의무적으로 보고하는 것들을 포함한다. WHO가 주관하며, 모든 WHO 회원국(2025년 현재 196개국)이 가입하였다.

3단계 감염병 감시 및 대응 네트워크를 구축하였다. 또한 미국 CDC의 협력으로 국가 인플루엔자 센터의 역량을 강화하고, 감염병 검사 시설을 신설 및 확충하여 감시 체계를 강화하였다.

이러한 변화는 2013년 조류 인플루엔자(H7N9 타입) 발생 시 뚜렷한 성과로 나타났다. 필자가 WHO 남태평양 지역 책임자로 근무하던 2013년 5월 세계보건총회 참석차 WHO 제네바 본부로 출장을 갔었다. 출장 기간 중 중국 보건부의 리 빈 장관이 조류 인플루엔자 감염 상황과 대응 결과를 업데이트하는 특별 브리핑 모임이 열려 세계 총회 참석자 중 300명이나 되는 많은 사람들이 참여하였다. 그동안 조류에서만 발생하던 H7N9 타입의 조류독감 바이러스가 최초로 사람에게 감염을 일으킨 사건이 2023년 3월 중국에서 발생하였고, 이후 간헐적이지만 인체감염이 계속되면서 전 세계적으로 많은 관심과 염려가 고조되었던 시기였다.[14] 사스 당시의 혼란을 떠올린 많은 전문가들이 우려 속에 발표를 지켜봤으나, 중국 정부는 감염병 초기 대응, 미디어를 통한 대국민 홍보, 감염자 및 의심자의 신속한 격리, WHO와의 즉각적 정보 공유 등 거의 완벽한 대응을 보이며 감염 상황을 효과적으로 통제하고 있음을 입증하였다. 발표가 끝나자 참석자들은 놀라움을 감추지 못하며 큰 박수를 보냈고, 당시 모임에 참석하였던 WHO 서태평양 지역 책임자인 신영수 사무처장도 "중국이 상당히 잘하고 있다"는 긍정적인 평가를 내렸다.

사스의 실패를 거울삼아 감염병 대응 역량을 빠르게 강화한 중국의 변화는, 이후 한국이 메르스 사태를 계기로 방역체계를 혁신한 사례와도 유사하다.

---

14 H7N9 인플루엔자는 조류 독감 바이러스의 일종으로 최초의 인체 감염은 2013년 3월 중국에서 보고되었다. 주로 양계장이나 새들을 직접 다루는 사람한테 발생하는데, 치사율이 40퍼센트로 상당히 높아 만약 사스처럼 인체 간 감염이 빈번히 발생하면 문제가 심각해질 수 있는 신종 감염병의 일환이다. 2018년까지 주로 중국에서만 발생하고 다른 국가로는 거의 확산되지 않았는데, 중국이 환자 발생이 있을 때마다 환자 발견, 격리 및 접촉자 추적 등을 효과적으로 시행하고, 조류 감염의 예방을 위해 양계장에 대대적인 예방접종을 실시하거나 살처분 하는 등 적절히 통제하여 다른 국가로 확산되지 않은 면이 있다고 보인다.

2013년 H7N9 타입의 조류독감 감염 대응에서 보인 중국의 모습은 10년 전 사스 사태 때의 우왕좌왕하던 중국과는 완전히 달랐다.

(2) 캐나다: 서방 국가 최대 피해국에서 감염병 대응 선진국으로

서구 국가 중 사스로 인해 가장 큰 피해를 입었던 캐나다는, 이후 감염병 대응 시스템을 대대적으로 개혁하였다. 사스 이후 캐나다 정부는 연방 공중보건국을 신설하여, 중앙 정부가 감염병 위기 상황을 직접 감시하고 대응할 수 있도록 하였다. 또한 수석 공중보건 책임자라는 고위급 직책을 신설하여, 감염병 발생 시 보건부 장관에게 직접 보고하고 조언할 수 있도록 체계를 정비하였다.

사스가 병원 내 감염을 통해 급속도로 확산된 점을 고려하여, 캐나다는 병원 감염 관리 체계를 대폭 강화하였다. 감염병 감시 시스템을 개편하고, 의료진 대상 교육을 강화하는 등 감염병 예방 조치를 지속적으로 시행하였다. 이러한 노력은 2020년 코로나 19 팬데믹 당시 병원 내 감염 확산을 막는 데 중요한 역할을 하였다. 실제로 캐나다의 코로나 19 사망률(인구 백만 명당 기준)은 미국, 영국, 유럽연합 평균보다 낮아 비교적 성공적인 방역을 수행한 국가로 평가받고 있으며, 전문가들은 그 원인을 사스 이후의 변화와 연결 짓고 있다.

(3) WHO 개혁의 기점이 된 사스

사스 이후 가장 큰 변화를 겪은 국제 보건 기구는 단연 WHO였다. 두 가지 주요 변화가 있었다.

첫째, 국제보건규칙(IHR) 개정이다. WHO는 1969년 IHR을 처음 제정하여, 콜레라, 페스트, 황열 등 3대 감염병 발생 시 즉각 보고 및 검역 강화를 규정하였다. 그러나 1995년 에볼라 발생 이후 개정 필요성이 제기되었으나 논의가 지지부진하였다. 그러던 중 2003년 사스 사태가 터졌고, 중국 정부가 "사스는 국제보건규칙 적용 질병이 아니라 보고 의무가 없었다"는 점을 지적하며 국제

사회의 대응이 지연되는 일이 발생하였다. 이에 WHO는 논의를 가속화하여 2005년, 새로운 국제보건규칙을 채택하였다. 새로운 규정은 기존의 특정 질병 중심에서 벗어나, '국제적으로 심각한 공중보건 위협이 될 수 있는 모든 감염병과 의학적 상태'를 포괄하도록 개정되었다. 즉, 병원체의 종류와 상관없이 감염병이 국제적으로 확산될 위험이 높을 경우, 발생 24시간 이내에 WHO에 보고하도록 의무화하였다. 또한 각국의 국제보건규칙 담당자를 지정하여 WHO와 신속히 협력할 수 있도록 체계를 정비하였다.

둘째, WHO의 감염병 대응 강화와 마가릿 찬의 국제무대 진출이다. 2003년 사스 사태 이후 WHO는 감염병 감시 및 대응을 더욱 강화하기 위해, 홍콩 보건국장이었던 마가릿 찬을 영입하였다. 그녀는 1990년대 후반 홍콩에서 조류독감을 적극적으로 대응하며 국제적으로 이름을 알렸고, 2003년 사스 사태를 성공적으로 수습하며 감염병 대응 전문가로 자리매김하였다. 당시 WHO 사무총장이었던 이종욱 박사는 홍콩에서 사스가 종식되자마자 그녀를 WHO 본부로 스카우트하였다. 이후 그는 'WHO 인플루엔자 팬데믹 대사'라는 새로운 직책을 신설하고, 마가릿 찬을 임명하여 신종 감염병 대응을 총괄하도록 하였다. 이종욱 박사는 취임 첫해부터 인플루엔자 팬데믹의 위험성을 강조하며 WHO의 대응 역량을 강화했고, 그의 예견대로 2009년 신종 플루 팬데믹이 전 세계를 강타하였다. 이후 2006년 이종욱 박사의 갑작스러운 서거로 WHO 사무총장직이 공석이 되자, 마가릿 찬은 중국 정부의 지원을 받아 WHO 사무총장직에 출마하여 당선되었다. 그녀는 2006년부터 2017년까지 WHO를 이끌며, 신종 감염병 대응과 국제 공중보건 협력 체계를 강화하는 데 중요한 역할을 하였다. 2003년 사스 사태를 계기로 WHO는 감염병 대응 체계를 대대적으로 개혁하였고, 이는 이후 2009년 신종 인플루엔자 팬데믹과 2020년 코로나 19 팬데믹 대응의 기초가 되었다.

박스 5 유사한 바이러스, 상반된 결과: 사스와 코로나 19, 무엇이 다른가?

사스와 코로나 19를 보건의료학적으로 비교해 보는 것은 여러면에서 흥미롭다. 두서없이 나열해 보면 대략 다음과 같다.

가. 둘 다 코로나 바이러스 계열로 2003년 사스를 일으킨 바이러스의 공식명은 Sars-Cov-1이고, 2020년 코로나 팬데믹을 일으킨 코로나 19의 공식명은 Sars-Cov-2이다.

나. 둘 다 신종 바이러스로 그전에는 인체 감염을 일으킨 적이 없이 박쥐에 기생하여 살던 바이러스가, 사향 고양이 같은 매개 동물을 거쳐, 인체감염을 일으킨 것으로 알려 졌다.

다. 사스는 29개 국가에서 8,000명의 환자가 발생하였고, 그중 약 10퍼센트가 사망한데 비해, 코로나 팬데믹은 전 세계 거의 모든 국가에서 발생하였고, 오미크론처럼 감염력이 매우 높은 변이가 생긴 후에는 전 세계 인구의 반 이상이 오미크론에 감염되었을 것으로 추정한다[15]. 코로나 팬데믹의 감염 치사율은 초기에는 약 0.5퍼센트 정도였으나, 오미크론과 오미크론 서브-변이가 주를 이룬 2021년 말부터는 0.05퍼센트 정도로 약화되었다. 이런 변화는 여러 번에 걸친 백신접종, 감염 및 재감염으로 인한 면역 획득, 그리고 오미크론의 병원성이 변이 과정에서 스스로 약화된 점 등에 기인한다.

라. 사스가 비교적 쉽게, 또 단기간에 퇴치된 이유는 두 가지다. 첫째, 사스는 환자에게 발열, 기침 등의 호흡기 감염 증상이 생기면서부터 감염력이 생겼다가 증상이 없어지면 감염력도 사라진다. 따라서, 정부나 지역사회가 환자 발견을 위한 홍보와 감시 조치를 적극적으로 펼치면서 환자들을 발견하고 입원시키는 동시에 접촉자들을 자택이나 의료시설에 격리시켜 감염 확산을 예방하면 수개월 이내에 사스를 퇴치할 수 있었다. 둘째, 사스는 기본적으로는 비말 감염으로 코로나 팬데믹 같은 에어로졸 감염의 경우보다 감염 예방이 훨씬 수월하다.[16]

마. 코로나 19 팬데믹 악화의 주된 이유는 환자의 증상이 나타나기 전에도 타인에게 감염을 일으키므로 감염원을 찾기 어렵기 때문이다. 전체 환자의 약 40~50퍼센트가 이와 같이 무증상 환자로부터 감염된 것이다.

바. 위에서 살펴본 바대로 동일한 코로나 계열의 바이러스이지만 한두 가지 특성의 차이로 인

---

15 Taran Deol. Down To Earth-Nearly 60 percent of global population to be infected with omicron by March: IHME,12 Jan 2022.

16 비말감염은 환자의 폐에서 기관지를 통해 공기중으로 나온 미세한 침방울에 해당하는 5마이크로 밀리미터 이상의 비교적 큰 입자인 비말에 바이러스가 붙어 있다가, 공기중에서 약 1~2 시간 정도만 부유한 후 실내 바닥이나 땅으로 떨어진다. 따라서, 실내에서 마스크를 착용하고, 1~2미터 이상의 거리두기를 하면 감염 예방이 상당 부분 가능한다. 이에 반해 코로나 팬데믹의 경우처럼 공기감염인 경우는 에어로졸 형태의 아주 작은 입자가 공기 중에 장시간 부유할 수 있고, 가벼워서 2~3미터 이상으로 멀리 퍼져 나갈 수 있다. 천 마스크 등으로는 너무 작아 걸러지지 않으므로 착용하더라도 감염 차단의 효과가 비말감염의 경우보다 떨어지므로 비말감염에 비해 감염력이 훨씬 높다.

해 하나는 팬데믹의 재앙 수준으로, 다른 하나는 1만 명 이내의 환자 발생과 함께 수개월 만에 감염 상황이 종료되는 결과가 나타났다. 다음 번 팬데믹의 대응에서 인간의 대비 대응의 정도도 중요하지만, 인류 사회를 침투해 들어오는 바이러스가 어떤 특성을 가졌는지가 더 중요할 것으로 보인다. 인류의 운명이 우리의 노력보다 바이러스에 달려 있는 것 같아 불안하고 불길하게 느끼는 것은 필자만의 생각은 아닐 것이다.

사. 사스와 코로나 19 모두 한 번도 인류에게 감염을 일으킨 적이 없던 새로운 바이러스이지만 이에 대한 대응법은 전혀 달랐다. 사스는 새로운 감염병이지만 전통적인 공중보건학적 방법으로 퇴치되었다. 환자 발견과 접촉자 추적, 그리고 입원 혹 격리 조치가 주된 전략이었다. 하지만 코로나 19의 경우, 이와 같은 전통적인 방법에 의존한 나라는 많지 않고, 대신 전면 봉쇄나 백신접종에 의존한 경우가 대부분이었다. 한국, 대만, 홍콩, 일본 등이 백신 개발 전 단계에서는 전통적인 공중보건학적 접근으로 감염자와 사망자를 획기적으로 줄이고, 백신 개발 이후에는 백신에 주로 의존하였다. 한편 북미와 유럽 및 대부분의 개발도상국들은 봉쇄 정책에 많이 의존하다가 백신접종으로 선회하였다. 전자의 국가들이 사망자도 적었고, 경제 위축도 상대적으로 덜 하였다(자세한 내용은 코로나 팬데믹장을 참조하기 바란다).

5. 두 가지 에피소드

사스와 관련하여 필자가 경험한 두 가지 에피소드를 소개하며 이 장을 마무리하고자 한다.

먼저, 홍콩계 미국인 의사 다니엘 친(Daniel Chin)의 이야기이다. 닥터 친은 사스 발생 당시 WHO 북경 사무소에서 근무하고 있었으며, WHO 서태평양 지역 결핵팀의 일원이었기에 필자와는 자주 연락을 주고받던 사이였다. WHO 중국 사무소는 중국 내 사스 상황을 파악하고 필요한 지원을 하기 위해 사스의 근원지인 광동성에 전문가팀을 파견할 계획을 세웠다. 그러나 중국 정부의 동의를 얻지 못해 조사팀 출장이 수주 이상 지연되었다. 마침내 중국 정부의 승인을 받고, 2003년 4월 초 닥터 친도 조사팀의 일원으로 참가하였다. 그가 일주일간의 광동 방문을 마친 후, 필자는 그의 안부와 사스 상황이 궁금해 전화를 걸었다. 자가 격리 중이던 닥터 친은 현재 북경 자택에서 자가 격리 중이라는 소식을 전하였다. 그는 광동성에서의 사스 상황을 상세히 설명한 뒤, 다음과 같은 말을 덧붙였다. "만약 내가 광동성 방문 기간 중 사스에 감염되었다면, 지금 나와 함께 있는 가족들도 감염될 수 있어 걱정스럽다." 이 말을 할 때, 그의 목소리는 떨리고 있었다. 가족과 함께 자택에서 격리된 상황이 그에게는 무척 곤혹스러운 일이었다. 당시만 해도 신종 감염병 조사에 참여한 전문가들의 격리 절차가 명확하지 않은 상태였다. 격리를 어디서, 어떻게 해야 하는지에 대한 공식적인 프로토콜조차 마련되지 않은 시기였다. 이후 10여 년이 지나 2014~2016년 서아프리카 에볼라 사태 때는 상황이 달라졌다. 에볼라 환자를 접촉한 외국인 의료진들은 독일이나 기타 유럽 정부가 제공하는 병원 및 의료시설에서 약 4주간 격리되었다. 그 기간 동안 감염 의심 증상이 나타나지 않으면 본국으로 돌아가는 시스템이 마련되었다. 닥터 친은 치사율 10퍼센트에 달하는 사스 감염의 위험을 무릅쓰고 조사팀에 합류할 때는 망설임 없이 결정을 내렸다. 그러나 막상 가족에게도 감염 위험이 전가될 수 있는 상황에 처하자, 그는 큰 부담을 느끼고 있었다. 필자는 동료로서 미안한 마음과 함께 깊은 존경심을 느꼈다. 다행히, 격리 후 닥터 친과 그의 가족 모두 사스 증상은 보이지 않았으며, 그들은 무사히 일상으로 돌아갈 수 있었다.

다음은 앞서 기술했던 사스로 인해 사망한 WHO의 열대의학 전문가인 이탈리아 의사 어바니 이야기다. 2003년 3월 말 그의 사망 소식을 듣고, 마닐라에 있는 WHO 서태평양 지역 본부 사무실의 많은 직원들은 매우 침통에 빠졌다. 그해 5월, WHO 세계 보건총회 때 닥터 어바니의 죽음을 애도하는 추모식이 제네바에서 열렸다. 추모식에 참석했던 마닐라 사무실의 동료 직원으로부터 많은 참석자들이 그의 용기, 헌신, 전문가적 역량 덕분에 사스를 밝혀내고 확산을 막을 수 있었다며 그의 죽음을 안타까워하였다는 이야기를 들었다. 추모식에서 닥터 어바니의 아들은 이렇게 말하였다. "만약 아버지가 다시 태어나 같은 상황에 처한다 해도, 똑같이 용감하게 정체불명의 바이러스와 맞서 싸웠을 것이라고 확신합니다." 이 한마디는 추모식에 참석한 모든 사람의 마음을 깊이 울렸다. 사실, 닥터 어바니는 하노이 병원 소속 의사가 아니었기에, 하노이 프랑스 병원의 의사가 '괴질 환자를 한 번만 봐달라'고 요청했을 때 거절했더라도 법적으로 아무런 문제가 없었다. 그럼에도 그는 환자를 한번 봐 달라는 전화를 받고, 망설임 없이 병원으로 향하였다. 그는 조국 이탈리아를 떠나 아프리카 여러 나라에서 활동하며, 베트남에 정착한 뒤 아시아와 세계 보건을 위해 헌신해 온 인물이었다. 그 발걸음은 결국 자신의 죽음으로 이어졌다. 그러나 만약 그가 그 전화요청을 거절하였다면 사스의 정체는 훨씬 늦게 밝혀졌을 가능성이 크다. 그로 인해, 적게는 수십 명, 많게는 수백 명 이상의 희생자가 추가로 발생했을 수도 있다. 닥터 어바니의 숭고한 희생은 단순한 개인의 희생이 아니라, 수많은 생명을 구한 결정적 순간이었다. 그의 용기 앞에 다시 한번 숙연해진다.

Chapter 05
신종 플루 대유행: 과대평가된 위협

2003년 초 사스로 인해 시작된 신종 감염병에 대한 위기의식은 2003년 베트남, 태국, 인도네시아 등의 동남아시아에서 시작되었다가, 2006년 유럽 및 아프리카로 확산된 H5N1 타입의 조류독감으로 인해 지속되었다. 원래 가금류나 조류에 국한되어 발생하던 조류 바이러스가 인간에게 감염을 일으키는 경우가 증가하면서 문제가 심각해 졌다. 특히 이 바이러스는 치사율이 50~60퍼센트로 매우 높았다. 다행히도, 이 바이러스가 조류에서 인간으로 전파되는 경우는 있었지만, 사람과 사람 사이의 감염이 쉽게 일어나지는 않았고, 주로 가금류를 다루는 사람들에게 국한되면서 감염이 종식되곤 하였다. 그러나 바이러스가 지속적으로 변이를 일으켜 인간 간 전파가 가능해진다면(예: 코로나 19처럼), 엄청난 파장이 예상되었기에 WHO나 미국 질병통제예방센터 등은 상황을 예의 주시하며 긴장의 끈을 놓지 않았다. 결국, 우려했던 일이 발생하고 말았다. 2009년 4월, 신종 플루 대유행이 시작된 것이다.

이번 대유행은 조류독감 바이러스에 의한 감염 확산이 아니라, 조류 인플루엔자 바이러스, 인간 인플루엔자 바이러스, 돼지 인플루엔자 바이러스들이 돼지의 몸에서 유전적으로 재조합되어 형성된 새로운 변종 바이러스에 의해 발생하였다. 이 새로운 바이러스는 2009년 3월 멕시코에서 처음 발견되었으며, 빠른 속도로 전 세계로 확산되었다. 흔히 발생하는 계절성 인플루엔자와는 다른 새로운 바이러스에 의해 발생한 질병이라는 점에서 한국에서는 '신종 플루' 혹은 '신종 플루 대유행'이라는 표현이 많이 사용되었으며, 당시만 해도 '팬데믹'이라는 단어가 한국에서는 흔히 쓰이지 않았다. 이 책에서는 당시 사용된 표현을 반영하여 '신종 플루 대유행'이라는 용어를 사용한다. 참고로, 외국에서는 주로 '돼지독감(Swine Flu)' 혹은 'H1N1 인플루엔자'라는 명칭이 사용되었다.[17]

1. 신종 플루의 위협과 초기 비관론

2009년 3월, 멕시코 남부 베라크루즈 주의 라 글로리아라는 인구 3,000명의 작은 마을에서 원인 불명의 호흡기 질환이 발생하였다. 마을 주민의 절반 이상이 독감 유사 증상을 보였으며, 이 지역에는 대규모 돼지농장이 있어 주민들은 돼지농장에서 발생한 오염물질(공기 및 물 등)을 질병의 원인으로 의심하였다. 유사한 환자들이 다른 지역에서도 계속 발생하자, 멕시코 정부는 4월 12일 WHO에 급성호흡기질환 발생을 공식 보고하고, 국제적 협력을 요청하였다. 이후 이 새로운 질환은 H1N1 타입의 인플루엔자 A 바이러스 감염으로 확인되었다.

병원체가 정확히 규명되기 전, 공기나 비말을 통해 매우 빠른 속도로 환자가 발생하였고, 진단 방법이나 역량이 갖춰지기 전이었기에 초기 상황에서는 멕시코 종합병원에 입원한 환자들의 데이터가 많았다. 이 초기 임상 데이터들은 상당히 비관적이었으며, 미디어가 이를 대서특필하면서 멕시코 정부와 WHO의 우려가 높아졌다. 미국의학협회저널에 실린 보고서에 따르면, 2009년 3월 24일부터 6월 1일까지의 팬데믹 초기 멕시코의 6개 대형 종합병원에 입원한 환자의 데이터를 분석한 결과, 899명의 입원 환자 중 58명(6.5퍼센트)이 중환자실에서 치료를 받았고, 이 중 24명(2.6퍼센트)이 사망한 것으로 나타났다. 이는

17 돼지, 조류, 인간에 각각 감염을 일으키는 다른 종류의 세 가지 인플루엔자 바이러스의 유전자가 돼지 몸속에서 바이러스 재조합을 일으키며 (돼지가 이 세 가지 바이러스에 동시에 감염된 후) 혼합된 형태이므로 '돼지독감'이라는 이름이 붙었지만 이 명칭은 오해를 불러일으켰다. 일부 대중들은 돼지고기 섭취로 인해 감염될 수 있다고 잘못 생각했으나, 이 바이러스는 사람 간 호흡기 비말을 통해 전파되며, 돼지고기 섭취와는 무관하므로, WHO는 이러한 오해를 줄이기 위해 공식적으로 'H1N1pdm09'라는 명칭을 사용하기도 하였다.

계절성 독감의 치사율(0.05퍼센트)과 비교하면 약 5배 높은 수준으로, 국제사회에서 신종 플루 변종 바이러스 감염 상황을 심각하게 받아들여야 한다는 의견이 점차 확산되었다.[18] WHO와 일부 전문가들은 신종 플루 대유행 초기, 수천만 명의 사망 가능성을 우려하며 팬데믹의 잠재적 심각성을 경고하였다. 이는 최악의 시나리오를 기반으로 한 추정치였으며, WHO는 최악의 상황을 제시함으로써 각국 정부가 충분한 대비를 하도록 촉구하였다.[19] 또한 백신 개발, 의료자원 확보, 공중보건 대응 체계 강화가 강조되었다.

신종 바이러스가 멕시코에서부터 확산되면서 인간에게 발생한 적이 없는 변종이었고, 스페인 독감과 동일한 H1N1 타입이라는 점에서, 그리고 전파력이 높고 초기 보고된 치사율도 높았다는 점에서 전 세계적으로 경각심이 고조되었다. 초기 혈액 검사에서는 대부분의 사람들이 이 새로운 바이러스에 대한 면역력을 갖고 있지 않거나 매우 낮은 수준인 것으로 나타났다. 초기 감염자는 주로 젊은 연령층으로, 고열, 기침, 근육통 등 계절성 독감과 유사한 증상을 보였다. 그러나 일부 환자는 중증 폐렴으로 진행되었고, 사망에 이르는 사례도 발생하였다. 특히 중증 및 사망 사례는 임산부, 만성질환자, 비만 환자, 노인 등 고위험군에서 집중적으로 나타났다.

멕시코에서 첫 감염 사례가 보고된 후 얼마 지나지 않아, 미국에서도 환자가 발생하였다. 미국에서 처음으로 신종 플루 감염자로 밝혀진 환자는 2009년 4월, 캘리포니아주 샌디에이고 카운티에서 독감 유사 증상을 보인 10세 소년이었다. 이어서 4월 17일, 같은 캘리포니아주에서 9세 소녀가 두 번째 환자로 확인되었다. 미국 질병통제예방센터는 환자의 샘플을 분석한 결과, 두 사례 모

18 우한에서 처음 발견된 코로나 19의 감염치사율이 전체 감염자의 약 0.5-1.0퍼센트 정도였다. 델타 변이는 이것보다 좀 높았고, 오미크론 변이의 감염치사율은 독감 수준으로 매우 낮아진 것을 감안하면 2.5퍼센트는 상당히 높은 편이라 할 수 있다. (출처: Guillermo Dominguez-Cherit, et al. Critically Ill Patients With 2009 Influenza A(H1N1) in Mexico. JAMA. 2009; 302(17): 1880-1887)

19 신종 플루 유행 초창기에 WHO는 최대 5,000만 명의 사망자가 앞으로 발생할 수도 있다고 보았다.

두 기존 계절성 인플루엔자 바이러스와 다른 새로운 바이러스임을 확인하였다. 2009년 4월 말, 텍사스에서도 유사한 사례가 보고되었으며, 이는 멕시코와 미국 간 여행을 통해 전파된 것으로 추정되었다. 이후 신종 플루 감염이 빠르게 확산되자, WHO는 4월 25일 국제공중보건 비상사태(PHEIC)를 선언하며 전 세계적으로 경각심을 높였다. 이후 미국은 인플루엔자 감염에 대한 감시를 강화하고, 타미플루와 같은 항바이러스제의 생산과 비축을 시작하였다. 글로벌 제약회사들은 새로운 바이러스의 유전자 분석을 기반으로 백신 개발에 착수하였다. 5월이 되면서 신종 플루 바이러스는 전 세계적으로 거침없이 확산되었다. 마침내 6월 11일, WHO는 인플루엔자 팬데믹 단계를 최고 수준인 6단계로 상향 조정하였고, 글로벌 대응은 절정에 이르렀다.

박스 6 팬데믹 시기, 대통령의 안전은 누가 보장하는가? - 라오스에서의 상상 실험

대부분의 개발도상국에서는 여러 유엔 기관들이 상주하며 정부를 지원하고, 개발 협력을 추진하고 있다. WHO도 유엔의 한 기관으로 전 세계 여러 국가에 사무소를 두고 있으며, 해당 국가의 보건부와 협력하여 감염병 감시 및 예방, 성인병 예방 교육, 의료 시스템 강화 등을 통해 보건의료 향상을 위해 활동한다. 유엔개발계획(UNDP), 유니세프, 세계식량기구(WFP), 유네스코, WHO 등 주요 유엔 기관들은 유엔 국가조정팀(UN Country Team)을 형성해 협력 및 조율을 수행하며, 위기 상황에 통합적 지원을 제공한다. 2009년 당시 필자는 WHO 라오스 사무실의 대표로 근무하고 있었으며, 신종 플루 대유행의 특성상 유엔 차원의 정부 지원과 정책 자문을 조정하는 역할을 맡아 유엔 국가조정팀을 주도하고 있었다. 그러던 중, 필자의 머릿속에 중요한 이슈가 떠올랐다. 팬데믹 상황이 심각해질 경우, 라오스 대통령의 신변 안전과 국정 운영을 고려할 때 가장 적절한 기거 장소는 어디일까? 만약 보건부 장관이 WHO에 이 문제에 대한 자문을 구한다면, 어떤 선택지를 제시할 수 있을까?

고민 끝에 나온 첫 번째 선택지는 대통령의 감염 차단을 최우선으로 고려하는 것이었다. 이를 위해서는 정부 각료나 당 간부들과의 접촉을 최소화해야 했고, 따라서 대통령을 수도 비엔티안 도심에서 격리하는 방안을 검토할 필요가 있었다. 가장 현실적인 방법은 대통령 별장과 같은 숲속 깊은 곳으로 집무실을 옮기는 것이었다. 필요하다면 임시 처소를 새로 마련하고, 대통령의 직계 가족과 보안 요원만 가까이 거주하도록 하는 것이 바람직하다고 생각하였다. 또한, 처소 주변 5~10km 이내의 이동을 통제하고, 모든 업무를 비대면으로 처리하는 것이 감염 위험을 줄이는 최선의 방법으로 판단되었다. 대통령을 접견하는 인사나 대통령궁을 출입하는 인원들에게 매일 바이러스 검사를 시행하면서, 기존 시스템을 유지하는 방안도 고려해 볼 수 있었다. 그러나 당시 라오스의 바이러스 검사 역량을 감안할 때, 현실적인 대안이 되기 어렵다고 판단하였다.

이후 코로나 팬데믹 당시 미국 백악관에서는 직원들에게 매일 검사를 실시해 음성 판정을 받은 사람만 출입을 허용하였지만, 트럼프 대통령(그는 마스크 착용을 극도로 싫어한 것으로 알려져 있다)이 결국 코로나에 감염되어 입원하였다는 소식을 접하였다. 이를 보며, 10여 년 전 라오스 대통령의 피신처 옵션이 결코 엉뚱한 생각만은 아니었다는 점을 다시금 실감하였다. 코로나 팬데믹을 겪으면서, 비대면 업무가 일상화되고 원격 근무가 더 이상 낯설지 않게 되었다. 그러나 15년 전 당시에는 매우 어색하고 생소한 아이디어였기에, WHO 팬데믹 담당자와 조심스럽게 논의했던 기억이 난다. 2009년 신종 플루 대유행이 종료될 때까지 정부와의 공식 논의에서는 이 문제가 제기되지 않았고, 결국 필자의 개인적인 상상 속에서만 머물러 있었다.

2. 후기의 낙관적 상황

비관적인 예측과 긴장이 고조되었던 첫 3~4개월이 지나면서, 전 세계에서 수집된 데이터로 인해 대유행(즉 팬데믹)은 새로운 국면을 맞이하였다. 초기 예측과 달리 치사율이 예상보다 낮다는 연구 결과가 속속 발표되면서 점차 낙관적인 견해가 힘을 얻기 시작하였다. 사실, WHO가 6월 11일 팬데믹을 공식 선언하기 직전부터 이미 변화의 조짐이 감지되고 있었다. 팬데믹 선언 2주 전인 2009년 5월 말, WHO 공중보건 비상사태 위원회가 소집되었다. 이 위원회는 새로운 감염병의 국제적 확산 가능성과 심각성을 평가해 WHO 사무총장에게 팬데믹 선언 여부를 권고하는 독립된 전문가 그룹으로, 전 세계 보건 전문가들로 구성되어 있다. WHO 팬데믹 가이드라인에 따르면, 팬데믹은 6단계로 구분되며, 감염병이 한 국가 내에서 국한되면 1~4단계, 한 대륙 내 두 개 이상의 국가에서 발생하면 5단계, 최소 두 개 이상의 대륙에서 발생하면 6단계로 격상된다.[20] 1999년부터 사용된 이 팬데믹 단계 시스템은 큰 문제가 없었으나, 2009

20 엄밀하게는 대륙이 아니고 WHO가 사용하는 지역을 지칭하는데 6지역이 있다. WHO의 6지역은 대체로 6대륙의 개념과 유사해서 여기서는 편의상 대륙이라 칭하였다.

년 신종 플루 사태에서 한계를 드러내었다. 5월 말 WHO 공중보건 비상사태 위원회는 감염이 빠르고 광범위하게 확산된 것은 사실이지만, 초기 멕시코 병원의 데이터와 달리 치사율이 낮은 국가들도 많으며, 각국 병원의 중환자실 내 인플루엔자 환자 수와 사망률도 심각하지 않다는 점을 지적하였다. 그러나 당시 기준으로 이미 43개국에서 감염 사례가 보고되었고, 확진자는 12,000명을 넘었으며, 사망자는 86명으로 보고되었다. 멕시코에서 초기 사망자가 집중되었지만, 미국과 캐나다에서도 사망 사례가 보고되었다. 위원회는 사망자 수가 예상보다 낮아 심각한 질병이 아닐 가능성이 있지만, 감염병이 두 개 이상의 대륙에서 발생했으므로 WHO 가이드라인에 따라 팬데믹 선언이 필요하다고 사무총장에게 권고하였다. 그러나 WHO 사무총장은 즉시 팬데믹 선언을 하지 않고, 일주일간 추가 관찰 후 최종 결정을 내리기로 하였다. 사무실의 신종 감염병 담당자는 사무총장이 이러한 결정을 내린 이유로, 많은 국가의 병원에서 신종 플루로 입원하는 환자가 많지 않은데도 팬데믹 최종 단계로 격상하는 것이 적절한지에 대한 내부 논의가 진행되고 있기 때문이라고 상황을 브리핑 해주었다. 일주일 후, WHO 사무총장은 기존 가이드라인과 위원회의 권고에 따라 팬데믹 단계를 6단계로 격상하였으며, 이 결정은 전 세계 뉴스의 주요 헤드라인을 장식하였다. 이는 이후 여러 정책적 변화의 기점이 되었다.

신종 감염병의 치사율은 전체 감염자 중 사망자의 비율을 뜻하며, 이는 단순히 병원을 방문한 환자가 아닌 전체 감염 추정자를 기반으로 계산해야 한다.[21] 예를 들어, 한국의 코로나 19 초기 대응처럼 감염이 의심되면 즉시 검사를 받고, 양성 판정을 받으면 보건당국에 보고하는 체계에서는 실제 감염자 수와 보고된 환자 수의 차이가 크지 않아 치사율 계산이 비교적 정확할 수 있다. 그러나 2009년 신종 플루 초반처럼 검사 역량이 확립되지 않은 상황에서는, 병원 방문 환자나 입원 환자를 기준으로 치사율이 계산되기 때문에 초기 데이

21 이를 전문용어로 감염치사율(IFR, infection fatality rate)이라고 하는데 흔히 말하는 치사율이 검사를 통해 발견된 환자 수를 분모로 한다는 점에서 차이가 있다.

터에서 치사율이 과장되는 경향이 있었다. 앞서 언급한 멕시코 종합병원의 치사율 2.6퍼센트 역시 이러한 이유로 상대적으로 높게 나타난 것이다. 시간이 지나면서 감시 체계가 개선되고, 지역 사회 주민을 대상으로 한 항체 검사를 통해 감염자 규모를 추정한 결과, 치사율이 상당히 낮다는 것이 확인되었다. 2009년 하반기에 접어들면서 WHO와 미국 질병통제예방센터는 신종 플루 대유행 바이러스의 치사율이 0.02~0.05퍼센트로 계절성 독감과 유사하거나 계절성 동감보다도 다소 낮다는 결론을 내렸다. 이에 따라 전 세계는 상반기의 긴장 상태에서 벗어나, 휴전 혹은 종전 모드로 전환하게 되었다.

2009년 신종 플루 대유행은 바이러스가 전 세계적으로 빠르게 확산되었으나, 감염 치사율이 매우 낮고, 계절성 독감의 패턴을 따르며 점차 엔데믹으로 전환되었다. 이에 WHO는 2010년 8월 10일 공식적으로 팬데믹 종료를 선언하였다. 2013년, 저명한 의학 저널인 란셋에 발표된 연구에 따르면, 2009년 신종 플루 팬데믹으로 인한 전 세계 초과 사망자는 15만~57만 명으로 추정되었다. 이는 계절성 독감의 연간 사망자(25만~50만 명)와 비슷하거나 다소 낮은 수준이었다. 풍토병으로 자리잡은 신종 플루 바이러스는 그 이후 현재까지 계절성 독감을 일으키는 여러 바이러스의 하나로 자리 잡으며, 인류와 공존하게 되었다.[22]

3. 최초의 백신 및 치료제 사용

2009년 신종 플루 대유행은 대량 생산된 백신이 개발도상국을 포함하여 비교적 광범위하게 배분되고 사용된 최초의 팬데믹이었다.[23] 팬데믹 초기에는 백신 공급이 제한적이었지만, 2009년 말부터 유럽연합(EU) 내 여러 제조업체가

22 코로나 19 바이러스도 같은 트랙을 밟아 가고 있다. 시간이 좀 더 지나면 계절성이 뚜렷해지고, 북반구의 겨울철마다 독감의 형태로 우리에게 찾아올 것으로 예측된다.

23 1957년의 아시아 독감과 1968년의 홍콩 독감 때도 백신 개발이 되긴 하였지만 북미와 유럽에서 사용할 수천만명분의 백신만이 생산되었고, 따라서 고위험군이나 의료종사자 위주로 제한적인 접종만이 이루어졌다. 1980년대 초에 시작한 HIV 팬데믹은 현재까지 백신 개발에 성공하지 못하였다.

백신을 생산하면서 공급량이 급증하였다. 그러나 응급상황용으로 승인받아 긴급 생산된 백신에 대한 안전성 우려와 부작용 가능성이 제기되면서 백신 접종 의지가 약화되었다. 또한, 많은 사람들이 이미 감염된 후 자연 면역이 형성되면서 일부 고소득 국가에서는 백신이 남아도는 현상이 발생하였다. 특히 2009년 하반기, 신종 플루의 감염 치사율이 상당히 낮다는 데이터가 나오면서 이러한 현상은 더욱 심화되었다. 팬데믹 초기, 사태 예측이 불확실한 상황에서 북미와 유럽 일부 국가는 과도한 양의 백신을 선구매하였지만, 결국 팬데믹 종료 후 상당량의 미사용 백신이 남아 폐기되는 사례가 발생하였다.[24] 이 경험은 이후 팬데믹 대비에서 수요 예측의 정확성, 대중 신뢰 구축, 유연한 구매 계약의 중요성을 강조하는 계기가 되었다. 반면, 개발도상국의 백신 상황은 공급 부족과 배포 지연으로 인해 선진국과 큰 격차를 보였다.

선진국에서는 기존의 계절성 독감 백신 생산 체계를 활용해 신종 플루 대유행을 일으킨 바이러스에 맞춘 백신을 약 4개월 만에 개발하였다. 하지만 독감 백신 생산 능력이 없는 대부분의 개발도상국은 선진국의 백신 기부에 의존할 수밖에 없었으며, 이는 주로 WHO를 통해 이루어졌다. WHO는 2009년 제조업체와 선진국의 기부를 통해 약 2억 회분의 백신을 확보했으나, 개발도상국 전체 인구를 고려하면 여전히 부족한 양이었다. 또한, 개발도상국은 백신 보관 및 운송을 위한 냉장 설비가 부족했고, 의료 인프라와 접종 시스템이 미흡하여 백신이 도착했을 때 이미 팬데믹이 정점을 지나 감염률이 감소하는 경우가 많았다. 게다가 백신 부작용에 대한 우려로 인해 접종률은 더욱 낮아졌다. 2009년 하반기부터 예방 접종이 임산부, 의료 종사자, 만성질환자 등을 중심으로 이루어졌지만, 북미와 유럽에서는 인구의 약 25~30퍼센트만이 접종했고, 개발도상국에서는 10퍼센트 미만으로 매우 낮았다. 일부 국가에서는 접종 캠페인이 거의 이루어지지 않기도 하였다.

---

24 예를 들어, 프랑스는 약 9천만 회분의 백신을 주문했으나, 실제로 사용된 양은 약 10퍼센트에 불과했고, 남은 백신은 폐기되거나 다른 국가에 재판매하였다.

1950~60년대의 아시아 독감과 홍콩 독감 팬데믹 당시에는 항바이러스 치료제가 존재하지 않았기 때문에, 2009년 신종 플루 팬데믹은 치료제가 공식적으로 사용된 최초의 인플루엔자 팬데믹이기도 하였다. 항인플루엔자 약제 중 대표적인 것은 흔히 '타미플루'로 알려진 오셀타미비르로, 이 약은 바이러스의 증식을 억제하여 증상 지속 기간을 단축하고, 폐렴 등의 합병증 발생 위험을 줄이는 효과가 있다. 타미플루는 2003년 사스 이후 치사율이 50퍼센트에 달하는 조류독감 치료제로 주목받았으며, 스위스 제약사 로슈가 개발하였다. 그러나 타미플루의 연간 생산량은 제한적이었고, 일부 고소득 국가들은 조류독감에 대비하여 2009년 이전부터 상당량을 구매해 비축해 놓았다. 팬데믹이 시작되자 로슈는 첫 6개월 동안 1억 회분을 생산하였지만, 당시 전 세계 인구가 약 69억 명이었음을 감안하면 여전히 턱없이 부족한 양이었다. 또한, 고소득 국가들이 거의 독점적으로 선구매하면서 중·저소득 국가들의 구매 기회는 상당히 제한적이었다. 가격도 1회 치료(5일간) 기준 최소 50달러 이상으로, 재정적으로 부담이 되는 수준이었다. WHO는 팬데믹 이전부터 조류독감 대비를 위해 약 240만 회분의 타미플루를 비축하고 있었으나, 이는 개발도상국과 감염 전체의 수요에 비하면 절대적으로 부족한 양이었다. WHO는 항바이러스제의 공정한 배분을 강조하며, 개발도상국 지원을 위한 국제 협력을 촉구하였다. 이에 따라 로슈는 저소득 국가에 대해 타미플루를 할인된 가격으로 제공하였으며, 일부 국가에서는 저렴한 복제약을 생산할 수 있도록 라이선스를 허용하기도 하였다.

4. 저위험 고대응의 역설

2009년 신종 플루 대유행은 전반기에는 비관적 분위기 속에서 시작했으나, 후반기에는 낙관적인 상황으로 전환되며 종결되었다. 이러한 경험은 미래 팬데믹 대응에 중요한 시사점을 제공한다. 특히 두 가지 핵심 질문이 떠오른다. 하나는 보건 위기 상황에서의 대응 정책 방향을 어떻게 수립할 것인가 하는 문제이고, 다른 하나는 백신과 치료제의 글로벌 형평성을 어떻게 확보할 것인가하는 점이다.

첫 번째 이슈를 살펴보면, 팬데믹과 같은 보건 의료 응급상황에서는 초기 판단이 매우 어렵다. 긴급한 상황 속에서 의학적 데이터와 과학적 근거가 부족한 상태에서 최적의 정책을 수립하는 것은 현실적으로 불가능하다. 결국, 정부는 적극적으로(혹은 과잉) 대응하면서 이에 따르는 경제·사회적 피해를 감수하거나, 반대로 소극적으로 대응하면서 감염 확산과 그에 따른 위험을 감수하는 두 가지 선택지 중 하나를 택해야 한다. 신종 감염병 발생 시 감염을 예방하고, 사망자를 줄이기 위해 공항 폐쇄, 환자 및 접촉자에 대한 의무적 격리 등 적극(과잉) 대응을 하면, 보건의료적 피해를 줄일 수 있지만, 사회적 혼란이 야기되고 경제적 피해가 뒤따른다. 2009년 대유행의 경우, 처음부터 적극적인 대응이 이루어졌다. 그러나 이후 백신이 과잉 공급되었고, 필요 이상으로 국제 사회가 긴장하면서 과잉 대응이라는 평가도 나왔다. 이러한 과잉 대응은 역사적 경험이나 과거의 사회적 트라우마(예: 1918년 스페인 독감, 2003년 사스)에서 비롯되었을 가능성이 크다. 2001년 9·11 테러와 2003년 사스를 계기로 보건과 안보가 결합되며 '보건 안보'라는 개념이 글로벌 의제로 자리 잡았다. 이후 신종 감염병에 대한 경계심이 높아졌고, 2009년 6월 WHO가 팬데믹 최종 단계(6단계)를 선언하면서 전 세계는 일종의 공포 분위기 속에서 공동 대응을 추진하게 되었다. 이상적인 대응은 과학적 근거에 기반한 정책 수립이지만, 팬데믹 초기에는 충분한 데이터가 없어 비관적 시나리오를 기반으로 과잉 대응을 하는 경우가 많다. 당시 유럽의 많은 국가들이 백신을 과잉 확보하면서 예산을 낭비하거나 불필요한 백신이 폐기되는 결과를 초래하였다. 그럼에도 불구하고, 유럽 대부분의 국가는 팬데믹 대응 실패로 인해 보건부나 정부 관료가 형사 처벌을 받거나 해임되는 사례는 거의 없었다.[25] WHO 역시 최악의 시나리오를 가정하여 대

---

25 유럽의 일부 국가에서는 보건 당국과 정부 관료들이 과도한 백신 구매로 인한 예산 낭비와 낮은 접종률에 대해 언론과 대중으로부터 비판을 받았다. 특히 프랑스에서는 보건부 장관이 과잉 구매와 관련해 의회 청문회에서 질문을 받았지만, 이는 주로 정책적 판단에 대한 평가로 이어졌으며, 직접적인 처벌 사례는 없었다. 이는 당시 WHO와 국제 보건 기구들의 권고를 따랐다는 점과 팬데

응하였다. 당시 WHO는 2009년 대유행으로 최대 5천만 명이 사망할 가능성도 있다는 시나리오를 발표하며 각국 정부가 적극적으로 대비하도록 촉구하였다. 이에 따라 많은 고소득 국가들이 자국민의 안전을 위해 적극적인 팬데믹 대응 정책을 수립하고 시행하였다. 이후 정책적 판단 미스로 밝혀진 부분에 대해서도, 대부분의 국가는 정책 결정 과정에서의 불확실성을 인정하며 일종의 똘레랑스로 답했던 것이다.[26] 반면, 소극적인 대응이 낳은 부정적 사례로는 서아프리카 에볼라 사태를 들 수 있다. 1970년대 중반 이후 간헐적으로 발생했던 에볼라는 주로 제한된 지역에서 한정된 숫자의 환자만 발병했기 때문에 WHO는 이전 경험을 바탕으로 소극적으로 대응하였다. 하지만 서아프리카 3개국에서 에볼라가 통제 불능 상태로 확산되며 수천 명의 사망자가 발생하였다. 이 사례는 신종 감염병의 초기 대응이 중요하며, 지나친 낙관론이 치명적인 결과를 초래할 수 있음을 보여준다.

2009년 대유행 이후, WHO는 기존 팬데믹 6단계 시스템이 치사율이 높은 감염병(예: 사스, 조류독감)에는 적절하지만, 신종 플루 바이러스처럼 치사율이 낮은 감염병에는 오히려 혼란을 초래할 수 있음을 알게 되었다. 이에 따라 WHO는 팬데믹 단계를 폐지하고, 감염병 확산 정도뿐만 아니라 치사율과 대응 능력을 종합적으로 고려해 '국제 공중보건 비상사태(PHEIC, Public Health Emergency of International Concern)'를 선언하는 방식으로 변경하였다.

두 번째 핵심 이슈는 팬데믹 상황에서 백신과 치료제의 글로벌 형평성을 어떻게 확보할 것인가 하는 문제이다. 2009년 신종 플루 대유행과 2020년 코로나 19 팬데믹을 비교하면, 백신과 치료제의 접근성에서 큰 차이가 나타난다. 2009년에는 WHO와 글로벌 제약사 간 협력을 통해 개발도상국의 치료제 접근

믹 초기의 불확실성을 고려한 결과로 보여진다. 이와는 대조적으로 한국은 메르스 사태 직후 정책적 판단을 잘못하였다는 이유로 보건복지부 공무원들에 대한 상당 수준의 징계가 이루어 졌다.

26 똘레랑스(Tolérance)는 프랑스어로 관용 또는 인내를 의미하는데 개인이나 집단이 자신과 다른 생각, 신념, 행동, 문화 등을 받아들이거나 존중하는 태도를 의미한다. 필자는 일종의 정치적 영역에서의 똘레랑스란 개념으로 사용하였다.

성이 어느 정도 보장되었으나, 코로나 19 팬데믹에서는 백신 국수주의와 선진국 중심의 치료제 확보가 진행되면서 WHO의 조정 능력이 제한되었다. 이러한 차이의 원인으로 다음 세 가지를 들 수 있다. 첫째, 보건의료적 차이로 신종 플루 팬데믹은 치사율이 낮았기 때문에 긴급성이 상대적으로 덜했으나, 코로나 19는 높은 감염성과 치사율로 인해 각국 정부가 자국민 보호를 최우선 과제로 삼았다. 둘째, 경제적 이해관계로 신종 플루 팬데믹 당시 백신이나 타미플루는 수요가 적어 경제적 연관성이 크지 않았다. 하지만 코로나 19 백신은 전 세계적으로 엄청난 수요를 기록하며 경제적 이해관계가 강하게 작용하였다. 이로 인해 글로벌 제약회사들은 판매를 통한 수익창출에 민감하였고, 대부분의 백신을 고소득 국가에 높은 가격에 판매하였다. 셋째, 글로벌 보건 거버넌스의 한계이다. 신종 플루 대유행 당시 WHO와 제약사 간 협력은 비교적 원활하였으나, 코로나 19 팬데믹에서는 각국이 자국 우선주의를 내세우며 글로벌 협력이 약화되었다.

그럼에도 불구하고, 2009년 신종 플루 팬데믹 당시 개발도상국에 대한 백신 공유 및 치료제 생산 지원을 포함한 글로벌 연대와 협력은 팬데믹 후반부의 안정적인 대응을 가능하게 하였다. 그러나 코로나 19 팬데믹에서는 국가 간 갈등과 백신 국수주의가 심화되며 글로벌 거버넌스가 실종되었고, 각국이 각자도생하는 상황이 발생하였다. 만약 이러한 현상이 반복된다면, 미래의 팬데믹에서는 인류 전체가 큰 위기에 직면할 수밖에 없다.

Chapter 06
서아프리카 에볼라 사태: 비극과 교훈

서아프리카의 기니, 시에라리온, 라이베리아에서 2014~2016년 발생한 에볼라 사태는 이 지역을 국가비상사태로 몰아넣었다. 에볼라 감염은 1976년 콩고 민주공화국과 남수단에서 처음 보고된 이후 중앙아프리카에서 간헐적으로 발생해 왔다. 그러나 2014~2016년 동안 서아프리카 3개국에서 발생한 에볼라 사태는 그 규모와 기간, 그리고 사회경제적 영향 면에서 그 이전과 비교할 수 없을 정도로 심각하였다. 3년간 약 28,000명의 환자가 발생하였으며, 11,000명 이상이 사망하여 치사율은 약 40퍼센트에 달하였다. 환자의 대부분은 기니, 시에리아리온, 라이베리아에서 발생하였지만, 나이지리아, 세네갈을 포함한 주변 국가뿐만 아니라 미국과 서유럽에서도 소수의 환자가 확인되면서 전 세계적으로 공포를 불러일으켰다. 이는 눈, 코, 입에서 출혈을 일으키는 말기 환자의 충격적인 모습과 40~70퍼센트에 달하는 높은 치사율 때문이었다. 많은 이들은 2009년 인플루엔자 대유행처럼 에볼라가 전 세계를 강타할 수 있다는 우려를 품게 되었다.

1. 에볼라의 확산, 실패의 메커니즘

에볼라는 1976년 콩고 민주공화국의 에볼라 강 인근 얌부쿠 마을과 남수단의 엔자라 마을에서 처음 발견되었으며, 강의 이름을 따 '에볼라 바이러스'로 명명되었다. 당시 콩고 민주공화국에서는 318명의 환자가 발생하였으며, 이 중

280명이 사망하여 치사율이 90퍼센트에 달하였다. 감염 초기에는 발열과 두통이 나타나고, 이후 설사와 구토 등의 증상이 동반된다. 말기가 되면 코, 입, 눈에서 출혈이 발생하며 결국 쇼크로 사망에 이르게 된다. 1976년 이후 2013년까지 중앙아프리카의 남수단, 가봉, 우간다, 콩고 공화국 등에서 약 30차례 에볼라가 발생하였으며, 감염 규모는 수 명에서 수백 명 수준이었다. 에볼라는 환자의 체액, 구토물, 배설물과의 직접 접촉을 통해 전파되며, 환자를 돌보는 가족이나 의료진이 감염될 가능성이 높다. 또한, 아프리카의 전통적인 장례 문화도 확산의 주요 요인으로 작용하였다. 사망자의 시신을 씻긴 후, 장례식에서 가족과 친척들이 시신을 만지거나 껴안으면서 마지막 작별인사를 하는 전통적인 장례의식이 감염 전파를 더욱 가속화하였다.

첫 번째 환자는 기니 남동부 게케두(Guéckédou) 주의 외딴 마을인 멜리안두에서 발생하였다. 이 지역은 숲이 울창하게 우거져 있으며, 망고를 먹는 과일박쥐를 포함한 다양한 야생동물이 서식하고 있다. 이곳 주민들은 전통적으로 야생동물을 사냥하고 섭취하는 관습이 있었으며, 최초 감염자는 두살 난 아이로, 박쥐가 나무에서 먹다 땅으로 떨어진 망고를 섭취하는 과정에서 감염되었을 것으로 추정된다. 역학 조사 결과, 이 아이는 2013년 12월 2일 발열 증상을 보였고, 4일 후 사망하였다. 같은 집에 살던 가족 3명과 아이를 돌보던 마을 간호사 2명이 추가로 감염되었으며, 모두 몇 주 내에 사망하였다. 문제는 여기서 끝나지 않았다. 감염된 간호사 중 한 명이 게케두 종합병원에 입원하였지만, 당시 이 지역에서는 에볼라 감염이 확인되지 않은 상태였다. 이에 따라 병원의 의료진도 감염에 대한 경고 없이 치료를 진행하다가 여러 명의 의사와 간호사가 같은 질환에 감염되며 병원 내 감염이 발생하였다. 또한, 초기 감염자들의 장례식에 참석한 친척들이 감염되며 바이러스가 급속도로 확산되었다. 그림 5의 지도에서 보듯이 게케두 지역은 라이베리아와 시에라리온과 인접해 있으며, 오래전부터 같은 종족들이 국경을 넘나들며 생활하고 있었다. 따라서 이 지역은 외딴 곳이었음에도 불구하고 주민들의 국가 간 이동이 잦았고, 에볼라 바이러스가 조용히 확산하기에 최적의 환경이었다. 또한, 열악한 의료 인프라,

낮은 교육 수준, 전통적인 장례 문화 등이 에볼라의 확산을 더욱 가속화하는 요인이 되었다.

▶ 그림 5. 에볼라 최초 발생 지역이면서 핫스팟이었던 게케두(Gueckedou) 지역: 세 나라가 만나는 외딴 국경지역에 위치하고 있음을 알 수 있다.

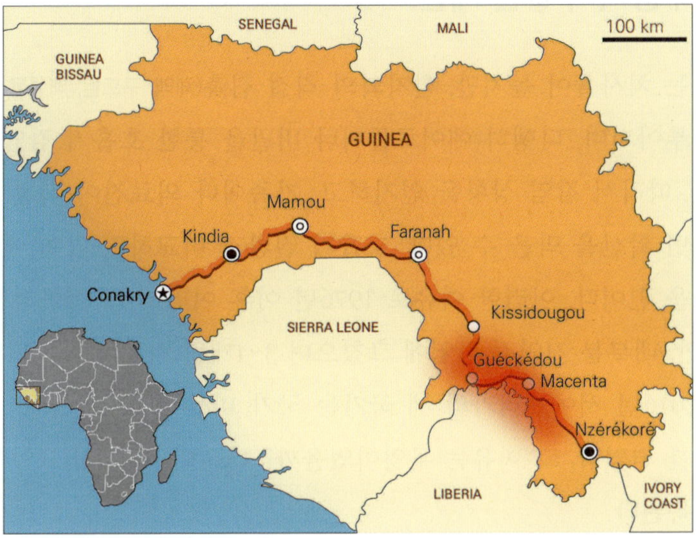

출처: WHO Ebola Response Team. After Ebola in West Africa-Unpredictable Risks, Preventable Epidemics. N Engl J Med. 2016

에볼라가 멜리안두 지역에서 발생한 후 기니 보건당국에 보고되기까지는 수개월이 걸렸다. 초기에는 말라리아나 콜레라로 오진되었고, 이에 따라 감염이 확산되는 동안 효과적인 대응이 이루어지지 못하였다. 기니 보건부는 2014년 3월 22일 에볼라 발생을 공식 확인하였으며, 시에라리온과 라이베리아도 4월경 감염을 공식 발표하였다. 국경없는 의사회는 6월경 이미 사태가 통제 불능 상태라고 경고하며 국제사회의 개입을 촉구하였다. 그러나 WHO는 2014년 8월에야 '국제보건 비상사태(PHEIC)'를 선포하였다. 당시까지 1,700명의 감염자와 900명의 사망자가 발생한 상태였다. 라이베리아와 시에라리온은 7월 말 국가비상사태를 선포하였으며, 기니도 8월 중순 국가비상사태를 발표하였다. 이후 주변 국가와 유럽으로의 항공편이 취소되고, 무역과 경제 활동이 위축되면서 이 지역은 더욱 고립되었다. 시에라리온은 GDP의 5퍼센트에 해당하는 경제적 손실을 입었다.

2. 대응의 공백이 낳은 재난

에볼라는 치사율이 높지만, 환자와의 직접 접촉(체액, 구토물, 배설물 등)을 통해 감염이 이루어지며, 다행히 에어로졸이나 비말을 통한 호흡기 감염은 발생하지 않는다. 따라서 감염 상황을 인지하고, 가족이나 의료진이 적절한 예방 조치를 취하면 확산을 막을 수 있다. 호흡기 질환과 비교하면 감염 예방이 상대적으로 쉬운 편이다. 이러한 이유로 1976년 이후 여러 차례 에볼라 감염이 발생하였지만, 대부분 지역적 감염에 그쳤으며 3~4개월 이내에 통제되었다. 그러나 2014~2016년 서아프리카의 세 국가는 국가 비상사태를 선언할 정도로 심각한 위기를 겪었다. 그 이유는 무엇이었을까? 다음의 몇 가지 요인이 주요 원인으로 지목된다.

첫째, 첫 환자가 발생한 지역의 특수성이다. 첫 환자가 발견된 기니의 게케두 지역은 기니, 라이베리아, 시에라리온 세 나라가 맞닿아 있는 외딴 곳으로, 공권력이 미치지 못하는 사회적으로 고립된 지역이었다. 또한, 세 나라의 국경이 접해 있어 이동이 잦았고, 이로 인해 감염 확산이 쉽게 이루어졌다. 이 지역은 거의 1년 동안 지속적으로 환자가 발생하며 감염이 다른 지역으로 확산되었던 핫스팟이었다.

둘째, 열악한 보건의료 인프라로 인해 감염병 대응이 원활하지 않았다. 서아프리카 3개국의 1인당 GDP는 2023년 기준 400~800달러에 불과할 정도로 빈곤국이다. 기니의 경우, 에볼라 발생 직전부터 지방 병원과 보건소, 검사실 등의 운영이 불안정하였으며, 국가가 직원들에게 월급을 지급하지 못해 의료진이 자주 결근하는 등 의료 시스템이 붕괴된 상태였다. 이후 병원 내 감염이 잇따르자 의료진은 두려움에 휩싸여 병원과 검사실에 출근하지 않기 시작하였다. 감염된 환자를 격리할 치료센터가 절대적으로 부족하였으며, 새로운 치료센터를 건립하는 것도 지역 주민들의 반대로 쉽지 않았다. 이처럼 취약한 공중보건 체계로 인해 감염병 확산을 막을 준비가 전혀 되어 있지 않았고, 국제 지원이 도착하기 전에 바이러스가 빠르게 확산되는 결과를 초래하였다.

셋째, 도시 확산과 인구 밀집 지역의 감염 증가이다. 2013년 12월 첫 환자가 발생한 지 약 6개월 후, 감염이 서부 해안 지역의 인구 밀집 대도시와 수도 지역으로 확산되었으며, 이후 환자 수는 걷잡을 수 없이 증가하였다. 도시는 사람들 간의 접촉과 이동이 빈번했고, 특히 슬럼 지역에서는 협소한 주거 공간에서 다수의 사람들이 함께 생활하므로 감염 위험이 훨씬 높았다. 이전까지의 에볼라 발병은 주로 인구 밀도가 낮은 농촌에서 발생하여 확산이 제한적이었으나, 2014~2016년 사태에서는 대도시가 바이러스 확산의 중심지가 되면서 감염 규모가 전례 없이 커졌다.

넷째, 국제적 지원의 지연이다. WHO는 에볼라 사태의 심각성을 뒤늦게 인식하였고, 2014년 8월이 되어서야 '국제공중보건 비상사태'를 선포하였다. 국경없는 의사회가 3월부터 6월까지 여러 차례 사태의 심각성을 경고하며 국제사회의 개입을 요청했음에도 불구하고, WHO의 대응이 늦어지면서 많은 비판을 받았다. 당시 WHO의 늑장 대응은 국제 사회에 큰 실망을 안겨주었으며, 이후 WHO의 개혁을 요구하는 목소리도 커졌다.

다섯째, 지역 주민들의 불신과 협조 부족이다. 에볼라의 치사율이 높아 병원이나 치료센터로 옮겨진 환자가 다시 마을로 돌아오는 사례가 드물게 되자, 주민들은 치료센터를 불신하기 시작하였다. 일부 지역에서는 에볼라 치료센터가 장기 적출을 목적으로 환자를 잡아간다는 음모론이 확산되기도 하였다. 또한, 방호복을 착용한 보건요원이 환자들을 치료센터나 병원으로 이송하기 위해 마을을 방문하면 외계인처럼 보인다는 이유로 주민들은 극도의 불안감을 느꼈다. 정부가 에볼라 환자의 장례 절차를 변경하여 시신을 비닐로 감싸고 직접 접촉을 금지하자, 지역 주민들의 반발은 더욱 거세졌다. 일부 지역에서는 보건요원들을 공격하거나 살해하는 극단적인 사건이 발생해 국제 사회에 큰 충격을 주었다. 이는 감염병 대응에서 지역 주민의 신뢰와 협조, 보건 교육의 중요성을 여실히 보여주는 사례였다.

3. 에볼라 전선에 투입된 외인부대: 최후의 카드

비록 늦었지만, 2014년 8월 8일 WHO가 국제공중보건 위기 상황을 선언하자, 국제사회는 신속하게 대응하기 시작하였다. 미국의 오바마 대통령은 그해 9월 미군 3,000명을 라이베리아에 파병하여 에볼라 치료센터를 다수 건립하고, 필요한 의약품을 공급하는 등 특단의 조치를 신속히 취하였다. 영국, 프랑스를 비롯한 여러 유럽 국가들도 시에라리온과 기니에 치료센터를 세우고, 현지 의료진 교육을 위해 군인 및 민간 전문가를 파견하였다. 유엔 역시 WHO, 유니세프, 세계식량기구(WFP) 등을 중심으로 전문가를 파견하고 의료물자를 지원하였다. 이러한 외부 지원 중 가장 중요한 것은 에볼라 치료센터의 설립과 운영이었다. 환자를 즉시 격리해야 지역사회의 감염병 확산을 막을 수 있지만, 당시 치료센터는 턱없이 부족한 상황이었다. 또한, 두려움과 공포로 인해 현지 의료진 상당수가 근무지를 떠났기 때문에, 새롭게 건립된 치료센터 운영은 국경없는 의사회, 국제적십자사, 세이브더칠드런 등의 국제 NGO가 맡았으며, 유엔 기관들은 운영을 위한 기술 지원과 자문을 담당하였다. 결과적으로, 총 50개 이상의 치료센터가 세 나라에 건립되었다.

이처럼 현지 의료 시설이 아닌 외부 전문가들이 직접 운영하는 형태는 국제 협력에서 마지막 수단이다. 그러나 당시에는 국가 비상사태였으며, 국내의 보건의료 체계가 거의 붕괴되어 특단의 조치가 필요했던 매우 예외적인 상황이었다. 다행히 결과는 긍정적이었다. 이들 국제 의료진이 사용한 전략은 감염병 대응의 기본 원칙인 환자 및 접촉자 발견과 격리, 병원 및 지역사회 감염 예방을 위한 교육과 홍보였다. 기존의 보건의료 체계가 두려움과 패닉, 넘쳐나는 환자들로 인해 마비된 상황에서 외부 지원에 의지하여 위기를 극복해 나가야 했다. 한 국가의 보건 의료 체계가 위기 상황에서도 붕괴되지 않고 유지되는 것이 얼마나 중요한지, 에볼라 사태는 절실히 보여 주었다.

WHO가 국제공중보건 비상사태를 선언하고 치료센터들이 속속 들어서면서, 상황은 점차 호전되기 시작하였다. 외부 의료진의 지원과 각국의 협력으로 감염병 확산 속도가 둔화되었으며, 약 1년 후에는 신규 감염자 수가 현저히 줄어들었다. 2016년 봄에 기니, 시에라리온, 라이베리아는 에볼라 종식을 공식 선언하였다. 에볼라 사태는 국제사회의 신속한 개입이 감염병 확산을 얼마나 효과적으로 억제할 수 있는지를 보여준 사례였으며, 동시에 국가 보건의료 체계의 탄력성과 자립이 감염병 대응에서 가장 중요한 요소라는 점을 다시금 일깨워준 사건이었다.

박스 7 J의 귀환, 위기 너머의 위기속으로

필자는 에볼라 사태 당시 WHO 캄보디아 사무실에서 근무하고 있었다. 2020년 가을, WHO 제네바 본부에서 감염병 전문가를 모집한다는 공문을 받았다. 이는 에볼라 치료센터에서 자문 역할을 수행할 전문가를 WHO 차원에서 모집하는 것이었으며, WHO 지역 사무소나 국가 사무소 직원 중 자원자가 있으면 지원해 달라는 내용이었다. 당시 우리 사무소에는 감염병 전문가 두 명이 있었는데, 한 명은 일본인 의사, 다른 한 명은 호주인 역학 전문가였다. 그중 호주 출신의 J가 서아프리카의 시에리아리온으로 가고 싶다고 지원 의사를 밝혔다. 그녀는 30대 초반의 독신 여성으로, WHO의 감염병팀에서 수년간 일하였는데, 이러한 상황이 발생하면 반드시 현장에 가겠다고 오래전부터 생각했었는데 이번에 갈 수 있는 기회가 생겼다면서 다소 희망에 부풀어 있었다. WHO는 에볼라 사태 초기 관료주의적 대응으로 인해 비판받고 있었지만, 현장에는 여전히 전문성과 신념으로 가득 찬 헌신된 일꾼들이 많음을 알게 되었다.

J는 시에라리온에서 약 두 달간 현장에서 근무한 후, 캄보디아 오피스로 복귀하였다. 그녀가 사무실로 복귀했을 때, 필자는 그녀의 경험담과 현지 상황을 자세히 들으며 그녀의 활약에 감사의 뜻을 표했다. J는 캄보디아로 돌아오기 전, 독일 의료시설이 있는 격리 호텔에서 약 3주간 격리 생활을 하였다. 이는 혹시라도 그녀가 에볼라에 감염되었을 가능성을 염두에 둔 조치였다. 에볼라 바이러스의 잠복기가 약 3주이므로, 만약 감염되었다면 이 기간 동안 발열과 구토 등의 증상이 나타날 것이었다. 이는 사스 당시 가족들과 함께 자가격리를 하며 불안해했던 닥터 다니엘 친이 떠 올랐다. 신종 감염병이 지속적으로 발생하는 상황에서 WHO 차원의 감염 노출 대응 프로토콜이 이제야 정립되었다는 생각이 들었다.

약 3개월 후, J는 두 번째 필드 미션을 떠났고, 마찬가지로 3주간의 격리 후 무사히 오피스로 복귀하였다. 그러나 그 이후 그녀는 극심한 피로와 무기력감을 호소하였다. 일을 도저히 할 수 없을 정도로 심각한 상태였다. 태국의 종합병원에서 엑스레이, 혈액 검사 등 다양한 검사를 받았지만, 특별한 이상 소견은 발견되지 않았다. 의사인 필자의 직감으로는 그녀가 4개월 동안 생사를 넘나드는 에볼라 현장에서 극도의 스트레스를 받은 후, 안전한 곳으로 돌아왔음에도 불구하고 정신적·육체적 에너지가 완전히 고갈된 상태라고 판단되었다. 이에 그녀에게 집에서 충분히 쉬면서 책을 읽거나 음악을 들으며 충분한 휴식을 취하고, 주변 국가로 여행을 다녀오며 재충전할 것을 권하였다. 그녀는 조언을 받아들여 퇴원 후 집에서 쉬면서 지방 여행도 다녀왔다. 점차 안정을 되찾은 J는 한 달 후 정상적으로 오피스 근무를 시작할 수 있었다.

J의 사례는 감염병 최전선에서 근무하는 의료진이 얼마나 심각한 신체적·정신적 부담을 겪는지를 잘 보여준다. 감염병 대응 인력의 심리적 지원과 회복 프로그램이 반드시 필요하다는 점을 다시 한번 깨닫게 된 경험이었다. 에볼라 현장은 생과 사가 맞닿아 있는 전쟁터였고, 그곳에서의 경험은 단순한 업무 수행이 아니라 개인의 삶과 정신 건강에도 깊은 영향을 미치는 일이었다.

4. 에볼라가 남긴 것: WHO 개혁과 글로벌 연대의 출발점

에볼라 사태 이후, 여러 가지 변화가 있었는데, 대표적인 변화 세 가지만 열거하면 다음과 같다.

첫째, 에볼라를 겪은 기니, 라이베리아, 시에라리온은 질병 감시 체계를 확립하고 보건의료 체계를 개선하기 위해 많은 노력을 기울였다. 신속한 질병 감시를 위해 지역사회 보건 요원을 훈련시키고, 병원 내 감염을 줄이기 위해 마스크, 방호복 등 개인 보호 장비를 갖추었으며, 이들의 사용법을 숙지하는 훈련을 강화하였다. 또한, 지역사회 지도자들을 대상으로 감염병 교육을 실시하여, 향후 유사한 감염병 발생 시 지역사회의 협력과 적극적인 참여를 유도하고자 하였다. 환자와의 접촉자를 추적하여 격리하는 것의 중요성을 깨달은 정부는 에볼라 사태의 경험을 바탕으로 효과적인 접촉자 추적 시스템을 구축하는데 집중하였다.

필자는 아프리카와 아시아에서 한국으로 유학을 와서 공중보건학 석사 과정을 밟는 학생들에게 신종 감염병과 국제보건을 가르치고 있다. 이들 대부분은 자국의 보건부에서 일하는 의사나 보건 정책 전문가들이다. 코로나 팬데믹이 터졌을 때, 필자는 아프리카 출신 학생들에게 현지 상황을 자주 물었었다.

그들은 "에볼라를 경험했던 국가들은 그때의 교훈을 바탕으로 감염병 대응 시스템을 구축했기 때문에 코로나 상황을 훨씬 효과적으로 관리하고 있다"라고 답하였다. 여러 자료를 통해 확인해 보았더니 이와 같은 내용이 사실로 드러났다. 한국이 메르스 사태를 겪은 후 감염병 대응 능력이 강화된 것처럼, 에볼라는 서아프리카 국가들이 그 후 감염병 위기에 더 잘 대응할 수 있도록 만든 계기가 되었다.

둘째, 에볼라 사태를 악화시킨 주된 원인 중 하나로 지목된 WHO의 개혁이다. WHO는 1948년 설립된 유엔 산하 기관으로, 시간이 흐르면서 개혁의 필요성이 꾸준히 대두되었다. 필자의 개인적인 판단이지만, WHO가 역사상 가장 심각한 비판을 받은 시점은 코로나 팬데믹이 아니라 에볼라 초기 대응 실패 때였다. WHO는 에볼라 사태의 심각성을 인식하지 못하고 대응을 미루었고, 이로 인해 서아프리카 3개국이 국가비상사태에 빠지게 되었다. 코로나 팬데믹 때도 WHO는 국제적 비판에 직면하였다. 특히 미국은 WHO의 대응을 강하게 비판하며, WHO가 코로나 바이러스의 기원을 조사하는 과정에서 중국에 우호적인 태도를 보였다는 이유로 탈퇴까지 선언하였다. 반면, 유럽 국가들은 WHO의 대응이 늦었다는 점을 지적하면서도, 팬데믹을 극복하기 위해서는 WHO를 중심으로 전 세계가 협력해야 한다는 입장을 보였다. 이와 달리, 에볼라 사태에서는 WHO의 대응 실패에 대한 비판이 국제적으로 거의 일치하였다. 2003년 사스 사태 당시 중국 정부가 6개월 넘게 정보를 은폐하며 아무런 조치를 취하지 않았던 것처럼, WHO 역시 에볼라 초기 대응에서 유사한 실수를 저질렀다는 평가를 받았다.

이후 WHO 개혁을 위한 다양한 평가 작업이 진행되었다. 대표적인 예로는 하버드 글로벌 보건 연구소와 영국 런던 위생열대의학 대학원이 2015년 공동으로 수행한 평가, WHO가 독립 평가위원회를 구성해 진행한 내부 검토(2015년), 그리고 유엔 고위급 평가위원회의 검토(2016년)가 있다. 각 평가 보고서는 WHO의 구조적 문제를 지적하며, 보건 위기 대응을 위한 별도의 프로그램을 신설하고 충분한 예산과 인력을 확보해야 한다고 권고하였다. 일부 전문가들은 WHO가 감염병 대응을 효과적으로 수행할 수 있는지 의문을 제기하며, 별도의 감염병 전담 국제 기구를 설립해야 한다는 다소 급진적인 의견을 내놓기도 하였다.[27] 유엔 고위급 평가위원회는 반기문 사무총장이 직접 위원장을 맡아 진행하였으며, WHO의 구조적 문제와 재정 부족이 문제의 핵심이라고 분석하였다. WHO는 이 권고를 받아들여 '보건 위기 대응 프로그램'을 신설하고, 해당 프로그램의 책임자가 WHO 사무총장에게 직접 보고하도록 하였다. 그러나 코로나 팬데믹 때 WHO의 대응을 고려하면, 여전히 미흡한 부분이 많다고 생각된다.

셋째, 신종 감염병에 효과적으로 대응하기 위해 에볼라 이후 다양한 글로벌 이니셔티브가 등장하였다. 그중 가장 중요한 두 가지로 감염병 혁신연합(CEPI, Coalition for Epidemic Preparedness Innovations)과 글로벌 보건안보 구상(GHSA, Global Health Security Agenda)을 들 수 있다.

먼저, 감염병 혁신연합이다. 감염병 혁신연합은 환자 수가 적어 상업적 가치가 낮아 제약회사들이 백신 개발을 꺼리는 질환의 백신 개발을 지원하기 위해 2017년 1월 창설된 글로벌 민관 협력 파트너십 기구이다. 노르웨이, 독일, 일본, 인도, 빌 게이츠 재단, WHO, 세계경제포럼(다보스 포럼) 등이 창립 멤버로 참여하였으며, 본부는 노르웨이에 있다. 한국도 2021년부터 감염병 혁신연합에 참여하여 재정 지원을 하고 있다. 신종 감염병은 규모와 상관없이 특정 지역이나 국가의 사회 시스템을 마비시키거나 국제적으로 고립시키면서 심각한 경제적·사회적 피해를 초래할 수 있다. 사스, 서아프리카 에볼라 사태, 한국의 메르스등이 대표적인 예다. 그러나 백신 개발의 상업성이 부족하면 제약회사들이 개발에 소극적일 수밖에 없다. 이러한 문제를 해결하기 위해 감염병 혁신연합과 같은 국제 협력 이니셔티브가 필요하며, 특히 에볼라 사태가 이를 촉진하는 계기가 되었다는 점에서 큰 의미가 있다. 감염병 혁신연합은 코로나 19 백신 개발에도 관여하며 그 역할을 확장하고 있다. 최근에는 인류에게 알려지

27 이는 하버드 글로벌 보건연구소와 런던 위생열대대학원이 공동으로 수행한 평가에서 제시되었는데, HIV 퇴치를 위해 유엔에이즈란 새로운 국제기구를 수립했던 경험에 근거하였다.

지 않은 병원체가 새로운 팬데믹을 유발할 가능성을 대비하기 위해 '감염병 X'라는 가상의 위협을 설정하고, 이에 대비한 백신 개발에도 참여하고 있다. 코로나 19 이후 감염병 혁신연합은 더욱 주목받고 있으며, 향후 그 활동과 성과를 면밀히 지켜볼 필요가 있다.

다음으로 글로벌 보건안보 구상(GHSA)이다. 글로벌 보건안보 구상은 2014년 2월, 에볼라 사태가 본격적으로 문제시되기 직전에 미국 등 자유민주주의 국가 중심으로 약 40개국이 참여하며 발족한 국제 보건안보 강화를 위한 이니셔티브이다. 운영 사무국이 따로 존재하지 않으며, 매년 의장국이 돌아가면서 주도하는 방식으로 운영된다. 에볼라 사태 이후 더욱 강화되었으며, 현재 약 70개국이 참여하고 있다. 글로벌 보건안보 구상은 각 국가별 감염병 대응 능력을 평가하기 위해 '글로벌 보건안보 인덱스'라는 지표를 개발하여 적용하고 있으며, 감염병 대응 역량이 부족한 국가들에 대한 지원을 수행하고 있다. 코로나 19 팬데믹 이전까지 글로벌 보건안보 구상은 많은 관심과 기대를 받았으나, 막상 코로나 팬데믹이 발생했을 때는 그 존재감이 미미했던 것이 사실이다. 이는 다음의 두 가지 이유 때문으로 보인다.

첫째, 글로벌 보건안보 인덱스의 실효성 문제이다. 코로나 팬데믹 이전, 글로벌 보건안보 구상이 개발한 글로벌 보건안보 인덱스에서 높은 점수를 받은 미국과 영국이 실제 팬데믹 대응 과정에서 심각한 어려움을 겪으며 많은 사망자를 냈다. 이는 인덱스가 보건의료 체계의 정량적 지표에 초점을 맞춘 반면, 거버넌스, 시민들의 협조와 연대, 정부에 대한 신뢰 등 정성적 요소를 간과했기 때문이라는 분석이 제기되었다. 둘째, 글로벌 보건안보 구상의 대응 역량 한계이다. 운영 사무국이 상시로 존재하지 않는 글로벌 보건안보 구상은 WHO나 미국 질병통제예방센터처럼 팬데믹 발생 시 가이드라인을 제공하고 국가 정책에 자문을 제공할 수 있는 전문 인력을 갖추고 있지 않다. 따라서, 팬데믹 발생 시 글로벌 보건안보 구상은 제한적인 역할밖에 수행할 수 없었다. 코로나 팬데믹은 글로벌 보건안보 구상의 역할과 방향성을 다시 정립해야 할 필요성을 분명히 하였다. 앞으로 글로벌 보건안보 구상이 단순한 감염병 대응 평가

지표 개발을 넘어, 실질적인 대응 역량을 갖춘 기관으로 거듭날 수 있도록 개선이 필요할 것이다.

박스 8 **DNA가 바뀐 사회: 에볼라 이후 위생의 의미**

필자는 2018년 2월 코이카(KOICA)의 초청으로 라이베리아를 방문할 기회를 가졌다.[28] 이는 코이카의 모자보건 프로젝트를 리뷰하고 자문하기 위한 방문이었지만, 필자는 에볼라 이후 라이베리아의 보건의료 체계가 어떻게 변화했는지도 궁금하였다. 5일간의 필드 방문 동안 시간을 내어 보건 시스템 전반의 변화를 개인적으로 살펴보았다. 가장 눈에 띈 것은 보건부의 5개년 중장기 계획이었다. '회복탄력성 있는 보건의료 체계 구축 계획(2015~2021)'이라는 제목의 이 계획은, 보건의료 위기 상황이 발생하더라도 기본적인 보건의료 서비스를 지속적으로 제공할 수 있어야 한다는 점을 강조하고 있었다.[29] 세계은행의 지원을 받아 의료 인력 양성을 우선 과제로 삼아 간호사 및 간호 조무사를 집중적으로 양성하고 있었으며, 국가 및 지방 정부의 검사실을 확충하는 작업도 진행 중이었다. 필드 방문 기간 동안 필자는 보건부, 중앙 및 지방 병원, 지역 보건소, 국제기구 등 여러 기관을 방문하였다. 이 과정에서 흥미로운 광경을 목격하였다. 모든 공공 건물 입구에는 예외 없이 테이블이 하나씩 마련되어 있었고, 그 위에는 간이식 손 씻기 시설이 놓여 있었다. 건물에 출입하려면 반드시 손을 씻어야 하였으며, 손을 씻지 않으면 출입이 불가능하였다. 에볼라가 종식된 지 거의 2년이 지났는데도 이러한 조치가 유지되고 있는 것이 궁금해 동행한 현지 의사들에게 물었다. 그들은 한결같이 "이제는 반드시 씻어야 한다"라고 답하였다. 이유를 길게 설명하기보다는, 에볼라의 참혹한 경험이 위생 관리와 감염병 예방에 대한 의식을 바꾸었음을 직감적으로 느낄 수 있었다. '이들의 DNA가 바뀌었구나'라는 생각이 들었다. 사회적 트라우마를 겪은 이후 라이베리아 사람들에게 위생은 단순한 습관이 아니라 생존을 위한 필수 요소가 되었던 것이다.

---

28 코이카는 Korea International Cooperation Agency(KOICA)으로 한국국제협력단이라고도 불린다. 한국 외교부 산하의 정부 기관으로, 무상 원조와 기술 협력 프로그램을 통해 개발도상국의 경제 및 사회 발전을 촉진하고자 1991년 4월 1일에 설립되었다.

29 Ministry of Health. Liberia. Investment Plan for Building a Resilient Health System in Liberia 2015 to 2021.

03

코로나 19, 팬데믹의 얼굴

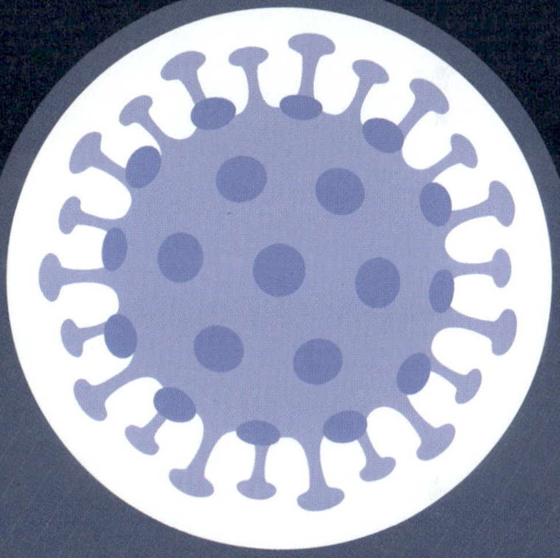

Chapter 07

코로나 19: 100년만의 리얼 팬데믹

지난 4년 동안 우리는 코로나 팬데믹과 관련된 수많은 뉴스, 정보, 루머를 접하였고, 여러 차례 코로나 19 백신을 맞고, 한두 차례 이상 감염되는 경험을 갖고 있는 독자들도 많을 것이다. 이제 코로나라는 단어 자체에 피로감을 느끼는 독자도 있을 것이다. 이런 맥락에서, 이 책의 하이라이트라 할 수 있는 코로나 팬데믹을 어떻게 다룰지 고민한 끝에, 다음의 여섯 가지 주제에 초점을 맞추어 기술하고자 한다. 코로나 19 팬데믹 타임라인, 풍토병화하고 있는 코로나 19(엔데믹으로의 전환) 대감염병 시대의 도래, 포스트 팬데믹 시대 뉴-노멀, 글로벌 팬데믹 대응 전략, 그리고 다음 팬데믹의 챔피언은 어느 나라가 될까? 필자의 전공이 국제보건이므로, 한국의 경험과 정책보다는 글로벌한 측면을 중심으로 다룬다.

1. 코로나 19의 글로벌 타임라인

코로나 팬데믹이 처음 보고된 2019년 12월부터 WHO의 엔데믹 선언이 있었던 2023년 5월까지의 글로벌 타임라인을 간단히 정리하면 다음과 같다.

(1) 2019년: 팬데믹의 시작

중국 우한에서 원인 불명의 폐렴 사례가 최초로 보고되며, 이후 코로나 19

로 명명된 신종 감염병이 전 세계로 확산될 조짐을 보이기 시작한 해였다.

① 중국 우한에서 원인 불명의 폐렴 사례가 보고됨(12월 1일)

② 중국 질병통제예방센터 역학자들이 조사 시작(12월 15일)

③ 우한 중앙병원의 의사 리원량이 '사스 유사 바이러스' 경고 메시지를 전달했으나, 중국 당국이 정보 유출을 금지하고 조사에 착수(12월 27~30일)[1]

④ 중국 당국이 WHO에 '원인 불명의 폐렴' 사례를 공식 보고(12월 31일)

(2) 2020년: 전 세계적 확산과 본격적인 대응

코로나 19가 급속도로 확산되면서, 대부분의 국가가 강력한 봉쇄 조치를 포함한 사회적 거리두기를 시행하였다. 이로 인해 사회·경제적 혼란이 야기되었으나, 연말 백신 개발이 조기에 성공하면서 바이러스와의 싸움에서 중요한 전환점을 맞이하였다.

① 중국 우한 봉쇄, 1,100만 명 이동 제한(1월 23일)

② WHO, 국제 공중보건 비상사태 선언(1월 30일)

③ WHO, 팬데믹 공식 선언(3월 11일)

④ 각국 봉쇄 조치 본격 시행(3~5월)

⑤ 화이자와 바이오엔텍, 백신 효능 90퍼센트 이상 발표(11월 9일)

---

1 리 원량(Li Wenliang)은 중국의 안과 의사로, 2019년 말 우한에서 발생한 신종 감염병(코로나 19)의 위험성을 처음으로 경고한 인물 중 하나로 그의 행동은 중국 내외에서 큰 논란과 찬사를 받았다. 그는 2019년 12월 30일, 동료 의사들과의 중국 SNS 위챗에서 사스와 유사한 바이러스 감염 사례를 공유하며 주의를 당부하였다. 리 원량은 병원에서 진료를 계속하던 중, 2020년 1월 8일에 코로나 19에 감염된 환자를 치료하다가 자신도 감염되었다. 이후 증상이 악화되어 입원 치료를 받았으나, 2020년 2월 7일 향년 34세의 나이로 사망하였다. 그의 죽음은 중국 내에서 큰 공분을 일으켰으며, 정부의 초기 대응에 대한 비판과 투명성 부족에 대한 논란을 촉발시켰다. 이후 중국 정부는 리 원량에게 공식적인 사과를 하고, 그를 '국가 영웅'으로 추모하며 메달을 수여하였다.

(3) 2021년: 백신 보급과 변이 바이러스의 등장

백신 접종이 고소득 국가를 중심으로 빠르게 진행되었지만, 저소득 국가는 백신 확보에 어려움을 겪으며 백신 국수주의와 글로벌 보건 공조체계의 문제가 대두되었다. 한편, 델타와 오미크론 변이 바이러스가 출현하며 기존 백신의 효과가 일부 감소하는 등 팬데믹 대응에 새로운 도전 과제가 등장하였다.

① 전 세계 확진자 1억 명 돌파, 사망자 200만 명 초과(1월)

② 미국, 2억 회 이상의 백신 접종 완료(상반기)

③ 인도, 델타 변이 확산으로 하루 확진자 30만 명 발생(4월)

④ 유럽연합(EU), 디지털 코로나 19 증명서 도입(7월)

⑤ 아프리카 대륙, 전 세계 백신 접종량의 단 2퍼센트 차지하며 불평등 문제 대두(11월)

⑥ 오미크론 변이 남아프리카공화국에서 북미 유럽으로 확산(11월)

(4) 2022년: 엔데믹으로의 전환 논의

백신 접종 확대와 치사율이 낮은 오미크론 변이 확산으로 인해 팬데믹에서 엔데믹으로의 전환이 본격적으로 논의되었다. 특히, 영국은 '자유의 날'을 선언하며 방역 조치를 해제하는 등 여러 국가에서 규제 완화 움직임이 가시화되었다. 저소득 국가들도 코백스(COVAX) 등의 국제적 지원을 통해 백신을 확보하기 시작하였지만, 접종률은 여전히 저조하였다.[2]

① 오미크론 변이에 의한 입원율과 사망률이 낮은 것으로 보고(상반기)

② 각국, 사회적 거리두기 및 여행 제한 완화(하반기)

---

2 2022년 초까지 코백스는 전 세계적으로 약 16억 7천만 회분의 백신을 배포했으며, 이 중 약 61퍼센트가 저소득 및 중간소득 국가에 전달하였다. 하지만 2022년 10월 기준, 저소득 국가의 인구 중 약 25퍼센트만이 최소 1회 접종을 완료했으며, 이는 고소득 국가의 72퍼센트와 큰 격차를 보였다.

③ 코로나를 엔데믹으로 간주하는 국가 증가

④ 오미크론 변이 전 세계로 확산되며 감염자 폭증(상반기)

(5) 2023년: 팬데믹 종료와 엔데믹 전환

전 세계적으로 감염자 수가 감소하면서 많은 국가가 방역 조치를 완화하거나 철회하였다. 이에 따라 WHO는 5월, 코로나 19 팬데믹으로 인한 국제공중보건 비상사태를 공식적으로 해제하며 엔데믹 전환을 선언하였다.

① WHO, 국제 공중보건 비상사태 해제(5월 5일)

② 서태평양 지역 일부 국가에서 감염 증가하였지만 치사율은 낮게 유지(6~7월)

③ 오미크론 하위 변이 지속 발생하였으나 중증 환자 비율은 매우 낮아 안정적으로 유지

지난 5년간 코로나 19 팬데믹이 우한에서 시작된 이후 어떤 과정을 거쳐 오늘날 엔데믹으로 전환되었는지 간략히 살펴보았다. 이어지는 내용에서는 엔데믹의 의미와 향후 전망을 통해 팬데믹의 전체적인 흐름을 파악하고자 한다.

2. 팬데믹에서 풍토병으로: 엔데믹 전환과 그 이면

2020년 1월에 시작된 코로나 팬데믹은 2023년 5월 WHO가 '국제공중보건 비상사태'를 해제하면서 엔데믹 단계로 이행하고 있다. 그동안 여러 번의 감염 확산 곡선을 거쳐왔는데, [그림 6]에 나타난 2022년 1월 전후의 큰 곡선은 오미크론 변이가 중국을 제외한 전 세계로 확산되었을 때를 의미하며, 2023년 1월의 또 다른 곡선은 오미크론이 중국에 상륙하면서 대규모 감염이 발생한 시기를 반영한다. 국제보건 위기 상황이 해제된 2024년 5월을 보면, 환자 발생과 보고 건수가 거의 없음을 알 수 있다.

▶ 그림 6. 2024년 5월까지의 코로나 19 신환자 수와 사망자 수

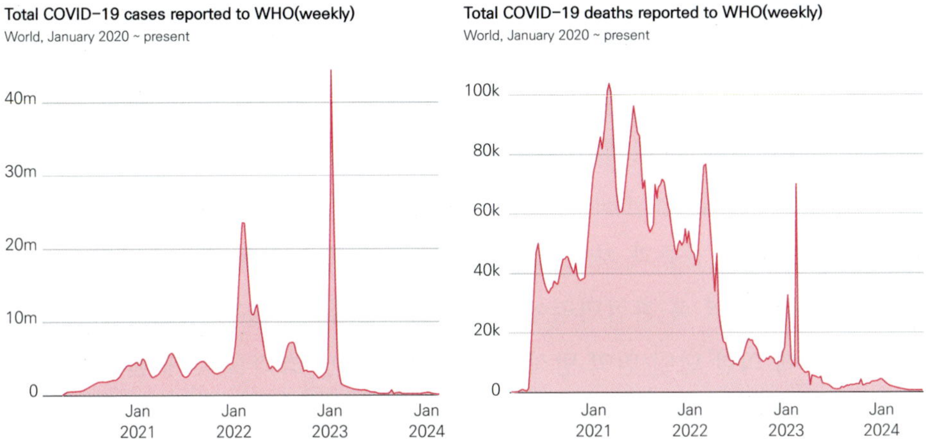

출처: WHO

'엔데믹'이라는 용어는 감염병이 특정 지역이나 인구 집단에서 지속적으로 존재하는 상태를 뜻하며, 풍토병화 되었다는 것을 의미한다. 전통적인 의미에서 볼 때, 풍토병은 완전히 사라지지는 않지만 일정한 수준에서 유지되며, 팬데믹과 달리 예측 가능하고 통제 가능한 형태로 자리 잡는 것을 뜻한다. 유행성 독감처럼 계절성을 띠게 되는 경우가 많다. 코로나 19는 팬데믹에서 엔데믹으로 이행하는 과정에 있으며, 아직까지 계절성을 띠지 않는 점에서 완전히 풍토병화되었다고 보기는 어렵다. 하지만 시간이 지나면서 인플루엔자 독감처럼 겨울철에 주로 유행하는 계절성 감염병이 될 가능성이 크다.

코로나 19의 풍토병화에 기여한 주요 요인은 다음과 같다.

첫째, 오미크론 변이의 출현이다. 오미크론 변이는 전파력이 강해, 자연 상태에서 환자 한 명이 약 15명에게 감염을 일으킬 수 있다. 백신 접종자도 오미크론 감염에 취약하여, 전 세계 인구의 최소 50~60퍼센트가 오미크론 변이에 감염된 것으로 추정된다. 다행히도 오미크론 변이의 치사율은 약 0.05퍼센트 정도로, 이전 변이들에 비해 상당히 낮다. 이러한 병원성 감소는 인류에게 긍정적인 요인이 되었고, 오미크론의 출현을 '크리스마스 선물'이라고 평가하는 시각도 있다.

둘째, 인체 면역력의 강화이다. 코로나 바이러스에 대한 인체 면역력은 백신 접종과 자연 감염을 통해 형성된다. 델타 변이 이전에는 백신 접종자나 자연 감염자에게 새로운 감염이 잘 일어나지 않았고, 중증 및 사망 예방 효과도 유지되었다. 그러나 오미크론 변이 이후 감염 예방 효과는 접종 후 수개월 내 급격히 감소하였지만, 다행히 중증 및 사망 예방 효과는 지속되었다. 이 과정에서 하이브리드 면역(hybrid immunity)이 중요한 역할을 하게 되었다. 하이브리드 면역이란 백신 접종과 자연 감염을 모두 경험한 사람들에게서 나타나는 면역형태로 복합면역 혹 혼합면역이라고도 불리운다. 이 경우, 백신이나 자연 감염 중 하나에 의한 단일 면역 방식보다 더 강한 예방 효과를 갖게 된다. 2020년 초, 인류는 코로나 바이러스에 대한 면역이 전혀 없는 상태였지만, 시간이 지나면서 감염과 백신 접종을 통해 점차 면역력을 형성해 나갔다. 반복적인 감염과 여러 차례의 추가 접종을 통해 면역력이 축적되어, 고령자를 제외하면 대부분의 사람들에게 더 이상 치명적인 질병이 되지 못했다. 이러한 면역 형성 과정은 팬데믹에서 엔데믹으로의 전환을 가능하게 하였다.

엔데믹이 된다고 해서 팬데믹이 완전히 끝났다고 단정할 수는 없다. 현재도 코로나 환자는 지속적으로 발생하지만, 사회적으로 큰 이슈가 되지 않는 이유는 치사율이 낮기 때문이다. 그러나 만약 치사율이 높은 변이 바이러스가 출현한다면, 다시 의료 시스템이 부담을 받으며 봉쇄나 거리두기 조치가 필요해질 가능성이 있다. 바이러스는 지속적으로 변이를 일으키며, 그 과정에서 독성이 강화될 가능성도 존재한다.[3] 물론, 독성이 너무 강해져 숙주인 인간이 사망하면 바이러스 자체도 사라질 위험이 높아지므로, 전파력과 독성 간의 균형이 중요하다. 그러나 변이가 항상 인류에게 유리한 방향으로 진행되는 것은 아니기 때문에, 미래에 더욱 강한 변이가 나타날 가능성을 배제할 수 없다. WHO는

3 한 예로, 2021년 봄 인도에서 처음 발견된 델타 변이는 그 이전의 주종 바이러스였던 알파 변이보다 전파력과 치사율 모두 높았다. 백신 기본 접종으로는 델타 변이에 대한 감염 예방이나 중증 예방 효과를 기대할 수 없게 되었고, 따라서 추가 접종인 세 번째 샷이 시행되었던 것이다.

정기적으로 미래 팬데믹을 일으킬 가능성이 있는 병원체 목록을 업데이트하고 있다. 2023년, 유럽의 한 연구기관이 WHO가 발표한 병원체 목록을 바탕으로 글로벌 과학자들을 대상으로 설문조사를 진행한 결과, 다음 팬데믹을 유발할 가능성이 가장 높은 병원체 3위가 코로나 바이러스로 선정되었다.[4] 이는 코로나 바이러스가 엔데믹 상태로 수년간 지속되다가, 특정 변이가 나타나면서 다시 팬데믹 상황을 초래할 가능성이 있음을 시사한다.

▶ 그림 7. 인플루엔자 팬데믹으로 인한 추정 사망자 - 1918년 스페인 독감, 1957년 아시아 독감, 1968년 홍콩 독감, 2009년 신종 플루 대유행의 4회에 걸친 인플루엔자 팬데믹까지.

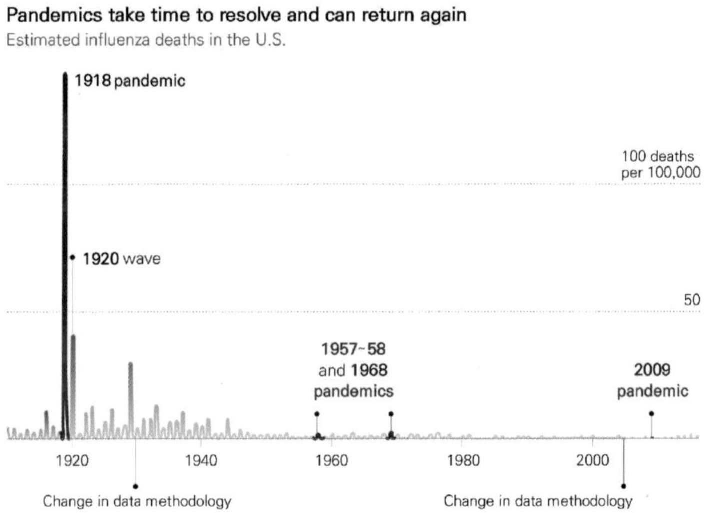

출처: 죠나단 월프, 뉴욕 타임지, 2022년 8월 3일

코로나 19의 엔데믹화가 궁극적으로 어떤 방향으로 전개될지는 과거 팬데믹 사례를 통해 예측할 수 있다. 1918년 스페인 독감의 경우, 첫 2년 동안 엄청난 사망자를 발생시킨 뒤 급격히 감소하였으며, 이후 계절성 독감 형태로 전환되었다. 스페인 독감을 일으킨 인플루엔자 바이러스는 [그림 7]에서 보는 것처

4 이에 대해서는 9장의 [그림 10]에 자세히 기술되었다.

럼 1957년 아시아 독감, 1968년 홍콩 독감과 같은 새로운 변이 팬데믹이 등장하면서 서서히 사라졌다.[5] 코로나 19 역시 앞으로 수년 동안 크고 작은 유행을 반복하면서 점차 영향력을 잃을 것으로 보인다. 시간이 지나면서 백신 접종과 자연 감염을 통해 인류가 면역력을 축적하면, 결국 계절성 독감처럼 겨울철에만 유행하는 패턴을 보이게 될 가능성이 크다.

현재까지 코로나 바이러스는 총 7가지가 발견되었다. 일반인에게 잘 알려진 사스, 메르스 및 코로나 19의 3가지와 일반인에게 잘 안 알려진 2종류의 알파 코로나 바이러스와 2종류의 베타 코로나 바이러스, 이렇게 총 7 개의 바이러스가 코로나 계열에 속한다. 이 중 알파와 베타에 속하는 4 종류의 코로나 바이러스가 인류에게 질병을 일으키게 된 것은 수십년 내지 수백년 전이다. 그리고 시간이 지나면서, 현재는 완전히 풍토병으로 자리 잡아, 겨울철 계절성 독감의 여러 병원체의 하나로 존재한다. 사스 바이러스는 연구 목적 외에는 완전히 퇴치된 것으로 보이며, 메르스 바이러스는 간헐적으로 발병하는 엔데믹 상태를 유지하고 있다. 코로나 19는 현재 엔데믹 전환 초기 단계에 있으며, 결국 알파 및 베타 코로나바이러스처럼 계절성 감염병으로 자리 잡을 가능성이 높다. 코로나 팬데믹을 일으킨 바이러스가 독감처럼 계절성 질환으로 전환될 것인지, 아니면 완전히 사라질 것인지는 앞으로 몇 년간의 변이 양상과 면역 형성 속도에 달려 있다.

3. 대감염병 시대의 도래

오천만 명의 사망자를 낸 1918년 스페인 독감 이후, 2~3년이라는 짧은 기

5 2009년의 신종 플루 팬데믹 대유행은 스페인 독감과 동일한 H1N1타입의 인플루엔자 바이러스에 의해 일어났다(물론 이 둘은 유전적으로 동일하지는 않다). 따라서 스페인 독감 바이러스가 완전히 사라지지 않고, 변이와 재조합을 거쳐 다른 형태로 변하면서 존재하였다고 이야기할 수도 있다.

간 동안 가장 많은 사망자를 기록한 감염병은 2020년 코로나 팬데믹이었다.[6] 2024년 12월 기준, 코로나로 인한 공식적인 사망자는 약 700만 명이지만, 실제 추정 사망자는 약 2,000만 명에 이를 것으로 보고 있다. 1918년 당시의 세계 인구는 약 18억 명으로 2024년 78억 명과 비교하면 훨씬 적다. 따라서 단순한 사망률 비교로 코로나 팬데믹을 스페인 독감과 동일선상에서 평가하기는 어렵다. 그러나 다음과 같은 이유로 인해 코로나 팬데믹의 영향과 피해 규모는 스페인 독감 못지않았다고 볼 수 있다.

첫째 감염 규모와 확산 속도이다. 스페인 독감은 약 2년 동안 전 세계 인구의 약 3분의 1이 감염된 것으로 알려졌다. 반면, 코로나 팬데믹은 첫 2년(2020~2021년) 동안 전 세계 인구의 최소 60퍼센트가 감염되었을 것으로 추정된다.[7] 오미크론 서브 변이들이 계속 출현한 2023년 이후까지 포함하면, 사실상 전 세계 거의 모든 사람들이 코로나 바이러스에 한 차례 이상 감염되었을 가능성이 크다. 코로나 바이러스의 감염은 전 지구적이었으며, 세계화된 현대 사회에서 바이러스가 확산되는 데 불과 2~3개월밖에 걸리지 않았다. 이는 스페인 독감이 남태평양 섬나라까지 도달하는데 약 2년이 걸린 것과 극명한 대조를 이룬다.

둘째 사회·경제적 영향력이다. 우선 경제적 충격을 살펴보면 다음과 같다. 스페인 독감의 경우, 젊은 연령층에서 많은 사망자가 발생하면서 일시적인 노동력 부족이 발생하였고, 농업과 제조업의 생산성이 일부 감소하였지만, 코로나처럼 대규모 봉쇄나 정부에 의한 사업체 강제 폐쇄는 없었다. 또한 1920년 초부터 많은 국가들이 비교적 빠르게 경제를 회복하였다. 당시 전쟁으로 인해 감염병 확산에 대한 정보가 제한적이었고, 통신 수단이 미비하여 사회적 동요

6 저자에 따라서 코로나 19를 2019 시작된 사건으로 보는 경우도 있는데(중국 정부가 WHO로 신종 감염병을 처음 보고한 2019년 12월 31일을 기준으로 해서), 2020년 1월 중순에서 말에 주요 상황들이(코로나 19 바이러스 유전자 정보 확인, 우한 봉쇄, WHO의 국제공중보건 위기상황 선언 등) 전개되었기에 필자는 2020의 사건으로 기술하였다.

7 Aruni Davis. COVID Evaluation Model Estimates 57 Percent of World Population Infected at Least Once. Newsweek. Jan 24, 2022.

도 지금보다 적었다. 반면, 코로나 팬데믹의 경우 많은 국가들이 봉쇄 조치와 사회적 거리두기 정책을 시행하였다. 이로 인해 소비 감소와 함께 수많은 기업이 문을 닫거나 운영을 축소하면서 대규모 실업 사태가 발생하였다. 특히 서비스업과 비정규직 노동자들이 가장 큰 타격을 입었으며, 청년 실업률도 급증하였다. 각국 정부는 실업자 지원을 위해 대규모 재정 정책을 시행하였지만, 이로 인해 유동성 자금이 증가하면서 후에 인플레이션을 초래하였다. 공급망 붕괴도 심각한 영향을 미쳤으며, 2020년 전 세계 GDP는 약 3.5퍼센트 감소하였다.

다음은 사회적 변화를 살펴보자. 팬데믹으로 인해 많은 기업들이 재택근무를 도입하게 되었다. 대면 접촉을 최소화하려는 경향이 확산되면서 교육, 업무, 쇼핑뿐만 아니라 종교 활동과 의료 서비스까지 비대면 방식이 자리 잡게 되었다. 하지만 IT 인프라가 취약한 개발도상국에서는 비대면 전환이 어려워 교육 중단 등의 사회적 문제가 발생했고, 글로벌 디지털 격차가 심화되었다. 사회적 거리두기와 봉쇄 조치는 많은 사람들에게 심각한 정신 건강 문제를 초래하였다. 특히 노인층과 취약계층은 대면 활동이 제한되면서 고립감을 느꼈으며, 우울증과 불안증 같은 정신 건강 문제가 증가하였다. 스페인 독감 이후 감염병으로 인한 심각한 상황을 거의 경험하지 않았던 북미와 유럽의 고소득국가 국민들은 코로나 팬데믹을 전쟁과 맞먹는 심각한 경험으로 인식하였다. 이는 스페인 독감이 당시의 전쟁과 함께 묻혀 지나갔던 것과는 대조적인 현상이었다.

셋째, 백신 개발과 글로벌 불평등의 심화이다. 코로나 백신은 감염 후 불과 몇 개월 만에 개발되었으며, 이는 엄청난 성과였다. 하지만 문제는 백신 개발 이후였다. 백신 개발 초기부터 고소득 국가들은 충분한 물량을 사전 확보하였으나, 저소득 국가는 재정 부족, WHO가 주도한 백신 공급 프로그램의 한계, 백신 개발에 필요한 지적 재산권 문제 등으로 인해 백신 확보가 어려웠다. 그 결과, 선진국과 개발도상국 간 백신 접종률에는 큰 차이가 발생하였다. 예를 들어, 2022년 3월 기준 대부분의 선진국은 75퍼센트 이상의 접종률을 기록한 반면, 아프리카 국가들은 20퍼센트에도 못 미쳤다. 그 결과 백신 접종으로 사망을 예방할 수 있었던 대부분의 사람들은 선진국과 중소득 국가에 일어났다.

스페인 독감 이후 100년만에 전지구촌을 뒤덮은 코로나 팬데믹으로 인해 우리는 대감염시대(The Age of Great Infections)에 진입하였다.[8] 보건이 국가 안보 및 경제와 직결되는 보건안보 시대가 도래했고, 팬데믹이 더 이상 예외적인 사건이 아니라, 국제사회가 상시 대비해야 하는 상수(常數)가 된 것이다. 현재도 코로나 바이러스는 엔데믹 형태로 인류와 공존하고 있지만, 유전자 재조합이 일어나 강력한 변이가 출현하면 코로나 팬데믹 2.0이 다시 올 가능성을 배제할 수 없다. 이제 팬데믹은 '과연 발생할 것인가?'가 아니라 '언제 발생할 것인가?'의 문제로 인식되고 있다. 신종 감염병과 그로 인한 팬데믹은 더 이상 국가 정책이나 인류 문명사에서 예외적인 변수가 아니다. 오히려 반복되는 필연적 요소, 즉 상수로 자리 잡고 있다.

우리는 '대감염시대'라는 새로운 현실을 인정하고, 위기를 극복하기 위한 글로벌 보건 안보 전략을 필수적으로 마련해야 한다. 15~16세기의 대항해 시대가 인류의 지리적 한계를 넓혔다면, 대감염시대는 인류의 생존 방식과 보건 패러다임의 근본적 변화를 요구하고 있다. 우리는 새로운 보건 시스템을 구축하고, 기존의 질병 대응 방식에서 벗어나 선제적 예방과 협력을 강화해야 하는 역사적 전환점에 서 있는 것이다. 15~16세기 대항해 시대가 지리적 경계를 확장하는 과정에서 수많은 희생과 도전을 감내해야 했던 것처럼, 대감염시대 역시 생존을 위한 도전과 위기 극복을 요구하고 있다.

4. 팬데믹 이후의 뉴-노멀

대감염병 시대의 특징 중 하나는 팬데믹 이후의 인류가 이전과 전혀 다른

---

8 21세기 초의 사스 이후 인류는 최근의 코로나 팬데믹, 그리고 미래 팬데믹과 감영병 X의 위협하에 살고 있다. 15세기의 포르투갈, 스페인에 이어 영국, 네덜란드, 프랑스의 주도하에 17~18세기까지 이어졌던 대항해시대(The Age of Great Navigation)를 떠올리며, '대감염시대'란 단어를 사용하였다.

'뉴-노멀(new normal)'을 맞이하였다는 점이다. 이는 14세기 유럽에서 흑사병이 인구의 3분의 1을 앗아가면서 노동력이 귀해지면서 농노제가 붕괴되었고, 결국 중세의 몰락을 가속화한 것과 유사한 흐름이다. 워싱턴 포스트의 칼럼니스트이자 국제정치 전문가로 각광받고 있는 파리드 자카리아는 2020년 팬데믹 첫해에 '팬데믹 다음 세상을 위한 텐 레슨'이라는 책을 출간하였다. 그는 팬데믹 이후 세상의 주요 특징으로 회복 탄력성 구축, 디지털화된 삶, 심화된 불평등을 꼽았다. 이 세 가지 뉴-노멀에 대해 살펴보자.

첫째, '회복 탄력성 구축'이 핵심 과제가 되었다. 과거에는 효율성이 정책 결정의 중요한 기준이었지만, 이제는 위기 상황에서의 복원력이 더욱 강조되고 있다. 회복 탄력성이란 위기나 충격이 발생했을 때 이를 흡수하고 극복하면서도 기존의 기능과 서비스를 지속할 수 있는 능력을 의미한다.[9] 팬데믹 당시 북미와 유럽의 많은 선진국들은 이에 실패했으나, 한국, 대만, 중국, 일본 등 동아시아 국가들은 비교적 탄력적으로 대응할 수 있었다.[10] 북미와 유럽의 많은 국가가 봉쇄정책을 시행하였지만, 효과가 떨어졌고, 의료 시스템이 일부 붕괴되면서 일상적인 의료 서비스조차 중단되는 사태가 발생하기도 하였다. 의료 시스템의 회복 탄력성에 대해서는 10장의 제안 2에서 자세히 기술하였다.

기업의 경우에도 글로벌 공급망이 중국에 지나치게 의존한 탓에, 봉쇄로 인해 생산과 유통이 마비되는 문제를 겪었다. 미국은 마스크, 진단기기, 시약, 산소호흡기 등의 필수 의료 장비를 국내에서 생산하지 못해 팬데믹 초기 극심한

9 Health system resilience. https://www.who.int/teams/primary-health-care/health-systems-resilience

10 이탈리아, 스페인 등 유럽에서 모범적인 의료시스템을 가진 나라로 평가받던 국가들에서 코로나 팬데믹 때 병상이 없고, 산소호흡기가 모자라 수많은 환자들이 치료조차 제대로 못받은 채 죽어갔다. 이는 지난 이삼십년간 진행되었던 의료시스템의 민영화 및 효율화 때문이었다. 즉, 병원 경영의 효율성을 극대화 하기위해, 남아 도는 병상을 없애고, 의료 인력을 줄여왔는데 그 결과 팬데믹 같은 위기 상황이 닥치자 위기 관리를 제대로 못하게 되었고, 병원 내 감염으로 인해 일반 환자들에 대한 진료체계도 마비될 정도였다. 한국은 이번 코로나 사태 때 위기 관리(코로나 검사, 격리, 입원 및 치료 등)나 일상적인 의료 서비스 제공(코로나 19에 감염되지 않은 일반 환자들에 대한 진료) 두 측면에서 모범적이라 할 만큼 탄력적인 보건 의료 시스템을 운영하였다.

혼란에 빠졌다. 이에 따라 글로벌 공급망을 다변화하고 필수재의 생산을 자국 내에서 보장하는 '반도체 동맹', '백신 동맹' 등의 전략이 등장하였다. 이제 회복 탄력성은 보건의료뿐만 아니라 기후변화 등 거의 모든 분야에서 핵심 가치로 자리 잡고 있다.

둘째, '디지털화된 삶'의 가속화다. 1920년대 스페인 독감 팬데믹을 겪었던 사람들은 결국 농장과 공장, 사무실로 돌아갈 수밖에 없었다. 그러나 21세기 팬데믹에서는 디지털 기술 덕분에 많은 변화가 가능해졌다. 인터넷 혁명과 스마트폰의 보급, 온라인 쇼핑과 배달 서비스, 넷플릭스 같은 스트리밍 플랫폼, 비대면 진료 및 온라인 예배 등의 확산은 디지털 경제를 더욱 가속화하였다.[11] 실제로 AI, 빅데이터, 클라우드, 플랫폼 경제 등은 팬데믹을 계기로 더욱 확산되었으며, 디지털 기술을 활용한 새로운 라이프스타일이 정착되었다.

셋째, '불평등의 심화'다. 1991년 소련 해체 이후 신자유주의가 본격화되면서 국가 간 불평등과 빈부격차가 더욱 심화되었고, 2020년 팬데믹은 이를 더욱 가속화하였다. 인도의 경우, 2020년 3월 25일 강력한 전국 봉쇄를 시행하였는데, 대도시 주민의 70퍼센트가 하루 벌어 하루 먹고 사는 일용직 노동자였다. 이들은 순식간에 일자리를 잃었고, 경제적으로 피폐해져 결국 시골로 돌아갈 수밖에 없었다. 이 과정에서 코로나 19는 전국적으로 확산되었고, 정부의 지원이 부족했던 인도는 유럽이나 북미보다 훨씬 긴 6개월 동안 봉쇄를 유지하였음에도 불구하고, 환자 발생이 증가하였다. 2020년 전 세계 경제는 5퍼센트 위축되었으며, 세계은행과 유엔(UN)은 하루 1.9달러 미만으로 살아가는 절대빈곤층이 2020년 한 해 동안 약 1억 2천만 명 증가하였다고 추정하였다.[12] 경제 봉쇄가 장기화되면서 전 세계적으로 빈곤과 불평등이 더욱 심화된 것이다.

파리드 자카리아는 세계화는 팬데믹 이후에도 지속될 것으로 전망하였다. 마스크, 의약품, 반도체 등 필수재 공급 부족을 경험한 국가들이 생산기지를

11 팬데믹 다음 세상을 위한 텐 레슨, 민음사. 139쪽.

12 UN. UN's *Sustainable Development Goals Report 2021.*

자국으로 회귀하는 리쇼어링 정책을 추진하고 있지만, 전반적인 세계화 흐름은 되돌릴 수 없는 궤도에 들어섰다고 보았다. 그는 '탈세계화는 일어나지 않을 것'이라고 단언하였다.

이 책이 출간된 2020년 하반기 이후 4년이 지난 2024년 12월, 세계는 여전히 그의 예측대로 흘러가고 있다. 팬데믹 이후의 뉴-노멀, 즉 회복 탄력성 강화, 디지털화된 삶의 가속화, 불평등 심화는 우리가 현재 마주하고 있는 현실이다. 팬데믹 이후의 세계를 이해하고 대비하는 데 있어 '팬데믹 다음 세상을 위한 텐 레슨'은 유익한 통찰을 제공하므로 독자들에게 일독을 권한다.

5. 팬데믹 대응의 삼중 전략: 비약물적 개입, 백신 확보, 변이 대응의 진화

사스, 메르스, 코로나 19처럼 새로운 병원체가 인류 사회에 침투해 질병을 유발하면, 크게 두 가지 전략적 옵션을 선택할 수 있다.

첫 번째 전략은 공중보건학적 방법을 통해 감염병을 퇴치하거나 확산을 억제하는 방식이다. 이는 백신이 개발되기 전 감염병을 통제하는 초기 대응 방식으로, 사스와 에볼라 같은 사례에서 효과적으로 작동하였다. 두 번째 전략은 백신 및 치료제의 개발, 생산, 확보, 접종을 통한 대응이다. 코로나 19의 경우, 백신이 개발되면서 감염 예방 및 중증 예방 효과가 나타났고, 백신이 '게임 체인저'로 떠올랐다. 이후 각국은 백신 확보에 총력을 기울였으며, 극심한 백신 국수주의 현상이 나타났다. 이 과정에서 글로벌 차원에서 백신의 공평한 분배를 어떻게 보장할 것인가가 핵심 이슈로 떠올랐다. 이 두 가지 접근법을 [그림 8]에 요약하였다.

▶ 그림 8. 코로나 팬데믹 대응 모델

공중보건학적 접근(비약물적 개입) → 백신(및 치료제) 확보와 접종

환자 발견, 접촉자 추적 및 격리

사회적 거리두기(봉쇄 포함)

개인 위생 강화(마스크, 손씻기)

백신 개발 및 생산의 지역화

코백스: 백신국수주의 극복

글로벌 팬데믹 조약

백신 및 치료제 개발

(1) 공중보건학적 접근

공중보건학적 전략은 비약물적 개입 혹은 비약물적 중재(Non-Pharmaceutical Interventions)라고도 불린다. 이는 백신이나 치료제 같은 의약품을 사용하지 않고 감염 확산을 차단하는 방식으로, 세 가지 핵심 요소가 있다.

첫 번째 요소는 환자 발견 및 접촉자 추적 그리고 이들에 대한 격리다. 즉, 감염원을 조기에 찾아 격리하여 지역사회 전파를 막는 것을 의미한다. 환자를 신속히 발견하고 격리 치료하고, 환자의 접촉자를 추적하여 격리하는 조치를 시행하는 방식이다. 이는 거의 모든 감염병 발생 시 가장 기본적인 공중보건 전략이다. 바이러스는 인체 간 감염을 통해 확산된다. 감염된 환자가 사망하거나 다른 사람에게 새로 감염을 일으키지 못하면 바이러스는 증식을 하지 못해 소멸된다. 2003년 사스의 경우, 감염된 환자들을 조기에 찾아 입원 치료하고, 접촉자를 격리하는 전략을 철저히 시행한 결과, 수개월 내에 바이러스가 지역사회에서 완전히 사라졌다. 그러나 코로나 19는 사스와 달랐다. 사스는 발열이나 기침 등 유증상자만 기침을 통해 타인에게 감염을 일으켰기 때문에 감염원을 색출하기가 상대적으로 쉬웠다. 반면, 코로나 19는 무증상 감염자도 숨쉬거나 이야기할 때 나오는 미세입자를 통해 타인에게 바이러스를 전파할 수 있었고, 이런 무증상 감염 혹은 증상 발현 전 감염이 전체 감염의 약 40~50퍼센트를 차지할 정도로 매우 높아 3개월 만에 전 세계로 확산될 수 있었다.

두 번째 비약물적 중재 요소는 사회적 거리두기로, 감염 확산을 줄이기 위해 물리적 접촉을 최소화하는 방법이다. 주요 방식으로는 휴교 조치, 대규모 행사 제한, 재택근무 및 비대면 활동 장려, 특정 지역 또는 도시 봉쇄(Lockdown) 등이 있다. 코로나 19 초기, 중국 정부는 환자를 발견해 감염 차단하는 것이 어렵다고 판단하고, 인구 1,100만 명의 우한시를 완전히 봉쇄하는 사상 초유의 조치를 단행하였다. 이 조치는 2020년 1월 23일, 중국 내 대규모 인구 이동이 일어나는 구정 설 연휴 이틀 전에 시행되었으며, 4월 8일에 해제되었다. 우한 봉쇄 조치는 중국 내 타지역으로의 확산을 크게 줄이는 데 기여하였다. 반면, 서방 국가들은 처음에는 개인의 자유 제한을 이유로 봉쇄 정책을 비난하였지만, 3월부터 이탈리아를 시작으로 유럽과 북미가 코로나 19에 휩쓸리면서 결국 봉쇄 조치를 도입할 수밖에 없었다.

봉쇄의 효과에 대한 평가는 단순하지 않다. 코로나 팬데믹 관련 중요한 역학 논문을 많이 발표하여 주목을 끌었던 영국 임페리얼 칼리지 연구에 따르면, 2020년 2월부터 5월까지 봉쇄를 시행한 서유럽 11개국(총 인구 3억 8천만 명)에서 봉쇄 덕분에 약 310만 명의 사망을 예방할 수 있었다고 분석하였다. 그러나 봉쇄로 인해 경제적 피해, 이동의 제한, 사회적 고립 등의 문제가 발생하였다. 중국, 한국 등 동아시아 일부 국가들은 전면적인 봉쇄 없이 대응하거나, 일부 도시만 봉쇄하면서도 환자 발견, 접촉자 추적 및 격리를 적극 시행하였다. 그 결과, 유럽과 미국보다 훨씬 낮은 사망률을 기록할 수 있었다. 미국 UC 버클리 연구진이 발표한 네이처(Nature, 2020) 논문에 따르면, 한국의 감염 예방 효과는 1,160분의 1, 중국은 490분의 1에 달하였다. 반면, 프랑스와 이탈리아는 15분의 1 수준에 머물렀다. 이 연구는 사회적 거리두기(봉쇄 포함)에만 의존하는 것보다, 적극적인 환자 발견 및 격리를 병행한 국가들이 훨씬 효과적으로 팬데믹을 통제할 수 있었음을 보여준다.[13] 그러나 많은 북미와 유럽 국가들은 초기 대응

---

13 Solomon Hsiang. The effect of large-scale anti-contagion policies on the COVID-19. 감염 예방 효과 1160분의 1이란 아무런 조치를 취하지 않았을 때 예상되는 환자 대비 감염 예방 조치를

에서 환자 발견 및 접촉자 추적을 제대로 시행하지 못했고, 결국 강제 봉쇄라는 최후의 수단을 선택할 수밖에 없었다. 팬데믹 대응의 효과는 단순히 치료 중심의 의료 시스템에 달려 있는 것이 아니라, 신속하고 체계적으로 지역사회 내 감염원을 차단할 수 있는 보건시스템을 갖추고 있느냐에 따라 결정된다는 점을 다시 한번 확인할 수 있는 사례였다.

박스 9 추적 없는 봉쇄 방임과 대가: 유럽과 북미의 팬데믹 교훈

유엔은 해마다 지속 가능한 발전 리포트를 발간하는데, 2020년 판은 세계적으로 유명한 경제학자인 컬럼비아 대학교의 제프리 삭스 교수가 주저자로 집필에 참여하였다.[14] 이 보고서에서 특히 주목할 만한 부분은 OECD 국가들의 코로나 19 초기 대응 성과를 비교한 '코로나 성적표'였다. 이 성적표는 각 국가의 코로나 19 대응 성과를 측정하기 위해 두 가지 주요 지표를 활용하였다. 하나는 인구 100만 명당 사망자 수이고, 다른 하나는 코로나 통제 효율성이다.[15] 2020년 3월 4일부터 5월 12일까지의 데이터를 기반으로 한 결과를 보면, 미국은 33개국 중 28위를 차지하였다. 미국의 사망자 수는 인구 100만 명당 246명으로 매우 많았으며, 통제 효율성 역시 -0.05로 상당히 낮았다. 독일은 19위로, 사망자 수는 인구 100만 명당 91명으로 미국보다는 훨씬 낮았지만 여전히 높은 편이었고, 통제 효율성은 0.07에 불과하였다. 반면, 한국은 1위를 기록하였으며, 사망자 수는 인구 100만 명당 5명으로 극히 낮았고, 통제 효율성도 0.76으로 매우 높았다. 영국, 프랑스, 이탈리아, 네덜란드, 스페인 등 서유럽 주요국은 미국과 비슷한 수준으로 낮은 성적을 받았다.

그렇다면 왜 이들 국가들은 코로나 19 초기 대응에서 많은 사망자를 냈으며, 결국 경제를 망가뜨리는 봉쇄라는 비효율적인 선택을 할 수밖에 없었을까? 그 이유는 환자를 조기에 발견하고, 감염 환자와의 접촉자를 신속히 추적한 뒤, 환자와 접촉자를 병원이나 생활치료센터에 입

취했을 때의 실제 환자 발생이 1160분의 1로 줄었음을 의미한다. pandemic. Nature. Vol 584. 13 Aug 2020.

14 Sachs J et al. Sustainable Development Report 2020: The Sustainable Development Goals and Covid-19 Includes the SDG Index and Dashboards. Cambridge University Press; 2021.

15 제프리 삭스는 코로나 통제를 하기 위해 봉쇄에 의존하는 경우는(한국을 포함한 동아시아의 일부 국가를 제외하고 전 세계의 대부분 국가가 봉쇄를 택하였다) 모든 주민들이 집에 갇혀있게 되므로 경제가 멈추고, 이동의 자유가 상실되므로 효율성이 낮다고 평가하였다. 반면 환자나 환자의 접촉자를 병원이나 집에 격리시키는 경우는 감염 예방을 위해 필요한 사람만이 병원이나 집에 갇혀있게 되고, 일반 주민들은 여전히 경제 활동을 하거나 자유롭게 돌아다닐 수 있어 효율성이 높다고 판단하였다. 봉쇄의 엄격성 정도는 구글의 모빌리티 데이터를 사용하여 측정하였다.

원시키거나 자가에 격리하는 조치를 제대로 시행하지 못했기 때문이다. 감염병을 확산시킬 가능성이 있는 사람은 환자와 접촉자뿐이다. 따라서 이들만 효과적으로 격리할 수 있었다면, 일반 시민들은 집에 갇혀 있을 필요가 없다. 마스크를 착용한 채 경제활동을 지속하고, 이동의 자유를 누리며 정상적인 생활을 유지하는 것이 바람직하며, 경제적으로도 훨씬 효율적인 대응 방식이다. 제프리 삭스 교수의 연구팀은 환자 발견, 접촉자 추적 및 격리 전략을 성공적으로 수행한 국가들에 높은 점수를 부여하였다. 하지만 현실적으로 환자를 발견하고 접촉자를 추적한 후, 격리하는 과정이 말처럼 쉽지 않았다.

한국에서는 질병관리청과 지방자치단체의 보건소 직원들이 환자 및 접촉자 추적과 격리를 위해 말 그대로 모든 역량을 쏟아부었다. 이를 지원하기 위해 일반 행정직 공무원과 공중보건의까지 대거 투입되었으며, 국가적 재난 상황에서 공무원들이 총동원되었다. 이는 한국이 질병관리청을 중심으로 한 중앙집중형 보건체계를 유지하고 있었기 때문에 가능하였다. 반면, 미국과 유럽의 대부분 국가들은 보건 행정이 지방분권적 체계로 운영되었으며, 특히 미국의 경우 각 주(州)의 자치권이 강해 연방정부가 일관된 정책을 신속하게 시행하기 어려웠다. 빌 게이츠 재단의 클리프 커란 연구원은 네이처지에 발표한 논문에서 미국이 한국처럼 촘촘한 환자 및 접촉자 추적 시스템을 구축하려면 약 10만 명의 보건 요원을 추가로 선발하고 훈련한 후, 실제 상황에 투입해야 한다는 의견을 제시하였다.[16] 그러나 국가 응급 상황에서 10만 명이나 되는 보건 요원을 신속히 선발하고 훈련하는 것 자체가 현실적으로 쉽지 않았다. 설령 이러한 인력을 확보하더라도, 개인의 자유와 프라이버시를 중시하는 미국인들을 대상으로 감염자의 동선이나 접촉자 명단을 강제적으로 수집하는 것은 사회적 저항이 클 것으로 예상되었다. 결국 미국과 유럽의 주요국들은 접촉자 추적을 포기할 수밖에 없었고, 그 대안으로 선택한 것이 바로 봉쇄였다. 하지만 봉쇄는 국민들의 자유를 심각하게 제한하고 경제적 피해를 초래하는 비효율적인 방법이었다.

독일 정부도 초기 대응 과정에서 중국 우한식 봉쇄 모델과 한국의 적극적인 접촉자 추적 및 격리 모델 중 하나를 선택해야 하는 상황에 놓였다. 하지만 독일은 한국식 모델이 개인의 프라이버시를 과도하게 침해할 우려가 있다고 판단했고, 주민들의 반발이 너무 클 것으로 예상해 결국 우한식 봉쇄를 선택하였다는 것이 알려진 사실이다. 한국도 과거 메르스를 겪지 않았다면, 코로나 19 대응 방식이 지금과는 달랐을 가능성이 크다. 메르스 사태를 통해 감염병 대응 시스템을 보완하고, 보건의료 위기상황시 보건당국이 신용카드나 CCTV등을 활용한 개인의 동선파악이 가능토록 법제정을 하였는데, 코로나 팬데믹에서 빠른 대응을 가능하게 한 중요한 요인이었다. (한국의 사례에 대한 자세한 내용은 이 장의 (6) 누가 다음 팬데믹을 주도할 것인가 참조)

결론적으로, 유럽과 북미의 의료 선진국들이 코로나 19 초기 대응에서 실패한 가장 큰 이유

---

16 Kerr, C.C. et al. Controlling COVID-19 via test-trace-quarantine. Nat Commun 12, 2993 (2021)

는 환자 및 접촉자 추적 시스템을 제대로 운영하지 못했기 때문이다. 이는 보건행정 구조의 차이, 인력 부족, 개인의 자유와 프라이버시 보호 문제 등이 복합적으로 작용한 결과였다. 그 결과, 이들 국가는 보다 비효율적인 봉쇄 정책을 선택할 수밖에 없었고, 이는 대규모 사망자 발생과 경제적 손실로 이어졌다. 이 경험은 향후 팬데믹 대비를 위해 반드시 반면교사로 삼아야 할 중요한 교훈이다.

세 번째 비약물적 중재 요소는 마스크 착용과 손 씻기 등 개인위생을 강화하는 것이다. 개인위생 강화는 감염병 상황에서 비교적 저렴한 비용으로 자신을 보호하고, 동시에 타인을 배려하며 보호할 수 있는 가장 효과적인 방법이다. 그러나 이번 코로나 19 팬데믹에서는 마스크 착용을 둘러싼 논란이 어느 때보다 거셌다. 팬데믹 초기에는 전 세계적으로 마스크 공급이 부족하여 일부 국가는 마스크를 전략적 물자로 간주하며 확보 경쟁을 벌이기도 하였다. 이후 공급 문제가 어느 정도 해결되자, 유럽과 북미 지역에서는 마스크 착용에 대한 문화적 거부감과 씨름해야 하였다. 반면, 일부 국가에서는 마스크에 대한 신뢰가 지나쳐, 호흡기가 아직 완전히 발달되지 않은 영유아까지 장시간 마스크를 착용하는 사례가 많았다. 마스크 착용과 관련한 혼란을 키운 것은 WHO와 미국 질병통제예방센터의 초기 가이드라인이었다. 팬데믹 초기에는 코로나 19의 감염 경로가 명확히 밝혀지지 않은 상태였고, 전 세계적으로 마스크 공급이 절대적으로 부족하였다. 이에 따라 WHO와 미국 질병통제예방센터는 무증상 일반인은 마스크를 착용하지 말 것을 권고했고, 필요한 경우에는 집에서 만든 천 마스크를 사용할 것을 권장하였다. 대신, 수술용 마스크와 N95 같은 고성능 마스크는 환자나 의료진이 우선 사용해야 한다는 입장을 밝혔다. 그러나 이후 연구를 통해 무증상 감염자도 바이러스를 전파할 수 있다는 사실이 밝혀지면서 WHO와 미국 질병통제예방센터는 일반인도 수술용 마스크와 N95를 착용해야 한다는 방향으로 정책을 수정하였다. 이 과정에서 정책이 번복되면서 혼란이 발생하였고, 두 기관은 많은 비판을 받았다.

(2) 백신의 개발과 접종

팬데믹 대응의 두번째 핵심 전략은 백신(및 치료제)의 개발과 접종이다. 이는 약물적 중재로 감염병 확산을 통제하는 접근인데, [그림 8]의 우측 상단에 해당한다. 2020년 11월, 감염 예방 효과가 약 90퍼센트에 달하는 백신이 개발되자, 전 세계는 열광하며 백신 확보에 총력을 기울였다. 그러나 그 결과 고소득 국가들은 필요 이상의 백신을 확보한 반면, 저소득 국가들은 매우 적은 양의 백신만을 확보하였다. 백신 대량 생산이 시작된 지 1년 이상 지난 2022년 2월 기준으로, 고소득 국가의 백신 접종률은 78퍼센트에 이른 반면, 저소득 국가의 접종률은 11퍼센트에 불과하였다.[17] 이러한 백신 불평등을 극복하고 형평성 있는 분배를 실현하기 위해 백신 개발 및 생산의 지역화, 개발도상국의 백신 구매 및 기부를 지원하는 코백스 메커니즘, 글로벌 백신 조약 체결 등의 방안이 시도되었다. 그러나 코로나 19 팬데믹에서 이러한 정책들은 한계를 드러냈으며, 이는 미래 팬데믹 대응을 위한 반면교사가 되고 있다. 이 세 가지 접근법에 대해 좀 더 알아보자.

첫째, 백신 개발 및 생산의 지역화이다. 팬데믹 초기, 백신 개발에 성공한 후 전 세계가 필요한 만큼의 백신을 대량 생산하는 데까지는 최소 2-3년 이상이 소요되었으며, 이에 따라 특정 국가에 의존하는 백신 생산 방식에서 벗어나 지역별 백신 개발 및 생산 시스템을 구축해야 한다는 논의가 본격적으로 대두되었다. WHO는 중저소득 국가의 백신 형평성을 보장하기 위해 백신 개발 및 생산의 지역 허브 구축을 추진하였다. 2021년 6월, WHO는 남아프리카공화국 케이프타운에 아프리카 지역 백신 허브를 설립하기로 결정하였다. 이 허브의 주요 목적은 중저소득 국가들이 변이 바이러스에 맞춰 맞춤형 mRNA 백신을 생산할 수 있도록 기술 지원을 제공하는 것이었다. 이를 위해 2023년 4월, 허

17 Das JK et al. COVID-19 Vaccines: How Efficient and Equitable Was the Initial Vaccination Process? Vaccines (Basel). 2022 Dec 20; 11(1): 11.

브의 중심 역할을 할 아프젠 바이오로직스 제약사가 개소되었다. 그러나 화이자와 모더나 등 선진국 제약사들이 mRNA 백신 제조 기술 이전을 거부하면서 아프젠 바이오로직스는 자체적으로 백신을 개발하는 데 필요한 기술적 기반을 갖추지 못해 어려움을 겪고 있다.[18] 아시아에서 백신 개발과 생산이 가장 앞선 나라는 중국이다. 시노팜과 시노백 등 중국의 주요 제약사는 전통적인 바이러스 비활성화 방식을 이용해 백신을 개발했고, 이를 대량 생산하여 개발도상국에 저렴한 가격으로 공급하거나 무료로 기증하는 '백신 외교'를 펼쳤다. 그러나 중국산 백신은 mRNA 백신에 비해 효과가 낮고, 특히 변이 바이러스에 대한 면역 효과가 떨어진다는 문제가 제기되었다. 이에 따라 중국도 mRNA 백신 개발에 박차를 가하고 있으며, 2023년 3월, 중국 스야오 그룹이 자체 개발한 mRNA 백신이 중국 정부의 승인을 획득하였다. 그러나 아직 WHO 승인을 받지 못해 국제적 사용은 제한적인 상황이다. 한국은 자체 기술로 mRNA 백신을 개발하기 위해 지속적으로 노력하고 있으나, 아직 성공하지 못하였다. mRNA 백신은 고도의 기술이 요구되는 분야로, 더 많은 투자와 연구가 필요한 상황이다.

중저소득 국가들은 백신 생산을 위해 다양한 장애물에 직면해 있다. 백신 생산을 위한 인프라와 전문 인력이 부족하며, 백신 품질 관리 및 규제 승인 과정에서도 어려움이 예상된다. 또한, 기술적 지원 부족과 재정적 제약 역시 큰 걸림돌로 작용하고 있다. 이러한 문제를 극복하기 위해 글로벌 제약사와의 협력을 강화하고, 지적 재산권 문제를 해결하며, 생산 인프라 구축과 지속적인 재정 지원이 필요하다. 국제 협력 체계를 보다 효율적으로 운영하는 것도 중요한 과제이다.

18 백신 생산은 상당한 자본 투자가 필요한데 남아프리카 공화국의 mRNA 허브는 초기 자금 지원을 받았지만, 장기적으로 안정적인 자금 흐름을 확보하는 데 어려움을 겪고 있다. 또한 mRNA 백신을 개발하더라도 기존의 특허를 침해할 가능성이 있어, 상업적 생산과 배포에 장애물이 될 수 있어 장래가 밝은 편이 못된다고 보인다.

박스 10 **mRNA 백신의 부상: 속도와 유연성이 만든 백신 혁명**

전통적인 백신은 살아있는 바이러스를 배양한 뒤 약독화하거나 비활성화하여 체내에 주입하는 방식으로 개발된다. 약독화 된 바이러스는 인체 내에서 증식하면서 면역 반응을 유도하고, 비활성화된 바이러스 단백질은 인체의 면역 시스템이 항원으로 인식해 면역 반응을 일으키도록 한다. 이러한 방식의 가장 큰 문제는 바이러스 배양 과정이 복잡하고 시간이 많이 걸린다는 점이다. 실험실에서 적절한 환경을 조성해 바이러스를 배양해야 하고, 온도와 pH(페하) 등 최적의 조건을 유지해야 하며, 약독화 과정 또한 매우 복잡하여 백신을 대량 생산하는 데 상당한 시간이 필요하다.

코로나 19 팬데믹과 같은 글로벌 위기 상황에서는 단기간에 대량의 백신을 생산하는 것이 필수적이므로, 전통적인 방식보다는 생산 속도가 빠른 mRNA 백신이 최적의 대안으로 떠올랐다. 이에 따라 모더나와 화이자 같은 글로벌 제약사들은 mRNA 백신 기술을 채택하였다. mRNA 백신 제조에 필요한 mRNA는 실험실에서 비교적 쉽게 합성할 수 있으며, 경우에 따라 mRNA를 스스로 복제하여 사용할 수도 있어 짧은 시간 내에 대량 생산이 가능하다. 이 백신은 바이러스의 표면 돌기를 생성하는 유전자의 일부를 구성하는 mRNA의 특정부위를 체내에 주입하는 방식으로 작동한다. 주입된 mRNA는 체내에서 바이러스 표면 돌기 단백질을 생성하며, 인체의 면역 시스템이 이를 항원으로 인식하여 항체를 형성하도록 유도한다. mRNA 백신의 또 다른 장점은 변이 바이러스에 맞춰 새로운 버전의 백신으로 쉽게 업데이트할 수 있다는 점이다. 실제로 오미크론 및 그 변이종이 출현하면서, 이에 특화된 백신을 지속적으로 개발 생산하여 백신의 효과를 높이고자 하는 노력이 이루어졌다.

mRNA 백신 기술은 1990년대부터 연구가 시작되었으며, 메르스와 지카(Zika) 바이러스 백신 개발 과정에서 기술이 축적되었다. 또한, 2013년 모더나는 암세포에 특화된 mRNA 백신을 개발하여 임상 실험에 돌입한 바 있다. 이처럼 산발적으로 진행되어왔던 mRNA 백신 연구는 코로나 팬데믹을 계기로 조 단위의 연구개발비가 투입되면서 급속도로 발전하였다. 미국의 '초고속 작전' 하에 연구개발이 집중적으로 이루어졌으며, 그 결과 2020년 3월부터 11월까지 불과 8개월 만에 예방 효과가 90퍼센트를 넘는 mRNA 백신이 개발되었다. 이를 통해 mRNA 백신은 팬데믹 대응에서 결정적인 '게임 체인저'로 떠올랐다.

둘째, 백신 국수주의를 극복하고, 글로벌 백신민주주의를 실현키 위한 국제 공조 시스템의 구축이다. mRNA 백신의 신속한 개발은 팬데믹 대응에 있어 중요한 진전이었지만, 백신 국수주의 문제를 극복하고 전 세계가 함께 팬데믹에 대응하기 위한 국제 협력 체계가 필요하였다. 이를 위해 WHO, 세계백신면역연합(GAVI), 감염병혁신연합(CEPI) 등 국제기구들은 2021년 코백스(COVAX)라는 글로벌 이니셔티브를 출범시켰다. 코백스의 주된 목적은 코로나 19 백신을 전 세계에 공평하게 공급하는 것이었다. 저소득 국가들은 백신 구매에 필요한 자금이 부족하여 백신 제조사와의 가격 협상에서 불리한 위치에 있었다. 이에 약 90개 국가가 코백스에 가입하여 공동구매를 통해 가격 협상력을 높이고자 하였다. 그러나 초기 백신 생산량 자체가 제한적이었기 때문에, 2021년 초 고소득 국가들이 백신을 대량으로 선점하면서 저소득 국가들에 대한 배분은 제한되고 지연되었다. 또한, 저소득 국가들에 무료 또는 저렴한 가격으로 백신을 제공하기 위한 자금이 필요하였지만, 일부 고소득 국가들이 지원에 소극적이어서 충분한 자금 확보에도 실패하였다. 새로운 변이 바이러스의 등장은 코백스에 또 다른 도전 과제를 안겨주었다. 예를 들어, 코백스의 주된 백신 공급원이었던 아스트라제네카 백신은 특정 변이에 대한 효능이 낮다는 연구 결과가 나오면서, 변이가 유행하는 지역에서는 다른 백신에 대한 수요가 급증하였다. 이에 따라 코백스를 통한 백신 공급이 더욱 어려워졌다. 2022년 1월까지 코백스는 140개국에 10억 회분 이상의 백신을 배포하였지만, 초기 목표였던 20억 회분에는 미치지 못하였다. 글로벌 백신 공급 부족, 백신 국수주의, 국제 협력의 한계 등 여러 요인이 작용하면서 코백스는 '반만의 성공'에 그쳤다. 코백스가 반만의 성공에 그친 이유가운데 하나는 이러한 협력체계에 정당성을 부여해 주는 제도적 뒷받침의 결여였다.

셋째, '글로벌 팬데믹 조약'을 통한 국제 협력 강화이다. 코백스의 한계를 보완하기 위해 WHO는 글로벌 팬데믹 조약을 추진하였다. 2021년 5월, WHO 정기총회에서 코로나 19 백신의 형평성 문제를 해결하기 위한 장기적인 제도적 장치가 필요하다는 목소리가 높아졌다. 백신과 치료제의 공정한 분배를 보장하고, 백신 개발의 지역화를 지원하며, 지적재산권 문제를 완화하는 방안을 마련해야 한다는 취지에서 유럽연합(EU)과 25개 국가가 글로벌 팬데믹 조약을 제안하였다. 그 결과, 2024년 5월까지 팬데믹 조약을 마련하기로 결정되었으며, 이를 위해 2021년 11월 WHO 특별 총회가 개최되었다. 이후 여러 차례 협상이 진행되었지만, 백신의 형평성 있는 분배를 위한 제도적 장치를 마련하는 과정에서 개발도상국과 선진국 간의 입장 차이가 두드러졌다. 특히 백신 생산량의 20퍼센트를 제약사들이 개발도상국에 무상으로 기증하거나, 극소화 된 이윤으로 판매해야 한다는 제안이 중요한 쟁점으로 떠올랐다. 이는 '병원체 접근 및 이익 공유(Pathogen Access and Benefit Sharing)'라는 국제적 합의에 기반한 것이었다. 신종 감염병 발생 시, 병원체의 유전자 정보를 WHO 협력센터로 공유하여 백신 및 치료제 개발을 촉진하는 대신, 이를 이용해 개발된 백신이나 치료제의 이익을 공정하게 분배해야 한다는 원칙이었다. 풀어 이야기하면, 신종 감염병이 발생하면 발생 사실을 국제보건협약에 따라 WHO에 보고하도록 되어 있다. 또한 병원체의 유전자 정보를 WHO 협력센터로 지정된 국제실험실로 공유하도록 권장하고 있다. 이들 실험실은 병원체 샘플이나 유전자 정보를 전 세계의 제약회사 및 연구소와 신속하게 공유함으로써 백신의 연구 및 개발을 촉진하고 있다. 대신 병원체를 제공한 국가가 그 병원체를 이용해 개발된 백신이나 치료제로부터 발생하는 이익을 받을 수 있도록 보장하는 것으로(대체로 백신의 무상 공유 등을 통해 이익을 공유하는 형태이다), 이렇게 함으로써 전염병 대응에서 병원체 샘플의 신속한 공유와 이를 통한 백신 및 치료제 개발을 촉진하기 위해 만들어진 국제적인 협력 메커니즘이다.[19] 하지만 선진국들은 백신 생산량의 20퍼센트를 개발도상국에 의무적으로 공유하기보다 자발적 기여를 주장

19 2007년 인도네시아는 자국에서 발생한 조류독감 샘플을 기반으로 선진국 제약회사가 개발에 성공하였지만, 제약회사들은 백신을 상업적 목적으로 높은 가격에 판매하여 개발도상국들은 백신에 대한 접근이 어렵다면서 문제제기를 하였다. 그러면서 향후 병원체 샘플의 공유를 중단한다고 선언하여 국제적으로 큰 이슈가 되었다. 이에 따라 WHO는 2007년부터 여러 회의를 통해 공정한 샘플 공유와 이익 분배를 보장하기 위한 새로운 체계를 논의하였다. 이러한 노력은 2011년 WHO의 팬데믹 인플루엔자 대비 프레임워크 도입으로 이어졌다. 이 프레임워크는 바이러스 공유를 보장하면서도 백신과 기타 의료 제품의 공평한 접근성을 증진하려는 목표를 담고 있다. 하지만 인플루엔자 대비 프레임워크는 바이러스 샘플의 접근은 보장하지만, 샘플 제공국이 백신, 항바이러스제 등 관련 혜택을 공정하게 받도록 보장하지 못하는 경우가 있을 수 있어 개발도상국 입장에서는 여전히 불만이 있을 수 있는 상황이다. 또한 인플루엔자 대비 프레임워크는 병원체 샘플에만 적용되고 있는데 병원체의 유전자 서열 데이터와 관련해서는 명확한 규정이 부족하여 이를 통해 발생하는 이익 공유가 제대로 이루어지지 않을 가능성이 있어 앞으로 이 문제에 대한 국제적 협력 메커니즘의 수립이 필요한 상태이다.

하여 합의가 쉽지 않았다.

또한 지적재산권과 백신 기술 공유 문제에서도 선진국과 개발도상국 간 이견이 좁혀지지 않았다. 개발도상국은 글로벌 보건 위기 상황에서는 지적재산권을 유예하고 백신 및 치료제 기술이전을 강제해야 한다고 주장한 반면, 선진국과 글로벌 제약사들은 강력한 지적재산권 보호가 혁신을 촉진하는 데 필수적이며, 기술이전은 자발적으로 이루어져야 한다고 강조하였다. 결국 2024년 5월 WHO 세계총회에서는 글로벌 팬데믹 조약 수립 기한을 1년 연장하여 2025년 5월까지로 결정하였다. 향후 1년 동안 정치·경제적으로 복잡하게 얽힌 문제들을 해결하고 합의에 이를 수 있을지 주목해야 할 것이다.[20]

(3) 변이 바이러스의 출현과 팬데믹 대응 정책의 변화

지금까지 팬데믹 대응에서 취할 수 있는 공중보건학적 접근, 즉 비약물적 요법과 백신 개발 및 접종을 포함한 약물적 요법에 대해 살펴보았다. 마지막으로, 변이 바이러스의 출현에 따라 팬데믹 대응 정책이 어떻게 변화하였으며, 앞으로 어떻게 변화해야 하는지 살펴보면서 팬데믹 대응 전략에 대한 논의를 마무리하고자 한다.

바이러스는 새로운 숙주, 즉 인체에 감염되면 엄청난 속도로 증식한다. 이는 바이러스의 유전물질이 복제되는 과정에서 발생하는데, 이 과정에서 DNA나 RNA의 일부가 변형되는 일이 흔하게 일어나며, 이로 인해 변이 바이러스가 출현하게 된다. 변이 바이러스는 원래 바이러스보다 감염력이 강해지거나 독성이 증가할 수도 있으며, 백신으로 형성된 면역력을 회피할 수도 있다. 반대로 감염력은 높아지지만 독성은 약해지는 경우도 존재한다. 델타 변이 바이러스는 감염력과 독성이 모두 증가한 사례이며, 오미크론 변이는 감염력이 급격

20 Apoorva Mandavilli. New Tork Times. May 24, 2024. Countries Fail to Agree on Treaty to Prepare the World for the Next Pandemic.

히 높아졌지만 독성은 상대적으로 약화된 경우에 해당한다. 따라서 어떤 변이 바이러스가 유행하는지에 따라 백신 정책과 사회적 거리두기 조치 등 팬데믹 대응 전략은 변화해야 한다.

이번 코로나 19 팬데믹은 백신 접종이 대규모로 이루어진 첫 번째 팬데믹이었으며, 변이 바이러스 출현에 따라 백신 정책이 어떻게 변화해야 하는지를 직접 경험하고 학습하는 계기가 되었다. 특히 백신 정책과 관련하여 세 가지 중요한 변화가 있었다.

첫째는 집단면역 정책의 수정이었다[21]. 초기에는 백신 접종을 통한 집단면역 형성이 가능할 것으로 기대되었다. 백신이 개발되었을 당시, 많은 전문가들은 코로나 19 백신이 높은 예방 효과(90퍼센트 이상)를 보였기 때문에 일정 수준 이상의 백신 접종률이 확보되면 집단면역이 형성될 것으로 믿었었다. 집단면역이란 특정 집단에서 다수가 백신 접종을 받아 감염에 대한 예방력이 생기면, 백신을 맞지 않은 소수의 사람도 간접적으로 보호를 받게 되어 지역사회 내 바이러스의 확산이 차단되는 현상을 의미한다. 이는 1960~70년대 천연두 백신 접종 사례에서 확인된 바 있다. 당시 천연두 박멸을 위해 전체 인구의 약 80퍼센트가 백신 접종을 받으면 국가 단위에서 천연두가 사라질 것이라는 전략을 세웠고, 이를 바탕으로 전 세계적으로 예방 접종 캠페인이 대대적으로 시행되었다. 결국 천연두는 성공적으로 박멸되었다.[22] 이러한 선례에 따라, 코로나 19

21 집단면역이란 백신 접종이나 자연 감염을 통해 인구의 일정 비율 이상이 면역을 갖춰야 나타나는 효과이며, 이때 필요한 최소 비율을 집단면역 임계치라고 한다. 임계치는 다음 공식으로 계산한다: $1 - 1/R_0$. 여기서 R_0(기초감염재생산수)는 면역이 전혀 없는 집단에 감염병이 처음 유입되었을 때, 한 명의 감염자가 평균 몇 명을 더 감염시키는지를 나타내는 값이다. 예를 들어, 코로나 19 초기 '우한 계통' 바이러스의 R_0이 2.5로 추정되었고, 따라서 집단면역 임계치는 $1 - 1/2.5 = 0.6$, 즉 60퍼센트가 된다. 즉 인구의 60퍼센트가 백신이나 자연감염에 의해 면역이 형성되어야 비로소 감염병 확산이 멈추고, 엔데믹으로 전환될 수 있게 된다. 항원 변이가 거의 없는 바이러스(예: 홍역, 소아마비 등)는 한 번 백신으로 특정 항원을 표적하면 장기간 효과를 볼 수 있어 평생 면역에 가까운 이상적인 목표를 기대할 수 있다. 이러한 바이러스의 경우 집단면역 임계치만큼 충분히 접종률을 높이면, 인구 내 전파를 차단하여 장기간 질병 퇴치도 가능하다.

22 물론 80퍼센트 접종 전략 이외에 감시 및 격리와 예방차단 접종을 병행하여 천연두 박멸이 되었다. (2장 천연두 참조)

백신 접종률이 60퍼센트에 도달하면 집단면역이 형성될 것이라는 가정하에 젊은층과 활동성이 높은 인구층을 중심으로 백신 접종이 적극적으로 권장되었다. 또한 감염되더라도 중증으로 이어질 가능성이 낮은 아동들에게도 백신 접종을 권장하는 정책이 추진되었다. 그러나 2020년 10월 인도에서 처음 발견된 델타 변이에 의해 기존 백신 접종자도 감염될 가능성이 높다는 사실이 밝혀지면서, 집단면역 정책에 대한 의구심이 커졌다. 2021년 하반기에 접어들면서 델타 변이가 전 세계에서 주요한 바이러스 종으로 자리 잡았고, 이에 따라 기존의 집단면역 임계치가 변하였다. 이는 델타 변이의 높은 감염력으로 인해 집단면역을 형성하려면 백신 접종률이 60퍼센트가 아닌 80퍼센트 이상으로 올라가야 한다는 것을 뜻하였다(자세한 내용은 박스 11 참조). 그러나 80퍼센트 이상의 접종률을 달성하려면 소아 대부분에게도 백신 접종을 해야 하는데, 이는 부모들의 반발 뿐만 아니라 윤리적 논란도 초래할 수 있는 문제였다. 결국, 초기의 집단면역 정책은 델타 변이의 출현과 함께 그 타당성을 상실하게 되었다.

박스 11 **집단면역, 가능성과 한계**

집단면역은 특정 감염병에 대해 한 집단의 구성원 중 상당수가 면역력을 가지게 되면, 면역력이 없는 사람들까지 간접적으로 보호받을 수 있는 상태를 의미한다. 예를 들어, 지역사회에서 10명 중 8명이 백신 접종을 통해 면역을 획득하면, 병원체가 감염시킬 수 있는 대상은 나머지 2명으로 제한된다. 한편, 바이러스는 생존을 위해 항상 새로운 숙주를 찾아야 한다. 백신 접종이 이루어지지 않은 상태에서 10명 모두 면역력이 없다면, 바이러스는 손쉽게 숙주를 감염시키며 전파될 수 있다. 그러나 10명 중 8명이 면역을 가지고 있다면, 바이러스는 면역력이 없는 2명을 찾아야 하며(이 경우 성공률이 20퍼센트라 쉽지 않을 수 있다), 그 과정에서 적절한 숙주를 찾지 못하고 사멸할 가능성이 커진다. 현실적으로, 100퍼센트 백신 접종률을 달성하는 것은 불가능하다. 영유아, 노인, 특정 질환을 가진 사람들처럼 백신 접종이 어려운 취약계층이 존재하며, 백신을 거부하는 사람들도 있다. 하지만 다행히도, 집단면역이 형성되면 일부가 백신을 맞지 않더라도 공동체 전체가 감염의 위험에서 보호받을 수 있다.

집단면역이 효과를 발휘하려면, 전체 인구 중 몇 퍼센트가 백신을 접종해야 하는지가 중요한데, 이를 집단면역 임계치라고 한다. 천연두의 경우 집단면역을 달성하기 위해 약 80퍼센트의 접종률이 필요하였으며, 전파력이 강한 홍역의 경우 90퍼센트 이상의 접종률이 요구된다. 집단면역 임계치는 두 가지 요소에 의해 결정된다. 첫째, 병원체의 전파력이 얼마나 강한가이며,

둘째, 백신의 감염 예방 효과가 얼마나 높은가이다. 바이러스의 전파력이 낮고 백신의 예방 효과가 높을수록 집단면역 임계치는 낮아진다. 반대로, 바이러스의 전파력이 강하고 백신의 예방 효과가 낮다면, 집단면역을 형성하기 위해 더 많은 사람이 백신을 접종해야 하며, 이 경우 임계치는 높아진다.

코로나 19 백신이 처음 개발되었을 때, 우한에서 처음 발견된 원형 바이러스에 대한 백신의 감염 예방 효과가 90퍼센트에 이르렀기 때문에, 약 60퍼센트의 접종률만으로도 집단면역을 형성할 수 있을 것으로 기대되었다. 그러나 2021년 봄, 델타 변이가 전 세계로 확산되면서 이러한 예상은 무너졌다. 델타 변이는 백신의 효과를 부분적으로 무력화시키는 특성을 가졌으며, 이에 따라 집단면역을 형성하려면 80퍼센트 이상의 접종률이 필요하게 되었다.[23] 같은 해 11월에 나타난 오미크론 변이는 백신을 무력화시키는 능력이 더욱 강력하여, 집단면역을 형성하려면 90퍼센트 이상의 인구가 백신을 접종해야 하는 상황이 되었다. 그러나 90퍼센트 이상이 접종을 받는 것은 현실적으로 불가능하다. 이에 따라 델타 변이가 유행하던 시점부터 백신을 통한 집단면역 형성에 대한 기대가 줄어들기 시작하였다. 오미크론이 확산되면서는 전 세계 모든 국가들은 결국 집단면역 전략을 완전히 포기할 수밖에 없었다.

둘째는 코로나 근절 정책의 포기였다. 팬데믹 초기에는 많은 국가들이 감염자를 철저히 차단하고, 국경을 봉쇄하며, 지역사회 감염을 완전히 차단하는 근절(containment) 정책을 추진하였다. 이 정책은 감염자 수를 거의 제로로 유지하는 것을 목표로 하였으며, 대만, 뉴질랜드, 베트남, 몽골 등 여러 국가가 봉쇄, 국경 폐쇄, 환자 추적 및 접촉자 격리 등을 통해 이 전략을 실행하였다.[24] 중국도 우한 사태 이후 제로 코로나 정책을 시행하며, 감염을 철저히 통제하고 신환자가 거의 발생하지 않도록 유지하였다. 그러나 지역사회 감염력이 강한 델타 변이가 출현하면서 근절 정책을 유지하는 것이 거의 불가능해졌다. 이로 인해 중국을 제외한 대부분의 국가들은 결국 근절 정책을 포기하고, 감염 억제 혹은 완화 정책으로 전환할 수밖에 없었다. 베트남은 근절 정책을 포기한 대표

23 Sarun Charumilind. Et al. When will the COVID-19 pandemic end? McKinsey. Jul 28, 2022.

24 뉴질랜드는 28일간 신환자가 없으면 지역사회에 감염이 없는 근절된 상태라고 근절의 정의를 수립하면서 이 정책을 실시하였다.

적인 사례로, 팬데믹 초기에는 강력한 봉쇄 조치를 통해 감염을 통제하는 데 성공하였지만, 델타 변이가 출현하면서 더 이상 근절이 불가능해지자 억제 정책으로 방향을 변경하였다.

셋째는 억제 정책에서 완화 정책으로의 전환이다. 오미크론 변이가 등장하면서 억제(suppression) 정책을 유지했던 국가들도 완화(mitigation) 정책으로 목표를 수정할 수밖에 없었다. 억제 정책은 사회적 거리두기, 봉쇄, 환자 발견 및 접촉자 격리 등을 통해 감염 확산을 최대한 억누르는 방식으로, 재생산지수를 1 이하로 유지하는 것을 목표로 한다.[25] 이 전략이 성공하면 환자 수는 점차 감소하거나, 낮은 수준으로 유지되어, 사회적·경제적 피해도 상대적으로 완화될 수 있다. 일본, 싱가포르, 한국, 홍콩 등이 이러한 억제 정책을 시행한 국가들에 해당한다.[26] 그러나 오미크론 변이는 델타 변이보다 감염력이 몇 배 이상 높고, 백신 접종자에게도 돌파 감염을 일으키는 능력이 탁월하였다. 이에 따라, 한 국가나 지역사회에서 오미크론이 발생하면 대규모 감염을 피하는 것이 사실상 불가능해졌다. 2021년 말에서 2022년 초, 오미크론 변이가 전 세계로 확산되면서 억제 정책을 유지하던 국가들도 완화 정책으로 전환하였다. 완화 정책은 감염 확산을 적극적으로 막기보다는 사회적·경제적 피해를 최소화하는 데 초점을 맞춘다. 스웨덴은 팬데믹 초기부터 완화 정책을 채택하였으며, 이후 많은 국가들이 이 접근 방식을 채택하게 되었다. 오미크론은 전파력은 매우 높지만 감염자의 약 0.05퍼센트만이 사망하는 등 독성이 매우 낮은 바이러스로, 독감과 비슷하거나 오히려 독감보다 약한 수준의 치사율을 보였다. 이에 따라 한국을 비롯한 많은 국가들이 2022년 초부터 억제 정책에서 완화 정책으로 전환하

25 재생산지수는 환자 한사람이 평균적으로 몇 사람에게 감염을 일으키는가를 나타내는데, 재생산지수가 3이라고 하면 환자 한사람이 평균 3사람에게 감염을 일으키는 것을 뜻한다. 우한에서 처음 발견되었던 코로나 19 바이러스의 재생산지수는 2.5였다. 재생산지수가 1 이상이면 감염병이 확산되지만, 1 이하로 낮아지면 감염병은 종식될 수 있다.

26 유럽이나 북미 등 많은 나라의 정책은 억압과 완화의 중간에 해당되는 경우가 많았다. 실제로 정책에 따른 국가분류를 보면 전문가들의 견해도 일치하지 않는다.

였다. 당시 한국에서는 전 국민 중 약 절반 가량이 오미크론에 감염되었지만, 치사율이 낮아 의료 시스템이 마비되는 사태는 발생하지 않았다.[27] 변이 바이러스의 출현과 이에 따른 정책 변화는 감염병 대응 전문가들에게 중요한 교훈을 제공하며, 향후 팬데믹 대응 정책 기조를 수립하는 데 있어 중요한 단서를 제공할 것이다.

이번 장에서 다룬 '글로벌 팬데믹 대응 전략'은 코로나 팬데믹 사례를 바탕으로 기술하였다. 하지만, 이는 단순한 회고가 아니라 미래 팬데믹 대응 정책을 세우는데 필요한 기본 틀을 제공한다는 면에서 의미가 크다고 하겠다. 미래 팬데믹을 일으킬 병원체의 특성에 따라 유연한 대응 전략이 필요하겠지만, 앞서 제시한 세 가지 큰 틀인 공중보건학적 비약물 요법, 백신 개발과 접종, 변이 바이러스 출현에 따른 정책 변화는 유지될 가능성이 많다고 보인다.

박스 12 오미크론은 과연 크리스마스 선물인가?

바이러스는 숙주인 인류와의 싸움에서 살아남기 위해 끊임없이 변이를 일으킨다. 변이의 기본 개념은 박스 1에서 다루었으며, 여기서는 오미크론 변이의 출현을 어떤 시각으로 바라볼 것인지에 초점을 맞추고자 한다. 오미크론 변이는 2021년 11월 남아프리카공화국에서 처음 발견되었다. 이전의 알파 변이나 델타 변이와는 비교할 수 없을 정도로 빠른 속도로 확산되었으며, 마치 13세기 초 징기스칸이 몽골에서 시작해 아시아를 거쳐 유럽까지 매우 빠른 속도로 정복해 나갔던 것처럼, 오미크론은 유럽과 북미를 지나 아시아까지 빠르게 퍼져 나갔다. 코로나 19 바이러스의 재생산지수(한 명의 환자가 평균 몇 명에게 감염을 일으키는지를 나타내는 지표)를 비교해 보면, 우한에서 처음 발견된 원형 바이러스는 약 2.5였다. 반면, 알파 변이와 델타 변이는 각각 약4와 5-8이었으며, 오미크론 변이는 약 12-15로 보고되었다. 이렇게 엄청난 감염력을 보인 이유는 오미크론 변이가 백신 접종이나 자연 감염을 통해 형성된 면역력을 무력화하는 특성을 가지고 있었기 때문이다. 백신을 3회 또는 4회 접종한 사람도 접종 후 4~5개월이 지나면 오미크론 변이에 쉽게 감염될 수 있다는 사실이 확인되었고, 이로 인해 많은 공중보건 전

---

27 보는 관점에 따라서, 특히 경제적인 측면을 고려하지 않고 보건학적 관점에서 보면, 중국이 가장 영악한 정책을 펼쳤던 것으로 볼 수도 있다. 독성이 강한, 즉 치사율이 높은 우한 오리지널종이나 델타 변이에 의해 감염이 주로 일어나던 시기에는 근절 정책을 추구해서 환자 수와 사망자를 극소화 하다가, 오미크론이란 독기가 다 빠진 바이러스에게는 안방을 과감히 내주는 정책을 사용하면서(완화 정책 실시를 의미) 코로나 전체 기간에 걸친 인구 대비 사망자수를 세계에서 매우 낮게 유지할 수 있었기 때문이다.

문가들은 오미크론 변이의 확산을 우려하였다. 그러나 시간이 지나면서 오미크론 변이에 의한 치사율이 상당히 낮다는 점이 밝혀졌다. 백신을 3~4회 접종하고 1~2회 자연 감염을 경험한 여러 선진국의 경우, 오미크론 변이의 치사율은 계절성 독감 수준인 약 0.05퍼센트 정도에 불과하였다. 2021년 겨울, 유럽과 북미의 언론들은 오미크론이 '크리스마스 선물이 될 수도 있다'는 전문가들의 견해를 조심스럽게 보도하기 시작하였다.

코로나 19와의 전쟁은 장기전이 될 수밖에 없다. 지구상의 거의 모든 사람이 수차례 백신을 접종하고 여러 번 자연 감염을 경험하게 되면서 지구상의 상당수 사람에게 코로나 19 바이러스에 대한 면역이 형성된 후에야 비로서 풍토병화 된다. 이외에 엔데믹에 이르는 다른 시나리오는 없다고 봐야 한다. 그렇다면, 치사율이 높은 변이가 유행하는 시기에 감염되는 것보다는 오미크론처럼 치사율이 낮은 변이가 주종을 이루고 있을 때 감염되는 것이 더 나을 수도 있다. 오미크론을 크리스마스 선물로 생각할 수도 있는 이유이다.

6. 누가 다음 팬데믹을 주도할 것인가?

미래 팬데믹을 효과적으로 대응할 수 있을 것으로 예상되는 국가들을 살펴보는 것은 다음 팬데믹 대비에 있어서 중요하다. 왜냐하면 이들 모범사례 국가들이 제시하는 답안지가 다음 팬데믹때도 매우 유용한 가이드라인이 될 수 있을 것이기 때문이다. 전 세계의 팬데믹 상황과 각국의 팬데믹 대응 성과를 객관적으로 비교·분석하는 것은 쉬운 일이 아니다. 방대한 자료와 시간을 필요로 하는 복잡한 작업이지만, 팬데믹 대응에서 베스트 프랙티스(성공적인 사례)를 중심으로 소개하면서, 어떤 국가들이 어떤 측면에서 중요한 유산을 남겼는지 조명해 보고자 한다.

본 장에서 다루는 내용은 특정 국가의 팬데믹 대응 정책에 대한 객관적인 평가나 리뷰가 아니라, 필자의 주관적인 견해를 바탕으로 한다. 일부 국가는 정책적으로 실패하거나 자국민에게 실망을 안겨주었지만 리스트에 포함시켰다.[28] 왜냐하면 매우 중요한 한두 가지 측면에서 상당히 의미있고 긍정적인 결과를 보여주었기 때문이다.

---

28 가령 팬데믹 성과 측정에 흔히 사용하는 인구 백만 명당의 환자 수나 사망자 수가 상당히 높은 미국과 영국이 이에 해당된다.

(1) 미국

미국의 팬데믹 대응 첫 9개월은 낙제점에 가까울 정도로 실망스러웠다. 신종 감염병 대응과 보건 정책 수립에서 핵심 역할을 해 온 미국 질병통제예방센터(CDC)는 팬데믹 초기 두 가지 중대한 실수를 범하며 국민들의 신뢰를 잃었고, 팬데믹 내내 어려움을 겪었다. 첫 번째 실수는 마스크 착용 지침의 혼선이었다. 질병통제예방센터는 초기에 일반 시민들에게 수술용 마스크 착용이 필요 없으며, 대신 천 마스크를 사용하라고 권장하였다. 그러나 몇 주 후, 바이러스의 높은 전염성이 확인되면서 수술용 마스크 착용이 필요하다고 방침을 변경하였다. 이러한 갑작스러운 정책 변화는 대중에게 혼란을 초래했고, 질병통제예방센터의 신뢰도에 심각한 타격을 주었다. 두 번째 실수는 코로나 19 진단 키트의 문제였다. 질병통제예방센터가 주도하여 제작한 PCR 진단 키트는 기술적 결함으로 인해 감염되지 않은 사람도 양성 판정을 받는 등의 오류가 발생하였다. 결국 이 키트는 사용이 중단되었고, 팬데믹 초기 중요한 시기에 신속한 감염자 식별이 불가능해지면서 미국의 코로나 19 대응에 큰 차질을 빚었다. 미국의 팬데믹 대응에서 또 다른 문제는 주정부별로 정책이 일관되지 않았다는 점이었다. 봉쇄 정책, 사회적 거리두기 시행 여부 및 시기, 의료진 보호 장비 배분 등 핵심 정책이 연방정부가 아닌 각 주정부에 의해 결정되었다. 이로 인해 각 주별로 상이한 대응이 이루어졌으며, 일부 주는 강력한 봉쇄 조치를 시행한 반면, 다른 주는 경제적 타격을 우려해 공중보건학적 조치를 최소화하였다. 이러한 차이로 인해 인구 대비 감염률과 사망률이 주마다 크게 달랐으며, 전국적인 대응 체계가 제대로 작동하지 못하였다. 여기에 더해, 트럼프 대통령의 리더십 역시 논란의 중심이 되었다. 그는 팬데믹의 보건·의료적 중요성을 경시하고 경제 회복을 지나치게 강조하였다. 공적인 자리에서 마스크 착용을 거부하였으며, 팬데믹 초기 WHO 탈퇴 선언을 하는 등 국제 보건 협력에도 소극적인 태도를 보였다. 이러한 일련의 조치는 팬데믹 대응의 신뢰도를 낮추고, 국민들 사이에서 불필요한 정치적 갈등을 유발하였다.

이와 같이 많은 논란과 이슈에도 불구하고, 미국을 팬데믹 대응 베스트 프랙티스 케이스의 하나로 필자가 꼽는 이유는 백신 및 치료제 개발에서 보여준 과학적 성과 때문이다. 특히, mRNA 백신의 개발은 팬데믹 대응의 패러다임을 완전히 바꾸어 놓았다.

미국 정부는 2020년 3월 15일 '초고속 작전'이라는 백신 개발 지원 프로젝트를 공식적으로 가동하였다. 백악관 주도로 추진된 이 계획을 통해, 불과 몇 달 만에 인류는 코로나 19와 싸울 결정적인 무기인 백신을 확보할 수 있었다. 초고속 작전은 보건복지부를 중심으로 국방부, 식약청, 국립보건원 등 미국 정부 기관들이 협력하여, 전 세계 주요 제약사들이 백신을 개발하고 대량 생산할 수 있도록 지원하였다. 기존 백신 개발에는 보통 수년 이상이 소요되지만, 이 프로젝트를 통해 기간을 엄청나게 단축할 수 있었다. 이를 위해 미국 정부는 의회의 승인을 받아 총 160억 달러(한화 약 22조 원)를 투자했고, 식약청은 백신의 감염 예방 효능이 60퍼센트 이상일 경우 긴급 사용 승인을 내주겠다고 사전에 가이드라인을 제시하였다. 모더나(25억 달러), 아스트라제네카(12억 달러), 존슨앤존슨(10억 달러) 등 제약사들에게 막대한 자금이 지원되었으며, 자체 자금으로 백신을 개발한 화이자와는 개발 연구비 지원 대신 1억 명분의 백신을 19억 달러에 선구매하는 계약을 체결하였다. 백신 개발과 생산은 일반적으로, 임상 실험이 성공적으로 끝난 후 식약청의 승인을 받아 대량 생산을 위한 인프라를 구축한 뒤 진행된다. 그러나 초고속 작전에서는 이러한 과정이 동시에 진행되었다. 개발과 승인, 생산체제 구축을 병행함으로써 신속한 백신 공급이 가능해졌다. 또한, 보건 위기 상황을 감안하여 임상 실험과 승인 과정도 약식으로 진행되었으며, 공중보건 위기 상황에서 사용한다는 조건하에 임시 승인을 내리는 방식이 도입되었다. 이러한 과정을 통해 제약 회사들은 대량 생산을 위한 설비 투자를 미리 할 수 있었으며, 정부가 재정적 리스크를 감당함으로써 백신 개발이 신속하게 이루어질 수 있었다.

초고속 작전은 대성공을 거두었다. 2020년 3월에 연구 개발이 시작된 이후, 불과 4개월 만에 모더나와 화이자의 mRNA 백신이 임상 실험에 들어갔으며, 11월 중순 발표된 결과에서 두 백신 모두 90퍼센트 이상의 예방 효과를 보였다. 정부 지원과 협력하에 진행되었지만, 백신 임상 실험은 철저히 독립적으로 진행되었다. 4만 명의 임상 실험 참가자 데이터를 분석한 독립 심사 기관은 연구 결과를 철저히 보안 유지한 채 검토하였으며, 정부 및 제약 회사 관계자들도 실험 데이터에 접근할 수 없었다. 2020년 10월 9일, 드디어 화이자 백신의 임상시험 결과가 발표되었다. 백신의 효능은 91퍼센트로, 믿기 어려울 만큼 높은 수치였으며, 이는 모든 이들의 예상을 훨씬 뛰어넘는 결과였다. 임상시험 결과가 발표되는 순간, 화이자의 CEO 앨버트 불라는 감격의 눈물을 흘리며 환호했고, 백신 개발팀 역시 전율하며 기쁨을 외쳤다. "우리가 결국 해냈다!" 팬데믹 대응의 획기적인 전환점이 된 순간이었다.[29] 곧바로 앨버트 불라는 전화기를 들어 대통령의 팬데믹 자문위원인 안소니 파우치에게 기쁜 소식을 전하였다. 아마도 안소니 파우치는 즉시 트럼프 대통령에게 이를 보고했을 것이다. 당시 트럼프 대통령은 11월 3일 대선에서 바이든 후보에게 패배하며 재선에 실패한 상황이었다. 트럼프의 재선 실패 원인에 대한 다양한 분석이 있지만, 많은 사람들은 그의 코로나 19 대응 실패가 유권자들에게 실망을 안겼다고 지적한다.[30] 개인적인 생각이지만, 만약 이 백신의 효과가 열흘만 일찍 발표되어, 90퍼센트 이상의 예방 효과를 가진 mRNA 백신이 개발되었다는 사실이 대선 전 유권자들에게 전해졌다면, 과연 선거 결과가 어떻게 나왔을지 궁금하다.

백신 개발은 팬데믹 대응의 새로운 패러다임을 연 대사건이었다. 앞서 언급했듯이 팬데믹 대응에는 공중보건학적 접근과 백신(및 치료제) 개발이라는 두 가

---

29 '문 샷: 불가능을 가능으로 만든 화이자의 대담한 전략'에서 인용하였다. 이 책은 화이저 제약회사의 CEO인 저자 앨버트 불라가 코로나 19 백신 개발과정을 자세히 기록한 다큐멘타리 책인데 소설보다도 더 흥미진진하고 재미있다.

30 코로나 19 확진자 수가 많은 지역일수록 트럼프에 대한 지지율이 더 크게 감소한 것으로 나타났으며, 특히 도시 지역과 경합주에서 이러한 경향이 두드러졌다. 만약 코로나 19 확진자 수가 5퍼센트만 낮았더라도, 트럼프는 애리조나, 조지아, 위스콘신에서 승리했을 가능성이 높았고, 이는 전체 선거 결과를 바꿀 수도 있었다고 보는 전문가도 있다. (출처: Baccini L, Brodeur A, Weymouth S. The COVID-19 pandemic and the 2020 US presidential election. J Popul Econ. 2021; 34(2): 739-767. 2021 Jan 15)

지 방식이 있다. 공중보건학적 접근은 '비약물적 접근'이라고도 불리며, 사회적 거리두기, 환자 발견 및 접촉자 격리, 마스크 착용, 손 씻기 등 개인 위생 강화를 통해 감염병을 통제하는 방법이다. 반면, 백신과 치료제는 약물을 이용한 대응 방식이다. 과거의 신종 감염병과 팬데믹 대부분은 비약물적중재인 공중보건학적 방법으로 대응해왔다. 백신이 개발되기 전이거나(스페인 독감의 경우), 또는 백신 개발에 수년이 걸리기 전에 이미 감염병 사태가 종료되었기 때문(2014~2016년 에볼라 사태의 경우)이다. 즉, 신종 감염병을 백신으로 대응하는 개념 자체가 실현되지 않은 채 21세기를 맞이하였다. 그러나 코로나 19 팬데믹은 이전과 차원이 다른 위기였다. 100년 전 스페인 독감보다 사회·경제적 피해가 훨씬 컸으며, 그동안 감염병 대응에서 비교적 안전지대였던 유럽이 이탈리아를 필두로 코로나 19 쓰나미에 휩쓸렸다. 미국 역시 2001년 9·11 테러와는 비교할 수 없을 정도로 심각한 재난 상황에 빠졌다. 하지만 2020년 3월, '초고속 작전'이 시작되었고, 불과 8개월 만에 인류는 역사상 가장 빠르게 개발된 백신을 손에 쥐게 되었다. 이는 팬데믹 대응의 역사를 새롭게 쓴 엄청난 과학적 성과였다. 미국을 팬데믹 대응 베스트 프랙티스에, 그리고 다음 팬데믹의 챔피언 예상 후보 국가로 꼽는데 주저함이 필요치 않은 이유이다. 특히 mRNA 백신 기술은 다음 팬데믹 대응뿐만 아니라, 향후 암 치료를 포함한 다양한 의료 분야에서 중요한 역할을 할 것으로 기대된다.

1984년부터 2022년 말까지, 레이건에서 바이든까지 7명의 대통령을 거치며 백악관 보건 자문관을 역임한 미국 국립보건원(NIH) 닥터 안소니 파우치는 2022년 12월 29일, 은퇴를 하루 앞두고 뉴욕 타임스와의 인터뷰에서 이런 질문을 받았다. "코로나 팬데믹에서 우리가 배워야 할 가장 큰 교훈은 무엇인가?" 그의 대답이 미국의 팬데믹 대응의 현재와 미래를 잘 기술하고 있어, 소개하면서 미국편을 마친다. "미국의 팬데믹 대응은 과학적 접근과 공중보건학적 접근이라는 두 축으로 이루어져 있다. 팬데믹 발생 후 단 11개월 만에 안전하고 효과적인 백신을 개발한 것은 성공이었으며, 위대한 과학적 업적이다. 그러나 공중보건학적 대응은 기대에 미치지 못하였다. 다음 팬데믹을 대비하기 위해서는 디지털 헬스 등 새로운 시스템의 도입이 필수적이다".[31]

(2) 영국

영국의 팬데믹 대응 성적을 인구 대비 환자 수나 사망자 수를 기준으로 다른 국가들과 비교해 보면, 과연 영국이 다음 팬데믹에서 '챔피언'이 될 수 있을까 하는 의문이 들 수도 있다. 실제로 영국의 코로나 19 인구대비 사망자는 상당히 높았으며, 자국에서 개발한 아스트라제네카 백신도 mRNA 백신에 비해 효과가 다소 떨어지는 것으로 알려져 있다. 그럼에도 불구하고, 필자는 영국이 차기 팬데믹 대응의 '챔피언' 후보로 손색이 없다고 생각한다. 그 이유는 다음과 같다.

첫째, 근거 기반의 팬데믹 정책 수립이다. WHO에서 근무한 20여 년 동안 가장 자주 들었던 개념 중 하나가 '근거 기반 정책 수립', 즉 과학적 접근을 바탕으로 한 정책 결정이었다. 정책 결정에는 경험과 직관에 의존하는 방식이 있을 수도 있지만, 반대편 축에는 데이터를 바탕으로 한 체계적인 정책 수립이 존재한다. 특히 팬데믹과 같은 위기 상황에서는 근거 기반 정책의 장점이 더욱 부각된다. 과학적 접근을 통해 정책을 수립할 경우, 시민들의 신뢰를 얻을 수 있고, 국가의 연대 의식도 강화될 수 있기 때문이다. 이런 측면에서 영국은 전 세계에서 가장 모범적으로 근거 중심의 팬데믹 정책을 추진한 국가 중 하나였다. '근거 중심'이란 곧 정책의 투명성과도 직결된다. 예를 들어, 현재 감염병 상황이 일주일 전보다 악화되었는지 여부, 사망자가 증가하고 있는지 감소하고 있는지, 백신 확보 현황과 부작용 발생률, 중환자실 병상 가용성, 백신 추가 접종의 감염 및 중증 예방 기여도 등이다. 이러한 정보를 과학적 분석을 통해

31 Sheryl Gay Stolberg. After Half a Century, Fauci Prepares for Life After Government. New York Times. Dec. 29, 2022.

투명하게 공개하는 것이 핵심이다. 정책 결정 과정이 투명할수록 시민들은 정부를 신뢰하고, 방역 정책을 적극적으로 받아들일 가능성이 높아진다.

이를 잘 보여주는 사례가 영국 정부의 '긴급상황 과학자문위원회'(SAGE, Scientific Advisory Group for Emergencies)' 운영이다. 긴급상황 과학자문위원회는 2020년 1월 발족된 조직으로, 팬데믹의 역학적 상황 분석, 대응 조치의 기대효과 평가, 백신의 효능 검토 등 팬데믹 정책 수립에 필요한 주요 과학적 근거를 제공하였다. 이 위원회가 내놓은 데이터와 정책적 조언은 영국 총리가 직접 주재하는 국가 정책 결정 기구에 전달되었으며, 팬데믹 대응의 핵심 자료로 활용되었다. 특히 팬데믹 모델링 위원회는 런던 위생열대의학원과 임페리얼 대학등 세계적 연구기관과 협력하여 3~4개의 독립적인 모델링 자료를 비교·분석하여 신뢰성을 높였다. 초기에는 이 자료가 대중에 공개되지 않아 논란이 되었지만, 2020년 5월부터는 영국 보건안정청 홈페이지를 통해 정기적으로 업데이트되면서 투명성이 강화되었다.

둘째, 자유를 향한 열정과 실험 정신이다. 2021년 여름, 서유럽과 북미 국가들은 백신 접종의 확산으로 환자 수와 사망자가 감소하기 시작하였다. 하지만 당시 한국은 백신 확보가 늦어지면서, 여전히 1·2차 기본 접종에 집중하고 있었다. 반면, 서유럽과 미국 등 백신 접종을 완료한 국가들은 '언제까지 마스크를 써야 하는가?', '사회적 거리두기를 언제 해제해야 하는가?' 등의 질문을 놓고 고민하기 시작하였다. 여기서 두 가지 입장이 충돌하였다. 하나는 '백신이면 충분하다'(Vaccine Only)로 백신 접종이 완료되었으므로, 마스크 착용과 사회적 거리두기를 해제해야 한다는 입장이다. 또 다른 하나는 '백신 플러스'(Vaccine Plus)로 백신 접종 외에도 마스크 착용과 거리두기를 유지해야 한다는 입장이다. 영국은 '백신이면 충분하다'는 입장을 택한 대표적인 국가였다.

2021년 7월 19일을 '자유의 날'로 선언하며, 사회적 거리두기 및 마스크 착용 의무 해제, 코로나 확진자의 의무 격리 폐지(즉, 자발적 격리로 전환), 공공장소 내 1m 거리두기 폐지, 펍 운영 시간 제한 해제등을 단행하였다. 당시 델타 변이가 확산되던 시점이었기에, 이러한 결정은 상당한 논란을 불러일으켰다. 그러나 보리스 존슨 총리는 “코로나 19를 완전히 퇴치할 수 없다면, 함께 살아가는 법을 배워야 한다”고 주장하며 국민들을 설득하였다. 이는 백신 접종이 중증 예방에 효과적이었기 때문으로 평가된다. 결과는 성공적이었다.[32] 백신 플러스 정책을 시행한 네덜란드나 독일 등 주변 서유럽 국가에 비해 코로나 19 환자 수는 다소 증가하였지만 코로나 19로 인한 사망자는 주변 국가와 비슷하였다. 이는 백신접종으로 인한 중증환자 예방 효과 때문으로 보인다.

당시 필자는 백신 1차 접종을 마친 상태에서, 많은 이들처럼 집에 머무르며 팬데믹의 긴 터널을 가까스로 지나고 있었다. ‘아워월드 인 데이터’라는 웹사이트를 통해 영국과 서유럽 주변 국가들의 사망률 데이터를 비교하며, 영국의 과감한 실험이 성공하기를 간절히 바랐다. 17세기에 이미 권리장전을 통해 자유민주주의의 토대를 마련하고, 17세기 초 자유를 찾아 메이플라워호를 타고 신대륙으로 향했던 조상들의 후예답게, 영국은 팬데믹 대응 조치 중 개인의 자유를 제한하는 요소들을 과감히 철폐하였다. 그 실험이 성공해야 다른 국가들도 이를 따라가며 자유로운 일상을 하루빨리 되찾을 수 있을 것이라 믿었기 때문이다. ‘자유의 날’ 이후 약 3개월이 지났지만, 추가적인 방역 조치를 도입해야 할 만큼 위기가 발생하지 않아 안도했던 기억이 있다. 그러다 한동안 잊고 지내던 영국의 상황을 다시 떠올리게 된 계기가 있었다. 2022년, 가디언지에서 엘리자베스 2세 여왕 즉위 70주년을 기념하는 대규모 행사가 6월 2일부터 5일까지 열린다는 뉴스를 보았을 때였다. 1952년 즉위 이후 오랜 세월 영국 국민의 사랑을 받아온 여왕은 96세라는 고령에도 불구하고 여전히 우아한 자태로 대중 앞에 섰다. 수십만 명의 군중이 빽빽이 모여 환호하는 사진을 보며, 나는 그 따뜻한 장면에 감탄하였다. 하지만 동시에, 내 시선은 자연스럽게 군중 속 마스크 착용 여부로 향하였다. 사진을 확대해 살펴보니, 마스크를 쓴 사람은

---

32 Government of the United Kingdom. COVID-19 response: living with COVID-19 [Internet]. Updated 2022 May 6 [cited 2025 Sep 26]. Available from: https://www.gov.uk/government/publications/covid-19-response-living-with-covid-19/covid-19-response-living-with-covid-19

극히 드물었다. 불과 몇몇 사람들만이 착용하였고, 대부분은 얼굴을 가리지 않은 채 환한 표정으로 축제를 즐기고 있었다. 영국은 자유를 향한 여정을 흔들림 없이 이어가고 있었던 것이었다.[33]

셋째, 글로벌 연대를 통한 다국적 협력이다. 기후변화, 팬데믹 대응, 난민 문제와 같은 글로벌 이슈는 한 나라가 단독으로 해결할 수 없다. 전 세계가 협력해야 실질적인 해결이 가능하다. 영국은 팬데믹 초기부터 글로벌 백신 공급 확대에 기여하였다. 아스트라제네카 백신을 개발한 옥스포드 대학과 아스트라제네카 제약사는 백신 판매를 통한 이익을 취하지 않기로 합의하고, 2020년 12월부터 대량 생산을 시작하였다. 미국 및 중국산 백신이 10~37달러였던 반면, 아스트라제네카 백신은 5달러에 공급되었다. 이로 인해 인도를 비롯한 수많은 개발도상국이 저렴한 가격에 백신을 확보할 수 있었다. 아스트라제네카 백신은 코백스란 세계백신공급 프로젝트를 통해 전 세계로 배포되었으며, 수백만 명의 생명을 구하였다. 또한 영국과 EU는 WHO와 함께 글로벌 팬데믹 조약을 제안하여, 전 세계적으로 생산된 백신의 10퍼센트를 WHO를 통해 개발도상국에 기증하고, 추가 10퍼센트는 저렴한 가격에 공급하는 방안을 추진하였다.

이처럼 영국은 팬데믹 대응에서 과학적 정책, 자유에 대한 실험 정신, 국제적 협력을 통해 중요한 역할을 수행하였으며, 차기 팬데믹 대응에서도 핵심적인 국가로 자리 잡을 가능성이 크다.

영국의 팬데믹 대응이 가진 세 가지 강점(근거 기반 정책, 자유를 향한 실험 정신, 국제적 연대)에 더해, 한가지 추가한다면 바로 영국 학계의 힘이다. 영국은 20세기 초 제국의 자리에서 물러나며 해가 지지 않는 나라의 위상도 함께 내려놓았지만, 여전히 지식 산업의 선두주자로서 세계적인 영향력을 유지하고 있다. 팬데

---

33 참고로, 한국은 사회적 거리두기를 해제한 것이 2022년 4월 18일이고, 마스크 착용 의무화 조치는 2023년 1월 30일이었다. 영국의 자유의 날인 2021년 7월 19일과 비교할 때, 상당 기간 차이가 난다. 한국 외 다른 동아시아의 코로나 대응 모범 국가들도 한국과 마찬가지로 비교적 보수적 접근을 하여 급진적 정책을 취했던 영국과는 대조적이었다. 근대국가 수립 및 운영의 역사가 동아시아와는 비교가 안될 정도로 길어 시민들의 자유와 권리에 매우 민감한 영국으로부터 동아시아 국가들이 무엇을 배울 것인지 고민할 이유가 충분히 있다고 생각된다.

믹 기간 동안 코로나 19와 관련된 방대한 양의 데이터, 정보, 연구 자료가 생산되었는데, 이에 가장 큰 기여를 한 나라는 미국, 영국, 중국이었다. 미국은 백신 관련 연구에서 강점을 보였고, 영국은 공중보건 정책 수립에 앞서 있었으며, 중국은 사스 이후 축적된 실전 경험을 바탕으로 전략적 대응에 능숙하였다. 특히 감염병 예측 모델링으로 유명한 런던의 임페리얼 대학, 팬데믹 초기인 2020년 2월 코로나 19 전략을 주요 저널에 발표한 런던 위생열대의학대학원, 전통적인 보건의료 연구의 중심인 옥스퍼드와 케임브리지 대학, 스코틀랜드 정부의 코로나 대응을 자문한 에든버러대학, 그리고 전 세계 과학자들의 필수 참고자료가 된 아워월드 인 데이터 등 영국의 수많은 연구기관과 학자들은 팬데믹 내내 글로벌 공중보건 전문가들에게 큰 도움을 주었다. 이처럼 학계의 강력한 네트워크와 연구 역량은 영국이 차기 팬데믹에서 중요한 역할을 할 가능성을 높이는 요인 중 하나다.

다음 팬데믹의 챔피언으로 기대되는 국가를 리스트 업 하면서 영국을 포함할 수 밖에 없다고 생각하게 된 한 가지 일화를 소개하면서 영국 부분을 마치려 한다. 앞서 소개한 영국의 '긴급상황 과학자문위원회'와 관련된 내용이다. 이 자문위원회는 23명의 보건의료 전문가들로 구성되었으며, 본래 구성원 명단이 외부에 공개되지 않았다. 이는 정부 정책 자문이 정치적 영향을 받지 않도록 하기 위한 조치였다. 하지만 2020년 4월, 보리스 존슨 총리의 수석 정책 자문관이었던 도미닉 커밍스가 공식 위원이 아님에도 긴급상황 과학자문위원회의에 참석하였다는 사실이 언론 보도를 통해 밝혀지면서 논란이 발생하였다. 이는 정부 고위 관계자가 정책 결정 과정에 개입하여 정치적 영향력을 행사하려 하였다는 의혹으로 번졌고, 거센 비난을 받았다. 이 사건을 계기로, 기존 자문위원회와는 별도로 '독립적 긴급상황 과학자문위원회'(Independent SAGE)가 결성되었다. 독립적 자문위원회는 2000년대 초 토니 블레어 총리의 과학 수석 자문관이었던 데이비드 킹 경이 주도한 전문가 그룹으로, 정부의 공식 조직은 아니지만, 기존 자문위원회와는 별도의 정책 자문을 제공하며 투명성과 전문성을 높이는 역할을 수행하였다. 이처럼 정부 내부에서조차 다양한 과학적 의견을 수렴하는 움직임이 자발적으로 발생한 것은 매우 인상적인 일이었다. 한국을 비롯한 많은 나라에서는 상상하기 어려운 방식이지만, 영국이 팬데믹이라는 초유의 사태에서 근거 기반 정책을 얼마나 중시하고 있는지, 그리고 이를 위해 최선을 다하고 있다는 점을 실감할 수 있는 사건이었다.

과학적 근거에 기반한 정책을 수립하고, 자유를 향한 실험 정신을 발휘하며, 글로벌 연대를 강화하는 영국은 여전히 지식 산업의 왕좌를 유지하고 있다. 한국에게 메르스가 축복이 되었고, 중국에게 사스가 기회가 되었듯이, 코로나 19는 미래 팬데믹 대비 대응을 위해 영국에게 주어진 '신의 선물'이 될 수도 있을 것이다.

(3) 중국

코로나 19 팬데믹을 둘러싸고 중국은 여러 논란의 중심에 섰다. 팬데믹의 기원 문제, 1,100만 우한 시민의 자유를 박탈한 엄격한 봉쇄 조치, 인권침해 가능성때문에 논쟁의 여지가 많은 QR코드 기반 감염병 감시체계(뒤에 상세히 기술하였다), 그리고 '제로-코로나' 정책을 지나치게 오래 유지하며 발생한 사회·경제적 부작용 등이 주요 쟁점이었다. 그러나 이러한 논란과는 별개로 순수한 보건의료 지표만을 기준으로 평가한다면, 중국의 코로나 19 대응은 상당히 인상적이다. 팬데믹 초기, 우한 봉쇄 전에는 많은 환자가 발생하였지만, 봉쇄 해제 후에는 우한 뿐만 아니라 중국 전역에서 환자 발생이 거의 없거나 극히 낮은 수준을 유지하였다. 또한, mRNA 백신보다는 효과가 떨어지지만 자체적으로 코로나 19 백신을 개발해 아시아, 아프리카, 중남미 등 여러 국가에 공급하면서 글로벌 백신 접근성을 높이는데 기여하였다. 2003년 사스 사태 당시의 중국과 비교해 보면, 중국은 이번 코로나 팬데믹에서 완전히 새로운 차원의 대응 전략을 펼쳤고, 그 결과 팬데믹 위기를 효과적으로 극복하는 모습을 보였다.

박스 13 코로나 19의 기원, 여전히 풀리지 않은 수수께끼

코로나 19 팬데믹 초기, 중국 정부는 우한 화난 수산시장의 사향고양이 등 야생동물에서 기생하던 바이러스가 인간에게 전파되었고, 이후 사람 간 감염을 통해 확산되었다고 발표하였다. 그러나 얼마 지나지 않아 미국 트럼프 행정부는 우한 바이러스 연구소 유출설을 제기하였다. 미국은 우한 바이러스 연구소 연구원 3명이 코로나 19 첫 발병 보고 몇 주 전인 2019년 11월, 병원 치료가 필요할 정도로 중증 증상을 보였다는 정보를 입수하였으며, 이에 따라 연구소가 바이러스의 진원지인지 과학적 검증이 필요하다고 주장하였다.[34] 그러나 당시 미국 주류 언론과 과학자들은 자연 발생설에 더 무게를 두었다. 이후 2021년 3월, 조 바이든 미국 대통령은 코로나 19 기원을 조사할 것을 미국 정보당국에 명령하였다. 그 결과, 일부 정보기관은 바이러스가 감염된 동물과 인간의 접촉을 통해 발생했을 가능성을 제기했으나, 다른 한 기관은 실험실 사고로 인한 유출 가능성을 보고한 것으로 알려졌다.

2021년 초, WHO는 국제 전문가팀을 중국 우한에 파견해 코로나 19의 기원을 조사하였다. 전문가팀은 우한 수산시장, 우한 바이러스 연구소 및 기타 관련 시설들을 방문해 데이터를 수집하고 중국 전문가들과 협력하여 보고서를 작성하였다. 보고서에서는 바이러스의 기원과 관련하여 몇 가지 가능성을 평가하였다. 박쥐에서 유래한 코로나바이러스가 중간 숙주인 야생동물을 거쳐 인간에게 전파되었을 가능성이 가장 높다는 결론을 내렸다. 중간 숙주로는 너구리와 사향고양이가 지목되었다. 냉동식품이나 포장재를 통한 외국에서의 유입 가능성도 조사되었으나, 과학적 증거가 부족하다는 평가를 받았다.[35] 실험실 유출 가능성은 조사한 연구소의 자료와 관리 체계를 바탕으로 검토했으나, 이를 뒷받침할 증거가 발견되지 않았으며 가능성은 매우 낮다고 평가되었다. 그러나 조사가 이루어진 당시인 2020년 1월, 우한 야시장은 영구 폐쇄되었고, 완전히 소독되었다. 이에 따라 폐쇄 이전 중국 정부가 채집한 바이러스 샘플 외에는 추가적인 샘플 채취가 불가능한 상태였다. WHO 조사팀은 중국 정부가 제공한 자료에 의존할 수밖에 없어, 연구의 한계를 남겼다.

2024년 10월, 코로나 19 바이러스가 우한 수산시장에서 판매된 너구리에서 시작되었음을 시사하는 연구 결과가 국제 학술지 셀에 게재되었다. 프랑스 국립과학연구센터의 플로렌스 데바레 박사 연구진은 중국 질병통제예방센터가 제공한 시료에서 유전체를 분석한 결과, 바이러스가 박쥐에서 유래해 너구리나 사향고양이 같은 야생동물을 거쳐 인간에게 확산되었을 가능성이 높다고 발표하였다. 그러나 프랑스 연구진 역시 중국 정부가 제공한 샘플에 의존해 연구를 진행했기 때문에 자료의 투명성을 고려해야 한다는 입장을 밝혔다.

코로나 19의 기원에 대한 논쟁은 여전히 지속되고 있다. 많은 과학자들은 자연 발생설에 무

34 이 연구소는 2003년 사스 이후 박쥐의 샘플로부터 코로나 19 바이러스를 채취하여 연구를 하였는데 아이러니하게도 미국의 재정지원을 받아 진행하였다.

35 중국의 유명한 의사 중난산은 중국 우한이 아닌 다른 도시나 다른 국가에서 코로나 19가 처음 발생하였는데, 냉동식품 등을 통해 우한으로 확산되었을 가능성이 있다고 주장하였다.

게를 두고 있지만, 샘플과 데이터의 투명성이 완전히 보장되지 않은 상황에서 논란의 여지는 남아 있다. 미국 툴레인 대학의 바이러스 전문가 로버트 게리는 "우한 수산시장의 동물들에게서 직접 샘플을 채취할 수 있었다면, 코로나 19 기원에 대한 논쟁은 사라졌을 것"이라고 지적하였다. 그러나 중국 정부가 이러한 조치를 허용할 가능성은 낮으며, 코로나 19의 기원은 상당 기간 풀리지 않는 수수께끼로 남을 가능성이 크다.

중국의 팬데믹 대응을 보면서 필자는 두 차례 놀라움을 금치 못하였다. 첫 번째는 우한 및 후베이성의 전면 봉쇄 조치였다. 2019년 12월 27일, 우한 종합병원의 의사들이 원인을 알 수 없는 호흡기 질환 발생을 우한시 당국에 보고하였다. 12월 31일, 중국 정부는 이 사실을 WHO에 보고하며, 우한 수산시장의 야생동물을 감염원으로 추정한다는 입장을 발표하였다. 2020년 1월 중순, 환자가 계속 증가하자 중국 질병통제예방센터는 사스 퇴치의 영웅이자 호흡기 질환 권위자인 의사 중난산을 팀장으로 한 조사팀을 우한으로 급파하였다. 현장에서 조사한 결과, 동물-인간 감염을 넘어 사람 간 전파가 활발하게 일어나고 있음이 확인되었다. 1월 20일, 중난산은 기자회견을 열어 "2003년 사스 사태를 반복하지 않으려면 강력한 조치가 필요하다"고 강조하였다. 국가 위생건강위원회의 일원이자 감염병 전문가인 리란쥐안 역시 음력설(1월 25일) 전후로 인구 대이동이 시작되면 바이러스 확산이 통제 불가능해질 것이라며, "설 연휴 전에 우한을 봉쇄해야 한다"고 주장하였다. 놀라운 점은 이러한 전문가들의 의견이 중국 최고 의사결정 기구인 정치국 상무위원회(위원장: 시진핑)에 의해 즉각 수용되었다는 것이다. 1월 20일, 중난산이 기자회견을 연 지 불과 3일 만인 1월 23일, 중국 정부는 1,100만 명이 거주하는 우한시의 전면 봉쇄를 전격 결정하였다. 이는 세계 역사상 전례 없는 조치였다. 하나의 도시 전체가 감염병 확산을 이유로 봉쇄된 사례는 없었다. 이동의 자유를 박탈하고, 경제적 영향을 감수하면서까지 과연 이러한 조치가 성공할 수 있을지 의문이 제기되기도 하였다.

당시 필자는 뉴스로 우한 봉쇄를 접하고도 믿을 수가 없었다. 이 조치가 대륙의 실수인지, 아니면 철저한 역학 모델링을 기반으로 한 과학적 대응의 일환인지 의문이었다. 시간이 지나면서 우한 봉쇄가 가져온 효과가 점점 드러났다. 미국 노스이스턴 대학의 찌나치 교수가 2020년 사이언스지에 발표한 연구에 따르면, 우한 봉쇄로 인해 2월 중순까지 중국 내 약 70만 명의 감염을 예방한 것으로 추정되었다(참고로 2020년 2월까지 중국에서 보고된 코로나 19 환자 수는 약 66,000명이었다).[36] 또한 환자 수가 두 배로 증가하는 데 걸리는 시간이 기존 2일에서 19일로 증가하였으며, 우한에서 타국으로 유입되는 감염자의 수가 약 80퍼센트 감소하였다.[37] 결과적으로 우한 봉쇄는 전 세계에 약 2~3주의 시간을 벌어주었다. 이 기간 동안 각국은 진단 키트를 개발하고, 마스크를 생산하며, 팬데믹 대응 전략을 수립할 수 있는 시간을 확보할 수 있었다. 서방 언론은 우한 봉쇄를 비인권적인 조치라고 강하게 비판하였지만, 몇 달 후 유럽과 북미 국가들도 결국 봉쇄 조치를 시행할 수밖에 없었다. 시간이 지나면서 필자는 우한 봉쇄가 단순한 우연이 아니라 정교한 전략이었으며, 철저한 역학 모델링과 근거 기반 정책 수립의 결과라는 확신이 들었다.

우한 봉쇄는 극도로 엄격한 조치였지만, 지역사회 차원에서 감염 확산을 막기 위한 다양한 노력이 이루어졌다. 수많은 자원봉사자들이 주민들의 음식 주문을 받아 아파트 입구에서 전달하는 방식으로 생활 필수품을 공급하였다. PCR 진단키트가 개발되기 전이었기 때문에 가래 검사는 시행할 수 없었지만, 정기적인 발열 검사를 통해 고열이 있는 사람들을 신속히 분류하여 우한시가 급히 건설한 컨테이너 시설에 격리하는 시스템을 운영하였다. 이러한 강력한 조치를 통해 하루 수천 명씩 발생하던 확진자 수는 불과 몇 주 만에 급격히 감

36 Moritz U. G. Kraemer. The effect of human mobility and control measures on the COVID-19 epidemic in China. Science. 25 Mar 2020. Vol 368.

37 Matteo Chinazzi et al. The effect of travel restrictions on the spread of the 2019 novel coronavirus (COVID-19) outbreak. Science 368, 395-400(2020).

소하였다. 우한의 봉쇄는 2020년 1월 23일부터 4월 8일까지 총 76일간 지속되었으며, 봉쇄 해제 당시 우한 내 신규 확진자는 거의 발생하지 않았다. 중국 당국은 지역 내 감염이 사실상 사라진 상황을 근거로 봉쇄 해제를 결정하였으며, 그 이후 우한과 후베이성은 약 1년간 코로나 19 확진자가 거의 발생하지 않는 '제로' 상태를 유지하였다.

중국의 봉쇄 전략은 전 세계적으로 논란이 많았지만, 시간이 지나면서 여러 국가들이 결국 봉쇄 정책을 도입할 수밖에 없었다. 그러나 중국과 달리 서방 국가들은 시행 방식에서 차이를 보였다. 이탈리아는 처음에 북부 롬바르디아 일부 지역만 봉쇄했으나, 코로나 19가 빠르게 확산되면서 결국 전국적인 봉쇄로 확대하였다. 이 과정에서 감염자가 급격히 증가했고, 의료 시스템이 마비되면서 많은 환자들이 입원조차 하지 못한 채 사망하는 비극이 벌어졌다. 미국은 봉쇄 여부와 범위를 각 주(州)의 결정에 맡겼는데, 부분 봉쇄와 전면 봉쇄가 뒤섞이면서 정책적 일관성이 부족하였다. 봉쇄에 대한 순응도도 지역별로 달라 그 효과가 균일하지 않았고, 발열 검사를 통한 환자 격리조차 거의 이루어지지 않았다. 인도는 2020년 3월 25일부터 전면 봉쇄를 시행하였다. 모디 총리는 국민들에게 "여러분의 자유를 두 달만 정부에 유보해 달라"며 협조를 요청했으나, 봉쇄로 인해 경제적 어려움에 직면한 도시의 일용직 노동자들이 대거 이동하면서 방역의 효과가 제한적이었다. 결국 6개월 후인 9월에 봉쇄를 해제했으나, 그 과정에서 수많은 사망자가 발생하였다. 우한시의 봉쇄 정책은 한국, 홍콩 등 일부 국가를 제외하면 사실상 글로벌 팬데믹 대응의 표준으로 자리 잡았다. 다음 팬데믹이 발생하면, 백신 개발을 기다리는 첫 몇 개월 동안 WHO나 미국 질병통제예방센터보다 중국의 방역 조치를 벤치마킹하려는 국가들이 늘어날 가능성이 클 수도 있겠다는 생각이 든다.

박스 14 중국의 양심, 팡팡과 우한 봉쇄의 날들

76일간의 우한 봉쇄 기간 동안, 중국판 카카오톡인 웨이보에 일기를 게재하기 시작한 작가 팡팡(方方)은 중국에서 명망 높은 소설가로, 루쉰 문학상을 수상한 바 있다. 난징 출신인 그녀는 어린 시절 우한으로 이주한 후 줄곧 이곳에서 거주하였다. 그러나 2020년 초, 갑작스러운 도시 봉쇄로 인해 집 밖으로 한 발짝도 나갈 수 없는 상황에 처하게 되었다. 그녀는 봉쇄 3일째 되는 날부터 죽음과 공포로 가득한 우한의 현실을 기록한 일기를 웨이보에 연재하기 시작하였다. 팡팡은 도시가 봉쇄된 상황에서 죽음과 공포에 직면한 시민들의 절망, 정부의 대응에 대한 불신과 분노, 서로를 돕는 시민들의 연대와 희망등을 사실적으로 묘사하였다. 특히 자원봉사자들이 식료품을 나누고, 의료진이 헌신적으로 환자를 돌보는 모습 등은 봉쇄 속에서도 인간적인 따뜻함이 존재했음을 보여주었다.

우한 시민들은 매일 밤 팡팡의 글을 읽으며 분노를 삭이고, 위안을 얻으며, 지식인의 양심의 소리를 들은 후 비로소 잠자리에 들었다고 한다. 팡팡은 "도시 우한은 단 여덟 글자로 인해 살해되었다"며, 정부의 초기 대응을 강하게 비판하였다. '人不傳人 可功可防(인불전인 가공가방)' 즉, '사람 간 전파는 없다. 막을 수 있고, 통제 가능하다'. 이는 코로나 19 초기, 미상의 폐렴 환자가 다수 발생했을 때 중국 정부가 시민들을 안심시키기 위해 사용한 표현이었다. 그러나 결과적으로 이 잘못된 메시지는 우한의 많은 시민들과 의료진들이 적절한 방역 조치를 취할 기회를 잃게 만들었고, 수많은 생명을 앗아간 결정적 요인이 되었다고 팡팡은 비판하였다. 그녀의 일기에는 봉쇄 속에서 시간이 멈춰버린 듯한 우한의 참혹한 모습이 고스란히 담겨 있다. "가끔 어디선가 아이가 목이 쉬도록 우는 소리가 들린다. '엄마, 날 버리지 마!' 그 소리를 들은 모든 엄마들은 온몸이 떨려온다." (봉쇄 38일 차, 246쪽) 이러한 기록을 통해 죽음의 도시로 변해버린 우한의 실상이 생생하게 전달되었다.

팡팡은 이 책을 출간한 이후 반체제 작가로 낙인찍혀 모든 활동이 차단되었다. 새로운 책의 출판이 불허되었고, 언론에서도 그녀의 이름은 사라졌다. 하지만 우한일기는 미국의 유명 출판사 하퍼콜린스를 비롯해 독일, 영국, 프랑스, 한국 등 15개국에서 번역·출판되었다. 2023년 9월, 그녀는 매일경제신문과의 이메일 인터뷰에서 기자가 "코로나 19가 인류에게 남긴 것은 무엇인가?"라는 질문을 던지자 다음과 같이 답하였다. "모두에게 지워지지 않는 상처... 그러나 역사적 경험에 따르면 인간은 그 상처를 쉽게 은폐하고 또 망각한다."

한국어판 우한일기는 2020년 12월에 출판되었으며, 필자는 2021년 3월경 이 책을 접하였다. 당시 백신이 개발되었지만, 일부 부유한 국가들이 독점하며 세계 곳곳에서 수많은 사망자가 발생하던 시기였다. 책을 읽는 동안 우한에서 실제로 벌어진 참상을 기록한 팡팡의 용기와 작가적 양심에 깊은 존경을 표하지 않을 수 없었다. 코로나 팬데믹을 단순한 통계나 이론이 아닌, 인간의 감정과 현실을 통해 배우고 싶다면, 반드시 읽어야 할 책이다.

두 번째 놀라움은 중국의 제로 코로나 정책이었다. 적어도 오미크론 변이가 등장하기 전까지, 이 정책은 매우 성공적으로 유지되었다.[38] 2020년 2월 14일, 중국 내 확진자 수는 우한이 1,080명(전체 환자의 64퍼센트), 후베이성 내 다른 지역이 394명(23퍼센트), 그리고 후베이성을 제외한 나머지 중국 전역이 214명(13퍼센트)으로 분포하였다. 우한 봉쇄가 해제된 2020년 4월 이후, 오미크론 변이가 상하이에 상륙할 때까지 약 2년간 중국 전역의 확진자 수는 극히 낮은 수준을 유지하였다. 당시 세계 각국은 2020년 겨울에 2차 봉쇄를 시행하고, 제로 코로나 정책을 유지하던 다른 국가들도 이를 포기하며 백신 접종을 최우선 목표로 삼고 있었다.

중국의 제로 코로나 정책이 오미크론 변이 전까지 성공할 수 있었던 이유는 두 가지다. 첫째, 강력한 사회적 거리두기, 적극적인 확진자 및 접촉자 격리, 국가 정책에 대한 주민들의 높은 순응도 등이 중국 특유의 감염병 대응 체계를 지탱하였다. 이는 한국, 대만, 홍콩, 일본 등 동아시아 국가들의 성공적인 코로나 대응 방식과 유사한 면이 있다. 둘째, 디지털 헬스를 기반으로 한 중국 특유의 감시 체계가 있었다. 중국은 2020년 3월, 우한의 확진자 수가 감소하자 QR코드를 활용한 전국적인 감염자 감시 시스템을 구축하였다. 이 시스템은 한국을 비롯한 다른 국가들이 사용한 QR코드 시스템과는 상당히 달랐다. 중국 당국은 감염 가능성을 기준으로 개인을 세 그룹으로 분류하였다. 감염 가능성이 높은 사람은 QR코드가 빨간색으로 표시되어 대중교통 이용과 공공장소 출입이 금지되었다. 감염 가능성이 다소 있는 경우는 노란색으로 표시되었고, 일정 기간 자택 격리를 요구받았다. 감염 가능성이 없거나 낮은 경우는 녹색으로 표

---

38 중국의 제로 코로나 정책 자체를 비판하는 시각도 많다. 제로 코로나 정책으로 사망자를 상당히 줄일 수 있고, 단기적으로는 경제에도 긍정적인 영향을 미칠 수 있다. 하지만, 장기적으로는 반복되는 봉쇄와 격리로 인해 소비와 투자가 위축되고, 해외 투자가 감소되는 등 경제적으로 부정적인 영향을 나타낸다. 또한 오랜 기간 자유를 유보 당한 시민들의 불만이 누적되어 '백지시위' 사태도 야기 되었다. 보건의료학적 측면으로 볼 지, 사회 경제적인 넓은 의미에서 이 정책이 지향하는 바의 장단점을 볼 지, 단기적으로 볼지 장기적인 관점에서 볼지에 따라 달라질 수 있다. 필자는 국가가 세운 보건의료 정책의 목표를 달성하였다는 측면에서 성공이란 표현을 사용하였다.

시되었으며, 정상적인 활동이 가능하였다. 이러한 QR코드 색상은 병의원 및 약국 방문 기록, 감염 지역 방문 여부, 가족 중 확진자 발생 여부 등을 기반으로 정부가 관장하는 IT기반 프로그램에 의해 결정되었다. 예를 들어, 가족 중 확진자가 발생하면 해당 가족원의 QR코드도 빨간색으로 바뀌었으며, 해열제를 구매한 경우에도 노란색 또는 빨간색으로 변경될 가능성이 높았다. 이 시스템은 감염 확산을 효과적으로 통제하는 데 기여하였지만, PCR 검사 결과가 아닌 다양한 생활 데이터를 기반으로 했기 때문에 감염되지 않은 사람들도 이동 제한을 받는 문제가 있었다. 서구 사회에서는 개인의 자유를 지나치게 침해하는 정책으로 받아들여질 수 있는 시스템이었지만, 중국에서는 제로 코로나 정책의 핵심 요소로 작동하였다.

중국은 다양한 코로나 19 백신을 개발 및 생산하며 팬데믹 초기 백신 접근성을 높이는 데 기여하였다.[39] 특히 개발도상국을 대상으로 한 백신 외교를 적극적으로 펼쳤다. 중국의 백신은 불활성화 백신과 아데노바이러스 벡터 백신을 중심으로 개발되었다. 화이자·모더나 같은 mRNA 백신도 개발하였지만, 대량 생산 단계에는 이르지 못하였다. 중국 백신의 장점은 가격이 저렴하고, 2~8도의 일반 냉장 보관이 가능해 물류비용이 적게 든다는 점이다. 반면, 단점으로는 서방의 mRNA 백신에 비해 감염 예방 효과가 낮고, 변이 바이러스에 대한 대응이 늦으며, 백신 효과에 대한 데이터의 투명성이 부족하다는 점이 지적되었다.[40] 중국산 백신들은 2020년 6월 임상시험을 마치고, 7월에 중국 내 긴급 사용 승인을 받아 의료진 등 고위험군을 대상으로 접종을 시작하였다. 이후 해외 임상시험을 추가 진행한 후 2021년 6월 WHO 승인을 받으며 국제적인 배

39 가령 중국산 시노박이나 시노팜의 판매 가격은 일회 접종당 약 15달러로 약 30달러 정도였던 화이자나 모더나의 mRNA 백신의 절반 정도에 해당하는 가격이었다.

40 우한 바이러스 종에 대한 감염 예방 효과는 mRNA 백신이 90퍼센트 이상으로 매우 높은데 반해 중국산은 약 60-80퍼센트 정도로 효과가 낮았다. 중증 및 사망 예방 효과는 mRNA 백신(화이자, 모더나)이 90퍼센트 이상인데 반해, 중국산 시노팜과 시노백도 80퍼센트 이상으로 약간의 차이만 있었다. 변이 바이러스에 대한 중증 및 사망예방도 mRNA에 비해 다소 떨어지는 것으로 보고되었다.

포를 시작하였다. 화이자와 모더나의 WHO 승인(2020년 12월, 2021년 4월)보다 다소 늦었지만, 자국 내 사용은 훨씬 빨랐다.

중국은 봉쇄 정책, QR코드 감시 시스템, 백신 개발 및 배포 등 팬데믹 대응에 필요한 거의 모든 조치를 실행하였다. 특히 QR코드 기반의 감시 체계는 논란의 여지가 있지만, 그 효과는 분명하였다.[41] 향후 팬데믹이 발생하면 많은 국가들이 중국의 대응을 벤치마킹할 가능성이 크다. 그러나 중국이 국제사회의 일원으로 협력하며, 글로벌 방역 체계를 주도할 수 있을지는 여전히 미지수다. 중국의 팬데믹 대응이 베스트 프랙티스이자 글로벌 스탠더드로 자리 잡을지, 아니면 논란 속에서 평가가 엇갈릴지 지켜볼 필요가 있다.

(4) 아시아 태평양 4개국: 뉴질랜드, 베트남, 대만, 한국

▶ 그림 9. 2020년 12월 31일까지의 인구 백만명 당 코로나 19 누적 사망자 수

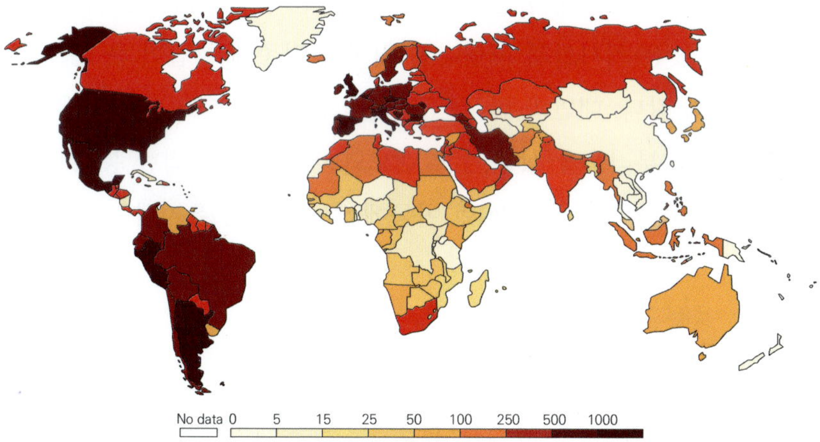

출처: 아워 월드 인 데이터

---

41 앞서 기술한 것처럼 QR시스템의 과학적 기반이 약하고 허술하다는 문제 외에, 전제국가들이 감염병 사태를 계기로 정치 체제 구축을 위한 일반 감시체제 강화의 일환으로 활용하는 경향이 있는데 중국도 같은 선상에 있다는 미디어 보도들이 있었다.

[그림 9]는 각 국가별 코로나 19 누적 사망자 수를 나타낸다. 백신이 사용되기 전인 2020년 12월 31일까지 발생한 총 사망자 수를 인구 100만 명 기준으로 환산한 것이다. 아시아와 오세아니아가 가장 낮고, 북미, 유럽(러시아 포함), 남미는 상당히 높았다. 반면, 아프리카는 중간 수준을 기록하였다. 아프리카의 경우, 코로나 19 사망 고위험군인 고령층이 상대적으로 적다는 점이 사망률을 낮춘 요인으로 작용했을 가능성이 있다. 하지만, 진단 및 보고 누락이 많다는 점을 고려하면 실제 사망률은 공식 통계보다 높을 것으로 보인다.

아시아 태평양 국가 중 뉴질랜드, 베트남, 대만, 한국 4개 국가를 베스트 프랙티스 국가로 선정하였다. 싱가포르, 일본, 홍콩, 몽골, 호주 등도 포함될 수 있으나, 지면 제한으로 인해 제외하였다. 선정한 아시아 태평양 4개국가는 다음과 같은 공통점을 갖고 있다. 인구대비(통상 인구 백만 명당의) 환자 수나 사망자 수가 낮았고, 백신 확보가 지연되어 2021년 중반에 백신 접종률이 낮았지만(이로 인해 환자 수는 증가하였지만 사망자가 많이 발생하지는 않았다) 백신확보에 총력을 기울이고 시민들의 적극적 접종에 힘입어 2021년말에는 높은 백신 접종률을 이루었고, 오미크론의 낮은 치사률과 자연감염 및 백신접종에 힘입어 큰 문제없이 엔데믹으로 이행해 갔다. 대만과 한국은 봉쇄를 실행하지 않고 팬데믹을 이겨 내어 많은 국가들의 부러움을 샀고, 뉴질랜드와 베트남은 강력한 봉쇄(lock-down)를 통해 제로 코로나 상태를 2020년 여름에 약 100일간 유지하는 성과를 내기도 하였다.

① 뉴질랜드

팬데믹이 발생하기 전, 뉴질랜드가 감염병 대응에서 선두에 설 것이라고 예상한 사람은 많지 않았다. 뉴질랜드 출신 감염병 전문가조차 자국이 팬데믹 모범 국가로 꼽힐 것이라고 생각하지 않았을지도 모른다. 그러나 뉴질랜드는 뛰어난 방역 성과를 거두며 세계적인 주목을 받았다.

뉴질랜드는 영국의 국립보건서비스(NHS)와 유사한 공공 의료 서비스를 세금으로 운영하며, 모든 주민에게 무상 의료 혜택을 제공한다. 의료 서비스의 질도 높아 2020년 기준 평균 기대수명은 OECD 평균인 80.3세보다 높은 82세를 기록하였다. 감염병 감시와 대응을 담당하는 뉴질랜드 환경과학연구소가 1992년 설립되었으며, 공중보건 및 예방의학 연구가 활발한 오타고 대학도 있다. 하지만 지리적으로 고립된 환경 탓에 2000년대 초 아시아에서 유행한 사스나 조류독감의 영향을 받지 않았다. 신종 감염병 대응 경험이 많지 않았던 뉴질랜드가 코로나 19 팬데믹에서 보여준 뛰어난 대응력은 다소 뜻밖이었으며, 동시에 많은 국가의 찬사를 받았다.

뉴질랜드의 코로나 19 확진자 및 사망자 수는 세계적으로 가장 낮은 수준이었다. 특히 오미크론 변이 출현 전까지 매우 효과적으로 감염을 통제하였다. 이러한 성공은 몇 가지 중요한 요인에 기인한다. 뉴질랜드는 바이러스 확산을 최소화하는 완화 정책 대신, 지역사회 감염을 완전히 차단하는 근절 전략을 국가 목표로 설정하였다. 팬데믹 대응에는 완화 정책, 억압 정책, 근절 정책의 세 가지 전략이 존재한다. 대부분의 국가는 명확한 정책 목표를 세우지 않은 채 사회적 거리두기, 봉쇄, 마스크 착용, 백신 접종 등 개별적인 조치에 집중하였다. 하지만 뉴질랜드는 감염을 완전히 없애겠다는 야심 찬 목표를 설정하고, 이에 맞춰 강력한 조치를 시행하였다. 정부의 방역 조치가 어떤 목표를 향하고 있는지 명확하지 않은 국가에서는 정부와 국민 간 소통이 원활하지 않았고, 정책의 투명성도 낮았다. 뉴질랜드는 초기부터 강력한 근절 전략을 추진하며 국민들을 설득했고, 이에 대한 신뢰를 얻을 수 있었다. 뉴질랜드의 저신다 아던 총리는 감염 근절을 위한 다양한 조치를 신속하고 단호하게 수립하고 실행하였으며, 국민들과의 소통에도 적극적으로 나섰다. 뉴질랜드 정부는 외국에서 유입된 사례를 제외하고 지역사회 감염이 28일간 발생하지 않으면 바이러스가 '근절'된 것으로 간주하였다. 이러한 기준은 WHO보다도 빠르게 설정한 것으로, 실제로 2020년 5월 1일부터 8월 11일까지 단 한 건의 지역사회 감염도 발생하지 않았다. 이러한 성과 덕분에 저신다 아던 총리는 국제적으로 긍정적인 평가를 받았다.

코로나 19 근절을 목표로 뉴질랜드가 취한 가장 두드러진 조치는 강력한 국경 봉쇄였다. WHO가 2020년 1월 30일 코로나 19로 인해 국제보건위기상황을 선언하자, 불과 3일 후 뉴질랜드 정부는 중국발 항공편을 전면 취소하였다. 이후 감염 확산이 심각해지면서 국경 통제를 점점 강화해, 코로나 19가 발생한 지역에서 출발하는 대부분의 항공편 운항을 중단하였다. 초기 확진자 수가 한 자릿수에 불과했으나, 이후 두 자릿수로 증가하자 3월 19일 전 세계 대부분의 국가로부터 입국을 금지하는 강력한 국경 통제 조치를 단행하였다. 뉴질랜드 역사상 유례없는 수준의 조치였다. 필수적인 화물 운송과 자국민 및 영주권자의 귀국용 항공편을 제외한 모든 항공편이 중단되었고, 모든 입국자는 예외 없이 14일간 정부 지정 시설에서 격리되었다. 국내선 항공편도 의료나 정부 허가를 받은 필수 이동을 제외하고는 대부분 취소되었다. 이러한 조치는 팬데믹 초기부터 감염 유입을 강력히 차단하고 바이러스 근절 목표를 이루기 위해 필수적이었다. 강력한 국경 통제는 뉴질랜드가 섬나라라는 지리적 특성과 맞물려 더욱 효과적으로 작동하였다. 감염병이 확산되면 피할 곳이 없는 섬나라의 특성상, 뉴질랜드 정부는 조기 대응이 무엇보다 중요하다고 판단하였다. 국경을 열지, 부분적으로 닫을지, 혹은 뉴질랜드처럼 전면 봉쇄할지는 각국의 정책 목표에 따라 달라질 수밖에 없다. 예를 들어, 뉴질랜드나 대만처럼 바이러스 근절을 목표로 한 국가라면 가능한 한 국경을 닫는 것이 당연한 선택일 것이다. 반면, 한국처럼 바이러스 억제 정책을 목표로 한다면 경제적 피해를 감수하면서까지 국경을 철저히 닫지는 않을 수도 있다. 물론 이는 국내 지역사회에서 감염자를 신속히 발견하고 추적 격리할 수 있는 감시 체계가 잘 작동된다는 전제하의 이야기이다.

뉴질랜드의 또 다른 핵심 전략은 선제적이고 엄격한 전면 봉쇄였다. 봉쇄 단계를 4단계로 구분해 점진적으로 강화하였으며, 3월 20일에 봉쇄 조치를 시작한 후 3월 말에는 가장 강력한 4단계 전면 봉쇄에 돌입하였다. 같은 시기 유럽 대부분의 국가들도 봉쇄 조치를 시행하였지만, 뉴질랜드는 상대적으로 신규 확진자가 적은 상황에서 선제적으로 봉쇄를 단행하였다. 당시 유럽의 많은 국가들은 하루 수백에서 수천 명의 신규 확진자가 발생하는 반면, 뉴질랜드는 하루 신규 확진자가 20~30명 수준이었다. 이러한 조기 대응 덕분에 뉴질랜드는 감염 확산을 효과적으로 차단하고 접촉자를 신속하게 추적·격리할 수 있었다. 전면 봉쇄로 인해 식료품 구입과 의료 목적을 제외한 외출이 전면 금지되었으며, 모든 학교와 어린이집이 문을 닫아 원격 수업으로 전환되었다. 병원, 슈퍼마켓, 약국 등 필수 서비스를 제외한 모든 사업장이 폐쇄되었다. 정부의 'Go hard, Go early(강력하게, 조기에 대응하라)' 전략은 세계적으로 가장 엄격한 방역 조치로 평가되었으며, 저신다 아던 총리와 정부에 대한 높은 신뢰를 바탕으로 시민들이 적극 협조하면서 효과적인 결과로 이어졌다.

뉴질랜드 코로나 대응의 특징 중 보건의학적 측면에서 흥미로운 점 한 가지를 소개하며 뉴질랜드 편을 마무리하고자 한다. 첫 번째는 마스크 의존도가 다른 국가들에 비해 현저히 낮았다는 점이다. 뉴질랜드 정부가 팬데믹 초기에 발표한 '뉴질랜드 코로나 19 근절 전략' 문서에서는 개인위생 수칙으로 손 씻기가 포함되었지만, 마스크 착용에 대한 권고는 없었다. 대신 강력한 국경 폐쇄와 전면적인 봉쇄 조치를 핵심 전략으로 삼았다. 뉴질랜드는 대기 오염이 적고, 과거 사스 등 주요 감염병의 영향을 거의 받지 않았기 때문에 공공장소에서 마스크 착용이 자연스럽지 않았고, 착용률이 낮을 것으로 예상되어 국가 방역 전략에서도 이를 강조하지 않았다는 점이 눈에 띈다.[42] 마스크 착용을 적극적으로 활용하지 않고도 효과적으로 코로나 19에 대응한 국가가 있다는 점에서 뉴질랜드의 사례는 흥미롭다. 이는 감염병 대응 정책이 각국의 문화적 요소와 국민 정서에 맞추어 수립될 필요가 있다는 점을 시사한다.

비교적 외딴곳에 위치해 있는 지리적 장점, 정부의 과감한 감염병 대응 정책 수립, 정부에 대한 신뢰와 시민들의 높은 공동체 연대 의식, 섬나라 특유의 감염병 및 안전에 대한 민감성, 양질의 보건의료 체계와 서비스 등을 바탕으로 뉴질랜드는 코로나 19의 긴 터널을 성공적으로 통과하였고, 감염병 근절을 어

42 Baker M et al. New Zealand's elimination strategy for the COVID-19 pandemic and what is required to make it work. NZ Med J. 2020 Apr 3; 133(1512): 10-14.

떻게 이룰 수 있는지 전 세계에 보여 주었다. 뉴질랜드는 유럽과 유럽 파생국 전체를 통틀어 아마 가장 평화적이고, 덜 경쟁적이며, 목가적인 분위기의 국가일 것이다. 이 평화의 땅이 다음에 또 다른 바이러스에 의해 공격당하더라도 코로나 19를 근절시켰듯이 이겨 내고, 전 세계에 또 다른 버전의 베스트 프랙티스를 만들어 내길 기대한다.

② 베트남

베트남이 차기 팬데믹에서 가장 성공적인 대응국이 될 것으로 기대되는 국가 중 하나로 선정된 것은 일부 독자들에게 의외로 느껴질 수도 있을 것이다. 필자 역시 팬데믹 초기, 베트남에서 신규 확진자가 극히 적다는 언론 보도를 접했을 때 크게 주목하지 않았다. 개발도상국이기 때문에 검사 체계가 미흡하고, 사회주의 국가의 통계 신뢰도가 낮다고 판단했기 때문이다. 그러나 몇 달이 지나면서 사이언스, 네이쳐 등 신뢰할 만한 과학 저널에 베트남의 코로나 19 대응 전략과 성과가 소개되었고, 특히 팬데믹 첫해 코로나 19를 효과적으로 통제한 사실이 밝혀지면서, 필자의 인식도 바뀌게 되었다. 베트남의 성공은 사회주의 국가 특유의 강력한 방역 체계와 정책이 효과적으로 작용한 결과였다.

베트남은 코로나 19 발생 직전인 2018년 1인당 GDP가 2,560달러에 불과한 개발도상국이었고, 코로나 19의 발원지로 알려진 중국과 1,300km에 걸쳐 국경을 맞대고 있었다. 이러한 요인들로 인해 팬데믹 기간 동안 큰 어려움을 겪을 것으로 예상되었다. 하지만 2021년 4월 델타변이 바이러스가 베트남에 상륙하기전까지 극히 적은 수의 코로나 19 환자만이 발생하면서 코로나 방역을 매우 성공적으로 이끌어 갔다. 베트남의 코로나 19 접근법은 뉴질랜드의 경우와 매우 유사하였다. 강력한 국경 폐쇄 및 모든 입국자에 대한 2주간의 격리, 환자 증가 초기에 실행한 전국적 봉쇄(주민 이동의 제한, 휴교 등 포함), 환자 및 접촉자에 대한 의무적 격리 조치 등을 초기부터 강력히 실행하였고, 그 결과 뉴질랜드처럼 일차 봉쇄 이후 약 100일간 지역감염이 단명도 없었던, 제로-코로나 상태를 유지하였다. 따라서, 비슷한 내용을 반복해서 기술하기보다 베트남이 뉴질랜드와 어떤 점에서 차이가 있었는지에 대해 초점을 맞춰 이야기를 풀어갈까 한다.

베트남은 2003년 사스 당시 중국, 홍콩 다음으로 가장 큰 피해를 입은 국가였다. 하지만 사스 퇴치를 가장 먼저 성공한 국가이기도 하다. 환자 발견 및 접촉자 추적, 병원 내 감염 차단, 마스크 착용 및 손 씻기 강화 등의 대응을 통해 중국보다 2달 이상 빠른 2003년 4월 28일에 사스를 종식시켰다. 이후 조류독감, 2009년 신종 플루 대유행 등을 겪으며 감염병 대응 실전 경험을 축적하였다. 베트남은 사회주의 국가 특유의 중앙집권적 공공의료 인프라를 갖추고 있다. 중앙정부부터 지방 보건소, 마을 단위 보건요원까지 조직적으로 연결된 감염병 대응 체계가 마련되어 있다. 사스 이후 매년 보건 예산을 9퍼센트씩 증액하여 사회 의료보험제도를 강화하고, 감염병 위기 대응 센터 및 감시 체계를 지속적으로 발전시켜 왔다. 베트남은 코로나 19 방역에 군을 적극적으로 동원하였다. 2020년 팬데믹 기간 동안 약 70만 명의 접촉자를 의무 격리하였으며, 상당수가 군 시설에서 격리되었다. 국경 폐쇄 및 감시에도 군 병력이 대거 투입되었으며, '감염병과의 전쟁을 적군을 물리치듯 수행하자'는 슬로건 아래, 군사 작전과 같은 엄격한 방역 조치를 시행하였다. 초기에는 진단키트가 부족하였지만, 베트남 정부는 5~10명의 혈액 샘플을 섞어 한 번에 검사하는 '풀링 테스트' 기법을 도입하였다. 검사 결과가 음성이면 모든 사람이 음성으로 간주하고, 양성이 나오면 개별 검사를 진행하는 방식이었다. 코로나 19 환자가 적은 상황에서는 검사 비용과 시간을 절약하는 매우 효율적인 방법이었다. 베트남 국민들은 뉴질랜드처럼 정부를 신뢰하였다. 그러나 뉴질랜드와 달리, 베트남 정부는 팬데믹 초기에 군을 투입하고, 국가 차원의 강력한 조치를 시행하며, 위기의 심각성을 국민들에게 투명하게 전달하였다.

베트남의 팬데믹 대응 성공은 2021년 4월 델타 변이의 출현으로 인해 큰 시련을 맞이하게 된다. 델타 변이 이전까지는 강력한 사회적 거리두기, 환자 및 접촉자 발견과 격리, 마스크 착용 등의 전통적인 비약물적 방역 조치를 통해 지역사회 감염을 효과적으로 억제할 수 있었다. 그러나 델타 변이 바이러스는 기존 방법으로는 감염 확산을 막기 어려웠고, 백신 접종이 감염 예방에 필수적인 요소로 떠올랐다. 델타 변이는 기본 접종만으로는 감염 예방이 불충분하였으며, 추가 접종까지 완료해야 충분한 방어 효과가 나타난다는 점이 확인되면서 백신 접종의 중요성이 더욱 부각되었다. 그러나 선진국들이 백신을 선점하면서 백신 확보가 어려워지자, 베트남의 백신 접종률은 2021년 8월 30일 기준 1차 접종자가 전체 인구의 20퍼센트에 불과한 상태였다. 같은 시기 세계 평균 접종률이 39퍼센트, 아시아 평균이 44퍼센트였던 점을 감안하면 베트남의 접종률은 상당히 낮은 수준이었다. 이로 인해 델타 변이의 확산 속도가 빨라졌고, 2021년 5월까지 누적 환자가 14,232명으로 비교적 적었으나, 9월 7일 기준 누적 확진자가 546,684명으로 급증하게 되었다. 호치민 대학의 비에트 훵 교수는 당시 변이 바이러스의 특성을 정확히 파악하지 못한 것이 적절한 방역 정책 수립에 어려움을 초래하였다고 평가하였다.[43] 결국 베트남은 기존의 제로-코로나 정책을 지속하기 어려워지면서 완화 정책으로 전환할 수밖에 없었다. 정책 전환 이후 증가한 환자들을 의료 시스템이 감당할 수 있도록 많은 노력이 필요했고, 병상 확보와 치료 인력 확충을 위해 전방위적인 조치가 시행되었다. 완화 정책으로 이행한 후, 베트남 정부는 백신 확보에 총력을 기울였고, 코백스를 통해 5,400만 회분의 백신을 확보하였다. 이에 따라 2021년 말까지 전체 인구의 68퍼센트가 2차 접종을 완료하였으며, 2022년 3월에는 접종률이 77퍼센트에 도달하였다. 2021년 중반까지만 해도 동남아시아 국가 중 가장 낮은 접종률을 기록했던 베트남이 불과 6개월 만에 가장 높은 백신 접종률을 달성한 것은 인상적인 성과였다. 이후 베트남은 낮은 사망률을 유지하며 점진적으로 엔데믹 으로 전환하는 데 성공하였다.

베트남은 팬데믹 첫해를 제로 코로나 수준으로 성공적으로 관리한 개발도상국 중 하나였다. 이후 백신 시대에 접어들면서 초기에 백신 확보에 어려움을

43 Hoang V. The COVID-19 pandemic in Vietnam-success, crisis, and endemic: Key thresholds and lessons. J Glob Health. 2022 Nov 21.

겪었지만, 정부의 강력한 백신 외교 전략을 바탕으로 2022년에는 백신 고접종 국가 대열에 합류하였다. 베트남의 성공은 강인한 국민성, 사회주의 국가 특유의 공동체 정신, 지속적인 경제 성장, 그리고 사스 이후 축적된 감염병 대응 경험이 뒷받침되었기에 가능하였다. 이러한 경험을 바탕으로 베트남은 다음 팬데믹이 발생했을 때 개발도상국들에게 모범적인 베스트 프랙티스를 공유하며, 글로벌 보건 리더로 자리매김할 가능성이 보여진다.

③ 대만

코로나 19 사태를 가장 모범적으로 극복한 국가를 전 세계에서 두세 개 선정해야 한다면, 필자는 기꺼이 대만에 한 표를 행사할 것이다. 약 20만 명의 대만인이 중국에서 일하며 활발한 교류를 하고 있고, 지리적으로도 가까운 위치에 있음에도 불구하고 대만은 봉쇄 없이 코로나 19를 성공적으로 통제하였다. 그 결과, 세계 언론으로부터 '코로나 청정국'이라는 찬사를 받으며 가장 살기 안전한 나라, 가장 살고 싶은 나라로 꼽혔다. 이러한 성공의 원동력은 어디에서 비롯되었는지 살펴보자.

첫째, 사스 이후 신종 감염병 위험을 줄이기 위해 구축한 강력한 방역 체계를 꼽을 수 있다. 감염병 관리를 총괄할 중앙 감염병 지휘센터를 설립하여 감염병 대응의 효율성을 높였으며, 병원 내 감염 통제를 강화하기 위해 음압 병실 및 격리 병동을 확대하였다. 또한, 감염병 감시 및 신고 시스템을 디지털화하여 신속한 정보 공유가 가능하도록 하였다. 2003년 사스 이후 대만은 여러 차례 신종 감염병 대응에서 모범적인 성과를 보이며 국제적으로 긍정적인 평가를 받아왔다. 이번 코로나 19 팬데믹에서도 대만의 뛰어난 감염병 통제 역량이 전 세계에 다시 한번 입증되었다. 사스 이후 대만이 감염병 대응 능력을 지속적으로 강화한 배경에는 지리적 특수성이 크게 작용하였다. 대만은 동남아시아와 중국이라는 대규모 교역 및 이동의 중심지와 가까워 인구 밀집과 도시화, 야생동물 거래 등으로 인해 신종 감염병이 발생할 위험이 높은 지역에 속한다. 또한, 뉴질랜드처럼 섬나라 특유의 감염병 및 안전 의식이 국민들에게 깊이 자리 잡고 있었던 것도 감염병 대응 성공의 한 요인이 되었다.

둘째, 조기에 강력한 대응을 시행하였다. 2019년 12월 말, 우한에서 새로운 감염병 사례가 보고된 직후인 2020년 1월 초부터 대만은 우한발 여행객의 입국을 제한하였다. 2020년 1월 21일 첫 환자가 대만에서 발견되자, 즉각적으로 디지털 시스템을 활용한 강력한 감시 체계를 가동하였다. 대만은 모든 시민들의 건강보험 데이터, 감염병 발생 지역 방문 기록, 출입국 기록, 환자의 동선을 추적할 수 있는 GPS 데이터를 통합한 시스템을 운영하며 실시간 감염 경로를 추적하였다. 필요할 경우 경찰에 요청해 CCTV를 확인하는 것도 가능하도록 하였다. 이러한 철저한 감시 체계 덕분에 2020년 대만의 인구 100만 명당 확진자 수는 약 35명에 불과하였으며, 이는 미국의 6,000명, 한국의 1,100명과 비교했을 때 매우 낮은 수치였다. 강력한 감시 체계를 운영할 수 있었던 배경에는 사스 이후 마련된 법적 기반이 있었다. 대만은 2003년 사스 사태 이후 감염병 대응을 위한 강력한 법적 근거를 마련했고, 이를 바탕으로 시민들의 인권과 데이터 프라이버시를 보호하는 동시에 실질적인 방역 조치를 효과적으로 시행할 수 있었다. 이는 한국이 2015년 메르스 사태 이후 유사한 법적 근거를 마련한 것과 유사하다.

셋째, 천 젠런 부총통의 역할이 컸다. 천 부총통은 역학자이자 전염병 전문가로, 사스 사태 이후 대만의 감염병 대응 체계를 강화하는 데 주도적인 역할을 하였다. 코로나 19 대응에서도 그는 신속한 국경 통제와 검역 강화 조치를 주도하여 바이러스의 국내 유입을 효과적으로 차단하였다. 또한, 정기적인 언론 브리핑을 통해 투명한 정보 제공과 국민 신뢰 구축에 힘썼다. 천 부총통은 국립 타이완 대학교에서 공중보건 석사 학위를 취득한 후, 미국 존스 홉킨스 대학교에서 감염병 이학박사 학위를 받았다. 이후 국립 타이완 대학 의과대학 교수로 재직하며 대만의 감염병 관리와 공중보건 정책에 적극적으로 참여하였다. 2003년 사스 발생 당시, 그는 대만 위생서(현 보건복지부) 장관으로 임명되어 사스 확산을 효과적으로 통제해 '사스 퇴치 영웅'으로 불렸으며, 코로나 팬데믹에서도 대만의 방역 모범국 위상을 높이는 데 크게 기여하였다.

대만은 한국, 뉴질랜드, 베트남과 마찬가지로 초기 백신 확보에 어려움을 겪었으나, 미국과 일본과의 특수한 외교 관계를 활용하여 지원을 받았다. 또한, 유전자 재조합 기술을 이용한 자체 생산 합성항원 백신을 개발해 백신 공급을 안정화 하였다. 그 결과, 2021년 말에는 상당히 높은 수준의 백신 접종률을 기록할 수 있었다.

대만은 신종 감염병 대응의 모범 국가로서, 매우 효과적인 정책을 시행하며 뛰어난 방역 성과를 보여주었다. 다만, 대만의 최대 리스크는 중국과의 지정학적 긴장 관계일 가능성이 높다. 대만이 다음 팬데믹에서도 챔피언 후보로 자리매김하려면, 타이완 해협의 평화 유지가 무엇보다 중요할 것이다.

④ 한국

한국은 봉쇄 없이도 코로나 19 대응을 효과적으로 수행하며 'K-방역' 모델을 확립했고, 특히 백신 도입 이전 단계에서 국제적인 모범 사례로 평가받았다. 그러나 2022년 대통령 선거를 전후로 방역 정책이 정치적 논쟁의 중심에 서면서 과학적 근거나 객관적 성과보다는 정치적 시각으로 평가하는 경향이 나타났다. 이 장의 목적은 국가의 코로나 정책을 평가하는 것이 아니라, 코로나 대응 전략에서 성공적인 사례를 보인 국가들의 강점을 분석하고, 다음 팬데믹에서 효과적인 대응이 기대되는 이유를 탐구하는 것이다. 한국은 외국의 많은 국가로부터 방역 모범 사례로 주목받으며 'K-방역'을 배우고 싶다는 요청을 받아왔다. 따라서 한국이 국제적으로 주목받은 이유를 정리하며 이 장을 구성하고자 한다. K-방역에 대한 객관적인 평가나 연구 자료는 정부 기관이 발행한 코로나 백서를 참조하면 된다. 예를 들어, 질병관리청은 정부, 지자체, 공공의료 기관 등이 발간한 총 68종의 코로나 백서를 온라인으로 열람할 수 있도록 제공하고 있다.[44]

---

44 1580일간의 코로나 19 대응기록을 한 자리에. 질병관리청. [Internet]. 2024 May 1 [cited 2025 Sep 26]. Available from: https://www.kdca.go.kr/contents.es?mid=a20602070000

K-방역이 효과적이고 국제적 관심을 받은 이유는 무엇일까? 필자는 그 원인으로 메르스의 트라우마와 교훈, 성숙한 시민의식과 공동체 정신, 그리고 우수한 보건의료 체계와 헌신적인 의료진을 꼽고 싶다.

첫째, 메르스의 경험이 교훈이자 축복으로 작용하였다. 2015년 한국을 강타한 메르스 사태는 사회적으로 큰 충격을 주었다. 2003년 사스가 아시아 전체를 패닉에 빠뜨린 반면, 메르스는 한국만의 문제였고, 한국이 홀로 대응해야 하였다. 환자가 방문한 병원에서의 진단이 지연되었고, 환자 격리 및 접촉자 관리가 미흡하여 병원이 감염 확산의 중심지가 되었다. 최초 감염 경로와 확진자 정보 공개가 늦어 혼란이 가중되었으며, 정부는 감염자가 방문한 병원의 명단 공개를 미루면서 논란이 일었다. 이러한 초기 대응 실패는 국민들의 불안감을 증폭시켰고, 감염병 위기 대응 체계가 부실하다는 사실을 적나라하게 드러냈다. 대형 병원조차 음압 병실이 부족하였으며, 의료진의 감염병 대응 교육과 훈련도 미흡하였다. 첫 번째 환자가 병원을 방문한 이후 약 9일 만에 메르스로 확진되었고, 그사이 여러 병원을 돌아다니며 감염을 확산시켰다. 2015년 5월 20일에 시작된 메르스 사태는 총 186명의 감염자와 38명의 사망자를 기록하며 70일 만에 진정되었다. 하지만 초기 대응 실패로 인한 사회적 불안과 경제적 손실은 막대하였다. 그러나 이 사건은 한국의 감염병 대응 체계를 강화하는 중요한 계기가 되었다.

메르스 사태 이후 질병관리본부(현 질병관리청)의 권한과 자원이 확대되었고, 감염병 관리 전담 기관으로 기능이 강화되었다. 감염병 위기 대응 매뉴얼이 전면 개편되었으며, 위기 단계별 대응 절차가 명확히 정리되었다. 신속한 위기 단계 격상과 조기 경보 시스템이 도입되었고, 지역별 방역 책임 기관이 지정되어 중앙정부와 지방정부 간 협력이 강화되었다. 또한, 감염병 발생 시 환자 및 접촉자 정보 공개가 의무화되었고, 격리 및 방역 조치를 위반할 경우 강력한 제재를 가할 수 있는 법적 근거가 마련되었다. 공공의료 시스템에 대한 투자도 대폭 확대되었다. 전국 주요 병원에 음압 병실이 확충되었으며, 의료진 및 병원 직원들을 대상으로 감염병 대응 시뮬레이션 훈련이 정기적으로 시행되었다. 메르스 당시 역학조사관 부족이 문제가 되었던 점을 감안하여, 전문 인력이 대폭 확충되었고, 전국적으로 역학조사관 네트워크가 구축되어 신속한 대응이 가능해졌다. 또한, 지자체에 감염병 발생 시 신속히 대응할 수 있는 권한이 부여되었고, 지역 병원과 협력 체계를 구축하여 지역별 감염병 대응 능력이 향상되었다. 이러한 조치는 2020년 코로나 19 대구 사태에서도 매우 중요한 역할을 하였다.

이처럼 메르스 사태 이후 한국의 감염병 대응 체계는 전반적으로 강화되었으며, 법적·제도적·기술적 기반이 마련되었다. 이러한 개선 덕분에 2020년 코로나 19 팬데믹 초기 한국이 효과적으로 대응할 수 있었으며, 이후 국제적으로 K-방역이 주목받게 되었다. 트라우마가 훗날 축복이 된 대표적인 사례라 할 수 있다. 사스가 중국에, 에볼라가 서아프리카에 감염병 대응 역량 강화를 위한 계기가 되었듯이, 메르스는 한국에게 반전의 기회를 제공하였다. 신종 감염병은 두려움과 공포를 동반하지만, 이를 통해 새로운 대응 역량을 갖춘다면 이후의 위기에서 더욱 강한 면모를 보일 수 있다. 이는 우리의 노력 여하에 달려 있다.

둘째, 우수한 보건의료 체계와 영혼을 갈아가며 사명을 다한 의료인들이 있었기에 K-방역의 성공이 가능하였다. K-방역을 설명할 때 흔히 "3T"(Test, Trace, Treat) 개념이 사용된다. Test(검사)는 조기 진단과 신속한 검사로 감염자를 조기에 발견하는 것을 의미하고, Trace(추적)은 확진자의 접촉자를 신속하게 추적하여 격리함으로써 감염 확산을 방지하는 것이며, Treat(치료)는 환자를 효과적으로 치료하여 사망률을 최소화하는 것이다. '3T'라는 개념은 한국 질병관리청이나 감염병 전문가가 아닌 일반인들에 의해 처음 사용된 것으로 알려져 있다. 2020년 3월 말, 세계은행 부총재가 한국의 코로나 19 정책을 개발도상국과 공유하고 싶다며 한국 정부에 협조를 요청하였다. 이에 기획재정부의 젊은 사무관 두 명이 밤을 새워 관련 자료를 영문으로 정리하여 세계은행에 전달하였다. 이후 한국의 여러 기관들과 세계은행이 이 문서에 담겨 있는 test(진단), trace(추적), treat(치료)를 인용하면서 3T가 K-방역의 대명사처럼 사용되기 시작하였다.[45] 사실 K-방역의 핵심은 처음의 2T인 진단과 추적이다. 세 번째 T인 치료 부분은 당시 한국의 코로나 19 환자가 매우 적어 한국의 의료 시스템이 과연 많은 코로나 19 환자들이 발생했을 때 모두 수용하면서 성공적으로 관리할 역량에 이르렀는지 테스트해 볼 기회가 없었다.[46] 2T가 성공적으로 작동할 수 있었던 배경에는 다음과 같은 요소들이 있었다: PCR 진단키트의 조기 개발과 진단 인프라 구축, 보건소 및 민간 병·의원 선별진료소 운영, 생활치료센터 운영을 통한 경증 환자 격리, 드라이브 스루 검사 시스템 도입, 유리 칸막이 검사 부스 설치로 의료진 감염 방지등의 혁신적인 방식들은 전 세계의 주목을 받았다.

필자는 팬데믹 기간 동안 정부 및 의료기관이 주관하는 코로나 19 정책 관련 모임에 참석할 기회가 있었다. 그 자리에서 역학조사관이나 선별진료소 의료진들이 종종 참석하였는데, 그들이 공통적으로 했던 말은 "우리는 지금 영혼을 갈아가며 일하고 있습니다." 그들은 이 말을 남기고 모임이 끝나기도 전에 바쁘게 회의장을 떠났다. 그리고 다시 영혼을 갈아 넣기 위해 현장으로 달려갔다. K-방역은 단순한 시스템이 아니라, 헌신적인 의료진들의 영혼과 함께 만들어진 성과였다.

셋째는 성숙한 시민의식과 연대의식에 기반한 시민들의 협조와 자발적 참여다. 메르스 사태 이후 2018년 어느 날 필자가 매우 인상적으로 접했던 메르스 관련 뉴스 기사의 내용을 먼저 소개한다. '2018년 8월 16일부터 쿠웨이트에

---

45 강신국 기자. 데일리 팜. 공적마스크 담당 기재부 사무관 3명, 우수공무원상. 2020 May 18 [cited 2025 Sep 26]. Available from: https://www.dailypharm.com/News/264698

46 한국은 2021년말 '위드 코로나' 정책을 쓰면서 완화 정책으로 돌아섰다가 2-3주만에 환자가 급격히 증가하자 의료 시스템의 한계를 뛰어넘는 많은 환자 발생이 우려되어 위드 코로나 정책을 철회하였다. 2022년초부터 오미크론 변이에 의한 다수의 환자가 발생하였지만, 이미 국민 대다수가 백신접종을 4-5회 정도 받은 상태여서 종합병원의 입원실이나 중환자실이 코로나 환자로 차고 넘치는 상태에 까지는 도달하지 않았다. 코로나 팬데믹 초기에, 중국의 우한, 이탈리아 북부 롬바디아 지역, 미국 뉴욕시 등은 초기의 많은 코로나 19 환자를 수용 못하고 의료 시스템이 붕괴되었고, 치사율은 10퍼센트 이상으로 매우 높았다. 한국 의료 시스템은 코로나 팬데믹 전체 기간 동안 다량의 환자를 흡수하고 견뎌낼 만큼 탄력적이었는지 진정한 테스트를 받아 볼 기회가 없었다(환자 검사와 접촉자 추적은 2020년초 대구사태 때 상상할 수 없을 정도의 하중을 받았지만 기적적으로 이겨 냈다).

업무차 출장을 갔다가 9월 7일 귀국한 A(61)씨는 쿠웨이트 방문 중 설사 증상으로 8월 28일 현지 의료기관을 찾아 메르스 검사를 받았으나 음성이었다. 하지만 귀국 중 다시 설사 증상이 있어, 인천 공항에 도착 즉시 (2015년 메르스 환자가 많이 발생하여 메르스 관련 임상 경험이 많은) 삼성 서울병원에 연락하여 곧 응급실로 방문하겠다고 알린 후, (감염의 위험성을 고려하여) 대중교통이 아닌 리무진 택시로 삼성 서울병원 응급실로 이동하였다. 삼성 서울병원은 A씨(61세)가 내원한 즉시 응급실 선별 격리실로 격리해 진료한 결과, 발열, 가래, 폐렴 증상을 확인 후 보건당국에 메르스 의심환자로 신고하였다. A씨는 국가지정격리 병상이 있는 서울대병원으로 이송된 후 서울시 보건환경연구원에서 시행한 검사 결과, 메르스 양성으로 확인되었다.[47] 항공기에 동승했던 일부 승객과 승무원 등 20명과 밀접 접촉자인 의료진 4명 모두 메르스 검사를 하였는데 음성으로 나왔다. 당시 필자는 나라면 어떻게 행동했을까 생각해 보았는데, 도저히 A씨보다 더 잘할 수는 없을 것 같다는 결론에 도달하였다. A씨는 병원의 선택, 방문할 병원에 미리 고지, 리무진 택시로 이동 등 거의 모든 면에서 감염병 대처 매뉴얼을 완벽하게 재현했던 것이다. 신종 감염병을 어떻게 대처해야 하는지에 대한 DNA가 한국인에게 자리잡아 가고 있음을 느껴, 감사했던 순간이었다. 그리고 그런 DNA들이 메르스 사태 이후 수년만에 찾아온 코로나 사태를 성공적으로 극복하는데 중요한 역할을 하였다. 코로나 팬데믹 기간 동안 시민들은 인내를 갖고, 매우 지혜롭게 정부의 코로나 대응 정책을 지지하고, 사회적 거리두기나 마스크 착용, 백신접종 등에 참여하였다. 세계최고 수준의 디지털 인프라, 동아시아에 뿌리내린 공동체 의식, 소셜 미디어를 기반으로 한 한국 사회 고유의 다이내믹이 어우러진 결과라 하겠다. 똑똑한 시민들이 매우 현명하게, 한 손에는 마스

---

47 삼성 서울병원 도착시간은 9월 7일 오후 7시 22분이었고, 이 병원은 메르스 의심 증상 확인 후 오후 10시 34분에 보건당국에 의심환자로 신고하였다. 삼성 서울병원에서 서울대병원으로는 강남구 보건소가 보유한 음압 구급차로 이동하였다. 이 차는 운전자와 환자 사이에 격벽이 설치돼 있다. 서울대병원 국가지정병상으로 간 시간은 9월 8일 0시 33분이었다. 연합뉴스. 2018 Sep 8 [cited 2025 Sep 26]. Available from: https://www.yna.co.kr/view/AKR20180908047951017

크를, 다른 한 손에는 스마트 폰을 들고 위기상황을 한민족 특유의 연대의식 속에서 이겨 낸 것이다.

한국편을 작성하면서 인터넷 검색을 하던 중, 우연히 빌 게이츠 재단 홈페이지에서 코로나 19 대응을 모범적으로 시행한 세 나라를 선정하여 각국의 정책과 전략을 자세히 소개한 내용을 발견하였다. 이 명단에는 베트남, 한국, 독일이 포함되어 있었다. 필자의 판단과 크게 다르지 않아 반가웠고, 어떤 기준으로 이 국가들을 선정했는지 살펴보니 환자 수와 사망자 수 등 보건의료 역학적 지표를 기반으로 하였으며, 인구 500만 명 이상의 국가를 대상으로 한 것을 확인할 수 있었다. 뉴질랜드는 인구가 적어 제외된 것으로 보이며, 대만은 유엔 비회원국이기 때문일 가능성이 높고, 중국은 코로나 19 발원지라는 점에서 평가 대상에서 배제된 것이 아닐까 생각해 보았다. 아무튼 전 세계 3대 코로나 모범국가에, 그리고 아시아 태평양의 4개 챔피언 국가에(필자에 의한 것이긴 하지만) 선정된 한국에게 박수를 보낸다.

한국은 K-방역을 통해 많은 국가들의 관심을 받았으며, 다양한 방역 정책을 효과적으로 시행하며 국제적 인정을 받았다. 이에 필자는 이 땅에서 K-방역을 위해 헌신한 수많은 분들에게 경의를 표한다. 또한, 이들을 끊임없이 지지하고 격려하며 자발적으로 집에 머물고, 마스크를 착용하며, 묵묵히 백신을 접종하고, 코로나 19의 긴 터널을 함께 지나온 모든 시민들에게 '당신이 영웅입니다'라는 찬사를 보낸다.

Chapter 08
코로나 팬데믹 첫 1년의 기록과 5년의 교훈

2020년 코로나 19 팬데믹이 시작되면서, 필자는 지난 3년간 가장 치열한 삶을 살았다. 단순히 시간적으로만 따지면, WHO 마닐라 지역본부에서 결핵 프로그램을 담당하며 연간 100여일의 해외 출장을 소화했던 1995년부터 약 10년간이 가장 바쁘고 힘든 시기였을지도 모른다. 하지만 그 당시의 삶은 직장인으로서의 의무(duty)였고, 40대 중반 누구나 겪을 법한 일상의 연장선이었다. 프롤로그에서 언급했듯, 필자는 글로벌케어의 요청을 받아 '세계화 시대의 감염병, 감염병의 세계화'를 집필하기 위해 컴퓨터 앞에 앉았다. 그 순간부터 마치 블랙홀에 빠져들고 말았다. 코로나 19는 마치 살아있는 생물처럼 시시각각 변화하며(사실 바이러스 자체가 살아있고 끊임없이 변이하므로 이 표현이 완전히 틀린 것은 아니다) 전 세계를 초토화시켰다. 필자는 끊임없이 자료를 찾고, 수집하고, 읽으며 매일 변화하는 상황을 분석하고, 해석하며, 미래를 예측해 독자들에게 전달해야 하였다. 이는 필자가 스스로 선택한 새로운 의무이자 책임이었으며, 누구를 탓할 수도 없었다. 그러나 감염병 연구에 평생을 바쳐온 입장에서, 이처럼 중요한 팬데믹의 순간에 무언가 의미있는 시간을 보낼 수 있어 오히려 감사한 마음도 들었다. 그렇게 치열하게 보낸 시간들이 바로 부록 1에 실린 '세계화 시대의 감염병, 감염병의 세계화'로 이어졌고, 그 글을 쓰는 과정 자체가 필자에게는 팬데믹의 모든 순간을 기록하는 여정이었다.

8장 '코로나 팬데믹 첫 1년의 기록과 5년의 교훈'은 2020년 3월 13일부터 2021년 1월 18일까지의 글로벌 코로나 팬데믹 상황과 대응 전략, 그리고 향후 전망을 다룬 특집 리포트 연재물 본문과 이에 대한 후기로 구성되어 있다. 이 특집 리포트는 글로벌케어 정기간행물에 '세계화 시대의 감염병, 감염병의 세계화'이란 제목으로 5회에 걸쳐 연재되었으며, 주로 코로나 19 팬데믹의 글로벌 상황과 각국의 정책을 분석하는 내용을 담고 있다. 특집 연재물은 본 책의 본문에 싣기에는 내용이 다소 전문적이라 부록 1에 수록하였다. 후기는 2020년에 쓴 특집 리포트를 2025년 현 시점에서 되돌아보며, 지난 5년간의 경험에서 얻은 교훈, 당시의 제시된 전망의 실현 여부, 그리고 추가로 전하고 싶은 메시지를 담고 있다. 특집 연재물의 해제에 해당하는 셈이다.

보건이나 의료를 전공하거나 이 영역에 종사하는 독자들은 부록1의 특집 연재물을 먼저 읽고, 제8장에 있는 후기를 읽으면 좋을 것으로 보여 진다. 일반 독자들은 부록으로 처리한 특집글은 생략한 채 후기만 읽어도 코로나 팬데믹 첫해의 글로벌 상황과 팬데믹 대응 정책을 이해하는 데 문제가 없을 것이다. 부록 1의 '세계화 시대의 감염병, 감염병의 세계화'에 포함된 그림과 표가 선명하지 않을 경우, 글로벌케어 홈페이지나 인터넷에서 '세계화 시대의 감염병, 감염병의 세계화' PDF 파일을 다운로드하면, 보다 선명한 자료를 확인할 수 있다.

1. 코로나 19의 세계적 현황과 향후 전망(특집 리포트 1 후기)

이 글이 쓰여졌던 2020년 3월 중순 당시, 코로나 19는 중국 우한에서 시작되어 아시아 일부 국가와 유럽을 중심으로 급속히 확산되고 있었다. 세계는 마치 폭풍전야처럼 숨을 죽였고, 새로운 바이러스가 초래할 파장과 파국을 예측하기 어려운 상황이었다. 코로나 19라는 전례 없는 보건의료 위기가 얼마나 거대한 쓰나미로 다가올지 가늠조차 어려웠고, 퇴치(containment)와 완화(mitigation) 중 어떤 정책을 선택해야 할지, 그리고 그 결과가 어떻게 나타날지 매우 불확실한 상황이었다.

당시 가장 큰 영향을 받은 네 개 국가, 즉 중국, 이탈리아, 이란, 한국이 전세계적인 관심의 중심에 있었다. 한국은 대구 집단감염 사태가 막 수습되던 시기였고, 필자의 주요 관심사는 팬데믹의 발원지인 중국이 향후 어떤 역학적 시나리오를 따라갈 것인가 하는 점이었다. 중국은 1월 23일 우한과 후베이성을 강력히 봉쇄한 이후 3월 중순까지 여전히 엄격한 봉쇄 조치를 유지하고 있었다. 우한의 봉쇄는 이후 4월 8일, 79일 만에 해제되었다. 유럽에서는 이탈리아가 가장 먼저 팬데믹의 충격을 온몸으로 맞았다. 2월 말, 이탈리아 북부 지역에서 확진자가 급증하자 해당 지역을 봉쇄하였으나 효과가 미미했고, 1주일 후에는 전국 봉쇄로 전환하였다. 병원의 병상은 부족했고, 환자들은 산소호흡기도 제대로 공급받지 못한 채 속수무책으로 목숨을 잃어야 하였다. 반면, 한국은 봉쇄 없이도 감염 확산을 억제하는 데 성공하였다. 촘촘한 검사 체계와 신속한 접촉자 추적 및 격리 조치가 핵심적인 역할을 하였으며, 이를 뒷받침하기 위해 수많은 보건의료인들이 극한의 헌신을 다하였다. 또한, 시민들은 높은 수준의 자발적 협조와 연대 의식을 보여주었다. 이는 한국이 팬데믹 초기에 상대적으로 빠르게 안정을 찾을 수 있었던 중요한 요인이었다. ([그림 2.2], '한국: 터널이 보이기 시작' 참조)

리포트를 작성하던 당시, 필자는 우한 봉쇄 해제 후 중국의 역학적 경로를 예측하는 것이 쉽지 않다고 느꼈다. 당시 필자의 고민은 특집리포트의 다음과 같은 문장에 잘 드러나 있다.

> "앞으로 시간이 지나면서 대도시 봉쇄의 당위성 여부, 공중보건학적 효과, 경제·사회에 미친 영향 등에 대한 다각적인 분석과 평가가 이루어질 것이다. (이미 Lancet에 긍정적인 평가가 실리기도 하였다.) 중국은 3월 초부터 경제 회복으로 정책의 중심을 전환하려 하고 있으며, 우한 시민들은 봉쇄 해제가 머지않았다고 기대하고 있다. 만약 대규모의 신규 환자가 다시 발생하지 않는다면, 중국은 코로나 19와의 사투에서 생존하는 첫 번째 국가가 될 수도 있다. 그러나 지역사회 감염 차단을 위해 취했던 공중보건 조치들이 완화되면서, 감소세를 보이던 바이러스가 다시 확산되어 제2의 감염 사태(second wave)가 발생할 가능성을 완전히 배제할 수는 없다."

시간이 지나면서 명확해진 것 중 하나는, 중국이 이후에도 제로-코로나 정책을 지속하였다는 점이다. 놀랍게도 중국은 2023년 봄, 상하이에서 오미크론 변이로 인한 대규모 유행이 발생하기 전까지 약 2년 이상 극도로 낮은 감염자 수를 유지하였다. 백신 시대에도 제로 코로나 정책을 유지해야 하는지에 대한 정책적 타당성 논란은 차치하더라도, 단순히 바이러스를 통제하는 국가적 역량이라는 측면에서 보면 매우 이례적이고 놀라운 일이었다. 이에 대한 보다 심층적인 논의는 제7장 '코로나 19: 100년 만의 리얼 팬데믹' 중 '6. 누가 다음 팬데믹을 주도할 것인가'의 중국편에서 다루고 있으니 참고하기 바란다.

2. 코로나 대응 전략과 향후 시나리오(특집 리포트 2 후기)

이 글이 쓰였던 2020년 4월 초, 팬데믹 대응 전략에는 무엇이 있으며, 각 국가들이 어떤 전략이나 정책을 선택할 것인가가 전 세계적인 관심이었다. 따라서 특집 리포트 2에서는 코로나 19 대응 전략의 개요를 다루었다. 즉 퇴치, 억제, 완화의 세 가지 전략에 대해 설명하고 있다. 보건·의학적 배경이 있는 독자라면 이해하기 어렵지 않겠지만, 일반 독자라면 세 전략 간의 미세한 차이를 깊이 이해하려 하기보다는, 각 전략이 지향하는 방향을 파악하는 정도로 접근해도 충분하다. 코로나 19 이전에는 주로 퇴치와 완화의 두 가지 개념만이 사용되었다. 그러나 2020년 2월 중순, 감염병 역학 분야에서 권위 있는 영국 임페리얼 칼리지의 퍼거슨 교수와 연구진이 억제 개념을 제시하면서 기존의 전략이 세분화되었고, 현재는 퇴치, 억제, 완화의 세 가지 개념이 널리 받아 들여지고 있다.

뉴질랜드 오타고 대학의 베이커 교수는 이 세 가지 팬데믹 전략을 가장 명확하게 설명한 학자 중 한 명이다. 뉴질랜드가 제로-코로나 정책을 성공적으로 시행하면서, 그는 국가적 경험을 바탕으로 이론적 프레임워크를 정립하였다. 2023년 1월, 그는 란셋에 짧은 서신(Correspondence)을 발표하며 세 전략을 다시 정리하였는데, 이는 특집 리포트 2의 내용과 약간의 차이를 보인다.[48] 이는 아직도 이 분야에서 전 세계적으로 완전한 합의가 이루어지지 않았기 때문일 수도 있다.

퇴치는 사실상 근절과 거의 동일한 개념으로, 지역사회 내 감염이 완전히 통제된 상태를 의미한다. 팬데믹이 진행되면서 퇴치라는 용어보다는 제로 코로나 혹은 근절이라는 표현이 더 자주 사용되었다. 이 책의 7장에서 다루는 뉴질랜드, 대만, 베트남, 중국 등이 대표적인 사례로, 이들 국가는 봉쇄(Lockdown)와 국경 폐쇄를 단행하며 수주에서 수개월 동안 코로나 19 신규 환자가 거의 없는 상태를 유지하였다. 억제는 국가 또는 지역사회 내 감염 확산을 최대한 늦추고, 감염률을 낮은 수준으로 유지하는 전략이다. 이를 위해 많은 국가가 봉쇄를 시행하거나(대부분의 유럽 및 북미 국가 포함), 한국·일본·싱가포르처럼 신속한 환자 추적과 접촉자 격리를 통해 감염을 통제하려 하였다. 하지만 봉쇄를 시행한 모든 국가가 억제에 성공한 것은 아니었다. 상당수의 국가는 봉쇄에도 불구하고 감염을 통제하지 못했고, 결국 완화 전략으로 전환해야 했다. 유럽·북미, 그리고 많은 개발도상국들은 억제와 완화의 중간 단계에 머물러 있었다고 볼 수도 있다. 완화는 의료 시스템의 붕괴를 막는 것을 1차 목표로 하는 전략이다. 감염을 줄이는 것이 쉽지 않을 경우(혹은 스웨덴처럼 의도적으로 억제 정책을 채택하지 않은 경우), 환자 증가 속도를 관리하여 의료 시스템이 감당할 수 있는 수준을 유지하는 것이 핵심이다. 이탈리아와 뉴욕시는 팬데믹 초기에 급격한 환자 증가로 병상이 부족해졌고, 중환자 상당수가 입원조차 하지 못한 채 사망하는 비극을 겪었다. 언론에서는 이를 의료 시스템 붕괴 라고 보도하였지만, 이는 곧 완화 정책이 실패했음을 의미하는 것이기도 하다. 결국, 제로-코로나를 추구하였던 국가들도 오미크론 변이 앞에서는 모두 완화 정책으로 전환해야 하였다. 한국, 홍콩, 일본 등 성공적인 억제 전략을 시행하던 국가들도 오미크론

48 Baker M. COVID-19 and other pandemics require a coherent response strategy [Internet]. Lancet. 2023 Jan 28 [cited 2025 Sep 26];401. Available from: https://www.thelancet.com

변이의 높은 전파력을 감당하지 못하고 억제 정책을 포기하였다. 다행히도, 오미크론 변이는 이전 변이보다 치사율이 독감 수준으로 낮아 사회적 혼란이나 의료 시스템 붕괴 없이 엔데믹으로 전환할 수 있었다.

이 세 가지 개념은 한국에서는 상대적으로 덜 사용되었지만, 국제적으로는 코로나 19 대응 전략 및 정책 평가의 핵심 개념으로 자리 잡았다. 한국의 공중보건 정책 기관과 전문가들도 이에 대한 연구와 논의를 더욱 활발히 할 필요가 있겠다.

특집 리포트 2에서는 팬데믹 이후의 시나리오를 세 가지로 전망하였다. 첫 번째 시나리오는 수개월 이내에 코로나 19가 퇴치되는 경우로, 이는 현실적으로 이루어지지 않았다. 두 번째 시나리오는 지속적인 확산을 통해 다수의 인구가 감염되면서 집단면역이 형성되고, 이후 계절성 유행을 거치면서 토착화되는 과정을 가정하였다. 세 번째 시나리오는 확산이 지속되지만 효과적인 백신이 개발되면서 예방접종을 통한 면역 형성이 이루어지고, 이후 간헐적 유행을 반복하면서 토착화되는 경우였다. 팬데믹이 시작된 지 5년이 지난 2025년 3월 현재, 코로나 19는 두 번째와 세 번째 시나리오가 결합된 형태로 토착화되고 있다. 다만, 이제는 집단면역이라는 표현보다 면역 수준의 집단적 향상이라는 개념이 더 적절할 것이다. 수차례의 백신 접종과 반복적인 자연 감염을 통해 인류 전체의 면역 수준이 향상되었고, 이에 따라 코로나 19는 지속적으로 엔데믹으로 이행하고 있다는 의미가 담겨 있다. 마지막까지 시나리오 1(퇴치)을 고수하며 실행했던 국가는 중국이었다. 그러나 2023년, 오미크론 변이의 급속한 확산으로 결국 완화 정책으로 전환해야 하였으며, 이는 결국 다른 국가들과 마찬가지로 시나리오 2+3의 방향으로 변화하게 만들었다.

3. 개도국에 밀어 닥치고 있는 코로나 쓰나미(특집 리포트 3 후기)

2020년 5월 10일 발행된 특집 리포트 3호는 개발도상국의 코로나 19 대응을 주요 내용으로 다루고 있다. 2020년 3월말부터 대부분의 개발도상국들은 북미나 유럽의 고소득 국가들이 취했던 봉쇄 정책을 따라하였다. 하지만 사회경제적 여건이 다른 개발도상국이 봉쇄를 따라 하는게 과연 적절한지에 대한 논의가 활발히 이루어 졌었다. 따라서 특집 리포트는 다음의 두 가지 핵심 질문을 던지고 이에 답하고 있다. 첫째, 개발도상국은 노령 인구의 비율이 낮기 때문에 동일한 인구당 코로나 19 사망자가 고소득 국가보다 적을 것인가? 둘째, 사회경제적 지원 없이 고소득 국가의 정책을 따라 봉쇄(lockdown)를 시행하는 것이 과연 개발도상국에 적절한가?

첫 번째 질문과 관련해, 리포트는 다음과 같이 기술하고 있다.

'개도국의 낮은 노령 인구 비율은 OECD 국가들과는 다른 치사율 양상을 보일 것으로 예측된다. [그림 5]는 GDP 수준에 따른 인구 분포의 차이를 나타내고 있다. GDP가 높을수록 고령 인구의 비율이 증가하고, GDP가 낮을수록 그 비율이 현저히 낮아지는 경향을 보인다. 사하라 이남 아프리카의 경우, 65세 이상 인구가 전체의 3.0퍼센트에 불과하며, 이는 17퍼센트를 차지하는 OECD 국가들에 비해 현저히 낮은 수치다. 잘 알려진 바와 같이, 코로나 19로 인한 사망자는 주로 고령층과 기저질환자에게서 발생하며, 소아부터 40~50대까지의 연령층에서는 사망률이 매우 낮다([그림 6] 참조). 따라서 젊은 연령층이 대부분인 저소득 국가에서는 코로나 19로 인한 사망자가 상대적으로 적을 가능성이 있다.'

또한, 코로나 19의 위험 부담을 높이거나 낮추는 요인들을 다음과 같이 분석하였다.

'위험 부담을 증가시키는 요인으로는 코로나 19 진단 역량의 부족, 열악한 보건의료 체계, 영양실조 및 HIV 감염으로 인한 면역 저하, 결핵 등의 기저질환, 개인위생 강화를 위한 물과 마스크 부족, 도시 저소득층의 높은 인구 밀도(가구당 많은 가족 수 및 집단 거주 형태), 생계형 일일 노동자의 높은 비율 및 이에 따른 자택 격리 시 생존의 문제 등이 있다. 반대로, 위험 부담을 낮추는 요인으로는 노령 인구의 낮은 비율과 고온 다습한 기후가 있다.'

리포트가 작성되던 당시, 아프리카와 아시아의 개발도상국에서 보고된 코로나 19 사망자는 인구 대비 매우 적었다. 이는 노령 인구의 낮은 비율로 인해 발생한 자연스러운 현상일 수도 있지만, 진단 역량 부족으로 인한 미확진 사례와 보고되지 않은 사망자를 감안하더라도, 초기에는 고소득 국가보다 사망자가 적을 수도 있다고 판단하였다. 그러나 시간이 지나면서 여러 데이터들이 쌓이며, 개발도상국의 인구 대비 사망자 수가 고소득 국가보다 확연히 많다는 견해가 지배적이 되었다. 옥스팜은 2022년 3월 '저소득 국가의 코로나 사망자, 부유국보다 4배 많아' 라는 보고서를 발표하였다.[49] 초과 사망률을 분석한 모델에 따르면, 저소득 및 중하위 소득 국가의 코로나 19 사망률이 동일 인구 기준으로 고소득 국가보다 31퍼센트 더 높았다. 또한, 미국 다트머스 대학의 앤드류 레빈 교수가 영국 메디컬 저널에 2022년 발표한 논문에서는, 개발도상국의 평균 코로나 19 치사율이 고소득 국가와 거의 동일한 수준이라는 분석을 내놓았다.[50] 이는 의료 서비스 접근성이 낮아, 젊은 인구 구조가 주는 사망률 감소 효과가 상쇄되었기 때문이라는 해석이 가능하다. 또한, 개발도상국은 백신 접근성이 극도로 떨어졌으며, 접종률 역시 고소득 국가에 비해 현저히 낮았다. 그 결과, 백신을 통해 예방할 수 있었던 수백만 명의 사망자 대부분이 고소득 국가에서 발생했고, 개도국에서는 백신으로부터 보호받을 기회조차 얻지 못한 경우가 많았다. 시간이 지나면서, 리포트에서 언급했던 개발도상국의 코로나 위험 부담 요소들이 현실에서 중요한 영향을 미쳤음이 명확해 졌다. 또한, 당시에는 백신이 이렇게 빠르게 개발되어 상용화될 것이라 예상하지 못했기 때문에, 백신의 중요성과 그 영향이 과소평가되었음을 알 수 있다.

두 번째 질문은 '개발도상국의 봉쇄 따라하기'에 관한 것이다. 북미와 유럽 대부분이 봉쇄 조치를 시행하자, 많은 중·저소득 국가들도 이를 따라 전면 봉

---

49 Oxfam. COVID-19 death toll tour times higher in lower-income countries than rich ones. 3rd Mar, 2022.

50 Levin AT. Assessing the burden of COVID-19 in developing countries: systematic review, meta-analysis and public policy implications. BMJ Glob Health. 2022 May; 7(5)

쇄를 단행하였다. 하지만 고소득 국가들은 봉쇄로 인한 경제적 피해를 완화하기 위해 강력한 사회경제적 지원을 시행하였다. 코로나 19로 인한 실직자, 휴직자 및 소득이 감소한 자영업자들에게 직접 현금 지급, 실직 수당, 기업 지원 등을 제공하며 경제적 충격을 흡수하였다.[51] 반면, 정부의 재정 여력이 부족한 대부분의 중·저소득 국가들은 봉쇄에 따른 소득 손실을 보전하거나 기업의 파산을 막거나 빈곤층에 대한 긴급 재정 지원을 제공할 여력이 없었다. 그 결과, 봉쇄 조치가 완전히 실행되지 못한 국가도 많았다. 대표적인 사례가 인도이다. 2020년 3월 25일, 모디 총리는 텔레비전 생중계를 통해 3주간의 봉쇄를 발표하였다. 그러나 사회경제적 지원 없이 시행된 봉쇄로 인해 도시 빈민과 일용직 노동자들이 극심한 경제적 어려움을 겪었다. 이들은 생계를 유지하기 위해 대거 지방으로 이동하였고, 그 과정에서 코로나 19가 농촌 지역으로 확산되었다. 또한, 도시의 봉쇄도 철저히 유지되지 못해 감염 확산을 막는 데 실패하였다. 결국 봉쇄 조치는 9월까지 연장되었으며, 많은 사망자가 발생하면서 봉쇄는 실패로 끝났다. 인도 출신의 저명한 경제학자 데브라즈 레이는 '인도의 봉쇄: 중간 보고서'에서 다음과 같이 분석하였다.

> '선진국에서 봉쇄를 엄격히 실행하는 것은 종종 '생명'과 '경제' 사이의 균형 문제로 표현된다. 하지만 개발도상국에서는 이를 넘어 '생명'과 '생명' 사이의 선택의 문제가 된다. 선진국에서는 봉쇄로 인한 경제 활동 감소가 주요한 문제이지만, 광범위한 재정 지원이 가능하다. 반면, 인도와 같은 직업적 취약성이 높은 개도국에서는 봉쇄가 단순한 경제적 손실을 넘어 생명의 희생을 초래한다. 극단적인 봉쇄가 초래하는 기아, 부채, 극심한 스트레스(심리적·생리적)로 인해 수많은 생명이 보이지 않는 형태로 희생된다.' [52]

---

51 2020년에 선진국은 평균적으로 GDP의 8.5퍼센트를 가계와 근로자에게 미치는 최악의 사회경제적 영향을 완화하기 위해 사용하였다. 저소득 개발도상국에서 GDP의 1.7퍼센트만이 사용되었다.

52 Ray D, Subramanian S. India's lockdown: an interim report [Internet]. Cambridge (MA): National Bureau of Economic Research; 2020 May [cited 2025 Sep 26]. Available from: http://www.nber.org/papers/w27282

당시 필자는 리포트에서 개도국의 봉쇄 정책 시행에 대해 신중한 접근이 필요하다는 견해를 다음과 같이 기술하였다.

> 'WHO를 포함한 여러 보건 전문가들은 개도국에서 봉쇄를 시행할 때 조건 없는 지지보다는 조심스러운 접근과 결정이 필요하다고 강조한다. 그 이유는 첫째, 개도국은 고령 인구가 낮아 봉쇄로 인한 감염 억제 효과가 기대만큼 크지 않을 수 있으며, 둘째, 이미 중환자실이 포화 상태인 개도국에서는 봉쇄를 통해 환자 발생 속도를 늦춘다고 해도 의료 시스템이 감당할 여력이 적고, 셋째, 봉쇄가 초래하는 사회경제적 비용이 너무 크므로 이를 완화할 조치가 반드시 병행되어야 하기 때문이다.'

이러한 고민을 바탕으로, 필자는 이 책의 마지막 10장에서 '미래 팬데믹은 봉쇄없이 대응할 수 있어야 한다'는 제안을 하였다. 앞으로 개발도상국이 미래 팬데믹을 맞이할 때, 봉쇄의 비민주성과 비효율성을 극복하고 보다 지속 가능한 대안을 찾기를 간절히 바란다.

4. 일차 곡선 그 이후는?(특집 리포트 4 후기)

2020년 9월 초, 특집 리포트 4호가 발행되었을 당시 유럽은 3~5월 동안의 봉쇄가 끝나고 신규 확진자 발생이 감소하며 한숨을 돌리던 시기였다. 그러나 다가올 겨울, 2차 유행에 대한 불안감이 여전하였으며, 백신 개발에 대한 기대가 그 불안을 일부 상쇄하고 있었다. 반면, 북남미와 아시아는 여전히 감염 확산이 지속되고 있었고, 봉쇄의 효과도 뚜렷하지 않았다.

따라서 리포트는 다음의 두 가지 주요 이슈에 대한 전망과 예측을 중심으로 구성되어 있다. 첫 번째는 일차 유행 이후, 팬데믹 전체 기간 동안 몇 번의 유행 곡선이 나타날 것인지와 그 규모는 얼마나 클 것인지에 대한 것이었다. 두 번째는 백신 개발이 언제 성공할 것인지, 그리고 그 백신의 효과는 어느 정도일지에 대한 전망이었다. 리포트에 담긴 예측과 분석은 필자 개인의 견해라기보다는, 여러 국제기구와 연구소, 역학 및 백신 전문가들의 의견을 종합한 것이었다. 4~5년 전의 예측이 현실에서 어떻게 구현되었는지를 되돌아보는 일은 흥미로운 동시에, 향후 팬데믹 대비를 위한 중요한 시사점을 제공할 것이다.

첫 번째 이슈는 팬데믹 유행 곡선의 양상이다. 리포트에서 소개한 [그림 9]는 미네소타 대학 감염병 연구정책센터가 제시한 세 가지 시나리오를 보여준다. 시나리오 1은 대규모 유행 곡선이 지속적으로 나타나는 경우이고, 시나리오 2와 3은 비교적 작은 규모의 유행이 여러 차례 반복되는 패턴이다. 결과적으로 코로나 19 팬데믹은 시나리오 1에 가까운 양상을 보였다. 7장 '코로나 19: 100년 만의 리얼 팬데믹'의 [그림 6]의 왼쪽 그래프는 시나리오 1과 매우 유사하다. 한 가지 차이가 있다면, 실제 유행 곡선의 높이가 예상보다 훨씬 컸다는 점이다. 리포트 작성 당시(2020년 9월)까지만 해도 첫 번째 곡선조차 완전히 형성되지 않았다는 점을 감안하면, 이후의 전개 양상은 더욱 극적이었다. 이러한 비교를 통해 우리는 면역 형성의 중요성을 다시 한 번 깨닫게 된다. 신종 바이러스가 인류 사회에 등장한다는 것은, 인류 대부분이 해당 병원체에 대한 면역과 저항력을 갖추지 못한 상태라는 것을 의미한다. 결국, 집단 내에서 여러 차례 감염이 이루어져야만 면역이 형성되고, 감염 확산이 둔화되기 시작한다는 것이다. 백신이 없는 경우에는 더욱 그러하며, 백신이 개발되었다 하더라도 일반적으로 여러 번의 접종이 필요하기 때문에 면역 형성이 충분히 되기까지 시간이 걸린다. 따라서 팬데믹 초기 2~3년 동안은 새로운 병원체에 속수무책으로 감염될 가능성이 높고, 이로 인해 유행 곡선의 높이가 매우 높아질 수밖에 없었다.

두 번째 이슈는 백신 개발과 관련된 전망이었다. 당시 전문가들은 백신이 2021년 초 또는 중반쯤 개발될 것이라고 예측하고 있었다.

> "이들 제약회사들은 대체로 12~18개월의 개발 일정을 설정하고, 2020년 초부터 연구·개발을 시작하였다. 상당수의 전문가들은 2021년 초반이나 중반에는 대량 생산이 가능할 것으로 전망하고 있다." (리포트 본문 중)

그러나 예상을 뛰어넘어, 2020년 11월에 mRNA 백신이 개발되었다는 발표가 **나왔고,** 12월 초 영국에서 첫 백신 접종이 이루어졌다. AI 기반 기술을 활용하여 개발된 최초의 mRNA 백신이 팬데믹의 게임 체인저로 등장할 것이라고는 당시 누구도 확신하지 못했던 듯하다. 어쨌든 백신의 조기 개발은 엄청난 성과였으며, 향후 팬데믹 대응에 대한 최소한의 희망을 제공하는 희소식이었다.

리포트에서는 백신 개발 이후, 사용과 가치에 대한 여러 가능성도 언급하고 있었다.

> "3단계 임상시험에서 백신 접종 후 최소 60퍼센트 이상의 면역 반응이 형성된다는 것이 입증되면, 미국 식품의약국(FDA)의 승인을 받을 것으로 예상된다. 새로 개발되는 백신의 효과가 어느 정도일지, 면역 지속 기간은 얼마나 될지, 코로나 19로 인한 사망 위험이 높은 노령층에서도 젊은 층과 동일한 수준의 면역 효과를 나타낼지 등이 백신 정책 수립의 주요 기준이 될 것이다. 또한, 바이러스 변이가 진행되면서 백신 효과가 감소할 가능성이 있는지, 그 감소 수준은 어느 정도일지 지속적인 모니터링이 필요하다."

이후 시간이 지나면서 백신의 효과와 한계, 부작용의 빈도와 강도, 그리고 백신 접종에 대한 사람들의 거부감이 드러나기 시작하였다. 이에 대한 보다 구체적인 분석은 7장 '코로나 19: 100년 만의 리얼 팬데믹'의 '백신 개발과 접종 전략' 및 '변이 바이러스의 출현과 팬데믹 대응 정책 변화' 부분을 참고하면 된다.

5. 코로나 출구전략과 원 헬스(특집 리포트 5 후기)

마지막 특집 리포트 5호는 2021년 1월 18일에 작성되었다. 90퍼센트 이상의 효과를 보이는 백신 개발 소식에 전 세계가 환호하기 시작한 지 불과 두달밖에 지나지 않은 시점이었다. 따라서 이 리포트는 다음의 세 가지 주요 이슈를 다루었다. 첫째, 높은 백신 효과를 기반으로 한 집단면역에 대한 기대감. 둘째, 백신 국수주의에 대한 우려와 이를 극복하기 위한 노력. 셋째, 미래 팬데믹 예방을 위한 원헬스(One Health) 개념의 필요성이다. 이 세 가지 이슈가 4년이 지난 지금 어떻게 전개되었는지 살펴본다.

첫 번째 이슈였던 집단면역은 결국 실현되지 않았다. 초기에는 백신 접종률이 일정 수준에 도달하면 자연스럽게 감염 확산이 차단될 것으로 예상했으나, 변이 바이러스의 출현이 이러한 기대를 무너뜨렸다. 특히 델타와 오미크론 변이는 백신 접종 후 감염 예방 효과를 크게 감소시켰고, 백신 면역 지속 기간도 변이 바이러스에 대해 3~4개월 정도로 짧아졌다. 다행히 백신은 여전히 중증 예방 효과가 뛰어나 사망률을 낮추는 역할을 하고 있다. 이에 대한 보다 자세한 분석은 7장 '코로나 19: 100년 만의 리얼 팬데믹' 중 '변이 바이러스의 출현과 팬데믹 대응 정책의 변화'에서 다루고 있다.

두 번째 이슈였던 백신 국수주의 문제는 여전히 해결되지 않았다. 초기에는 세계적인 연대를 통해 백신을 공정하게 분배하려는 노력이 있었으나, 코백스 프로젝트는 절반의 성공에 그쳤다. 이후 국제사회는 보다 지속 가능한 해결책을 찾기 위해 글로벌 팬데믹 조약을 추진하고 있다. 이 조약이 어떻게 결론이 날지는 여전히 지켜볼 문제이며, 이에 대한 구체적인 내용은 7장 '글로벌 팬데믹 전략과 백신 개발 및 접종' 에서 다루었다.

세 번째 이슈였던 원헬스의 도입은 아직 초기 단계에 머물러 있다. G20의 지원을 받은 세계은행이 팬데믹 펀드를 조성하며 원헬스 개념의 도입을 촉진하고 있지만, 본격적인 실행을 위해서는 대응에서 예방으로의 패러다임 전환이 필요하다. 또한, 인간 건강뿐만 아니라 동물 건강, 생태계 보전, 환경 보호까지 포함하는 다학제적 접근이 요구된다. 이러한 변화는 특히 개발도상국에서 실현하기 쉽지 않은 과제로 남아 있다. 원헬스 개념의 필요성과 미래 팬데믹 예방을 위한 전략은 10장 '미래 팬데믹, 어떻게 대응할 것인가' 중 '대응에서 예방으로의 패러다임 전환'에서 자세히 다루었다.

이 책의 마지막 장인 10장 '미래 팬데믹, 어떻게 대비할 것인가'를 집필이 끝난 후, 코로나 특집 리포트의 후기를 정리하면서 5호 리포트의 마지막 문단을 다시 읽었다.

'5회로 기획하고 시작한 '세계화 시대의 감염병, 감염병의 세계화' 시리즈를 마치게 되어 개인적으로는 다소 아쉽기도 하지만, 일단의 짐을 내려놓게 되어 홀 가분한 마음이 들기도 한다. 작년 2월말 첫 호를 쓸 때는 과연 말 그대로 지구촌 구석구석까지 바이러스에게 처절하게 점령당하게 될지, 아니면 멀지 않은 시기에 반전의 계기가 나타날 수도 있지 않을까 하는 막연한 기대 속에서 특집을 시작했었다. 하지만 코로나 바이러스는 예외 없이 지구촌 곳곳을 매우 잔인할 정도로 휘갈겼고, 그 위력 앞에 거의 대부분의 나라가 백기 투항하며 무너져 내렸다. 그러던 중 12월8일 세계 최초로 코로나 19 백신이 영국에서 84세의 커이 컬웨이씨에게 접종되면서 인류의 반격이 시작되었다.

코로나 19에 대한 출구전략은 마련되었지만, 코로나 19 이후 언젠가 닥칠지도 모를, 아니 언젠가 또다시 닥치게 될, 새로운 바이러스의 공격에 대해 어떻게 대비해야 할 것인가란 질문 앞에 숙연해진다. 미래의 팬데믹 예방을 위해선 여러 인문학자들이 이야기한 것처럼 자연의 정복과 함께 진행되어 온 인류 문명에 대한 성찰과 반성에서부터 시작해야 한다. 공중보건학적 접근이나, 과학적 솔루션에서부터 눈을 돌려 자연과 공존하는 마음을 갖고 겸허하게 포스트 코로나 19 시대를 준비해야 할 것이다.'

이 문장을 다시 읽으며, 코로나 팬데믹이 지나간 5년의 시간을 돌이켜 보았다. 코로나 19는 끝났지만, 또 다른 팬데믹은 언제든 찾아올 수 있다. 그때 인류는 어떤 선택을 할 것인가?

'코로나 19의 출구전략은 마련되었지만, 우리는 코로나 이후의 팬데믹을 어떻게 대비해야 할 것인가?'

이 질문은 5년 전 필자가 특집 리포트를 마무리하며 던졌던 고민과 정확히 일치한다. 그리고 그 질문은 이제 이 책의 10장 '미래 팬데믹, 어떻게 대비할 것인가'라는 제목으로 이어졌다. 특집 리포트에서는 질문을 던졌지만, 그 답을 제시하지 못하였다. 그러나 5년이 지나면서 다시 책을 집필하며, 스스로 던진 질문에 대한 답을 정리하고 마무리하고 있다는 사실이 감회 깊다.

04

미래를 위한 제안

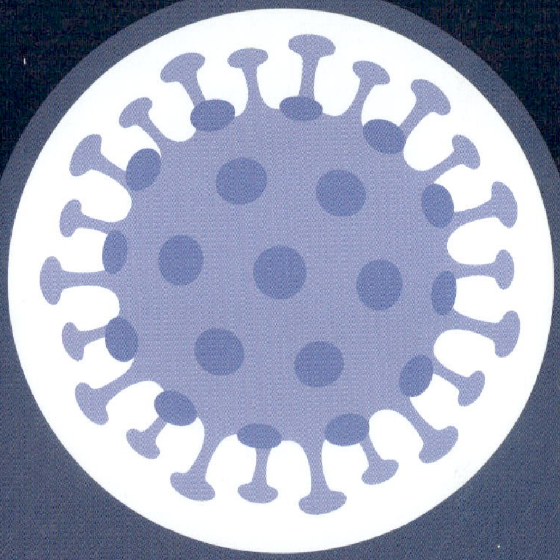

- **9장** 다음 팬데믹은 이미 시작되었다: 감염병 X의 경고
- **10장** 미래 팬데믹, 어떻게 대비할 것인가

Chapter 09

다음 팬데믹은 이미 시작되었다: 감염병 X의 경고

신종 감염병의 지난 100년 역사를 되돌아보고 미래를 전망하는 이 책의 마지막 4부에서는, 미래 팬데믹을 어떻게 대비할 것인가에 대한 논의를 '감염병 X'(Disease X)의 경고로 시작한다. 감염병 X란 아직 인류에게 감염을 일으킨 적 없는, 알려지지 않은 병원체로 인해 발생할 감염병을 의미한다. 이는 박쥐, 침팬지, 고릴라 등 야생동물에만 존재하던 바이러스가 유전자 변이를 거쳐 인간에게 전염성을 가지게 되고, 이후 사람 간 감염이 활발해지면서 전 세계적으로 확산되는 시나리오를 가정한 개념이다. 흔히 코로나 19가 첫 번째 감염병 X에 해당한다고 평가되며, 앞으로 두 번째, 세 번째 감염병 X가 등장할 가능성이 충분히 존재한다.

이 장에서는 미래 팬데믹을 일으킬 가능성이 높은 병원체들을 살펴본 후, 그중에서도 '병원체 X'(감염병 X와 동의어라 할 수 있다)가 무엇인지, 그리고 이 개념이 가지는 의미에 대해 논의하고자 한다. 또한 다음 팬데믹은 이미 시작되었는지, 그리고 언제 어디서 나타날 가능성이 많은지에 대해서 살펴본다.

1. 다음 팬데믹의 후보들

WHO는 차기 팬데믹을 유발할 가능성이 높은 병원체를 선제적으로 식별하고 연구 및 대비 전략을 수립하기 위해 2017년부터 팬데믹 후보 병원체의 리스트를 선정하고 있으며, 이를 정기적으로 업데이트해 왔다. 신속한 백신 및 치료제 개발을 지원하고 국제적 감염병 대응 체계를 강화하기 위한 조치의 일환이다. WHO가 2018년 이후 업데이트한 팬데믹 가능성이 높은 병원체 목록에는 인플루엔자 A, 에볼라, 코로나 19(코로나 19 바이러스가 심각한 수준의 유전자 변이를 일으켜 현재의 엔데믹 상태에서 다시 팬데믹을 유발하는 경우), 엠폭스(mpox), 지카 바이러스, 뎅기열, 그리고 감염병 X가 포함되어 있다. WHO는 이들 병원체의 발생 확률에 대한 구체적인 언급 없이 리스트만 발표하였다. 그 이후, 2023년 겨울 유럽의 한 연구기관은 전 세계 보건 전문가들을 대상으로 이러한 병원체들이 팬데믹을 유발할 가능성에 대한 설문 조사를 실시하였다.[1] 그 결과, [그림 10]에서 보는것처럼 다음 팬데믹의 주요 원인으로 가장 높은 응답을 기록한 병원체는 인플루엔자 A로 전체 설문 득표의 31퍼센트를 차지하였고, 그 뒤를 이어 감염병 X가 18.5퍼센트의 응답률을 기록하였다. 코로나 19 바이러스(15.5퍼센트), 사스(7.7퍼센트), 에볼라(6.5퍼센트) 순으로 뒤를 이었다. 우선 감염병 X 이외의 다른 병원체들이 어떻게 팬데믹을 유발할 수 있는지 살펴본 후, 감염병 X에 대해 좀 더 깊이 알아보자.

▶ **그림 10. 다음 팬데믹을 일으킬 가능성이 많은 병원체들의 순위**

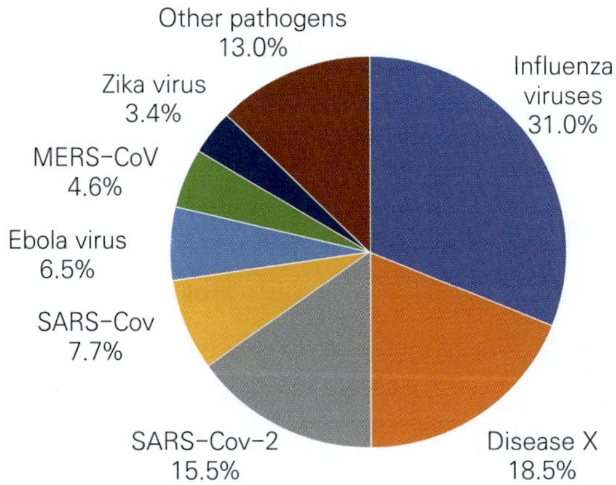

1 57개 국가의 187명 전문가가 설문 조사에 참여하였다(출처: Jon Salmanton-García, et al. Predicting the next pandemic: VACCELERATE ranking of the World Health Organization's Blueprint for Action to Prevent Epidemics. Travel Medicine and Infectious 질병. Volume 57, 2024).

(1) 인플루엔자

전문가 설문조사에서 차기 팬데믹을 일으킬 가능성이 가장 높은 병원체로 꼽힌 것은 인플루엔자 A 바이러스였다(전체 설문 결과의 31퍼센트 차지). 인플루엔자 바이러스(A, B, C 세 가지 유형 중 특히 A)는 지난 100년 동안 팬데믹을 가장 많이 유발한 병원체로, 팬데믹의 빈도와 규모를 고려할 때 다음 팬데믹이 인플루엔자 A 바이러스에 의해 발생한다고 해도 전혀 놀라운 일이 아니다.

다행히 인플루엔자 바이러스에 대한 백신과 치료제가 이미 개발되어 있고, 대량 생산 능력도 갖춰져 있다. 그러나 문제가 되는 것은, 해마다 겨울철 유행하는 계절성 독감이 아닌, 유전적으로 변이된 새로운 인플루엔자 바이러스가 출현하면서 높은 치사율을 기록하는 팬데믹이 발생할 가능성이다. 스페인 독감이 바로 이러한 경우였다. 유전자 변이를 통해 새롭게 출현한 스페인 독감 바이러스에 대해 당시 대부분의 인류가 면역력을 갖고 있지 않거나 매우 약한 상태였기 때문에, 세계 인구의 약 3분의 1이 감염되었고, 5천만 명 이상의 사망자가 발생하였다.

2000년대 중반부터 아시아를 중심으로 가금류에서 조류독감을 일으키면서 간헐적으로 그러나 꾸준히 사람에게 감염을 일으켜 왔던 조류독감도 인플루엔자 A 계열에 속한다. 조류독감은 사람에게 감염되었을 때 무려 50퍼센트에 가까운 치사율을 보였다. 다행히도 조류독감 바이러스는 인간에게 건너온 뒤(이를 종간감염이라고 하며 영어로는 spillover이다) 사람 간 전파에는 실패했기 때문에 지난 20년 동안 약 수백명 정도의 감염 사례만 보고되었다. 만약 조류독감 바이러스가 코로나 19 바이러스처럼 사람 간 전파 능력을 획득하게 되면, 인류는 걷잡을 수 없는 위기에 직면할 수밖에 없다.

현재 우리는 매년 겨울마다 계절성 독감으로 인해 전 세계적으로 30만~50만 명의 사망자가 발생하는 상황을 받아들이고 있다. 하지만 우리가 겪는 이 정도의 유행성 독감이 '작은 씨름'에 불과하다는 점을 되새겨야 한다. 인플루엔자 바이러스에 치명적인 수준의 유전자 변이가 일어나지 않기를 간절히 기도해야 할지도 모른다.

(2) 감염병 X

설문조사에서 두 번째로 높은 순위를 차지한 병원체는 감염병 X였다(18.5퍼센트). 감염병 X는 아직 인류에게 감염을 일으킨 적도 없고, 존재조차 확인되지 않은 병원체인데, 그럼에도 불구하고 높은 순위를 기록하였다는 점은 여러 가지 중요한 시사점을 남긴다. 첫 번째는, 이름조차 알려지지 않던 새로운 병원체가 지난 수십 년 동안 지속적으로 등장해왔다는 점이다(예: 사스, 메르스 지카 바이러스 등). 과학자들은 이러한 사실을 바탕으로, 다음 팬데믹 역시 현재까지 알려지지 않은 전혀 새로운 바이러스에 의해 발생할 가능성이 크다고 보고 있다. 두 번째는, 가상의 병원체인 감염병 X가 가진 파괴력에 대한 경각심이다. WHO는 감염병 X가 팬데믹을 일으킬 경우, 기존에 알려진 병원체들보다 감염병 확산 속도와 피해 규모가 10배 혹은 20배 더 클 수 있다고 경고하였다.[2] 이는 감염병 X가 등장했을 때 인류가 감당해야 할 충격이 그만큼 크다는 의미이며, 이에 대비해야 한다는 강력한 메시지를 담고 있다. 감염병 X에 대한 보다 자세한 논의는 다음 세션에서 다룬다.

(3) 코로나 19

독자들 중에는 '코로나 19는 이제 끝난 것이 아닌가?'라고 의문을 가질 수도 있다. 그러나 코로나 19 바이러스는 여전히 새로운 팬데믹을 일으킬 가능성이 있는 병원체로 고려되고 있으며(15.5퍼센트가 코로나 바이러스를 꼽았다), 현재 엔데믹 단계로 접어든 상황에서도 두 가지 시나리오가 가능하다. 첫 번째 시나리오는, 코로나 19 바이러스가 지금처럼 사회·경제적으로 큰 문제를 일으키지 않는 상태로 점차 풍토병화되는 경로다. 즉, 바이러스의 치사율이 독감과 비슷하

2 Areesha Lodhi. What is disease X and how will pandemic preparations help the world? Aljazeera. 18 Jan 2024.

거나 그보다 낮은 수준으로 유지되는 것이다. 이를 위해서는 코로나 19 바이러스가 치명적인 변이를 일으키지 않아야 하며, 사람들도 정기적으로 백신을 접종하거나 자연 감염을 통해 면역력을 유지해야 한다. 이러한 과정을 거쳐 십수 년 혹은 그 이상의 시간이 지나면 코로나 19는 계절성 독감처럼 겨울철에만 유행하는 감염병으로 자리 잡게 될 가능성이 높다. 두 번째 시나리오는, 현재 주종으로 자리잡은 오미크론과 비교할 수 없을 정도로 독성이 강하고 면역 회피 능력이 뛰어난 변이 바이러스가 새로 출현하는 경우다. 만약 이런 변이가 등장하면, 팬데믹 첫해와 마찬가지로 대규모 사망자가 발생할 가능성이 크며, 이로 인해 의료 시스템이 마비되고 사회적 봉쇄 조치가 다시 도입될 수 있다. 경제적 피해가 겹치면서 전 세계는 또다시 코로나 19 쓰나미에 빠질 위험이 있다.

현재 대부분의 사람들은 첫 번째 시나리오를 기대하며, 포스트 코로나 시대의 '뉴 노멀'에 적응해 가고 있다. 그러나 이 과정이 유지되려면, 두 번째 시나리오가 현실화되지 않아야 한다. 다행히 현재로서는 치명적인 변이가 출현할 가능성이 높지는 않다고 볼 수 있다. 그럼에도 불구하고, 설문조사에 참여한 과학자들은 메르스나 사스와 같은 새로운 병원체가 팬데믹을 일으킬 가능성보다는, 이미 인류 사회에 자리 잡은 코로나 19 바이러스가 유전자 변이를 통해 '코로나 팬데믹 2.0'을 일으킬 가능성에 더 무게를 두었다. 이러한 가능성을 고려할 때, 크리스마스 선물처럼 다가온 오미크론 변이와 그 후속 변이에 대해 불평하거나 거부하기보다는 오히려 이를 환영하며 공존하는 것이 현명한 선택일 수도 있다는 생각이 든다.[3]

(4) 에볼라

에볼라는 현재까지 발견된 신종 감염병 중에서도 치사율이 가장 높은 바이러스 중 하나다. 치사율이 50퍼센트에 달하는 이 바이러스는 1970년대 중반 중

3 박스 12 참조.

앙아프리카에서 처음 발견된 이후 수십 차례에 걸쳐 유행이 있었다. 그러나 지금까지의 에볼라 유행은 2014~2016년 서아프리카 사태를 제외하면, 모두 지역 감염에 그쳤고, 팬데믹으로 발전하지는 않았다. 그 이유는 에볼라 바이러스가 호흡기로 전파되지 않고, 환자의 체액(구토물, 설사, 혈액 등)을 통해서만 감염되기 때문이다. 이로 인해 의료진이나 환자의 가족은 감염 위험이 크지만, 일반 대중에게는 상대적으로 전파력이 낮은 특성을 보인다. 이러한 특성 덕분에 에볼라 바이러스는 여러 차례 유행했음에도 불구하고 확산이 제한적이었다. 그러나 자연 숙주인 박쥐 내에서 바이러스의 유전자 변이가 일어나 호흡기를 통해 전파되는 능력을 획득한다면 상황은 완전히 달라진다.

연구에 따르면, 1976년부터 2020년까지 최소 18번의 에볼라 종간 감염이 확인되었다.[4] 즉, 박쥐 등 원래 숙주였던 동물에서 인간으로 바이러스가 성공적으로 넘어온 사례가 최소 18번 발생하였다는 의미다. 이는 우리가 생각하는 것보다 종간 감염이 훨씬 빈번하게 일어난다는 점을 시사한다. 문제는 어떤 변종이 인간 사회에 침투하느냐이다. 만약 호흡기를 통해 전파되면서도 치사율이 높은 변종이 출현하여 인간 사회에 안착한다면, 이는 인류에게 재앙이 될 가능성이 크다. 에볼라 바이러스가 팬데믹을 일으키는 시나리오는 단순한 가정이 아니라, 우리가 대비해야 할 현실적인 위협이다.

(5) 사스, 메르스, 지카

21세기 초부터 아시아(사스), 중동 및 한국(메르스), 남태평양과 남미(지카) 지역을 중심으로 공중보건뿐만 아니라 사회적으로도 큰 문제를 일으켰던 세 가지

4 대부분의 종간감염 사건은 인간과 야생 동물의 상호작용이 발생했을 수 있는 농촌과 울창한 삼림 지역에서 추적되었다. 지표 사례는 종종 사냥 활동 또는 삼림이나 토지 전환 지역(예: 벌목, 광산 등)에서 일하는 개인과 관련이 있으며 박쥐나 비인간 영장류와 접촉했을 수 있다. (출처: Gonzalez A, Nikparvar B, Matson MJ, Seifert SN, Ross HD, Munster V, Bharti N. Human movement and transmission dynamics early in Ebola outbreaks. 2023 Dec 19: 2023.12.18)

감염병이 있다. 전문가들은 이들 바이러스가 차기 팬데믹을 일으킬 가능성이 상당히 높다고 보고 있으며, 설문조사 결과를 합산하면 약 15.7퍼센트의 응답률을 기록하였다. 이 바이러스들이 팬데믹을 유발하는 메커니즘은 기본적으로 앞서 언급한 에볼라 바이러스와 유사하다. 즉, 유전자 재조합 등의 변이를 거쳐 전파력이 급격히 증가하거나, 치사율이 높아져 대규모 사망자를 초래하는 방향으로 바이러스가 진화할 경우, 심각한 팬데믹으로 이어질 수 있다. 이 바이러스들은 이미 인간 사회에 침투했으나, 광범위한 확산에는 이르지 않았다. 따라서 인류가 이에 대한 면역력을 충분히 보유하고 있지 않을 가능성이 크다. 또한 현재까지 효과적인 백신이 개발되지 않은 상태이므로, 만약 이 병원체들이 팬데믹을 일으킨다면 백신 개발을 위한 막대한 노력이 필요할 것이다. 현재 이 바이러스들은 자연환경뿐만 아니라, 인간 또는 동물 숙주의 몸속에 존재할 가능성이 있다.[5]

(6) 기타 감염병(엠폭스 등)

설문조사에서 기타 감염병의 팬데믹 가능성은 13퍼센트의 응답율을 기록하였다. 여기에 포함되는 병원체로는 치쿤구니야 바이러스, 라싸열, 니파 바이러스, 엠폭스(mpox) 등이 있다. 그중에서도 최근까지 지속적으로 미디어의 관심을 받았던 엠폭스에 대해 좀 더 자세히 살펴보자. 엠폭스에 대해 비교적 상세하게 기술하는 이유는, 인플루엔자, 사스, 에볼라 등 팬데믹 가능성이 높은 다른 병원체들은 책의 다른 장에서 별도로 다루지만, 엠폭스는 그렇지 않기 때문이다.

엠폭스는 흔히 '원숭이 두창'으로 불리며, 영어로는 mpox 혹은 Monkey

5 2021년 기니아에서 에볼라 감염 사태가 발생하였는데 그 기원이 2014-2016년 기니아에서 에볼라가 발생했을 때 감염되었던 환자의 몸에 수년간 존재하고 있다가 2021년 재활성화 되어 발병하면서 타인들에게 감염을 일으킨 것으로 알려 졌다. 즉, 사람의 몸속에 오랫동안 잠복해 있다가 발병을 일으킨 것이다. (출처: Fairhead J, et al. Spillover or endemic? Reconsidering the origins of Ebola virus disease outbreaks by revisiting local accounts in light of new evidence from Guinea. BMJ Global Health 2021;6)

pox라고 한다.[6] 엠폭스는 천연두와 유사한 바이러스 감염병으로, 두 질병 모두 오소폭스바이러스(Orthopoxvirus) 계열에 속하며 증상 또한 비슷하다. 엠폭스는 인수공통 감염병으로 동물과 인간 사이에서 전파될 수 있다. 엠폭스 바이러스가 처음 발견된 것은 1958년 덴마크의 연구소에서 사육되던 아시아 원숭이에서 천연두와 유사한 피부 병변이 나타나면서였다. 그 이후 인간에서의 첫 감염 사례는 1970년 콩고민주공화국에서 보고되었으며, 당시 환자는 9개월 된 소아였다. 역학 조사 결과, 엠폭스는 설치류(쥐, 다람쥐 등)를 주요 매개체로 하여 인간에게 전파된 것으로 추정되었다.[7] 이후 1971년 나이지리아에서 두 건의 감염 사례가 추가로 보고되었다. 첫 번째 감염자는 4월 9일에 발생한 4세 여아였으며, 9일 후 여아의 어머니가 감염되었다. 역학 조사에 따르면, 여아는 야생 설치류에 의해 감염되었고, 어머니는 딸을 돌보면서 밀접 접촉으로 인해 감염된 것으로 추정되었다. 이는 역사상 처음으로 보고된 인간 간 엠폭스 감염 사례로 기록되었다.[8] 엠폭스 바이러스는 이후 간헐적으로 감염 사례가 보고되었으며, 특히 2022년 이후 유럽과 북미에서 예상보다 빠른 확산세를 보이며 공중보건의 주요 관심사로 떠올랐다.

엠폭스는 2000년대 초부터 콩고민주공화국과 나이지리아를 중심으로 해마다 수백에서 수천 명의 환자가 발생하면서 점점 더 위협적인 감염병으로 자리잡았다. 이는 사람 간 전파가 활발한 새로운 변이 엠폭스 바이러스가 출현했기 때문이었다. 1970년대 이후 인간 숙주에서 오랜 기간 순환하며 진화해 온 바

---

6 엠폭스는 성접촉이나 밀접한 신체 접촉을 통해 전파된다. 원숭이는 엠폭스의 실제 전파 경로나 숙주를 정확히 반영하지 않으며, 또한 원숭이 두창이란 이름이 아프리카 지역과 관련된 낙인과 차별을 조장할 수 있다는 우려가 제기되어 2022년 11월 WHO는 monkey pox(원숭이 두창) 대신 mpox(엠폭스)라는 새로운 명칭 사용을 권장하기 시작하였다.

7 ID. Ladnyj, A human infection caused by monkeypox virus in Basankusu Territory, Democratic Republic of the Congo. Bull.WHO. 1972, 46, 593-597.

8 Musa SS, et al. Transmission Dynamics of Monkeypox Virus in Nigeria during the Current COVID-19 Pandemic and Estimation of Effective Reproduction Number. Vaccines (Basel). 2022 Dec 15; 10(12): 2153.

이러스가 점차 사람 간 감염력이 강화된 특성을 획득한 것이다. 대표적인 변이 유형으로 'Clade I', 'Clade II', 그리고 'Clade IIb'가 있다. 특히 2022년에 처음 확인된 Clade IIb 변이는 중앙아프리카 및 서아프리카를 넘어 아프리카 전역으로 빠르게 확산되었으며, 결국 북미와 유럽을 포함한 전 세계 70여 개국에서 감염 사례가 보고되었다. 이에 따라 WHO는 2022년 7월 23일, 엠폭스로 인한 국제공중보건 비상사태를 선포하였다.

엠폭스에 감염되면 발열, 오한, 두통 등의 초기 증상이 나타나며, 이후 피부에 붉은 반점, 수포, 가피(딱지) 등이 발생한다. 일부 환자는 천연두와 유사한 피부 병변이 남아 곰보가 되기도 한다. 엠폭스의 치사율은 지역과 변이에 따라 1~10퍼센트 수준이다. 북미와 유럽에서는 의료 접근성이 높고, 조기 진단과 치료가 가능하며 상대적으로 위험도가 낮은 변종이 유행하고 있어 치사율이 1퍼센트 미만으로 비교적 낮다. 반면, 아프리카에서는 의료 서비스 부족과 강한 독성을 가진 변이종의 영향으로 치사율이 3~4퍼센트에 이른다. 엠폭스는 주로 감염자와의 밀접한 신체 접촉, 성적 접촉, 호흡기 비말을 통한 감염으로 전파된다. 호흡기 감염의 경우, 코로나 19처럼 공기 중 감염을 일으키는 것이 아니라, 비말(침방울)을 통해 전파되므로 환자와 가까운 거리에서 장시간 대화를 나누는 경우 감염될 가능성이 있다. 하지만 호흡기 감염은 일반적인 상황에서의 엠폭스 주요 감염 경로가 아니다. 2022년 이전까지 엠폭스는 주로 아프리카에서 발생하였으며, 감염자의 피부 병변(수포, 구진 등)에 접촉하면서 전파되는 경우가 많았다. 따라서 환자의 상당수가 15세 미만의 아동 및 청소년 이었다. 그러나 2022년 이후 북미와 유럽에서 발생한 엠폭스 유행은 이전과 다른 양상을 보였다. 이때 감염 사례의 대부분이 남성 동성애자간의 성적 접촉을 통해 전파되었으며, 이는 유행 확산에 중요한 영향을 미쳤다.

엠폭스 예방을 위해 사용되는 대표적인 백신은 덴마크에서 개발한 3세대 천연두 백신 진네오스이다. 이 백신은 약화된 우두 바이러스를 기반으로 하며, 2회 접종 시 89퍼센트의 예방 효과가 있는 것으로 알려졌다. 2022년 WHO의 국제공중보건 비상사태 선포 이후, 북미와 유럽에서는 엠폭스 환자의 접촉자 및 고위험군(예: 남성 동성애자 등)을 대상으로 엠폭스 백신 접종을 적극적으로 시행하였다. 그 결과, 2023년 이후 감염 사례가 현저히 감소하였다. 반면, 아프리카에서는 백신 공급이 부족하고, 엠폭스에 대한 대중의 경각심이 상대적으로 낮아 2022년에 비해 2024년에는 오히려 감염 사례가 증가하는 모습을 보였다.

2. 감염병 X란 무엇인가?

'감염병 X(Disease X)'란 인류에게 감염을 일으킨 적이 없으며, 존재조차 확인되지 않은 병원체에 의해 발생하는 질병을 의미한다. 이는 아직 발견되지 않은 신종 감염병을 가리키는 개념으로, 2018년 WHO가 처음 제안하였다. WHO가 이 개념을 도입했을 당시, 코로나 19 바이러스는 존재조차 몰랐지만, 불과 2년 후 코로나 19 팬데믹이 발생하면서 감염병 X가 현실이 되었다. 결국, 코로나 19는 인류가 직면한 첫 번째 감염병 X라 할 수 있으며, 앞으로 두 번째, 세 번째 감염병 X가 등장할 가능성은 충분히 존재한다.

WHO가 감염병 X라는 용어를 처음 사용한 이유는, 이러한 미지의 감염병에 대비해 백신 및 치료제 연구개발의 필요성을 강조하기 위해서였다. 이미 알려진 병원체에 의한 팬데믹은 해당 질병의 특성을 일정 부분 예측할 수 있으며, 기존 백신 개발 기술을 활용해 비교적 빠르게 대응할 수 있다. 예를 들어, 인플루엔자 바이러스는 과거의 유행 데이터를 바탕으로 새로운 변이를 예상할 수 있으며, 기존의 백신 생산 기술을 활용해 신속한 대응이 가능하다. 반면, 감염병 X의 경우 병원체의 특성을 전혀 알 수 없기 때문에, 감염 확산 경로를 파악하는 데 시간이 걸릴 수 있으며, 백신 개발과 생산 과정에서도 예상치 못한 시행착오를 겪을 가능성이 크다. 따라서 감염병 X가 출현했을 때, 일정 기간 동안 그 특성을 분석한 후에야 본격적인 대응 정책이 수립될 수 있다. 그러나 백신 및 치료제 개발은 병원체의 특성을 알지 못하더라도 미리 준비할 수 있으며, 이를 통해 감염병 X가 출현했을 때 보다 신속한 대응이 가능해진다.

최근 백신 연구개발은 특정 병원체에 맞춰 일회성으로 제작되는 방식에서 벗어나, 플랫폼 기반 접근 방식을 채택하고 있다. 백신 플랫폼이란 다양한 병원체에 대해 신속하고 효율적으로 백신을 개발할 수 있도록 설계된 기술적 틀을 의미한다. 기존 방식과 달리, 백신 개발의 핵심 과정을 미리 완료해 둔 후, 신종 감염병이 발생하면 해당 병원체에 맞는 항원만 수정하거나 추가하는 방식이다. 이를 통해 새로운 병원체가 등장했을 때 백신 개발을 빠르게 완료할 수 있을 것으로 기대하고 있다. 이 방식은 신종 감염병이나 변이에 빠르게 대응할 수 있는 장점이 있으며, 팬데믹 상황에서 신속한 백신 개발과 대량 생산이 가능하다.[9] 구체적으로 설명하면, 여러 바이러스 계열 중 대표적인 바이러스를 선정하여 백신 플랫폼을 구축해 둔 후, 감염병 X가 출현하면 해당 병원체 X가 어느 바이러스 계열에 속하는지 분석한 뒤, 미리 개발된 플랫폼을 활용해 단기간 내 백신을 개발하는 방식이다.[10] 이처럼 플랫폼을 통해 백신 개발 속도를 단축할 수 있는 이유는, 새로운 병원체의 분석 및 백신 설계 과정이 간소화될 뿐만 아니라, 플랫폼 기술의 안전성과 효능이 이미 검증되어 있는 경우, 초기 임상 단계를 줄이거나 생략할 수 있기 때문이다. 또한, 제조 공정이 표준화되어 있다면 대량 생산도 빠르게 진행할 수 있다. 실제로 코로나 19 팬데믹 이전에 사스와 메르스를 기반으로 mRNA 및 바이러스 벡터 백신 플랫폼이 개발되어 있었기 때문에, 코로나 19 백신은 불과 7-8개월 만에 개발될 수 있었다. 기존 방식으로 백신을 개발할 경우 최소 수년이 걸리는 것과 비교하면, 백신 플랫폼 기술이 팬데믹 대응에 얼마나 중요한 역할을 하는지 알 수 있다.

감염병 X라는 개념에는 두 가지 중요한 의미가 담겨 있다. 첫째는, 미래에

9 주요 백신 플랫폼의 종류로는 mRNA 백신 플랫폼, 바이러스 벡터 백신 플랫폼, 단백질(항원) 백신 플랫폼, DNA 백신 플랫폼, 약독화 백신 플랫폼 등이 있다. 플랫폼 기반 백신은 제조 과정과 품질 관리가 표준화되어, 생산 및 배포가 용이하고, 백신을 대량 생산할 수 있어 팬데믹 상황에 적합하다.

10 예를 들어 코로나 바이러스 계열에서는 사스 바이러스나 메르스 바이러스가 대표적인 연구 대상이다. 이들 대표 바이러스에 대한 백신의 플랫폼을 유전 정보, 항원 구조, 면역반응 등을 분석하여 만들어 두었다가, 후에 코로나 바이러스 계열이긴 하지만 사스나 메르스가 아닌 새로운 바이러스가 팬데믹을 일으키면 이미 만들어 둔 플랫폼을 기반으로 새로운 바이러스(감염병 X인 셈)에 대한 백신을 단기간 내에 만드는 것을 목표로 하고 있다.

인류를 위협할 신종 병원체의 정체를 사전에 전혀 알 수 없을 수도 있다는 불확실성에 대한 경고다. 둘째는, 그 병원체가 무엇이든 반드시 막아내고 대비해야 한다는 절박한 필요성이다. 즉, 병원체의 종류와 무관하게 신종 감염병과 팬데믹은 인류에게 중대한 위협 요소이며, 이러한 인식을 강조하기 위해 미지의 기호인 'X'가 사용되었다. 이 개념은 언뜻 보면 SF 영화의 설정처럼 느껴지기도 하지만, 실제로 다수의 언론과 국제기구들이 '감염병 X'에 주목하며 미래 팬데믹에 대한 경각심을 환기시키고 있다. 이제 신종 감염병은 더 이상 국가 정책이나 위기관리의 '예상치 못한 변수'가 아니라, 반드시 고려되어야 할 '정책적 상수'로 자리매김하고 있다.

역사적으로 보건의료가 세계 각국의 주요 정책 이슈로 부상한 사례는 흔치 않다. 1918년 스페인독감 이후 HIV, 사스, 에볼라 같은 감염병들이 간헐적으로 발생했지만, 대부분은 일시적인 관심을 받다가 점차 사람들의 기억에서 멀어지는 '변수'에 그쳤다. 반면, 정치적으로는 탈식민지화, 베를린 장벽 붕괴, 냉전 종식, 경제적으로는 1930년대 대공황, 1970년대 석유 파동, 사회적으로는 세계대전, 세계화, IT 혁명, 기후변화 등이 국가 정책과 글로벌 협력 구조에 지속적인 영향을 미치며 '상수'로 작동해 왔다. 하지만 21세기 들어 상황이 변하기 시작했다. 2003년 사스(SARS), 2009년 신종 인플루엔자, 2014~2016년 서아프리카 에볼라 유행이 연이어 발생하면서, 신종 감염병이 반복적으로 전 세계를 위협하기 시작한 것이다. 특히 코로나 19 팬데믹은 전례 없는 경제적·사회적 충격을 동반하며, 감염병이 단기적 위기가 아닌 지속적이고 반복적인 위협임을 전 세계에 각인시켰다.

신종 감염병이 더 이상 예상치 못한 변수가 아니라, 주기적으로 발생할 가능성이 높은 상수라면, 이에 대한 대비와 대응을 글로벌 차원에서 최우선 과제로 삼아야 한다. 그렇다면, 감염병 X가 상수라는 해석은 단순한 과장이 아니라, 지금 우리가 마주하고 있는 현실을 반영한 필연적인 결론이 아닐까? 감염병 X에 대한 논의는 단순한 과학적 가설이 아니라, 미래 감염병 위협에 대한 실질적인 경고이자 대비를 위한 전략이다. 과거 코로나 19 팬데믹처럼 예상치 못한 바이러스가 출현했을 때, 세계가 더 빠르고 효과적으로 대응할 수 있도록 하는 것이 핵심이다. 감염병 X에 대한 연구와 대비는 인류가 생존하기 위해 반드시 해결해야 할 중요한 과제 중 하나다.

박스 15 감염병 X - 구글이 묻고, 과학이 답하다

감염병 X에 대해 가장 많은 관심을 가지고 연구하는 기관 중 하나는 감염병예방 혁신연합(CEPI: Coalition for Epidemic Preparedness Innovations, 이하 혁신연합)이다. 감염병 X라는 개념은 백신 연구 및 개발을 촉진하기 위해 도입되었으며, 이는 혁신연합이 설립된 목적과도 일치한다. 혁신연합은 신종 감염병에 대한 대비를 목표로 백신 및 치료제 개발에 집중하고 있으며, 감염병 X는 이러한 연구의 핵심 개념 중 하나로 자리 잡았다. 아래의 Q&A는 구글 트렌드 데이터를 기반으로, 사람들이 가장 많이 검색한 감염병 X 관련 질문과 이에 대한 혁신연합의 공식 답변을 정리한 것으로 출처는 혁신연합 홈페이지이다.

구글: 감염병 X란 무엇인가?

혁신연합: 감염병 X(혹은 병원체 X)는 미래에 출현하여 심각한 국제적 전염병이나 팬데믹을 일으킬 가능성이 있는, 하지만 아직 알려지지 않은 병원체를 지칭하는 용어다. 2018년 2월, 감염병 X는 WHO 감염병 연구·개발 청사진에 포함되었으며, 이에 대한 연구와 투자 필요성이 국제적 우선순위로 지정되었다.

구글: 감염병 X가 실제로 존재하는가? 그리고 감염병 X는 사람을 죽일 수 있는가?

혁신연합: 감염병 X는 가설이며, 현재 실체가 존재하는 질병이 아니다. 그러나 감염병 X라는 개념이 등장한 배경은 미래에 인간 건강을 심각하게 위협할 수 있는 신종 감염병의 가능성이 매우 현실적이고 점점 커지고 있다는 점을 경고하기 위해서다. 가장 최근에 현실화된 감염병 X는 코로나 팬데믹을 유발한 코로나 19 바이러스(SARS-CoV-2)다. 코로나 19 팬데믹이 빠르게 확산된 이유는, 인류가 이에 대한 대비가 충분하지 않았기 때문이다. 그러나 백신이 신속히 개발되면서 감염과 사망률이 크게 감소했고, 백신이 출시된 첫해에만 약 2,000만 명의 생명을 구하였다.

구글: 감염병 X는 실제로 발생할 것인가? 그리고 언제쯤 등장할 것인가?

혁신연합: 다음 감염병 X가 언제, 어디서 등장할지 예측할 수 있는 사람은 아무도 없다. 하지만 분명한 것은, 언젠가는 또 다른 감염병 X가 출현할 것이며, 동물에서 인간으로 전파된 후 감염병 X가 시작될 가능성이 매우 크다는 사실이다. 최근 몇십 년 동안, 인간에게 심각한 질병과 사망을 초래하는 새로운 병원체가 점점 더 빈번하게 등장하고 있다. 21세기 들어서만 사스, 메르스, 지카 바이러스 등 여러 신종 바이러스 감염병이 출현했

고, 이는 앞으로도 계속 반복될 가능성이 높다. 이러한 위험은 기후 변화, 도시화, 생태계 파괴 등과 같은 환경적 요인으로 인해 더욱 증가하고 있다.

구글: 감염병 X가 다음 팬데믹을 일으킬 가능성이 있는가?

혁신연합: 다음 전염병 위협이 새로운 감염병 X로 나타날 가능성은 충분히 있다. 그러나 이미 알려진 병원균이 돌연변이를 일으키거나 재출현하면서 국제적인 감염병 위기가 발생할 수도 있다. 예를 들어, 치쿤구니야 바이러스처럼 기존 바이러스가 변하여 더 강한 전염성을 가지게 될 수도 있으며, 이는 결국 또 다른 팬데믹을 유발할 수 있다.

구글: 다음 감염병 X는 어디에서 발생할 가능성이 높은가?

혁신연합: 신종 감염병은 지구 곳곳에서 항상 새롭게 등장할 수 있으며, 대부분의 경우 박쥐와 같은 야생동물에서 넘어오는 과정을 거친다. 과학자들은 다음 감염병 X가 이미 인간에게 병을 일으킬 가능성을 보여준 약 25개의 바이러스 계열 중 하나에서 출현할 가능성이 높다고 보고 있다. 이러한 병원체들은 주로 열대우림 지역, 야생동물과 인간의 접촉이 빈번한 지역, 도시화가 빠르게 진행되는 지역에서 등장할 가능성이 크다.

구글: 아직 존재하지 않는 감염병 X에 대비할 방법이 있는가?

혁신연합: 감염병 X가 어떤 형태로 등장할지, 언제 출현할지를 정확히 예측할 수 없다고 해서 대비할 수 없는 것은 아니다. 과학자들은 신종 감염병이 출현할 가능성이 높은 25개의 바이러스 계열을 연구하고 있으며, 이를 바탕으로 백신 및 치료제 개발을 위한 전략을 구축하고 있다. 이러한 연구는 미래에 나타날 새로운 바이러스 질병에 대한 대응력을 높이는 데 중요한 역할을 한다. 특히, 플랫폼 기반 백신 개발을 통해 특정 병원체에 대한 백신을 미리 준비해 두는 전략이 사용되고 있다. 이러한 방식은 신종 감염병이 발생했을 때 신속한 백신 개발과 대량 생산이 가능하도록 하며, 미래의 감염병 X에 대한 대응력을 높일 수 있다.

3. 변수에서 상수로: 팬데믹은 이미 시작되었다

이제 신종 감염병은 정책적 '상수'로 이해되어야 한다고 앞서 기술하였다. 다시 말해, 감염병 발생 이후 대응하는 방식에서 벗어나, 처음부터 팬데믹 발생을 전제로 정책과 전략을 수립해야 한다는 것이다. 이러한 흐름은 과거 국제사회가 대규모 전쟁을 인식했던 방식과도 유사하다. 제1차 세계대전이 끝난 직후, 제2차 세계대전이 발발하자 세계는 '또 다른 전쟁의 가능성'이 아닌 '전쟁의 필연성'을 받아들이게 되었다. 이에 따라 미국은 제3차 세계대전을 방지하기 위해 유엔(UN)의 창설을 주도하였고, 이를 실현하기 위해 당시 동유럽의 공산화와 같은 정치적 타협도 감수하였다.[11] 전쟁은 더 이상 변수(variable)가 아니라 상수(constant)였던 것이다. 이와 마찬가지로, 앞으로의 국제질서와 정책 설계에서 신종 감염병의 예방·대비·대응은 핵심적인 고려 요소가 될 것이다. 이는 단순히 보건의료 영역에 국한된 문제가 아니다. 정치, 경제, 사회 전반에 걸쳐 정책 결정과 리스크 관리의 근간을 구성하는 핵심 의제가 되어야 하며, 팬데믹은 이제 전 지구적 거버넌스와 전략의 중심에 놓여야 할 '상수'가 되었다. 그리고 더 이상 변수가 아닌 상수로 우리에게 다가온 신종 감염병과 팬데믹은 우리에게 다음의 질문을 던진다. '다음 팬데믹은 이미 시작된 것이 아닐까?'

앞서 4장에서 '신종 감염병은 어떻게 발생하며, 왜 증가하고 있나'에 대해 살펴보며, 그 원인 증가를 살펴보았다. 인구 증가 및 그로 인한 인류의 대응 방식(새로운 경작지 확보, 공장식 축산의 도입 등), 세계화 및 도시화의 가속화 그리고 기후 온난화로 인한 영향 등이다. 이는 단순한 우연이 아니라, 인류 문명의 구조적 조건들이 낳은 필연적인 결과로 볼 수 있다.

그렇다면 '다음 팬데믹은 이미 시작된 것인가?'라는 질문에 우리는 어떤 관점에서 접근해야 할까? 이 질문은 다음의 세 가지 측면에서 고찰할 수 있다. 첫째, 과학적 측면이다. 동물에서 사람으로 병원체가 전파되는 인수공통 감염병

11 제2차 세계대전 당시 독일에 대항하여 싸운 연합국(미국, 영국, 소련)의 승리가 점쳐지던 1945년 2월 4-11일까지 소련 크림반도(우크라이나)의 얄타에서 미국의 루즈벨트 대통령, 영국의 처칠 수상 그리고 소련의 스탈린 서기장이 제2차 세계대전 이후의 세계질서와 영토분할을 논의하기 위해 회담을 한다. 당시 루즈벨트 대통령은 제3차 세계대전을 막기 위해 유엔(UN)을 창설해야 한다는 생각이 매우 강하였다. 그리고 소련의 유엔 참여 약속을 얻어내기 위해 동구 유럽이 공산권으로 재편되면서 소련의 영향력하에 두어야 한다는 스탈린의 주장에 동의한다. 처칠은 이를 막기 위해 루즈벨트를 설득하고, 백방의 노력을 기울이지만 끝내 실패하고 만다. 루즈벨트에게 (제3차) 세계대전의 예방은 할 수 있으면 좋고 할 수 없으면 어쩔 수 없는 '변수'가 아니고, 반드시 관철시켜야만 하는 '상수'였다. 얄타에서의 루즈벨트는 처칠의 파트너가 아니라 스탈린의 파트너에 가까웠던 것처럼 보일 정도였다. (참조: 얄타, 8일간의 외교전쟁, 세르히 플로히 저, 역사비평사)

의 종간감염은 지금 이 순간에도 세계 곳곳에서 발생하고 있다. 에볼라, 조류독감등은 이미 국지적 유행을 반복 중이며, 이들이 언제 글로벌 팬데믹으로 확산될지는 아무도 모른다. 즉, 팬데믹의 씨앗은 이미 자연계 또는 지역사회에서 자라고 있으며, 그것이 발화되기만을 기다리고 있다. 둘째, 사회 구조적 측면이다. 동물과 인간의 접촉 증가, 생태계 파괴, 세계화, 도시화 등 팬데믹을 가능케 하는 조건들은 해소되지 않았고, 여기에 백신 불평등, 공공보건 시스템의 분절성, 만성적인 의료 인력 부족 등은 각국의 팬데믹 대응 역량을 현저히 약화시키고 있다. 이런 구조적 취약성으로 인해 다음 팬데믹은 이미 시작된 셈이라는 주장이다. 셋째, 경고적 측면이다. 매우 엄밀히 말하면 1~2달 후에 팬데믹에 도달케되는 신종 감염병이 최근 새로 유행을 시작한 것은 아니기 때문에 이미 시작되었다고 이야기하는 것은 부적절할지도 모른다. 하지만 앞의 두 가지 이유로 인해 이미 시작된것이나 다름없고, 따라서 '올 것인가, 오지 않을 것인가'의 문제가 아니라 '언제 올 것인가'의 문제로 보아야 한다는 일종의 경고적 메시지로 보아야 할 것이다. 팬데믹의 등장은 더 이상 '가능성'의 문제가 아니라, 인류 문명의 구조와 환경 변화에 따라 반복적으로 나타나는 '예정된 현실' 일 가능성이 크다.

그렇다면 팬데믹은 언제, 어디서 나타날 것인가?

한 연구에 따르면, 한 사람이 평생 동안 또 다른 팬데믹을 경험할 확률은 약 17퍼센트이며, 앞으로 수십 년 내에 최대 44퍼센트까지 증가할 가능성이 있다고 한다.[12] 지난 100년 동안 대규모 팬데믹은 다섯 차례 발생하였으며, 길게는 40년, 짧게는 10년 간격으로 반복되었다.[13] 만약 에볼라, 사스, 지카처럼 지

---

12 Marco Marani, et al. Environmental sciences. Intensity and frequency of extreme novel epidemics. Aug 23, 2011. 118.

13 1918년의 스페인 독감 이후 약 40년이 지나서 아시아 독감이 1957년 발생하였고, 아시아 독감 이후 약 10년후에 홍콩 독감이 발생하였다. 그 후에도 비슷한 패턴이 반복되었다. 즉, 1968년의 홍콩 독감 이후 약 40년이 지나 신종 플루 대유행이 2009년 발생하였으며, 그 이후 약 10년 정도

역적으로 큰 문제를 일으킨 감염병까지 포함하면, 그 발생 빈도는 훨씬 더 높아진다. 필자는 보건대학원에서 신종 감염병을 가르칠 때, 젊은 대학원생들에게 다음과 같이 이야기하곤 한다. “나는 나이 60을 넘어 70을 향해 가고 있으니 남은 인생 동안 팬데믹을 한 번 정도 겪을 가능성이 있다(운이 좋다면 전혀 경험하지 않을 수도, 운이 나쁘다면 두 번 이상?). 하지만 20~30대인 여러분은 앞으로 살면서 아마도 두세 번, 혹은 그 이상 팬데믹을 겪게 될 수도 있다. 그러니 이 강의를 열심히 듣고, 충분한 내공을 쌓기 바란다.” 이 이야기를 할 때마다 쉽사리 입이 떨어지지 않는다. 그러나 객관적인 정보와 지식을 전달해야 한다는 책임감에, 무거운 마음으로 조심스럽게 말하곤 한다.

향후 심각한 신종 감염병이나 팬데믹이 발생할 가능성이 높은 지역으로 다음과 같은 곳들이 거론되고 있다.[14]

(1) 동남아시아 및 남아시아

야생동물과 인간의 접촉이 많고, 인구밀도가 높으며 도시화가 빠르게 진행되고 있다(예: 중국, 인도네시아, 인도, 방글라데시 등).

(2) 아프리카

야생동물 시장과 사냥, 열대우림 파괴 및 생태계 변화, 취약한 의료 시스템이 주요 원인으로 꼽힌다(예: 나이지리아, 콩고, 우간다 등).

지나 코로나 팬데믹이 발생하였다.

14 UN Environment program. Preventing the next pandemic: Zoonotic diseases and how to break the chain of transmission. 2020.

(3) 중남미

아마존 열대우림 지역의 산림 파괴, 기후변화로 인한 생태계 변화, 원주민 지역의 낙후된 보건의료 인프라에 기인한다(예: 브라질, 페루 등).

팬데믹의 발생은 단순한 가능성이 아니라 필연적인 과정일 가능성이 크다. 특히, 야생동물 기원의 병원체와 인수공통 감염병이 차기 팬데믹을 유발할 확률이 높으며, 동남아시아, 아프리카, 중남미 등의 지역이 주요 발생지가 될 가능성이 높다. 과학자들이 다음 팬데믹이 발생할 가능성을 17~44퍼센트로 예측하는 지금, 우리는 더 이상 '만약'이 아니라 '언제'라는 질문을 던져야 할 시점에 와 있다.

Chapter 10
미래 팬데믹, 어떻게 대비할 것인가

이제 우리는 이 책의 결론부에 도달하였다. 앞서 살펴본 것처럼, 신종 감염병과 팬데믹은 더 이상 '올 것인가, 안 올 것인가'의 문제가 아니다. 이제는 단지 '언제, 어떻게 올 것인가'를 준비해야 하는 시대에 접어들었다. 신종 감염병은 과거처럼 드문 예외적 사건이 아니라, 주기적으로 반복되는 일상적 위협으로 자리 잡았다. 심지어 아직 인류 사회에 등장하지도 않은, 이름조차 없는 가상의 병원체인 '감염병 X'마저 국제보건의 주요 의제로 다뤄지고 있다. 이러한 현실은 결코 이론에 그치지 않는다. 2022년, 전 세계가 코로나 19 백신 확보에 총력을 다하던 시기에 WHO는 엠폭스(mpox)에 대해 국제공중보건 비상사태를 선포하였다. 그리고 지금 이 순간에도 북미와 유럽에서는 고병원성 조류독감이 인간 간 전파를 시작했다는 보고가 나오며, 또 다른 팬데믹으로 번질 가능성에 대한 우려가 커지고 있다.

그러나 인류의 감염병 대응 방식은 여전히 '패닉과 방관의 악순환(panic and neglect cycle)'이라는 오래된 틀을 벗어나지 못하고 있다. 새로운 감염병이 출현하면 사회 전체가 공포에 휩싸여 과잉 대응하지만, 위기가 다소 진정되면 금세 기억은 희미해지고 대비는 뒷전으로 밀려난다. 팬데믹 초기에는 막대한 긴급 예산이 투입되고 전국 봉쇄 같은 극단적 조치가 시행되지만, 얼마 지나지 않아 그러한 시스템은 해체되거나 흐지부지된다. 결국 위기가 사라지면 준비도 사라지는 반복이 이어져 왔다.

코로나 19 이후, 세계는 분명 이전과 이후로 나뉘었다. 많은 이들이 그 집단적 트라우마를 빨리 잊고 싶어 하지만, 우리는 반드시 기억하고 대비해야 한다. 감염병 대응이 다시 뒷순위로 밀리고 있는 지금, 국제사회와 각국 정부는 팬데믹 예방과 대비의 책임을 결코 방치해서는 안 된다. 이 마지막 장에서는 지금의 글로벌 팬데믹 대비체계가 어떤 한계에 직면해 있는지를 먼저 살펴보고, 이어서 향후 세계가 준비해야 미래 팬데믹 대비를 위한 5가지 제안을 하면서 책을 마무리하고자 한다.

1. 글로벌 팬데믹 대비 현황

코로나 팬데믹이 어느 정도 진정된 후, 지난 2~3년 동안 전 세계적으로 팬데믹 대비를 위한 논의가 진행되어 왔다. 그렇다면, 현재 글로벌 팬데믹 대비 수준은 어느 정도일까? 이를 비교적 객관적으로 평가하는 두 개의 주요 글로벌 보고서를 살펴보자.

첫 번째는 '팬데믹 대비 및 대응을 위한 독립 패널'에서 발표한 보고서다. 팬데믹 대비 및 대응을 위한 독립패널은 WHO 세계보건총회의 결의안에 따라 2020년 9월 설립되었는데 글로벌 코로나 팬데믹 대응을 평가하고, 미래의 팬데믹 대비를 위한 권고 사항을 제시하는 것이 목적이었다. 이 패널은 헬렌 클라크 전 뉴질랜드 총리와 엘렌 존슨 설리프 전 라이베리아 대통령이 공동의장으로 참여하고 있다. 설립 6개월후인 2021년 5월의 '코로나 19: 마지막 팬데믹으로 만들자'는 제목의 리포트는 팬데믹 첫 1년의 글로벌 대응에 대한 객관적인 평가서로 많은 주목을 받았다. 그리고 2024년 6월 후속 리포트인 '지도자들은 팬데믹 대비를 위해 단결해야 한다'를 통해 팬데믹 준비의 글로벌 상황을 분석 평가 하였다. 이 보고서는 각국 정부와 국제기구들이 팬데믹 방지를 위해 여러 노력을 기울이고 있지만, 현재의 속도로는 미래 팬데믹을 종식시킬 수 없다고 지적하였다. 특히 글로벌 팬데믹 대비 수준이 기대에 미치지 못하며, 다음과 같은 세 가지 문제를 강조하였다. 첫째, 재정 투자 부족이다. 특히 저소득 및 중간소득 국가의 공중보건 시스템이 취약한데도 이에 대한 지원이 부족한 상황이다. 둘째, 백신 및 치료제에 대한 접근 불평등이다. 개발도상국과 선진국 간 격차가 여전히 크며, 이는 글로벌 신뢰 부족을 심화시키는 요인이 되고 있다. 셋째, 감염병 대비를 위한 고위 레벨의 정치적 헌신이 부족하다. 팬데믹 대응이 각국 정부의 우선순위에서 밀려나고 있으며, 이에 따라 대통령과 총리급 지도자들의 적극적인 개입이 필요하다고 보고서는 강조하였다.

두 번째 보고서는 '글로벌 팬데믹 대비 모니터링 위원회'에서 발표한 '위험에 처한 세계'라는 리포트다(이하 모니터링 위원회). 모니터링 위원회는 서아프리카 에볼라 사태를 계기로 WHO와 세계은행이 2018년 공동 설립한 독립 기관으로, 글로벌 보건 위기의 대비 상태를 평가하고 보고하는 역할을 맡고 있다. 이 위원회가 2019년 처음 발간한 보고서 '위험에 처한 세계'에서는 인류가 수천만 명의 인명 피해를 초래할 호흡기 감염병 팬데믹의 위협 아래 놓여 있으며, 각국 지도자들이 이에 대한 대비를 제대로 하지 않고 있다고 경고하였다. 그리고 불과 3개월 후, 코로나 팬데믹이 발생하였다. 이후 모니터링 위원회는 매년 보고서를 발간하고 있으며, 가장 최근인 2024년 보고서 '팬데믹 위험의 변화하는 양상'에서는 팬데믹 대비와 관련해 세 가지 핵심 요소를 강조하였다. 첫째, 신뢰 부족이 팬데믹 대응을 약화시키는 주요 요인이라는 점이다. 국가 간 신뢰뿐 아니라 정부와 시민 간 신뢰가 매우 중요하며, 신뢰가 무너지면 효과적인 대응이 불가능 해진다. 둘째, 감염병 확산은 단순한 우연이 아니라 생태계 변화에 의해 발생하므로, 원헬스(One Health) 접근법이 필수적이라는 점이다. 인간과 동물, 환경의 건강은 서로 연결되어 있으며, 감염병 예방을 위해서는 이 세 요소를 통합적으로 관리해야 한다. 셋째, 공평성이 팬데믹 대응의 성패를 결정하는 요소라는 점이다. 백신과 치료제의 공평한 분배가 이루어지지 않으면 감염병 통제 자체가 실패할 가능성이 크다. 이처럼 글로벌 팬데믹 대비는 아직 미흡한 수준이며, 신뢰, 원헬스, 공평성이 미래 팬데믹 대응의 핵심 키워드로 자리 잡고 있다.

2020년 코로나 팬데믹 이후, 국제사회는 감염병 대응 역량을 강화하기 위해 다양한 조치를 시행해 왔다. 대표적으로, 인수공통 감염병의 조기 감시체계를 구축하는 노력이 이루어졌으며, 그 일환으로 2021년 9월 독일 베를린에 팬데믹 및 감염병 정보 허브(Pandemic and Epidemic Intelligence Hub)가 설립되었다. 이 허브는 전 세계의 감염병 데이터를 수집하고 분석하여 신종 감염병의 조기 경보 시스템을 강화하는 역할을 맡고 있다. 또한, 개발도상국의 팬데믹 예방, 대비, 대응 역량을 강화하기 위한 재정 지원이 이루어졌다. 2022년 9월, 세계은행은 팬데믹 펀드를 설립하여 개발도상국들이 감염병 위기에 보다 효과적으로 대응할 수 있도록 지원하고 있다. 하지만 현재까지의 모금 실적은 기대에 미치지 못하고 있으며, 팬데믹 대응 역량이 가장 취약한 국가들이 실질적인 혜택을 받을 수 있도록 지속적인 재정 지원과 국제사회의 협력이 필요하다. 이와 함께, 글로벌 차원의 위기 대응 역량을 강화하기 위해 국제적 규범도 개정되었다. 2024년 6월, WHO는 국제보건규칙을 개정하여 감염병 발생 시 더욱 신속하고 효과적으로 대응할 수 있도록 법적·제도적 기반을 강화하였다. 그러나 이러한 조치에도 불구하고, 현재까지의 팬데믹 대비 성적표는 여전히 미흡하다는 것이 국제사회의 전반적 평가이다. 특히, 팬데믹 대응에서 가장 중요한 요소 중 하나로 꼽히는 백신 접근성과 관련하여, 글로벌 팬데믹 조약의 체결이 차질을 빚으면서 국가 간 신뢰 회복의 기회를 놓쳤다는 점이 문제로 지적되고 있다. 원래 계획대로라면 2024년 5월까지 글로벌 팬데믹 조약이 체결되어야 했으나, 주요 국가들 간의 입장 차이로 인해 합의 도출에 실패하였다. 이는 백신 민주주의 실현의 첫걸음이 될 중요한 기회를 상실한 것이며, 향후 글로벌 보건 거버넌스의 신뢰성에도 부정적인 영향을 미칠 가능성이 크다.[15]

전문가들은 개발도상국의 팬데믹 대비 역량을 강화하기 위해서는 매년 100~150억 달러의 추가 국제 자금이 필요하다고 보고 있다. 그러나 현재까지 G20의 지원 아래 설립된 팬데믹 펀드의 첫 2년간 모금액은 저조한 상태이며,

---

15 2025년 8월 현재, 글로벌 팬데믹 조약은 2025년 5월 합의에 이른 상태이다. 하지만 가장 중요한 '병원체 접근 및 이익 공유' 조항은 합의에 실패하여 2026년 5월까지 논의가 계속될 전망이며, 합의가 되면 조약의 부록으로 후에 첨부될 예정이다.

목표 금액을 달성하기까지는 갈 길이 멀다. 또한, 감염병 예방을 위한 원헬스 접근법을 실현을 위한 상당한 추가 자금이 필요하지만, 현재까지 이에 대한 구체적인 재정 확보 계획조차 마련되지 않은 상태이다. 원헬스는 인간과 동물, 환경을 통합적으로 관리하는 접근법으로, 팬데믹 예방을 위한 핵심 전략 중 하나로 꼽히지만, 실질적인 실행을 위한 재정적 뒷받침이 부족하다는 점이 가장 큰 걸림돌이 되고 있다.

결국, 코로나 19 팬데믹을 겪은 이후 전 세계는 극심한 피로감 속에서 감염병 대응에 대한 관심을 점차 잃어가고 있으며, 이는 무관심과 방관으로 이어질 가능성이 크다. 팬데믹 초기에는 국제사회가 감염병 대응 체계를 재정비하고 강화하겠다는 강한 의지를 보였지만, 시간이 지나면서 이러한 노력이 점차 흐려지고 있다. 팬데믹의 위기와 공포가 지나갔다고 해서 경각심까지 사라져서는 안 된다. 미래의 감염병 위기에 효과적으로 대응하기 위해서는 지금의 경계를 늦추지 않고, 지속적인 관심과 투자가 이루어져야 한다.

2. 미래 팬데믹 대비를 위한 5가지 제안

그렇다면 미래 팬데믹 대비를 효과적으로 하기 위해서는 무엇을 어떻게 해야 할까? 다음의 5가지를 제안한다.

(1) 팬데믹 대비의 패러다임을 대응중심에서 예방중심으로 전환해야 한다

코로나 19 팬데믹은 단순한 의료적 대응만으로는 감염병의 확산을 막기 어려우며, 사전에 예방 조치를 마련하지 않으면 의료 시스템과 경제가 심각한 타격을 받을 수밖에 없다는 점을 여실히 보여주었다. 기존의 대응 중심 전략은 백신 개발, 치료제 확보, 병상 확충, 긴급 자금 지원과 같은 사후 조치에 집중하는 방식이었다. 그러나 이러한 접근법은 팬데믹이 이미 발생한 후에야 작동하기 때문에 사회적·경제적 피해를 최소화하는 데 한계가 있다. 예를 들어, 코로나 19 대응을 위해 전 세계적으로 약 12조 달러가 소모되었으나, 이러한 비용 중 상당 부분은 이미 확산된 감염병을 통제하는 데 사용되었다. 이에 비해, 예방을 위한 연간 투자 비용은 약 100~110억 달러 수준으로 예상되며, 이는 코로나 팬데믹 대응 비용의 1퍼센트 미만에 불과하다. 즉, 사전에 충분한 예방 조치를 마련하면 팬데믹으로 인한 엄청난 경제적 손실과 사회적 혼란을 막을 수 있다는 것이다.[16]

이러한 예방 중심의 전략을 실현하기 위해 국제사회는 원헬스(One Health) 접근법을 강화할 필요가 있다. 원헬스는 인간, 동물, 환경이 서로 긴밀하게 연결되어 있다는 인식에 기반하여, 감염병 발생을 사전에 차단하는 것을 목표로 한다. 특히, 동물에서 인간으로 전파될 가능성이 높은 인수공통 감염병을 조기에 감시하고 대응하는 것이 필요하다. 독일 베를린에 설립된 팬데믹 및 감염병 정보 허브와 같은 조기 감시 체계를 확대하고, 개발도상국에서도 유사한 시스템을 구축할 수 있도록 국제적 지원을 강화해야 한다. 그러나 원헬스를 실현하기 위해서는 연간 약 110억 달러의 추가 자금이 필요하다는 점이 문제로 남아 있다. 현재까지도 원헬스에 대한 구체적인 재정 확보 계획이 마련되지 않은 상태이며, 이에 대한 국제적 논의가 시급하다.

예방이란 야생동물에서 인간으로 전파될 가능성이 있는 종간 감염(Spillover)을 사전에 차단하는 것을 포함한다. 감염병이 인간 사회로 유입되는 경로는 다양하지만, 특정한 환경적·사회적 요인들이 이러한 종간 감염의 발생 가능성을 높이고 있다. 첫 번째 요인은 자연 생태계의 파괴와 이에 따른 인간과 야생동물 간 접촉 증가이다. 산림이 벌채되고 도시화가 진행되며 농경지가 확장됨에 따라 야생동물이 기존의 서식지를 잃고 인간 거주 지역과 가까워지고 있다. 이로 인해 박쥐, 설치류, 영장류 등과 같은 야생동물에서 신종 병원체가 인간에게 유입될 위험이 높아진다. 두 번째 요인은 집약적 농업과 대규모 가축 사육

16 World Bank. Investing in One Health to Reduce Risks of Emerging Infectious Diseases. 2022.

의 확산이다. 좁은 공간에서 밀집 사육되는 가축들은 바이러스가 변이하고 빠르게 확산될 수 있는 최적의 환경을 제공한다. 돼지, 닭, 소와 같은 가축들은 인플루엔자 바이러스의 중간 숙주가 될 가능성이 높으며, 이 과정에서 변종 바이러스가 발생하여 인간에게 전파될 위험이 커진다. 세 번째 요인은 기후 변화와 생태계 변화이다. 지구 온난화로 인해 감염병을 매개하는 모기와 같은 곤충들의 서식지가 확장되면서 열대 지역뿐만 아니라 온대 지역에서도 말라리아나 뎅기열과 같은 감염병이 증가하고 있다. 이러한 기후 변화는 감염병의 지리적 확산뿐만 아니라, 기존에 존재하지 않던 지역에서도 새로운 감염병이 출현할 가능성을 높인다. 종간 감염을 예방하기 위해 국제사회는 원헬스 접근법을 적용하고 있다. 원헬스는 단순한 감염병 대응이 아니라, 감염병의 발생 자체를 원천적으로 차단하는 전략을 의미한다. 이를 위해 감염병 감시 네트워크를 구축하여 박쥐나 설치류와 같은 주요 감염원을 지속적으로 모니터링하고, 산림 벌채와 농경지 확장이 감염병 확산에 미치는 영향을 연구하는 등의 노력이 필요하다. 또한 생태계를 보호하고 불법 야생동물 거래를 단속하는 조치도 필수적이며, 밀집 사육 환경을 개선하여 가축을 통한 병원체 전파 가능성을 줄여야 한다. 인수공통 감염병을 조기에 감시할 수 있는 시스템을 마련하는 것도 중요한 과제 중 하나이다.

원헬스는 단순히 감염병 예방을 위한 협의적 개념을 넘어, 인간 건강과 동물 건강, 그리고 환경 건강이 서로 긴밀하게 연결되어 있다는 인식을 바탕으로 한 포괄적인 접근법이다. 이는 단순히 인간을 위한 보건의료 체계를 강화하는 것이 아니라, 동물과 생태계 보호까지 포함해야만 감염병 예방이 가능하다는 원칙을 기반으로 한다. 즉, 인간과 동물, 환경 모두가 최적의 건강을 유지해야 하며, 이를 통해 감염병 발생을 줄이고 항생제 내성 문제도 효과적으로 관리할 수 있다. 예를 들어, 기후 온난화로 인해 모기 개체 수가 증가하면 이들이 매개하는 감염병 또한 확산될 가능성이 높아진다. 따라서 감염병 예방을 위해서는 단순한 백신 접종이나 치료제 개발만이 아니라, 환경 보호와 탄소 중립을 통한 기후변화 대응이 병행되어야 한다. 인간 중심의 전통적인 감염병 대응 방식은 이미 감염병이 유입된 후의 대책에 불과하므로, 보다 근본적인 차원에서 동물 건강과 생태계 회복을 동시에 고려하는 전략이 필수적이다. 감염병 예방을 위한 핵심 요소는 인간과 동물의 접촉을 최소화하고, 인수공통 감염병의 조기 감시 체계를 확립하여 팬데믹 발생 위험을 사전에 줄이는 것이다.

원헬스 개념은 2000년대 초반에 등장하였으며, 2005년 세계은행이 조류독감 대응을 위해 이를 활용하면서 주목받기 시작하였다. 그러나 현실적인 어려움과 막대한 재정 부담으로 인해 적극적으로 추진되지 못하다가, 코로나 19 팬데믹을 계기로 다시 한 번 국제적 관심을 받게 되었다. 이에 따라 2022년, WHO, FAO(유엔식량농업기구), WOAH(세계동물보건기구), UNEP(유엔환경계획) 등 네 개의 국제기구가 공동으로 '원헬스 국제기구 4자 협의체 행동계획'을 발표하며 보다 체계적인 전략을 수립하였다. 이 행동계획에는 다음과 같은 6가지 실행과제가 포함되어 있다.

① 신종 인수공통 감염병 위험 감소 및 예방

② 원헬스 접근법을 활용한 보건의료체계 강화

③ 동물 풍토병 및 매개체 감염병의 통제 및 확산 방지

④ 식품 안전을 위한 위해성 평가 및 관리

⑤ 조용히 확산되고 있는 항생제 내성 팬데믹의 통제

⑥ 생물 다양성과 기후변화 등 환경 문제에 대한 적극적인 개입

이와 같은 원헬스 접근법은 단순한 감염병 대응을 넘어, 장기적으로 지속가능한 건강한 환경을 조성하는 것을 목표로 한다. 이를 위해 국제적 협력이 필수적이며, 보다 체계적인 감시 시스템과 재정 지원이 뒷받침되어야 한다. 팬데믹을 예방하는 것은 단순한 보건의 문제가 아니라, 환경 보호와 지속 가능한 발전을 위한 필수 과제라는 점에서 원헬스의 중요성이 더욱 강조되고 있다.

원헬스는 인간, 동물, 그리고 환경을 하나의 시스템으로 통합적으로 이해하는 이상적인 전략이다. 그러나 이를 실현하기 위해서는 여러 장벽을 극복해야 한다. 가장 근본적인 문제는 전통적으로 공중보건 정책과 자원이 인간 중심

적인 패러다임 속에서 형성되어 왔다는 점이다. 감염병 예방, 감시, 진단, 치료, 백신 개발과 같은 보건 정책들은 오랜 기간 인간의 건강을 직접 개선하는 데 초점을 맞춰 왔다. 이에 반해 동물 및 환경 보건은 상대적으로 부차적인 문제로 여겨졌으며, 그 중요성이 정책적 우선순위에서 밀려나는 경우가 많았다. 정책 입안자들과 대중 또한 감염병을 인간 중심의 문제로 이해하는 경향이 강하였다. 그 결과, 감염병 대응이 필요하다는 인식은 코로나 19나 에볼라와 같이 인간에게 직접적인 영향을 미치는 감염병이 발생한 이후에서야 높아졌다. 반면, 환경 보호나 동물 건강 문제는 장기적인 관점이 필요한데다 단기간 내 가시적인 효과를 보기 어렵기 때문에 정책적으로 후순위로 밀려나는 경우가 많았다. 야생동물 감시 체계를 구축하거나, 산림 벌채를 중단하는 것이 인수공통 감염병의 위험을 낮출 수 있다는 사실은 이미 알려져 있다. 그러나 이러한 조치가 실질적으로 감염병 발생을 얼마나 줄일 수 있는지 단기적으로 계량화하거나 입증하기 어렵다. 또한, 특정 감염병이 야생동물 거래로 인해 발생했는지, 환경 파괴 때문인지, 혹은 여러 요인이 결합된 결과인지 명확하게 구분하는 것도 쉽지 않다. 이러한 불확실성 때문에 야생동물 감시와 자연 보존을 위한 자원 배분이 미뤄지는 경우가 많았으며, 감염병 예방을 위한 장기적인 투자가 지속적으로 부족한 상황이 반복되었다.

원헬스를 실현하기 위해서는 팬데믹 대비의 패러다임 자체를 전환해야 한다. 기존처럼 감염병이 발생한 후 대응하는 수동적이고 단기적인 방식에서 벗어나, 감염병 발생 가능성을 근본적으로 낮추는 장기적인 정책으로 전환해야 한다. 이를 위해서는 보건, 농림, 환경 등 관련 부처 간 협력을 강화하고, 단순한 선언적 합의가 아니라 실제 정책과 예산 배분에 있어 동물 건강과 환경 보건에도 균형 잡힌 투자가 이루어져야 한다. 원헬스가 단순한 수사적 개념에 그치지 않고 실질적인 감염병 예방 체계로 자리 잡기 위해서는 국제적 차원에서의 협력뿐만 아니라, 각국의 정책적 변화와 실행 의지가 필수적이다. 그렇지 않다면, 인류는 또다시 감염병의 위협을 반복해서 맞이할 수밖에 없을 것이다.

(2) 미래 팬데믹은 봉쇄없이 대응할 수 있어야 한다

다음 팬데믹은 더 이상 봉쇄(lockdown)에 의존하지 않아야 한다. 봉쇄는 중세 흑사병 시기처럼 병의 원인도 모르고, 세균이나 바이러스와 같은 병원체의 개념조차 없던 시대에나 사용되었던 방식이며, 현대 사회에서는 비인권적이고 비효율적인 대응 방법으로 평가된다. 코로나 19 팬데믹 초기, 중국 우한에서 도시 전체를 봉쇄했을 때 서방 국가들은 이를 강하게 비판하며 비윤리적 결정이라고 비난하였다. 그러나 이후 감염병이 걷잡을 수 없이 확산되면서 이탈리아를 시작으로 유럽과 북미 대부분의 국가들이 봉쇄 조치를 도입할 수밖에 없었다. 경제 활동이 마비되었고, 교육이 중단되었으며, 무역이 정체되었다. 한국과 대만 등 일부 동아시아 국가들을 제외하고, 전 세계 대부분의 국가들이 결국 봉쇄라는 극단적인 선택을 하게 되었다. 봉쇄 조치는 시민들에게 마치 감옥과 같은 생활을 강요하였고, 사회적 불안과 경제적 피해를 심화시켰다. 만약 다음 팬데믹 때, 세계 각국이 공포에 빠져 자신을 감옥(집)에 가두는 방식으로 대응한다면, 코로나 19에서 배운 교훈은 아무 의미도 없을 것이다. 미래 팬데믹 때 최소한의 품위를 지키면서, 사회를 정상적으로 유지할 수 있는 대응 체계를 마련하는 것이 정말 불가능한 일인가?

이러한 상황이 벌어진 이유는 명확하다. 팬데믹 초기에 효과적인 대응 전략과 시스템을 갖추지 못했기 때문에 각국 정부는 극단적인 봉쇄를 선택할 수밖에 없었다. 그러나 다음 팬데믹이 발생했을 때도 동일한 방식으로 대응해야 한다면, 인류는 다시 한 번 같은 실수를 반복하게 되는 것이다. 그렇다면, 다음 팬데믹에서는 봉쇄 없이 대응하는 것이 가능할까? 팬데믹 상황에서 사회적 혼란과 공포를 최소화하고, 봉쇄 없이 대응하기 위해서는 보다 정교한 감염병 조기 감시 시스템과 신속한 대응 체계가 필요하다. 감염병이 확산되기 전에 조기에 탐지하고, 효과적인 방역 조치를 취할 수 있다면, 대규모 확산을 막으면서도 경제적·사회적 피해를 최소화할 수 있다. 이를 위해서는 강력한 공공보건 시스템, 신속한 진단 기술, 효과적인 백신 및 치료제 개발, 그리고 글로벌 협력 체계가 필수적이다.

자연은 언제든지 새로운 바이러스를 인류 사회에 보낼 수 있다. 중요한 것은 그 바이러스가 출현했을 때 인류가 어떻게 대응하느냐이다. 인류는 코로나 19 팬데믹을 맞이하면서 가능한 모든 공중보건 정책을 총동원하였다. 북미와 유럽을 포함한 많은 국가들은 팬데믹 초기 선제적 대응에 실패하며 결국 봉쇄라는 극단적인 선택을 할 수밖에 없었다. 이에 대한 보다 자세한 분석은 '박스 8: 왜 유럽과 북미의 의료 선진국들은 환자 및 접촉자 추적에 실패하였는가?'에서 다루었다.

봉쇄 없이 팬데믹을 이겨내기 위해서는 단순히 빠르게 대응(예를 들어 봉쇄)하는 것이 중요한 것이 아니라, 무엇을 어떻게 하느냐가 핵심이다. 각 국가가 환자 발견 및 접촉자 추적을 얼마나 신속하고 적극적으로 시행하는지가 결정적인 차이를 만든다. 팬데믹 초기에 이에 실패한다면 전국적 봉쇄라는 고통스러운 선택지 외에는 대안이 남지 않게 된다. WHO가 국제공중보건 비상사태를 선포할 즈음에는 대부분의 국가에서 첫 환자가 발생할 가능성이 높다. 이 결정적인 시점에서 감염병의 확산을 차단하지 못하면 이후의 대응은 점점 더 어려워질 수밖에 없다. 대만, 한국, 베트남, 뉴질랜드 등 일부 국가들은 이 시기에 강력한 조기 발견 및 격리 시스템을 가동함으로써 지역사회 감염을 최소화하는 데 성공하였다.[17] 봉쇄를 피하기 위해서는 환자와 접촉자의 격리가 선택 사항이 아니라 필수 사항이다. 감염병 확산을 억제하려면 신속하고 체계적인 선제적 대응이 필요하며, 이를 위해 여러 가지 요소들이 뒷받침되어야 한다. 효과적인 대응을 위해서는 다음과 같은 준비가 필수적이다. 첫째, 진단 시약을 신속하게 개발하고 대량 생산할 수 있어야 한다. 빠른 감염병 진단은 초기에 감염원을 차단하는 데 핵심적인 역할을 한다. 둘째, 개인 보호장비, 마스크, 의

17 코로나 19의 경우 WHO가 국제공중보건 위기상황을 선포하는 날로부터 약 2주~3주 정도 전후해서 각 국가마다 첫 환자가 발생하였다. 2020년 1월 30일 국제공중보건 위기상황이 선포되었다. 그리고 각 지역별 첫 환자 발생일은 태국 1월 13일, 한국 1월 20일, 북미 1월 20일, 유럽 1월 24일, 오세아니아 1월 25일, 아프리카 2월 14일, 남미 2월 26일이었다.

료 장비를 충분히 확보해야 한다. 감염병 유행 시 의료진이 안전하게 근무할 수 있도록 충분한 보호 장비를 제공하는 것이 중요하다. 셋째, 감염병 전문 병상과 중환자 치료시설을 확충해야 한다. 의료 시스템이 감염병 환자로 인해 과부하되지 않도록 사전에 대비하는 것이 필수적이다. 넷째, 보건의료 인력을 효과적으로 재배치할 수 있는 체계를 구축해야 한다. 감염병 대응에는 대규모 인력이 필요하며, 위기 발생 시 신속하게 배치할 수 있는 시스템이 마련되어야 한다. 이러한 요소들이 적절히 갖춰져 있다면, 인류는 다음 팬데믹이 찾아왔을 때 봉쇄라는 극단적인 조치를 피하면서도 효과적으로 감염병 확산을 통제할 수 있을 것이다. 중요한 것은 단순히 빠른 대응이 아니라, 무엇을 언제 어떻게 시행할 것인지에 대한 전략적인 접근이다.

팬데믹 초기부터 강력한 환자 및 접촉자 추적을 시행하고, 급증하는 환자들을 방치하지 않고 신속하게 격리 및 입원 조치하기 위해서는 보건의료 체계의 탄력성이 무엇보다 중요하다. 이러한 개념을 '회복탄력성'이라 하며, 영어로는 resilience라는 용어를 사용한다. 이는 위기 상황에서 신속하게 대응하고, 시스템이 과부하 되지 않도록 조정하며, 의료 서비스가 지속적으로 유지될 수 있도록 하는 능력을 의미한다. 회복탄력성의 중요성은 팬데믹 이후에도 계속 논의되고 있으며, 이는 7장의 '코로나 19 팬데믹 이후의 뉴노멀' 세션에서도 다루었다. 한국과 대만을 비롯한 일부 국가는 백신이 개발되기 전, 팬데믹 첫해를 봉쇄 없이 극복하면서 경제적 피해를 최소화할 수 있었다. 이들 국가가 봉쇄 없이 팬데믹을 이겨낼 수 있었던 핵심 요인은 바로 보건의료 체계를 탄력적으로 운영해 왔기 때문이다. 한국의 경우, 대규모 PCR 검사를 신속하게 수행하기 위해 전국에 수백 개의 선별진료소를 설치했고, 중증 환자 병상을 확보하기 위해 경증 및 무증상 환자들을 생활치료센터로 분산 수용하는 시스템을 도입하였다. 또한, 감염병 환자 증가에 대응하기 위해 공공의료 기관을 감염병 전문 병원으로 지정하여 운영하였으며, 신속한 접촉자 추적을 위해 신용카드 사용 기록, GPS 데이터, CCTV 등의 데이터를 활용하는 체계를 구축하였다. 이러한 다양한 조치들이 신속하게 수립되고 효과적으로 실행될 수 있었던 것은 보건

의료 체계의 유연성과 탄력적인 운영이 뒷받침되었기 때문이다. 회복탄력적인 보건의료 체계가 있었기에 한국은 전국적인 봉쇄 없이 코로나 19 팬데믹을 효과적으로 통제할 수 있었다. 또한, 코로나 19 대응 과정에서도 일반 환자들에 대한 의료 서비스가 중단되거나 심각하게 지연되지 않았다는 점에서 국제적으로 주목을 받았다.[18]

회복탄력적인 보건의료 체계를 구축하는 것은 마치 지진이 많은 지역에서 내진성이 강한 건물을 짓는 것과 같다. 일본이나 필리핀과 같이 지진이 자주 발생하는 국가들은 건물이 흔들릴 때 충격을 흡수하고 분산할 수 있도록 구조를 설계한다. 이를 위해 단단하지만 깨지기 쉬운 콘크리트보다는 유연성이 높은 강철이나 탄성 소재를 활용하여 건물을 짓는다. 이러한 탄력적이고 회복력이 있는 건물은 일반 건물보다 건설 비용이 더 많이 들 수 있다. 하지만 지진이 반복적으로 발생하는 지역에서는 오히려 이러한 구조물이 장기적으로 더 안전하고 지속 가능하다. 보건의료 체계도 마찬가지이다. 회복탄력적인 시스템을 구축하는 것은 단기적으로 경제적 효율성이 낮아 보일 수도 있다. 하지만 의료 위기 상황에 대비하려면 추가적인 인력과 병상, 의료 자원을 확보하고, 응급 상황에 유연하게 대처할 수 있도록 인센티브와 법적·제도적 장치를 미리 마련해야 한다. 이러한 사전 준비가 없다면 팬데믹과 같은 위기 상황에서 의료 시스템이 쉽게 붕괴될 위험이 크다. 결국, 회복탄력적인 의료 시스템은 단순한 선택이 아니라 필수적인 대비책이다. 이를 갖추어야만 미래 팬데믹이 발생하더라도 의료 시스템이 무너지지 않고 효과적으로 대응할 수 있으며, 일반 환자들에게도 의료 서비스가 중단 없이 지속적으로 제공될 수 있다.

고소득 국가들은 코로나 19 팬데믹을 경험하면서 보건의료 체계를 보다 탄력적으로 운영하고 회복탄력성을 강화하기 위한 개혁을 추진하고 있다. 그동안 의료 효율성을 강조하면서 공공의료 부문을 축소했던 국가들은 팬데믹을

---

18 Arsenault, C., Gage, A., Kim, M.K. et al. COVID-19 and resilience of healthcare systems in ten countries. Nat Med 28, 1314-1324(2022).

계기로 공공의료를 강화하는 방향으로 정책을 전환하고 있으며, 보건의료 인프라에 대한 투자를 확대할 여력도 가지고 있다. 그러나 저소득 및 중소득 국가들은 상황이 다르다. 이들 국가의 보건의료 체계는 원래부터 취약한 상태이며, 효율적이고 효과적인 시스템을 구축하기까지 가야 할 길이 멀다. 기본적인 병상과 의료 인력조차 부족한 상황에서 탄력적인 보건의료 체계를 구축하는 것은 더욱 어려운 과제이다. 이들 국가가 회복탄력적인 의료 시스템을 갖추기 위해서는 팬데믹 대비를 '글로벌 공공재'(global public goods)로 인식하고, 이를 위한 국제적인 재정 지원과 협력이 필요하다. 글로벌 공공재란 전 세계 모든 국가와 사람들이면 누구나 누릴 수 있는 재화나 서비스로, 깨끗한 공기와 물, 전염병 퇴치 및 백신, 자유 소프트웨어, 국제 금융 안정 등이 포함된다. 이들의 핵심 특징은 비경합성(한 국가나 개인이 소비하더라도 다른 국가나 개인이 소비할 수 있는 가능성이 줄어들지 않음)과 비배제성(누구나 자유롭게 이용할 수 있으며, 특정 국가나 개인이 독점할 수 없음)이다. 하지만 글로벌 공공재라는 개념은 여전히 많은 국가에서 추상적인 이념으로만 인식되며, 실제 정책 결정이나 재정 우선순위 설정 과정에서는 후순위로 밀리는 경향이 있다. 이를 실질적으로 구현하기 위해서는 국제 보건 거버넌스의 재정비와 지속 가능한 재정 메커니즘, 그리고 고소득 국가들의 정치적 의지가 뒷받침되어야 한다.

(3) 백신 형평성을 위한 글로벌 연대가 이루어져야 한다

코로나 19 팬데믹이 이전의 감염병 위기와 가장 크게 달랐던 점을 하나만 꼽는다면, 백신이 게임 체인저로 등장하였다는 사실일 것이다. 유럽과 북미를 포함한 전 세계에서 사망자가 속절없이 증가하던 절박한 순간, 백신이 등장하면서 상황이 급변하였다. 코로나 19 백신이 90퍼센트 이상의 높은 예방 효과를 보인다는 소식이 전해지자, 전 세계가 환호하며 기대감을 가졌다. 이후 델타, 오미크론과 같은 변이 바이러스가 지속적으로 출현하였지만, 백신이 중증 환자를 효과적으로 예방하면서 인류는 팬데믹에서 엔데믹으로 점진적으로 이동할 수 있었다. 그러나 백신 개발은 새로운 희망을 가져다 준 동시에 여러 가지 심각한 문제를 야기하였다. 가장 중요한 이슈는 백신 접근성에 대한 불평등과 이로 인해 초래된 글로벌 시스템에 대한 불신이었다. 이러한 백신 국수주의의 실상과 그 부정적인 영향, 그리고 백신 민주주의를 실현하기 위한 방안에 대해서는 이 책의 7장 '코로나 19: 100년 만의 리얼 팬데믹'의 '글로벌 대응 전략'에서 여러 페이지에 걸쳐 상세히 다루었다. 여기에서는 백신에 대한 형평성 있는 접근을 실현하기 위해 필요한 세 가지 핵심 요소를 다시 한번 강조하며 논의를 정리하고자 한다.

글로벌 백신 형평성을 실현하기 위해서는 다음의 두 가지가 필요하다.

첫째, 백신 개발 및 생산의 지역화이다. 백신 생산과 공급이 특정 국가와 지역에 편중되어 있는 현실은 팬데믹 상황에서 백신 불평등을 심화시켰다. 특히, 아프리카와 아시아의 저소득 및 중소득 국가들은 초기 백신 확보 경쟁에서 철저히 밀려났다. 이를 해결하기 위해서는 백신을 개발도상국에서도 생산할 수 있도록 지역 생산 체계를 구축해야 한다. 이를 위해서는 백신 생산을 위한 인프라를 확충하고, 제조 기술을 공유하며, 백신 연구·개발을 담당할 전문 인력을 양성하는 것이 필수적이다. 하지만 이러한 과정이 실현되려면 고소득 국가와 글로벌 제약사들이 지적재산권 문제를 해결하는 데 협력해야 한다. 백신의 생산 기술이 특정 기업과 국가에 독점되어 있다면, 개발도상국이 독자적으로 백신을 생산하는 것은 사실상 불가능하다. 따라서 글로벌 연대를 통해 백신 생산의 지역화를 촉진하고, 위기 상황에서도 공정한 백신 분배가 이루어질 수 있도록 체계를 마련해야 한다.

둘째, 국제적 공조 시스템의 구축이다. 코로나 19 팬데믹이 진행되는 동안, 백신 국수주의로 인해 국가 간 백신 분배의 불균형이 심화되었다. 이를 해결하기 위해 국제기구들은 2021년 코백스(COVAX)라는 글로벌 이니셔티브를 출범시켰다. 코백스는 저소득국가에도 백신을 공정하게 분배하는 것을 목표로 했으나, 여러 가지 한계로 인해 '반만의 성공'에 그쳤다. 코백스가 충분한 성과를 거두지 못한 이유는 글로벌 백신 공급 부족, 선진국들의 백신 사재기, 국제 협력의 한계 등 복합적인 요인 때문이었다. 특히, 이러한 협력체계에 정당성을 부여할 수 있는 제도적 기반이 마련되지 않았다는 점이 가장 큰 약점으로 작용하였다. 백신 분배와 관련한 국제적 합의를 강제할 수 있는 법적 구속력이 없다 보니, 코백스가 기대했던 만큼의 효과를 내지 못했던 것이다. 코백스의 한계를 극복하기 위해 세계보건기구(WHO)는 보다 강력한 법적 기반을 갖춘 글로벌 팬데믹 조약을 추진하고 있다. 이 조약은 글로벌 보건 위기 상황에서 백신 공급을 보다 공정하게 이루도록 하는 것을 목표로 한다. 현재 논의되고 있는 조약의 주요 내용 중 하나는 제약사들이 백신 생산량의 20퍼센트를 개발도상국에 무상으로 기증하거나, 최소한의 이윤만을 남기고 판매하도록 의무화하는 조항이다. 그러나 이러한 조항을 두고 선진국과 글로벌 제약사들이 강하게 반발하면서 합의가 쉽지 않은 상황이다. 선진국과 제약사들은 백신 생산량의 20퍼센트를 개발도상국에 강제로 공유하기보다는 자발적인 기여를 주장하며 의무 규정을 반대하고 있다. 이에 따라 원래 2024년 5월까지 체결될 예정이었던 글로벌 팬데믹 조약이 국가 간 의견 차이로 인해 1년 연기되었다. 향후 글로벌 팬데믹 조약이 어떤 방식으로 마무리될 것인지는 글로벌 백신 민주주의의 향방을 결정하는 중요한 분기점이 될 것이다[19]. 이 조약이 실질적인 변화를 가져올 수 있도록 국제사회의 적극적인 협력과 정치적 의지가 필요하다.

코로나 19 팬데믹은 단순히 감염병 위기가 아니라, 글로벌 보건 거버넌스의 구조적 문제를 적나라하게 드러낸 사건이었다. 백신이 등장하면서 팬데믹 극복의 가능성이 열렸지만, 백신 불평등으로 인해 세계 각국이 동등하게 혜택

19 백신 민주주의란 백신을 특정 국가나 제약사의 독점적 자산이 아닌 전 인류가 공유해야 할 글로벌 공공재(global public goods)로 간주하는 개념이다. 이 원칙에 따르면, 백신은 소득 수준이나 국적과 무관하게 모든 개인이 동등하게 접근할 수 있어야 하며, 분배 과정은 공평성, 형평성, 포용성이라는 민주적 가치에 기초해야 한다. 이는 자국민의 우선 접종을 강조하는 백신 민족주의나, 그보다 더 극단적이고 배타적인 백신 국수주의와 대조된다. 실제로 전 지구적 보건 위기 상황에서 부와 권력에 따른 백신 격차는 새로운 변이 발생을 촉진하여, 궁극적으로 전 세계를 더욱 큰 위험에 빠뜨리는 근시안적 전략임이 입증되었다. 따라서 백신 민주주의는 팬데믹과 같은 비상 상황에서 필수 의료자원의 공정한 국제적 배분(예를 들어 코백스)을 강력히 요구하는 규범적, 정책적 개념으로 이해된다.

을 누리지는 못하였다. 이러한 문제를 해결하기 위해서는 백신 생산의 지역화, 국제적 공조 시스템의 구축, 그리고 법적 구속력을 갖춘 글로벌 팬데믹 조약이 필수적이다. 백신 민주주의는 단순히 윤리적 문제에 그치는 것이 아니라, 팬데믹을 보다 효과적으로 통제하고 전 세계가 함께 위기를 극복할 수 있도록 하는 핵심 전략이다. 앞으로의 팬데믹 대응 체계는 단순히 백신 개발과 공급에만 초점을 맞출 것이 아니라, 백신이 공정하게 분배될 수 있도록 하는 시스템을 갖추는 데 초점을 맞춰야 한다. 국제사회의 협력과 연대를 통해 백신 민주주의를 실현하는 것이야말로, 미래 팬데믹 대비 전략의 중요한 과제가 될 것이다.

(4) 효과적인 팬데믹 대비 대응을 위해 국제 공조 체계를 복원하고 강화해야 한다

코로나 19 팬데믹 초기, 국제 협력과 공조 체계는 부실하기 짝이 없었다. 이 책에서 다루는 천연두부터 에볼라까지, 지난 50여 년간 감염병 퇴치와 위기 대응에서 국제기구(WHO 등)와 주요 공중보건 기관(미국 질병통제예방센터 등)은 중요한 역할을 해왔다. 완전한 성공을 거둔 사례만 있었던 것은 아니지만, 최소한의 안전망을 제공하며 최악의 상황을 방지했고, 경우에 따라서는 국제사회가 그 성과를 공유하기도 하였다. 하지만 코로나 19 팬데믹에서는 글로벌 공조와 협력이 제대로 작동하지 않았다. 국제적 가이드라인이 부재한 가운데 각국은 개별적으로 대응할 수밖에 없었고, 국제기구들의 역할은 기대에 미치지 못하였다.

글로벌 보건협력 및 공조 분야에서 가장 영향력 있는 전문가 중 한 명인 조지타운대학교의 로렌스 고스틴 교수는 '코로나 19 팬데믹 시대의 국제보건 거버넌스 재구상'이라는 논문에서 이러한 국제 공조 체계의 부실을 세 가지로 정리하였다. 첫째는 국제 협력 부족과 각국의 국가주의적 대응이다. 코로나 19는 단일 국가 차원에서 해결할 수 없는 글로벌 위협이었지만, 각국 정부는 자국 중심의 대응을 강화하며 국제 협력을 방해하였다. WHO는 국제적 대응을 조율해야 하였지만, 미국을 비롯한 일부 국가는 WHO를 강하게 비판하며 재정 지원을 중단하는 등 협력을 저해하였다. 일부 국가는 WHO의 국제보건규약을 따르지 않고 정보 공유를 지연하거나 통제하였으며, 결국 WHO의 팬데믹 경고가 제대로 작동하지 못하는 상황이 벌어졌다. 둘째는 유엔(UN) 및 다자 협력 기구의 한계다. 유엔은 글로벌 보건 위기에 대응하기 위해 다양한 조치를 취하였지만, 안보리에서 미국과 중국 간 정치적 갈등이 심화되면서 실질적인 조치가 지연되었다. 국가 간 협력보다 독립적인 대응이 우세해졌고, 국경 봉쇄, 의료물자 보호주의, 백신 국수주의 같은 조치가 두드러졌다. 이는 WHO와 유엔 같은 다자 협력 기구의 역할이 제한적이었음을 보여주는 사례다. 셋째는 백신 국수주의로 인한 글로벌 백신 분배의 실패다. 백신이 개발된 이후 고소득 국가들은 백신을 대량으로 선점하며 경쟁적으로 구매하였다. 이로 인해 저소득 및 중소득 국가들은 충분한 백신을 확보하지 못하였다. WHO와 감염병예방혁신연합(CEPI) 등이 주도한 코백스 프로그램이 백신 불평등을 해소하려 했으나, 주요 국가들의 협력 부족으로 인해 초기 공급이 지연되었고, 결국 전 세계적인 백신 형평성을 보장하지 못하였다.

이처럼 코로나 19 팬데믹을 통해 우리는 글로벌 보건 거버넌스의 문제점을 다시금 확인하였다. 앞으로 다가올 팬데믹에 대비하기 위해서는 국제 협력을 강화하고, WHO 및 다자 기구의 대응력을 높이며, 백신과 치료제의 형평성을 보장하는 제도적 장치를 마련하는 것이 필수적이다. 글로벌 보건 위기는 단독으로 해결할 수 없는 문제이며, 국제사회가 연대하고 협력할 때만이 보다 효과적으로 대응할 수 있을 것이다. 미래 팬데믹에 대비하고 국제 협력을 강화하기 위해서는 두 가지 측면에서 국제적인 노력과 변화가 필요하다.

첫째, 글로벌 연대를 기반으로 한 국제보건 거버넌스를 회복하는 것이다. 이를 위해 다자간 협력을 강화해야 한다. 다자간 협력(다자주의)은 기후변화, 테러리즘, 감염병처럼 국경을 초월하는 문제를 해결하기 위해 여러 국가가 연대하여 국제적인 합의와 협력 속에서 문제를 해결하는 방식이다. 이러한 협력은 유엔이나 기타 국제기구의 조정과 리더십을 바탕으로 이루어진다. 보건 분야에서는 WHO가 중심적인 역할을 맡아왔다. 글로벌 공중보건 협력 체계가 강화되어야 감염병 정보의 신속하고 투명한 공유, 개발도상국의 팬데믹 대응 지원을 위한 공동 자금 비축, 그리고 백신의 형평성 있는 분배가 가능해진다. 코로나 19 팬데믹을 거치면서 WHO의 역할은 더욱 중요해졌으며, 일부 국가를 제외하면 어느 정도 신뢰를 회복한 것으로 보인다.[20]

국제보건 거버넌스의 최근 흐름을 살펴보면, 코로나 팬데믹 초기 WHO를 대체하는 새로운 국제기구 설립 논의가 있었지만, 시간이 지나면서 WHO의 역할이 더욱 부각되었다. WHO는 역학적 상황을 분석하고, 각국의 코로나 대응 정책과 백신 접종 전략을 기반으로 글로벌 가이드라인을 지속적으로 제공해왔다. 또한, 코백스를 주도하여 백신 불평등 해소에 기여했고, 국제보건규약 개정을 성공적으로 이끌면서 초기의 비판을 어느 정도 잠재웠다. 실제로 팬데믹 이후 G7, G20, APEC 회의에서도 코로나 팬데믹 대응과 미래 팬데믹 대비가 주요 의제로 다뤄졌으며, WHO는 이러한 논의에서 일정한 역할을 수행하며 존재감을 유지하고 있다. 이와 함께 세계은행의 역할도 주목할 필요가 있다. 세계은행은 팬데믹 예방과 동물·환경 건강까지 아우르는 통합적 접근인 원헬스를 오래전부터 강조해왔다. 최근에는 보건의료 체계의 회복탄력성이 국제보건의 주요 어젠다로 떠오르면서, 이 두 영역에서 세계은행이 강점을 발휘할 수 있을 것으로 보인다. 특히, G20의 지지를 받는 팬데믹 펀드를 관장하면서, 향후 팬데믹 예방과 대비 대응에서 WHO와 함께 중요한 역할을 할 가능성이 크다. 또한, 백신과 치료제의 중요성이 팬데믹 대응에서 더욱 강조되면서 감염

20 대표적인 사례가 2024년 6월 1일 WHO 세계총회에서 회원국 전체의 합의로 통과된 국제보건규약 개정이다. 국제보건규약은 국제적인 질병 확산을 예방하고 대응하기 위한 글로벌 가이드라인 역할을 하는데, 2005년 개정 이후 2009년 신종 플루 대유행과 코로나 19 사태를 거치면서 효과적인 대응이 이루어지지 못하였다는 비판을 받아왔다. 고소득 국가와 저소득·중소득 국가 간 입장 차이로 인해 오랫동안 개정이 지연되었지만, 최근 WHO의 주도하에 협상이 마무리되면서 감염병 대응에서 이전보다 개선된 국제 공조가 가능할 것으로 기대된다. 한편, 최근 2025년 1월 20일 취임한 트럼프 대통령은 또 다시 WHO탈퇴를 지시하였다. 만약 일년 후 탈퇴가 공식화되면, 미국이나 WHO 모두 손실과 피해를 볼 것임은 자명하다. 트럼프가 쏘아 올린 관세 전쟁을 비롯하여 세계 질서의 변화가 어떤 방향으로 얼마나 격렬하게 전개 될지 사태의 추이를 주의 깊게 관망할 필요가 있겠다.

병예방혁신연합의 역할도 확대되고 있다. 반면, 팬데믹 이전까지 자유민주주의 진영을 중심으로 주목받았던 글로벌 보건안보 구상(GHSA)은 팬데믹 상황에서 상대적으로 존재감이 약화되었다.[21] 향후 WHO, 세계은행, 감염병예방혁신연합이 각자의 역할을 효과적으로 수행하고, 필요한 협력을 이어가는 것이 국제보건 거버넌스를 회복하는 데 중요한 과제가 될 것이다.

둘째, 개발도상국의 팬데믹 예방, 대비, 대응을 지원하기 위한 국제적 지원 시스템을 구축하는 것이 중요하다. 앞서 팬데믹, 기후변화, 환경, 지식, 평화와 안보 같은 글로벌 이슈는 다자주의에 기반한 국제 협력이 있을 때만 해결이 가능하다고 설명하였다. 감염병 대응에서 글로벌 연대가 필요한 이유는 단순한 인도적 지원을 넘어, 결국 남을 돕는 것이 나 자신을 보호하는 길이기도 하다는 인식이 필요하기 때문이다. 팬데믹과 관련해 글로벌 공공재로 인식되거나 공공재로 주장되는 주요 영역 중 대표적인 예가 백신 및 치료제다. 만약 고소득 국가들이 백신을 독점하고, 저소득 국가들이 충분한 백신을 확보하지 못한다면 팬데믹은 쉽게 종식되지 않는다. 감염병은 국경을 초월해 확산되며, 백신 접종이 부족한 지역에서 변이 바이러스가 출현하면 기존 백신의 효과가 무력화될 수 있다. 따라서 백신과 치료제가 공정하게 분배되고, 전 세계 모든 국가가 백신 접종을 완료해야만 백신의 효과를 극대화할 수 있다. 이처럼 국제 협력과 글로벌 공공재 개념을 바탕으로 한 지원 시스템이 구축된다면, 미래 팬데믹 대응은 더욱 효과적이고 공정하게 이루어질 것이다. 하지만 이를 실현하기 위해서는 각국 정부와 국제기구, 그리고 글로벌 제약사들이 긴밀한 협력을 지속해야 한다.

미래 팬데믹 대비를 위해 현재 진행 중인 국제 공조 체계의 대표적인 사례로 두 가지를 소개한다. 첫째는 WHO가 추진하는 '글로벌 팬데믹 조약'이다. 백신과 치료제에 대한 불평등한 접근성을 해결하기 위해 WHO는 글로벌 팬데

---

21 글로벌 보건안보 구상의 침체에 대해서는 '6장 서아프리카 에볼라 사태: 비극과 교훈'에서 자세히 기술하였다.

믹 조약을 추진하고 있다. 앞서 기술한것처럼 이 조약의 핵심 내용은 전 세계 백신 생산량의 20퍼센트를 국제기구를 통해 무상으로 공급하거나 매우 저렴한 가격에 제공하는 것이다. 하지만 고소득 국가와 글로벌 제약사, 중·저소득 국가 간의 입장 차이가 커 협상이 쉽지 않은 상황이다. 조약 체결 여부는 2025년 5월 WHO 세계총회에서 결정될 예정이며, 만약 백신과 치료제 20퍼센트가 중·저소득 국가에 배분되는 방향으로 합의된다면, 다음 팬데믹은 훨씬 수월하고 덜 고통스럽게 극복할 수 있을 것이다. 그러나 조약 체결이 실패한다면, 글로벌 연대를 기반으로 한 국제 공조는 더욱 어려워질 가능성이 크다[22]. 둘째는 G20이 주도하여 설립한 팬데믹 펀드이다. 이 펀드는 2022년 인도네시아에서 열린 G20 정상회담에서 공식 출범하였으며, 전 세계 팬데믹 대비 및 대응 역량 강화를 목적으로 한다. G20 국가와 국제사회의 협력을 통해 조성된 이 펀드는 특히 저소득 및 중소득 국가들의 보건의료 체계 회복탄력성 강화를 목표로 하고 있다. 팬데믹 펀드는 세계은행이 주관하며, WHO가 기술 지원을 담당하는 다자 협력 체계로 운영된다. 2024년 10월 기준, 약 20억 달러의 초기 자본이 조성되었으며, 이는 초기 목표에는 다소 미치지 못하지만 단기간 내 상당한 재정을 확보한 것으로 평가된다. 이 자금의 일부는 원헬스 프로그램에도 활용되고 있다. 앞으로 이 펀드가 얼마나 지속적으로 추가 재정을 확보하고 장기적으로 존속할 수 있느냐가 그 성과를 결정짓는 중요한 요소가 될 것이다.

현재 글로벌 공공재 개념하에서 국제 공조가 가장 활발히 이루어지는 분야는 기후변화 대응이다. 2015년 체결된 유엔기후변화 파리협정은 지구 평균 기온 상승을 산업화 이전 대비 1.5-2도보다 낮은 수준으로 유지하는 것을 목표로 한다. 이를 위해 유엔기후변화협약에 가입한 198개국이 해마다 기후변화 당사자 총회(Conference of the Parties, COP)를 개최하고 있으며, 이 회의에는 각국 정상급 인사들이 참석한다. 2023년 당사자 총회에서는 '손실과 피해 기금'을 설립하기로 결의하였다. 이 기금은 기후변화로 인해 극심한 피해를 입은 개발도상

22 198쪽의 각주 1번 참조.

국을 지원하고, 극한 기후 현상으로 발생한 경제적 손실을 보상하는 것을 목적으로 한다. 2030년까지 매년 최소 1,000억 달러의 재원을 확보하는 것을 목표로 하고 있으며, 이는 팬데믹 대비 및 대응에 투입되는 재원과 비교할 수 없을 정도로 막대한 규모다. 흥미로운 점은, 현재 추진 중인 글로벌 팬데믹 조약 초안에서도 매년 '팬데믹 예방 및 대비 당사자 총회'를 개최해 팬데믹 조약의 추진 상황을 점검하고 논의하는 방안을 포함하고 있다는 것이다. 이는 팬데믹 예방과 대비가 경제적 규모 면에서는 기후변화보다 작을지라도, 그 중요성을 감안했을 때 기후변화 대응과 같은 방식으로 국제적인 논의 구조를 갖추려는 움직임이라 볼 수 있다. 향후 팬데믹을 전담할 새로운 국제기구를 설치하여 개혁을 직접 추진하는 방법도 있지만, 글로벌 팬데믹 조약의 당사자 총회를 통해 WHO의 한계를 보완하는 점진적인 개혁을 시도할 수도 있을 것이다. 아무튼 글로벌 팬데믹 조약은 향후 국제보건 거버넌스 향상에 중요한 변수가 될 것으로 보인다.

(5) 팬데믹 대비와 대응에 디지털 헬스를 적극 활용해야 한다

코로나 19 대응의 특징을 세 가지로 꼽는다면, 전 세계적으로 확산된 극단적인 봉쇄, 게임 체인저로 떠오른 백신, 그리고 디지털 헬스의 전면적 도입이다. 디지털 헬스 기술이 코로나 19 이전에 사용되지 않았던 것은 아니지만, 당시에는 모바일 헬스(m-Health) 등 비교적 제한적인 형태로 활용되었다. 그러나 코로나 팬데믹을 계기로 AI와 빅데이터를 포함한 최첨단 디지털 헬스 기술이 빠르게 도입되었고, 그 효과가 입증되었다. 기존에는 최소 수년이 걸리던 백신 개발이 불과 몇 달 만에 이루어졌으며, 빅데이터를 활용한 감염 확산 예측 및 접촉자 추적이 효과적으로 시행되었다. 미래 팬데믹에서는 이러한 기술이 더욱 핵심적인 역할을 할 것으로 예상된다.

디지털 헬스라는 개념은 전통적인 e-헬스(e-Health)와 모바일 헬스에서 출발하였다. e-헬스는 1960~70년대 전자의무기록과 디지털 영상 기술로 시작되었고, 모바일 헬스는 2000년대 전후로 스마트폰과 무선 기기의 발전과 함께 급격히 성장하였다. 2015년을 전후로 AI, 빅데이터, 사물인터넷, 클라우드 컴퓨팅 등 4차 산업혁명 기술이 의료 분야에 도입되면서 디지털 헬스의 개념은 더욱 확장되었다. 디지털 헬스는 단순히 IT 기술을 보건의료에 적용하는 것이 아니라, 건강 증진을 위해 디지털 기술을 개발·활용하는 모든 지식과 실천을 포괄하는 광범위한 개념이다. 기존의 e-헬스와 m-헬스뿐만 아니라 AI 기반 질병 예측, 빅데이터를 활용한 역학 조사, 원격의료, 스마트 헬스케어 장치, 디지털 백신 여권 등 다양한 기술이 포함된다.[23] 코로나 19 팬데믹 동안 디지털 헬스 기술은 진단, 백신 개발, 접촉자 추적, 환자 관리 등 다양한 분야에서 활용되었으며, 이에 대한 보다 구체적인 사례는 박스 16에서 다룬다.

박스 16 코로나 팬데믹을 이끈 디지털 혁신 기술들

코로나 팬데믹 기간 동안 디지털 헬스 기술은 감염병 대응의 핵심 도구로 활용되었다. 다음은 팬데믹 대응에 중요한 역할을 했던 혁신 기술들의 주요 사례이다.

진단 분야에서는 AI를 활용한 영상 분석 기술이 도입되어 CT 스캔 및 엑스레이 영상을 기반으로 코로나 19 감염 여부를 신속하게 판별할 수 있었다. 예를 들어, 중국에서 사용된 Alibaba Cloud의 AI 모델은 CT 스캔 분석 시간을 기존 몇 시간에서 단 몇 초로 단축하며 신속한 진단을 가능하게 하였다. 또한, 사용자가 자신의 증상을 입력하면 감염 가능성을 예측하고 적절한 조치를 안내하는 모바일 자가 진단 앱이 개발되었다. 대표적으로 영국의 NHS 코로나 19 앱이 이러한 기능을 제공하였다. 한편, 대규모 검사 예약 및 결과 관리를 간소화하는 조회 시스템도 운영되었으며, 한국의 드라이브 스루 검사 예약 시스템이 효과적인 사례로 꼽힌다.

백신 개발에서도 디지털 기술이 핵심적인 역할을 하였다. AI를 활용해 바이러스의 유전자 서열을 분석하고, 이를 기반으로 신속하게 백신 후보 물질을 설계하는 방식이 도입되었다. 예를 들어, 모더나 제약회사는 AI를 활용해 mRNA 백신을 설계하며 불과 몇 주 만에 초기 후보 물질을 생성하는 데 성공하였다. 또한, 머신러닝 기술을 활용해 임상시험의 설계, 환자 모집, 데이터 분석 과정이 더욱 효율적으로 진행될 수 있었다. 연구자들이 실시간으로 백신 개발 데이터를 공유할 수 있는 디지털 플랫폼도 구축되어 전 세계 연구 협력을 촉진하였다.

접촉자 추적에서는 블루투스를 활용한 감염 경로 추적 시스템이 도입되었다. 블루투스 기반 앱을 통해 개인 간 물리적 접촉 여부를 기록하고, 감염자와 접촉한 경우 자동으로 알림을 제공하는 방식이다. 대표적인 예로 독일의 코로나 19 경고 앱(Corona-Warn-App)과 싱가포르의

23 WHO. Global strategy on digital health 2020~2025.

트레이스 투게더(TraceTogether)가 있다. 또한, 감염자의 이동 경로를 지도에 표시해 접촉 가능성을 안내하는 GPS 기반 추적 시스템이 운영되었으며, 한국에서는 확진자 동선 공개 시스템이 활용되었다. 이와 함께, 공공장소 출입 시 QR 코드 시스템을 도입해 접촉자를 효과적으로 추적하는 방식도 사용되었다.

환자 관리 분야에서는 원격 의료 기술이 급속도로 발전하였다. 병원 방문 없이 화상회의, 전화, 모바일 앱을 통해 환자를 진료하는 원격 의료 플랫폼이 활성화되었으며, 환자의 생체 데이터를 실시간으로 모니터링할 수 있는 원격 모니터링 장치도 도입되었다. 또한, 코로나 19 환자의 의료 데이터를 디지털화하여 병원 간 신속하게 공유할 수 있도록 전자 건강 기록 시스템이 구축되었다. 한국에서는 질병관리청의 전자 의료 기록 통합 시스템이 이를 효과적으로 구현한 사례로 꼽힌다.

공중보건 관리에서는 코로나 19 확진자 수, 치사율, 회복률 등의 데이터를 실시간으로 제공하는 데이터 대시보드가 개발되었다. 대표적으로 존스 홉킨스 대학의 코로나 19 대시보드와 한국의 코로나 19 알림 시스템이 적극적으로 활용되었다. 또한, 빅데이터와 AI를 활용해 감염 확산 경로를 예측하고 정책 결정을 지원하는 AI 기반 감염병 확산 모델링도 사용되었다. 예를 들어, 블루 도트(BlueDot)은 중국 우한에서 발생한 초기 사례를 분석해 팬데믹 가능성을 예측하는 데 성공하였다.

이처럼 코로나 팬데믹 기간 동안 다양한 디지털 헬스 기술이 활용되면서 공중보건 대응의 효율성이 극대화되었다. 미래 팬데믹에서는 이러한 기술이 더욱 발전하여 더욱 정교한 감염병 예방 및 대응이 가능할 것으로 기대된다. 다음 팬데믹을 보다 스마트하고 효과적으로 대응하기 위해서는 디지털 헬스의 촉진과 확산이 필수적이다. 하지만 이를 실현하기 위해서는 먼저 디지털 헬스 인프라 구축이 선행되어야 한다. 디지털 인프라는 크게 물리적 측면과 제도적 측면으로 나누어 살펴볼 수 있다.

먼저, 물리적 측면에서는 글로벌 디지털 인프라 구축이 필요하다. 중·저소득 국가의 디지털 인프라는 고소득 국가와 비교했을 때 큰 격차를 보인다. AI, 빅데이터, 블록체인 같은 최첨단 기술은 물론이고, 모바일 헬스(m-헬스)의 필수 요소인 인터넷 접근성에서도 상당한 차이가 나타난다. 2024년 기준, 고소득 국가에서는 인구의 93퍼센트가 인터넷을 사용하지만, 저소득 국가에서는 단 27

퍼센트만이 인터넷에 접근할 수 있다.[24] 디지털 기술을 이해하고 활용하는 능력을 뜻하는 디지털 문해력에서도 큰 차이가 존재한다. 한국, 스웨덴, 덴마크 등은 디지털 문해력이 70퍼센트 이상이지만, 아프리카, 남아시아, 중남미 국가들에서는 30퍼센트 미만인 경우가 많다. 또한, 같은 국가 내에서도 도시와 농촌 간 디지털 문해력의 격차가 크다. 예를 들어, 인도의 경우 도시 지역에서는 디지털 문해율이 60퍼센트에 이르지만, 농촌 지역에서는 20퍼센트 미만에 불과하다. 고소득 국가들은 국제기구(예: 국제전기통신연합(ITU), 세계은행)나 공공-민간 협력을 통해 개발도상국의 디지털 인프라 확충을 지원하고 있지만, 현재로서는 충분하지 않다. 향후 보다 적극적인 정책적·재정적 개입이 필요하다. 또한, 디지털 헬스 기술은 앞서 논의한 글로벌 공공재의 일환이다. 팬데믹은 특정 지역이 아닌 전 세계에서 동시에 퇴치될 때 비로소 해결될 수 있는 글로벌 이슈이기 때문이다.

다음으로, 제도적 측면에서는 디지털 헬스를 원활하게 도입하고 활용할 법적·제도적 환경을 정비하는 것이 필요하다. 특히 원격의료, 디지털 역학조사, 감염병 감시 시스템, AI 기반 의료 분석, 모바일 헬스(m-Health) 등의 기술이 효과적으로 활용될 수 있도록 법적 기반이 마련되어야 한다. 그러나 북미와 유럽 등 개인 정보 보호와 프라이버시에 민감한 국가들에서는 법적 불확실성, 개인정보 보호 문제, 규제 미비 등의 이유로 디지털 헬스 기술 도입이 상대적으로 더디게 진행되고 있다. 차기 팬데믹에서는 이러한 법적·제도적 장벽을 해결하지 않으면, 디지털 감염병 감시 및 대응 기술을 충분히 활용하기 어려울 것이다. 팬데믹 상황에서 디지털 감염병 감시 및 역학조사는 감염 확산을 신속히 차단하는 데 중요한 역할을 한다. 모바일 데이터 및 GPS를 활용한 접촉자 추적 기술을 통해 감염 경로를 빠르게 파악할 수 있다. 원격의료 및 디지털 진료는

24 United Nations. Global internet use continues to rise but disparities remain [Internet]. [cited 2025 Sep 26]. Available from: https://social.desa.un.org/sdn/global-internet-use-continues-to-rise-but-disparities-remain

팬데믹 기간 동안 의료 접근성을 유지하는 핵심 기술로, 비대면 원격 진료와 원격 모니터링 기기를 활용해 실시간으로 건강 상태를 추적할 수 있다. 또한, 빅데이터 및 AI 기반 질병 예측 및 대응을 통해 의료 데이터 분석을 기반으로 감염병 발생을 조기에 감지하고, AI 알고리즘을 활용해 환자의 중증도를 예측하고 치료 계획을 최적화할 수 있다. 하지만 이러한 기술이 효과적으로 활용되려면, 원격의료 관련 법적 기반 마련, 디지털 감염병 감시 시스템 구축을 위한 법적 지원, 의료 데이터 보호를 위한 국제 표준화된 규칙 마련 및 준수 등 다양한 법적·제도적 장치가 국내적으로, 그리고 국제적으로 정비되어야 한다.

미래 팬데믹을 효과적으로 대비하고 대응하기 위해 다섯 가지 원칙을 제안하였다. 이 다섯 가지 제안은 코로나 팬데믹 경험을 기반으로 도출된 것이지만, 앞으로 발생할 가능성이 있는 모든 신종 감염병 대응에도 적용될 수 있다. 특히, 현재로서는 가상의 존재인 감염병 X에 대비하기 위해 백신 플랫폼 개발이 강조될 필요가 있다. 하지만 감염병 X를 포함한 모든 미래 팬데믹 대비에서 가장 중요한 것은 여전히 이 다섯 가지 원칙과 전략이 될 것이다.

부록

1. 코로나 팬데믹 첫 1년의 기록: 감염병의 세계화, 세계화 속의 감염병
2. 추천도서
3. 국제보건의 길: WHO와 글로벌 무대에서 성장하기

01 코로나 팬데믹 첫 1년의 기록: 감염병의 세계화, 세계화 속의 감염병

글로벌케어 특집 리포트

'세계화 시대의 전염병, 전염병의 세계화'

2020년 1월 7일 중국에서 처음 발견된 신종 전염병인 코로나 19는 무서운 속도로 퍼져 나가서 아시아는 물론 유럽을 거쳐 불과 한 달여 만에 아프리카 대륙에까지 확산되었다. 실질적인 세계적 대유행(Pandemic) 상황이 되었고, 지구촌은 코로나 패닉에 빠져 들었다. 지난 1월말 코로나 감염병으로 인한 국제적 공중보건 비상사태를 선언하였던 WHO(세계보건기구)는 마침내 3월 12일 공식적으로 Pandemic상황임을 선포하였다.

지난 20여년간 아시아 및 아프리카의 여러 국가에서 인도적 지원 및 보건의료 프로젝트를 해 오고 있는 국제보건 NGO인 글로벌케어는 전 세계 코로나 19의 상황을 분석하고 향후 전망을 나누면서 전염병의 세계화 시대에 어떻게 해야 할지 함께 고민해 보고자 특집 리포트를 기획하였다.

'세계화 시대의 전염병, 전염병의 세계화'란 제목하에 글로벌케어의 시니어 컨설턴트인 안동일 교수가 쓰게 된다. WHO에서 결핵 및 전염병 분야에서 오랫동안 일하였고, 현재 연세대학교 보건대학원에서 신종 전염병과 국제 보건 등을 강의하고 있다.

코로나 19 특집 리포트 목차

세계화 시대의 감염병, 전염병의 세계화

1. 코로나 19의 세계적 현황과 향후 전망

2. 코로나 대응 전략과 향후 시나리오

3. 개도국에 밀어 닥치고 있는 코로나 쓰나미

4. 일차 곡선 그 이후는?

5. 코로나 출구전략과 원헬스

특집 리포트 시리즈는 3월 중순부터 약 2주에 걸쳐 5회로 나누어 발행될 예정입니다. 리포트는 글로벌 케어 웹사이트에서(https://mpd.zip/GK9YiB1DZ) 다운로드 받을 수 있다.

코로나 19 특집-1

코로나 19의 세계적 상황과 향후 전망

2020년 3월 13일

주요 메시지

- 2019년 12월에 처음 중국 우한에서 보고된 이후, 2020년 3월 13일 현재, 코로나 감염증은 세계적 대유행(Pandemic) 상황으로 누적 환자 수가 같은 코로나 바이러스 계열에 속하는 2003년때의 SARS(사스)와는 비교가 안 될 정도로 가파르게 증가해 왔다([그림 5]).
- 향후 시나리오 예측에 중요한 신환자 수의 추세는 [그림 2-1]에서 보는 것처럼 두 개의 웨이브(wave)를 그리며 진행 중인데, 처음 2개월 동안 중국에 의해 이루어졌던 왼쪽의 첫 번째 웨이브는 2월 말부터 거의 사라지고, 대신 중국 이외의 국가들에 의한 2차 웨이브가 점점 커지며 진행 중임을 알 수 있다.
- 코로나 감염증에 노출된 국가 Big 4중 (누적 환자 순으로 중국, 이탈리아, 이란, 한국 4개 국가를 지칭) 중국이 가장 먼저 코로나 패닉의 터널을 빠져 나오고 있는 중이며, 한국도 신환자 수가 지속적인 감소세를 보이며 터널의 끝을 향하고 있다고 보인다([그림 2-2] 참조). 이탈리아와 이란은 신환자 수가 아직 확실한 정점을 찍지 못한 채 진행 중이다. Big 4국가들의 신환자 추이가 앞으로 어떻게 변해 갈지가 중요한데, 국가에 따라 제2, 제3의 웨이브가 올 수도 있을 것이다.
- 현재 대부분의 국가가 코로나 감염증 퇴치를 위해 환자 발견, 접촉자 추적, 격리 등의 전통적인 공중보건학적 정책은 물론 휴교, 재택근무, 공공 모임의 연기나 취소 등 사회적 거리두기(social distancing)를 적극적으로 시도하고 있다. 특이한 점은 사회주의 국가인 중국의 우한 봉쇄에 이어 이탈리아가 민주주의 국가 중 처음으로 북부 지역 봉쇄에 이어 주민 이동의 제한을 전국적으로 시행하는 초강경 정책을 실시하고 있다는 점이다. 이런 극단적인 봉쇄정책의 실효성이나 경제 사회적 영향 등에 관해서는 앞으로 활발한 연구와 리뷰가 있을 것으로 기대된다.
- 현재까지 Big 4국가들은 물론 대부분의 국가가 SARS때처럼 코로나 감염증 퇴치(containment)를 목표로 여러 보건학적 정책을 시행하면서(지역봉쇄란 매우 가혹한 조치 포함) 처절한 사투를 벌여 왔다. 팬데믹 이후에도 이런 퇴치의 기조가 전 세계적으로 이어질지, 아니면 퇴치가 어렵거나 비현실적이라 판단하여 완화 정책(mitigation)으로 전환하는 국가들이 얼마만큼 나타날지는 지켜봐야 할 국면이다. 퇴치와 완화(containment vs mitigation), 그리고 그와 관련된 역학적 상황 예측이 다음 호의 주된 내용이 될 것이다.

1. 들어가며

지난 3월 11일 '코로나 19 감염증이 전 세계로 확산됨을 공식적으로 선언한다'는 세계적 대유행(Pandemic) 선언 기자 회견이 제네바 WHO(세계보건기구)에서 열렸다. 현재 110여 개 국가로 확산된 신종 바이러스가 머지않아 나머지 국가들에도 발생할 것이라고 경고하면서, 전 세계가 코로나 19 감염증과의 전쟁을 위한 연대와 협력을 촉구하였다.

앞으로 5회에 걸쳐 연재될 '코로나 19 리포트'는 아래와 같은 특징을 가질 것에 미리 양해를 구하겠다.

- 학술 논문 수준의 전문적인 글은 아니지만, 편하게 읽기에는 많은 그래프들 때문에 불편할 수 있음.
- 국내 여러 미디어에 자주 언급된 내용들은 가급적 포함하지 않았음(확진자 수, 마스크 이슈, 환자 분류에 따른 맞춤형 관리 및 치료 등).
- 영어로 된 그림은 제목 이외에는 우리말로 번역 없이 그대로 인용하였음.
- 초기에 동북 아시아의 세 나라(한국, 중국, 일본)에 머물던 바이러스가 세계화 과정을 거쳐 이미 유럽과 미국 등으로 감염의 중심지가 옮겨 가고 있음을 감안해서, 국내의 상황이나 이슈보다는 국제적 상황과 이슈를 중심으로 다룰 예정임.

기술된 내용은 필자 개인의 의견으로 글로벌케어의 공식 입장을 반영하지 않을 수 있다.

2. 세계 현황

타임 라인(Timeline)

2019년 12월 초 원인 모를 폐렴이 처음 중국 우한에서 보고되었고, 약 1개월이 지난 2020년 1월 7일 이 폐렴이 신종 바이러스인 'COVID 19'(2019 NOVEL

Coronavirus)에 의한 것임을 중국 정부 당국에 의해 공식적으로 발표되었다. 그 이후 아시아의 인근 국가들에서 코로나 19 감염 환자들이 보고 되고(태국 1월 13일, 일본 1월 16일, 한국 1월 19일), 미국(2020년 1월 19일) 및 유럽 대륙(2020년 1월 24일)에 이어, 2020년 2월 14일 아프리카까지 확산되면서 실질적인 팬데믹에 빠져 들었다. 팬데믹이란 원래 그리스어의 pan(모든)과 demos(사람)가 합쳐진 '모든 사람' 에게란 뜻에서 유래했는데, 감염병 등이 전 세계적으로 확산됐을 때를 의미 한다. WHO는 코로나 신종 바이러스가 처음 공식적으로 확인된 지 불과 2주일만인 1월 30일에 국제적 공중보건 비상사태를 선언하였고, 3월 11일에는 공식적으로 팬데믹 상황임을 선포하였다. [그림 1]에서 보듯 코로나 19 확진자는 오대주 육대양의 110여 개 국가에 이른다.

▶ **그림 1. 코로나 감염증 확진자의 국가별 분포**(2020년 3월 14일)

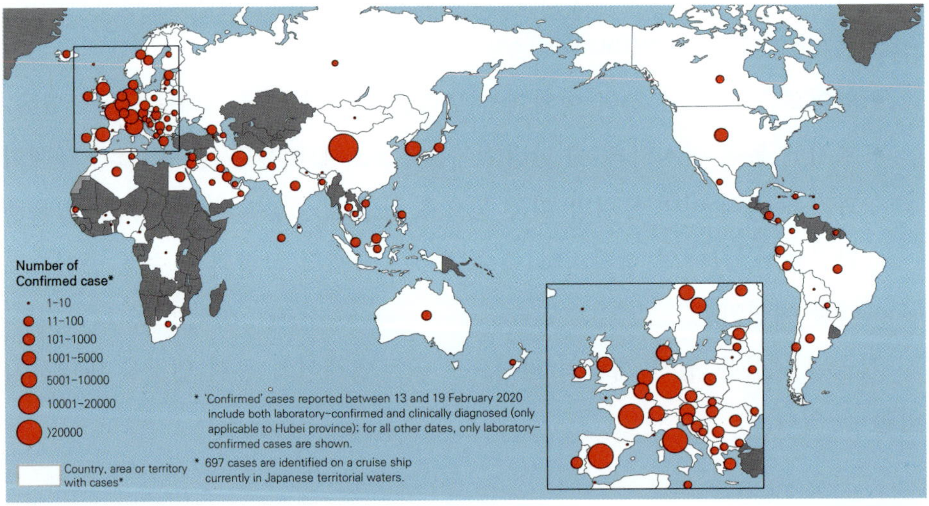

출처: WHO

역학적 상황

우선 신환자의 발생 추세를 보면 [그림 2-1]에서 보는 것처럼 두 개의 웨이브를 그리고 있다. 첫 번째 파란색의 웨이브는 코로나 19 감염증의 진원지인 중국에 의한 것인데 1월 26일을 기점으로 꾸준히 줄어 들고 있으며, 최근에는 우한과 후베이성을 제외한 거의 대부분의 지역에서 신환자는 더 이상 보고되지 않고 있다. 오른쪽 오렌지 색의 웨이브는 중국 이외의 나라 들에서 발생한 확진자인데 Big 4인 이탈리아, 이란, 한국이 오렌지색 전체 환자의 약 ¾을 차지하고 있다(물론 중국이 Big 4에 포함된다). [그림 2-2]는 Big 4의 누적 확진자, 사망자, 신환자의 추세 등을 나타낸다. Big4 중, 중국이 가장 먼저 코로나 패닉의 터널을 빠져나올 것으로 기대되며, 한국도 지속적인 감소세를 보이며 터널의 끝을 향하여 다가가고 있는 것으로 보인다. 이탈리아는 현재 가장 고전 중이며, 북부 지역의 봉쇄에 이어 주민의 이동을 전국적으로 제한하는 초강경 정책을 최근 시행하였다. 이란은 두 번째 웨이브를 그리며 진행하고 있다.

[그림 3]은 중국 이외 국가들의 누적 환자 수가 시간이 지남에 따라 어떻게 변해 왔는지를 나타내는데 향후 예측에 많은 점을 시사하고 있다. 최근까지 Big 2였던 한국은 신환자가 2월말 이후 꾸준히 감소하면서 누적환자의 증가가 상당히 완만하거나 증가를 그래프 상으로는 거의 못 느낄 정도가 되었다. 이탈리아와 이란이 최근 일주일 사이에 급격히 환자가 증가하면서 누적 환자 수 2, 3위를 점하기에 이르렀다. 스페인, 프랑스 독일 등의 여러 서유럽 국가들과 미국은 신환자의 일일 평균 증가율이 33%를 능가하고 있어 앞으로 머지 않아 Big 4의 위치에 변동이 생길 수도 있을 것으로 예측된다(가령 한국은 Big 4에서 빠져나오고, 유럽의 다른 나라가 새로 진입한다든지).

누적 환자의 분포는 3월 12일 현재 중국이 전 세계 환자의 63%, 중국 이외의 나머지 국가들이 37%를 차지하고 있는데 현재의 추세가 계속 된다면 (즉, 중국의 신환자는 거의 없고, 유럽 등에서 신환자가 기하 급수적으로 증가한다면) 얼마 안 있어 중국 이외 국가들의 누적 환자 수가 중국보다 많아질 것으로 예상된다([그림 4] 참조).

▶ 그림 2-1. 코로나 감염증 신환자의 추세

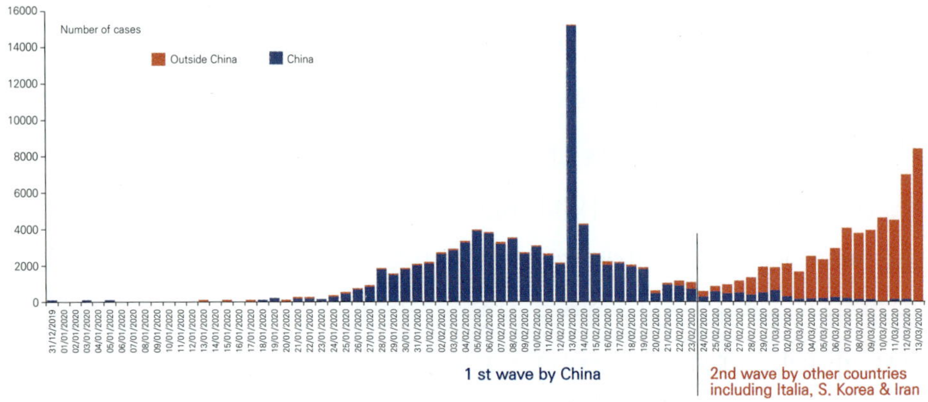

출처: 유럽 질병관리 본부/ 2020.3.11

▶ 그림 2-2. 코로나 Big 4의 신환자 추세

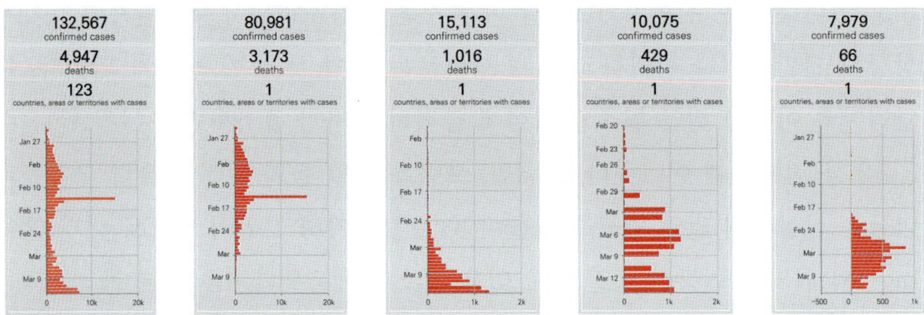

세계: 점점 커지는 두번째 wave | 중국: 터널의 끝자락 | 이탈리아: 계속 상승중 | 이란: 현재 진행형 | 한국: 터널이 보이기 시작

출처: WHO

▶ **그림 3. 코로나 감염증 누적 환자의 추세**

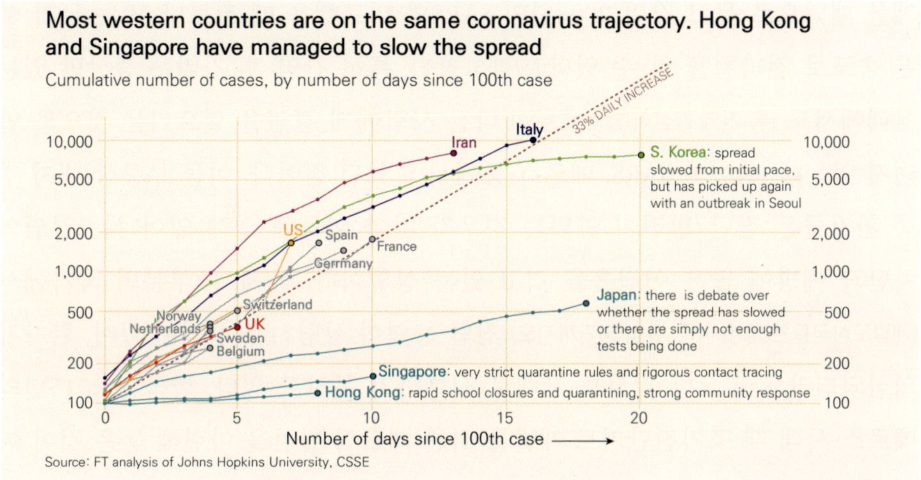

출처: 파이낸셜 타임즈 / 존스 홉킨스 대학 CSSE

(X축은 각 나라의 환자가 100명에 이른 날부터의 날짜수를 뜻하는데, 각 국가의 확산 속도를 상대적으로 비교하기 위함이다)

▶ **그림 4. 누적 환자의 분포**

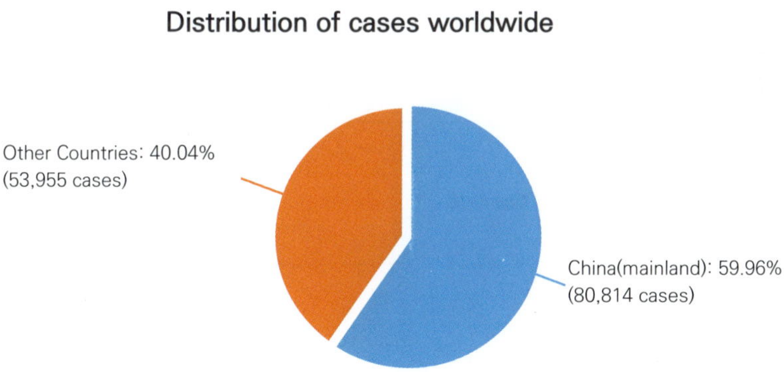

출처: Worldometer / 2020.3.12

코로나 19 퇴치(containment)의 난관들

지난 2개월간 중국과 한국은 물론 전 세계가 코로나 19를 퇴치(containment)하고자 사투를 계속하고 있으나 다음의 두 가지로 인해 많은 어려움을 겪고 있다. 첫째, 바이러스 자체의 특성이다. 같은 코로나 바이러스 계열이면서, 전 세계를 패닉으로 몰고 갔던 2003년의 SARS와 비교했을 때 코로나 19는 무척 빠른 속도로 전파됨을 알 수 있다([그림 5] 참조). 특히 감염 후 가벼운 증상만 있는 상태에서도 (혹 거의 증상이 없는 경우도) 다른 사람에게 감염을 일으키는 것으로 알려져 있는데, 이전의 SARS, 메르스 등에서 없었던 점이다. 이들 무증상 내지 경증 환자들은 진단/발견이 안되는 경우가 많아 이들에 의해 일어나는 감염의 차단과 예방에 많은 어려움을 겪고 있는 상황이다. 둘째, 대부분의 국가에서 (개발도상국들은 물론 미국, 유럽 국가까지도) 진단 능력이 상당히 제한되어 있어, 환자가 의심되더라도 필요한 검사를 제대로 실행하지 못하고 있다. 한국은 2015년의 메르스 사태 때 조기진단키트 개발을 위한 제도적 발판을 마련해 놓은 것이 이번 코로나 사태 대처에 많은 도움을 준 것으로 알려졌다.

▶ 그림 5. 코로나 19와 SARS: WHO로 첫 환자 보고된 이후 시간이 지남에 따른 누적환자의 비교

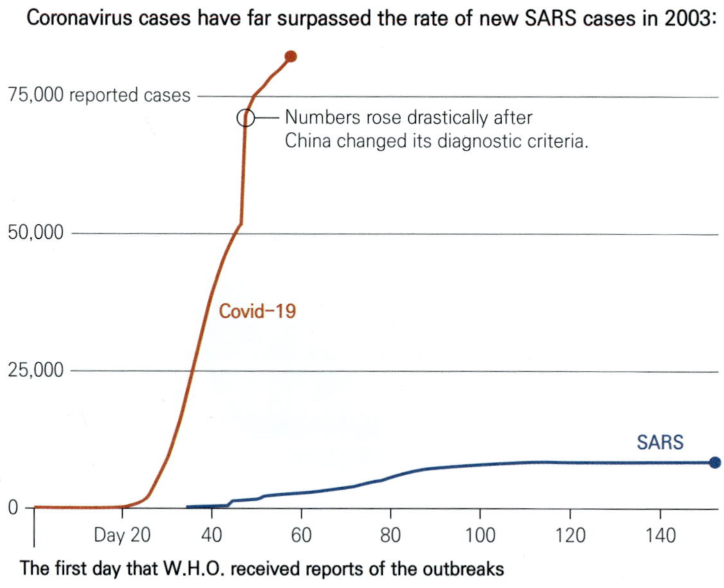

출처: The New York Times, 2020.2.28

3. 중국

2019년 12월 8일 원인 불명의 폐렴 환자가 처음 보고된 이후, 1,100만 명의 거대한 도시를 봉쇄하고, 주민들의 이동을 엄격히 제한하는 극단의 조치를 취하면서, 중국은 코로나 19 감염증과의 사투를 이어왔다. 여러 이슈들이 있지만 중국은 코로나 19 사태에서 정말로 벗어나고 있는 것인가란 점에 초점을 맞추어 살펴보고자 한다. 이에 답하기 위해 먼저 짚고 넘어가야 할 중요한 점이 있는데 바로 중국 정부가 발표하고 있는 데이터나 자료의 신뢰성이다. 2월 16일부터 2주간 행해졌던 WHO 전문가 방문단의 중요한 활동 중 하나가 중국 정부가 보고하는 데이터의 신뢰성 여부를 체크하는 것이었다고 방문단의 팀 리더였던 Dr. Bruce AYLWARD가 방문 직후 가졌던 기자회견에서 언급할 정도로 이 문제는 중요했었다. WHO의 초청을 받아 함께 참여했던 국제적인 역학 전문가들은 그동안 보고된 수많은 데이터와 함께 발표되지 않은 수많은 데이터와 자료의 분석, 현장 방문, 그리고 광범위한 인터뷰 결과를 토대로, 중국 정부가 발표한 데이터를 받아들이는데 특별한 문제점을 발견하지 못했다고 발표하였다. 즉 데이터는 신뢰할 만하다는 의견을 내었다.

▶ **그림 6. 중국의 코로나 19 신환자 추세**(WHO 방문단이 신뢰성을 부여했던 정부 발표 데이터로 2월 20일 이후 현재까지 지속적으로 감소되었다)

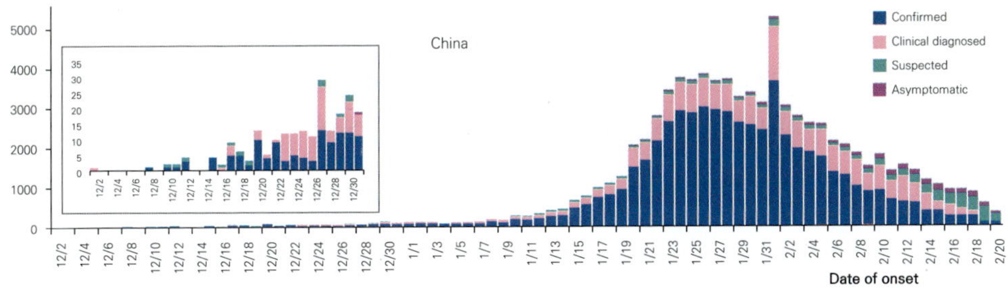

[그림 6]에서처럼, 중국의 코로나 신환자 수는 1월 26일을 기점으로 꾸준히 줄어 들었으며, 최근에는 우한과 후베이성을 제외한 거의 대부분의 지역에서 신환자는 더 이상 보고되지 않고 있다. 3월 13일의 신환자 수는 단지 11명으로 최저치를 기록했다.

중국은 원인 불명의 폐렴 환자가 우한시에서 작년 12월 8일 처음 발견된 이후, 2020년 1월 8일 COVID-19란 신종 바이러스에 의한 것으로 밝혀지기까지 첫 한 달 간은 소극적이고 불투명한 정치적 대응을 하였다고 비난을 받았었다. 그 후 코로나 감염증을 정부 당국이 공식적으로 인정하면서, 여러가지 감염병 예방을 위한 전통적인 공중 보건학적 조치들을 취하기 시작했고(환자 발견 및 격리, 접촉자 추적, 학교 등 공공 모임의 폐쇄), 인구의 대이동이 예상되던 구정 명절(춘절) 이틀 전인 1월 23일, 급기야 1100만 명의 우한시를 통째로 봉쇄하는 극단적 조치를 취하였다. 이는 현대 공중보건 역사상 전무후무한 정책으로, 중국 코로나 감염증 환자의 86%가 우한 지역과 관련이 있음을 고려할 때, 무모한 조치라고 비난할 근거는 약해 보인다. 앞으로 시간이 지나면서 대도시 봉쇄의 당위성 여부, 공중보건학적 효과, 경제 사회에 미친 영향 등 다방면에 걸쳐 분석과 평가가 이루어 질 것이다(이미 긍정적인 평가가 Lancet에 실리기도 하였다).

중국은 3월 초부터 경제 회복으로의 어젠다 전환을 시도하고 있으며, 봉쇄가 그리 멀지 않아 (최소한 부분적으로라도) 풀릴 것으로 우한 시민들은 기대하고 있다. 향후 새롭게 대규모의 환자가 발생하지 않는다면 중국은 엄청난 규모로 밀어닥친 코로나 19 감염증과의 사투에서 생존하는 첫 국가가 될 수 있을 것이다. 하지만 지역사회 감염의 차단과 예방을 위해 취했던 여러 공중보건학적 조치들이 완화되면서 감소세의 바이러스가 다시 기승을 부려 제2의 감염사태가(second wave) 발생할 가능성을 완전히 배제할 수는 없을 것이다.

4. 한국

한국에서 첫 환자가 발견된 1월 19일 이후 시작된 코로나 19 정보의 홍수 속에서 다른 것 보다는 보다 큰 그림을 파악하는데 도움이 되는 역학적 상황을 본 글에서는 간단히 살펴보는 정도로 그치는 것이 적절해 보인다.

누적 환자 수와 매일의 신환자 수보다, 큰 그림을 보는데 도움이 되는 것은 신환 확진자의 추세이다(전국 및 지역별 추세). [그림 7]은 2월 중순 이후의 전국 신환자 발병 상황인데 2월 29일 813명으로 정점을 찍은 이후 서서히 감소하는 경향을 보이고 있는데 다소의 기복을 보이면서 (직선으로 감소하는 것이 아니라 위 아래로 약간씩 오르락 내리락 하면서) 감소하고 있음을 알 수 있다. 현재까지는 전체 환자의 75%를 점하고 있는 대구 지역의 감소율이 대체적으로 (마지막 2-3일은 빼고) 반영되고 있음을 알 수 있다([그림 8과 9] 참조).

▶ **그림 7. 한국의 코로나 19 신환자 수 추세**

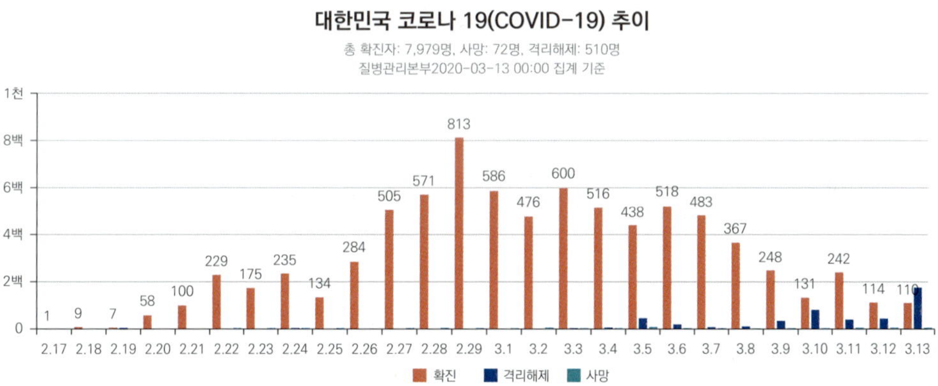

출처: 코로나 19 실시간 상황판 (coronaboard.kr) 사이트의 하단 부분에 위치해 있음

▶ 그림 8. 대구 지역 코로나 19 신환자 수 추세

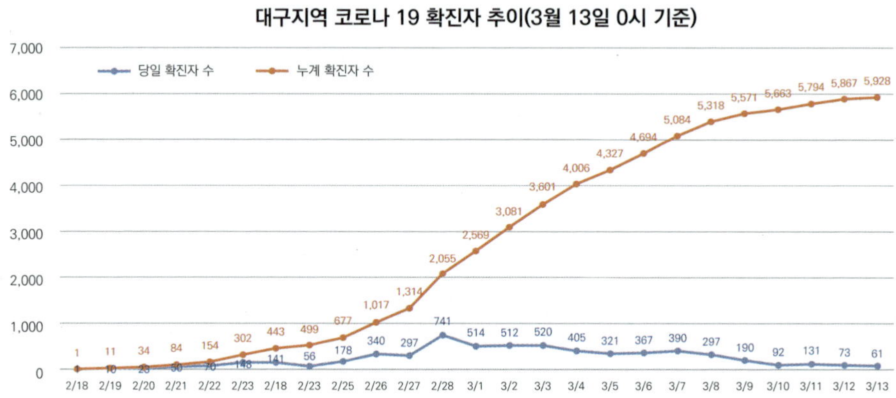

출처: 대구광역시 사이트의(daegu.go.kr) 확진자 추이보기

▶ 그림 9. 지역별 누적 확진자 분포(코로나 19 실시간 상황판(coronaboard.kr) 사이트의 하단 부분에 위치)

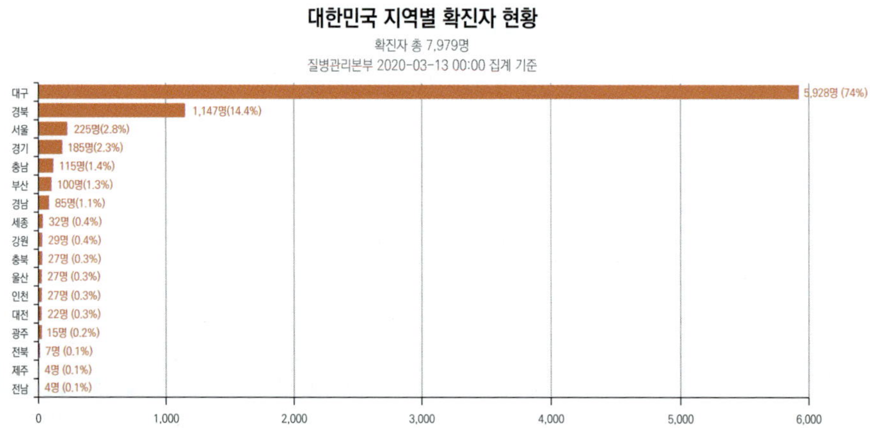

한국의 경우 특정종교 단체와 관련된 확진자가 전체 환자의 60.9%를 차지하는 매우 특수한 상황인데, 지역마다 (집단) 감염의 분포가 상당히 다름을 알 수 있다([그림 10]). (참고로 중국은 가족 간 감염이 전체 환자의 80% 이상을 차지하고 있어, 한국과는 전혀 다른 양상을 보인다). 연령별 분포는 20대가 가장 많으며, 사망자는 50대 이후에 주로 분포되어 있는데 0-29세의 사망자는 환자 수가 2,772명이나 되는데

도 단 한 명도 없어 소아와 청년층은 코로나 감염으로 인해 치명적인 상황에 이르지는 않는 것으로 판단되고 있으며, 이는 다른 나라의 경우도 유사하다. ([그림 11, 12] 참조)

▶ 그림 10. 지역별 누적 확진자 분포(코로나 19 실시간 상황판(coronaboard.kr) 사이트의 하단 부분)

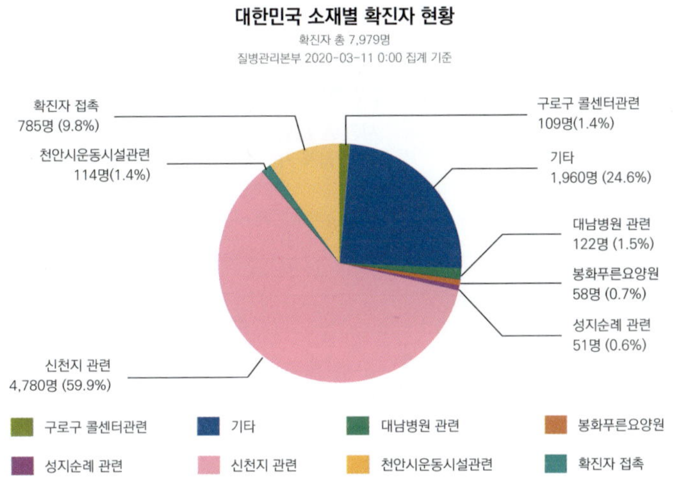

▶ 그림 11. 누적 확진자의 연령별(코로나 19 실시간 상황판(coronaboard.kr) 사이트의 하단 부분)

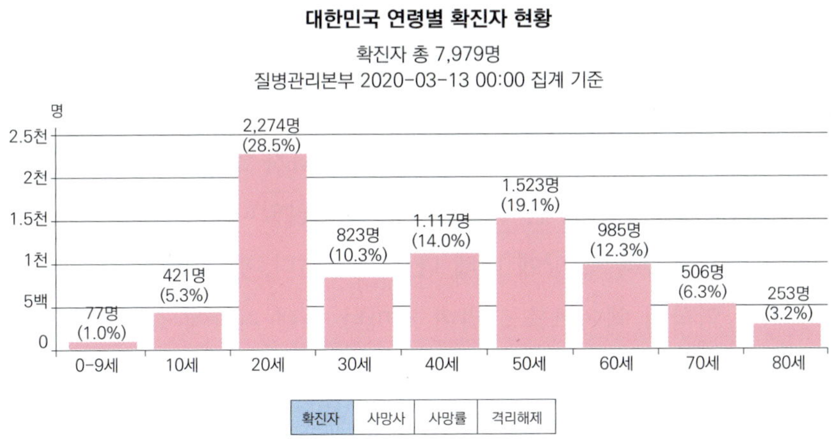

한국의 경우 중국과 마찬가지로 향후 신환자가 계속적으로 감소해 가는 과정에서 소규모 혹은 대규모의 집단 감염이나 지역사회 감염이 발생하면서 제2, 제3의 웨이브를(second wave/third wave) 만들면서 상황이 다시 악화되지 않아야 그동안의 퇴치 노력이 궁극적인 성공으로 이어진다고 할 수 있다.

▶ **그림 12. 코로나 감염증으로 인한 사망자의 연령별 분포 코로나 19 실시간 상황판** (coronaboard.kr) 사이트의 하단 부분)

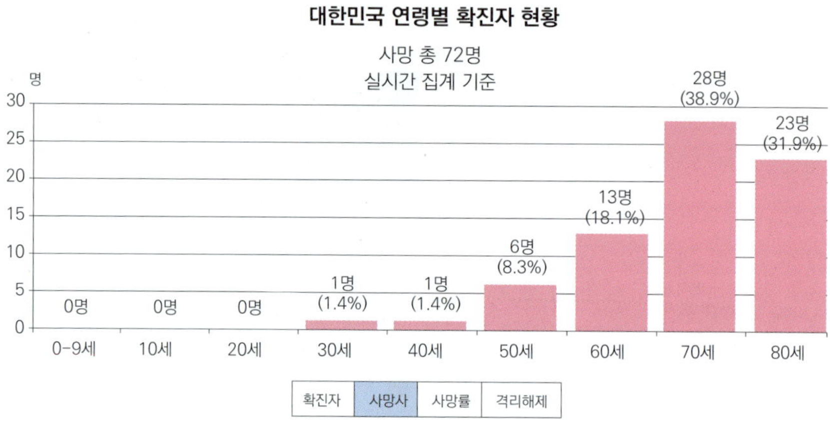

5. 나가며

지금까지 작년 12월 중국에서 시작된 신종 바이러스로 인한 코로나 19 감염증이 Pandemic 상황에 이르기까지 어떻게 전개되어 왔는지, 개략적으로 살펴보았다. 코로나 퇴치를 위해 시행되거나 시행되지 않은/못한 여러 보건의료 정책적 이슈가 있으나 지면 관계상 거의 다루지 않았다.

다음 호에서는 향후 전망에 대해 다룰 예정이다. 팬데믹에 이른 코로나 19 상황이 어떤 역학적 웨이브를 그리며 얼마나 오랜 기간에 걸쳐 전개될지, 그리고 이와 관련된 정책적 연관성은 무엇인지가 주된 내용이 될 것이다. 정책성 연관성이라 함은 과연 코로나 19의 퇴치(containment)가 가능한지, 아니면 상황의 완화(mitigation)가 더 현실적인 옵션인지에 대한 이야기이다.

코로나 블루(코로나 우울증)로 매일의 삶이 다소 무겁긴 하지만 사회적 거리두기로 인해 개인 시간은 더 많아진 요즘, 코로나 열공으로 "What is next?"에 대한 답을 함께 찾아가면 어떨까.

참고문헌

웹사이트

- 대구 광역시, 코로나 현황 [Internet]. [cited 2025 Sep 26]. Available from: http://www.daegu.go.kr/dgcontent/index.do?menu_link=/icms/bbs/selectBoardArticle.do&menu_id=00936642&bbsId=BBS_02112&nttId=445626
- 질병관리본부, 코로나 바이러스 감염증 -19 국내 발생 현황 [Internet]. [cited 2025 Sep 26]. Available from: https://www.cdc.go.kr/board/board.es?mid=a20501000000&bid=0015&act=view&list_no=366540
- 코로나 19(COVID-19) 실시간 상황판 [Internet]. [cited 2025 Sep 26]. Available from: https://coronaboard.kr/
- European Centre for Disease Prevention and Control. COVID-19 situation update worldwide [Internet]. [cited 2025 Sep 26]. Available from: https://www.ecdc.europa.eu/en/geographical-distribution-2019-ncov-cases
- Worldometer. Coronavirus [Internet]. [cited 2025 Sep 26]. Available from: https://www.worldometers.info/coronavirus/
- World Health Organization. Coronavirus disease(COVID-19) outbreak: situation dashboard [Internet]. [cited 2025 Sep 26]. Available from: https://experience.arcgis.com/experience/685d0ace521648f8a5beeeee1b9125cd

논문

Joel Hellewell, etc, *Feasibility of controlling COVID-19 outbreaks by isolation of cases and contacts*, Lancet, published online 28 Feb, 2020.

Lisa E Gralinski, etc, *Return of the coronavirus*: 2019-nCov, MDPI, 2020.1.24.

World Health Organization, Report of the WHO-*China joint mission on coronavirus disease 2019*, 16-24 Feb, 2020.

Xinguang Chen, etc, *First two months of the 2019 coronavirus disease epidemic in China: real-time surveillance and evaluation with a second derivative model*, Global health research and policy, 2020 5:7.

Zunyou Wu, etc, *Characteristics of and important lessons from the coronavirus disease* 2019 outbreak in China, JAMA, published online Feb 24, 2020.

기사

Darren Dodd, Corona virus update: *all you need to know,* Financial times, 2020.3.12.

Knvul Sheikh, *How bad will the will the corona virus outbreak get?* The New York Times, 2020.2.28.

코로나 19 특집-2

코로나 대응 전략과 향후 시나리오

2020년 4월 2일

주요 메시지

- 향후 예측되는 시나리오는 세 가지가 있다([표 3] 참조). 첫 번째의 코로나 19 퇴치는 거의 불가능하나, 예외적으로 중국의 퇴치 가능성을 아직은 열어 둘 수 있다. 시나리오 2, 3은 코로나 19 바이러스가 토착화되면서 장기간 (아마도 최소 수년간 이상) 인류 사회와 함께 공존할 것을 의미한다. 2와 3의 차이는 집단면역 형성 과정인데, 시나리오 2는 코로나 19감염의 계속적인 확산에 의한 면역 형성이고, 시나리오 3은 백신개발 이후의 예방접종에 의한 면역 획득이다.
- 시나리오 2와 3 모두의 경우, 취할 수 있는 방역 및 대응 정책에는 억제(suppression)와 완화(mitigation)의 두 가지가 있다. 억제는 나이에 상관없이 전 국민이 사회적 거리두기를 매우 적극적으로 시행함으로(물론 환자발견, 격리, 접촉자 추적 등에 추가해서) 감염속도를 줄이고, 단기간에 중환자가 발생하지 않도록 함으로써 사망자를 상당히 줄이는 것을 목표로 한다. 완화는 사회적 거리두기를 70세 이상의 고연령자 중심으로 소극적으로 실행하면서 (경제적 사회적 비용을 최소화하되), 단기간에 발생하게 되는 많은 중환자의 사망을 감수하며 나아가는것을 뜻한다([표 2] 참조).
- 최근 2-3주 동안 대부분의 유럽 및 북미의 선진국은 물론 인도를 포함한 여러 개발도상국들이 주민의 이동 제한, 지역 및 국가 봉쇄란 강경책을 들고 나왔는데, 이는 확산 일로의 코로나 19 감염의 속도를 늦춰서 환자 사망을 줄이고자 하는 억제 정책을 지향하는 것이라 할 수 있겠다.
- 뛰어난 진단 역량을 바탕으로 한 방역 대책 및 사회적 거리두기의 적극적 실천을 통해 억제 정책을 비교적 잘 수행해 온 한국은 향후 억제와 완화 사이의 정책조율을 사회적 합의를 통해 해나가야 하는 과제를 안고 있다고 여겨진다.

1. 들어가며

지난 2주간 코로나 19 사태로 인해 전 세계적으로 너무나 많은 변화가 있었다. 미국의 심장 뉴욕이 제2의 우한이 되면서 코로나 19의 새로운 진원지로 떠올랐고, 인도의 13억 인구가 자택 격리 상태에 놓이게 되면서 이동의 제한을 받거나 지역봉쇄 아래 있게 된 사람들은 전 세계적으로 30억 명을 넘어섰다. 영국의 보리스 존슨 총리가 코로나 19에 감염되어 자가 격리에 들어 갔고, 일본에서 열릴 예정이었던 올림픽이 연기되는 등, '제2차 세계대전 이후 최대의 위기'를 지구촌이 맞게 되었다[1].

불과 2개월 전 중국이 우한을 봉쇄했을 때, 혹독한 조치라고 비난하면서도, 강건너 불구경 하듯 뒷짐지고 있던 대부분의 국가들도 신종 바이러스가 소리 없이 침투해 들어가자 이탈리아를 필두로 프랑스, 독일, 미국, 영국, 스페인, 그리고 인도는 물론 상당수의 아프리카 국가들까지 주민의 이동을 제한하고, 국경을 닫아거는 강경 정책[2]과 조치들을 꺼내 들면서 전 세계는 패닉상태에 빠져 들었다. 팬데믹 상황에서 인류가 취할 수 있는 정책과 전략적 옵션에는 어떤 것이 있으며, 향후 코로나 19 팬데믹은 언제 어떻게 끝날 것인지를 살펴 보는 것이 이번 호의 내용이다.

2. 코로나 대응 전략 수립에 필요한 두 가지 데이터

감염 재생산수, 감염 치사율

급성 감염병이 발생했을 때 대응 전략과 방역대책을 세우기 위해 필수적으로 알아내야 하는 두 가지가 있는데, 감염 재생산수와 감염 치사율이다. 첫째, 감염 재생산 수는 환자 한 사람이 평균적으로 감염시킬 수 있는 사람 수를 뜻하는데 이를 통해 감염병이 전파되는 속도를 알 수 있다. 영어로는 reproductive number라고 하는데 통상 R로 표시한다[3]. R값이 1 이상이면 보

1 독일의 메르켈 총리가 3월 18일 코로나 대응을 위한 독일 국민의 결속과 공동행동을 요구하면서 제2차 세계대전 이후 지구촌 최대 위기 상황이라고 언급했다.

2 서구 민주주의 국가의 대부분이 중국이 취했던 방식과 큰 차이가 없는 강경정책을 선택하였음.

3 발생 초창기때는 R0(초기감염 재생산자수), 그 이후 시간이 지남에 따라 Rt라고 표현한다. 여기서는 그냥 R로 통일해서 사용한다.

건학적으로 아무런 조치를 취하지 않은 자연상태에서는 감염이 확산되면서 환자가 증가하게 되지만, 개인위생 강화, 환자발견 및 격리, 사회적 거리두기, 예방접종 (백신 개발 이후) 등에 의해 바이러스가 확산될 수 있는 가능성이나 전파기간이 줄어들게 되면 R값이 1 이하로 떨어지면서 환자 수가 점차 줄어들게 된다. R 이 2 이상인 경우에는 환자가 일정 기간 마다[4] 자연상태에서 기하급수적으로 증가하게 된다.

▶ **그림 1. 여러 감염병의 재생산 지수**(R)**와 감염 치사율**(infection fatality rate)

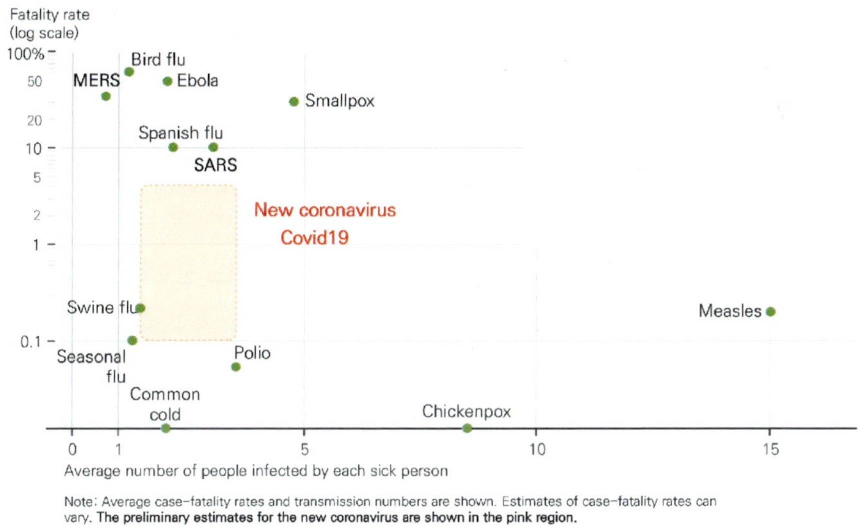

x축은 환자 한사람이 평균적으로 감염시킬수 있는 사람수 R을 가리키며,
y축은 전체 감염자 중의 사망자 수를 %로 나타낸 것(출처: New York Times. 2020.2.18)

[그림 1]에서 보면 메르스는 자연상태에서 R이 1이 채 안되어 확산이 제한적이고, SARS 의 경우 R은 2.7 정도로 비교적 높은 편이었지만 엄청난 격리 및 방역 노력으로 1이하로 떨어뜨릴 수 있었고, 결국에는 퇴치되었다. 2009년 유행했던 신종인플루엔자 팬데믹의 경우 R은 1.5 였으며, 전 세계 인구의 약 10-

4 이를 세대 기간이라고 하는데 첫 감염병 발생자의 증상발병 시기와 2차 발병자의 증상발병 시기 사이의 기간으로 코로나 19바이러스의 경우 약 4일로 알려졌다.

20% 가량이 감염되었던 것으로 추정된다. 공기로 감염되는 홍역의 R은 15 정도로 매우 높아 학교나 지역사회에서 집단감염을 쉽게 일으킬 만큼 감염력이 상당히 높다.

코로나 19바이러스의 R은 2-4 정도인것으로 알려져 있다. 이는 상당히 높은 편으로 확산이 매우 빠르게 일어날 수 있음을 뜻하는데 무증상자도 감염을 일으킬 수 있는 특징을 갖는다.

[그림 2]는 R에 대한 이해를 하는데 도움이 된다. X축은 첫 감염 발생 이후의 시간이고, y축은 감염되는 인구를 백분율(%)로 표시한 것이다. R값이 높으면 왼쪽의 R=3.2의 경우처럼 급격한 커브를 그리면서 짧은 기간 내에 많은 인구에게 감염이 일어날 수 있는데 반해, R 값이 1.1 정도로 낮으면 가장 오른쪽의 커브처럼 상당히 완만한 곡선을 그리면서 감염의 확산이 천천히 일어나게 되고, 감염되는 사람의 수도 적게 된다.

▶ 그림 2. R값에 따른 역학적 웨이브. 인플루엔자의 R값이 다를때 어느 정도의 인구가 감염될지를 추정하는 가상적 모형임.

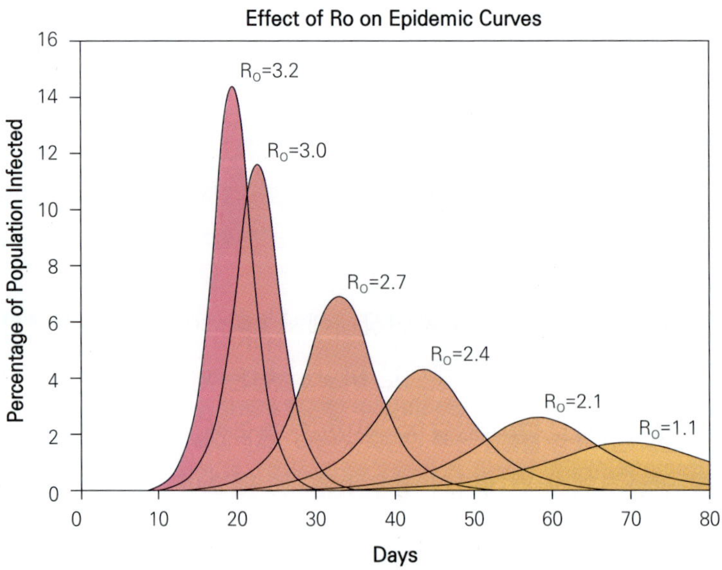

출처: 미국 질병관리센터/CDC

두 번째는 환자의 감염 치사율(infection fatality rate, IFR)[5]로 전체 감염자 중 사망한 사람을 백분율(%)로 표시한 것이다. 감염치사율은 보건 정책을 세우는 정부 당국자나 최종 정책 결정권자인 고위 정치인들은 물론 팬데믹을 살아내야 하는 모든 사람이 가장 알고 싶어하는 또 필요한 정보이며 관심사이다. 하지만 현재 대부분의 국가에서 감염자 중 일부에서만 검사가 이루어지고 있으며, 이렇게 확진된 사람중의 사망자를 치사율로 보고하고 있다. 이 경우의 치사율은 case fatality rate(CFR)로 '확진자 중의' 사망자 백분율인 셈이다(더 정확한 지표인 IFR이 아니다).

[그림 1]의 y축은 여러 질환의 감염치사율을 나타낸다. 코로나 19의 치사율(IFR)은 0.1-3.0%의 범위 내에 있다고 추정하고 있는데 정확한 IFR을 구하기 위해선 인구집단의 혈청 검사를 통한 항체 형성 여부를 통해 감염 여부를 밝혀내야만 가능한데, 코로나 연구의 최우선 항목 중 하나로 중국 등에서 아마 이와 관련 데이터가 앞으로 나올 것으로 기대하고 있다.

현재 미디어에 보도되고 있는 코로나 19 관련 치사율은 'CFR'로서, 가장 낮게 보고되고 있는 국가는 독일, 우한 지역을 제외한 중국, 한국, 미국, 스위스 등으로 0.7-1.5%다. 이탈리아, 스페인, 프랑스, 이란 등은 비교적 높은 그룹에 속하는데 대략 6-11% 범위 내에 있다(2020.3.29 현재). 이 중 비교적 검사를 많이 실시하고 있는 한국이나 중국 우한 이외 지역의 경우 경증 환자의 다수가 포함되어 있고(CFR의 분모 증가), 치료 역량이 비교적 괜찮고 단기간에 환자가 발생하지 않아[6](CFR의 분자를 낮춰줌) 치사율이 낮은 것으로 보여진다. 이들 국가의 IFR은 CFR보다 더 낮아질 수밖에 없는데, 중요한 의미가 있으며, 다음 호에서 좀 더 자세히 살펴 보도록 하겠다.

---

5 감염 치사율(infection fatality rate) = 사망자수/전체 감염자 수이고, 치사율(case fatality rate) = 사망자수/확진 환자 수이다. 많은 사람이 검사를 받게 되면 둘 사이의 값은 근전해 지지만 검사율이 낮은 경우는 둘 사이에 큰 차이가 생긴다.

6 대구지역의 경우는 확진자가 단기간에 발생하였지만, 주로 특정종교집단, 요양병원 등을 선제적으로 진단하였기에 환자의 약 80.7가량은 치료가 거의 필요가 없는 경증환자였다. 게다가 중환자가 증가하자 경증환자를 생활치료센터라는 단순격리시설로 옮기면서 이탈리아처럼 중환자 치료 시스템에 지나친 과부하가 단기간에 걸리지는 않은 것으로 보인다.

3. 대응 전략: 퇴치 vs 억제 vs 완화

코로나 대응을 위해 취할 수 있는 공중보건학적 전략/정책에는 퇴치, 억제, 완화의 3가지가 있다. 보통은 '퇴치'와 '완화'의 두 가지 개념이 많이 사용되고 있는데 최근 영국 임페리얼 대학의 닐 퍼거슨팀이 억제(suppression)[7]의 개념을 강조하면서 현 팬데믹 상황에 필요한 정책중 하나로 기술하고 있어 '억제'를 퇴치와는 구별되는 개념으로 이 글에서는 사용하기로 한다.

퇴치(containment)

퇴치란 한 국가나 지역에 발생한 급성 감염병을 환자발견과 격리, 접촉자 추적 등을 통해 더 이상 확산되지 못하도록 하는 것을 뜻하는데, 필자는 SARS의 경우처럼 완전히 컨트롤 된 (사라진) 상황까지를 포함한 넓은 의미로 사용하였다. 흔히 팬데믹 상황에 이르기 '전' 단계에 사용하는 전략으로 알려져 있다. 특정 지역이나 국가에서 발생한 감염병을 역학조사, 환자 발견과 격리, 접촉자 추적 등의 질병 감시체계를 작동하고, 손씻기 등의 개인위생을 강화하거나 필요 시 사회적 거리두기 등을 통해 감염병 발생 이전의 상태로 되돌리는 것을 의미한다. 그러나 WHO가 실제적인 코로나 팬데믹 상황에서도 여전히 퇴치가 가능하다면서 각 국가가 최선을 다해 코로나 퇴치에 전념할 것을 권면하였고, 과연 팬데믹 상황에서도 퇴치가 가능한지에 대한 논쟁이 있기도 했다. 필자는 퇴치를 팬데믹 이전에 주로 사용하지만 팬데믹 상황에서도 특정 국가나 일부 지역에서, 또한 일시적으로 퇴치가 불가능하지 않을 수 있다는 가능성을 열어 놓으면서 글을 전개해 나가고자 한다.

7 억제(suppression)의 개념이 감염병의 대응에 전에도 사용되긴 하였지만 닐 퍼거슨이 같은 의미로 사용했는지 논문에는 뚜렷이 나타나 있지 않다. 닐 퍼거슨은 R값이 1 이하로 떨어지면서, 환자수가 감소되는 상태로 규정하였으나 퇴치와 어떻게 구별되는지는 명확히 밝히지 않고 있고, 오히려 적극적인 완화에 가깝게 기술하고 있다.

억제(suppression)

특정 국가나 지역에서 발생한 감염병이 계속 확산되어 일단 팬데믹 상황이 되면 감염원을 알 수 없는 지역사회 감염이 만연되어 감염병의 퇴치가 보건학적으로 어렵거나 불가능하다고 보고, 정책 목표를 한 단계 낮추게 된다. 즉 억제의 목표는 감염병 확산의 속도를 늦춤으로 일일 신환자(특히 중증 환자[8])를 감소시키고, 단기간에 의료시스템에 지나친 과부하가 안 걸리도록 함으로써, 중환자들의 사망을 줄이는 것이다. 감염 재생산지수(R)를 1 이하로 낮추는 것을 의미한다.

[그림 3]에서처럼 각 국가나 지역마다 환자들을 치료하는 의료 시스템의 역량(Health care system capacity)이 제한되어 있는데, 왼쪽의 분홍색 웨이브처럼 많은 환자가 단기간에 걸쳐 발생하면 중환자를 치료할 수 있는 의료시스템의 역량을 훨씬 초과하게 되어 사망자가 많이 발생하게 된다(중국의 우한 지역이나 이탈리아 등이 이에 해당). 그러나 오른쪽의 웨이브처럼 감염병 확산 속도가 억제정책으로 줄면, 일일 신환자가 줄어들게 되고 중환자 발생이 의료 시스템이 감당해 낼 수 있는 범위 내로 유지되어 사망자를 줄일 수 있게 될 것이다. 치사율(case fatality rate)이 비교적 낮은 한국과 중국 우한 이외 지역들의 대응이 억제가 지향하는 목표와 가깝다고 여겨진다.

일단 팬데믹 상황에 빠지면, 특히 R이 2-3 정도로 높은 경우, 감염 확산을 막고, 일일 신환자를 감소시키는 것은 (즉 R을 1 이하로 떨어뜨리는 것)은 매우 어렵다. 따라서 환자 발견 및 격리, 강도 높은 사회적 거리두기의 조치가 필수적이다. 우한에 이어, 유럽의 여러 국가들과 미국, 그리고 최근 인도에 이르기까지 전 세계의 수많은 사람들이 집에 머물기를 강요당하고, 지역 간 이동이 제한되는 등 강도 높은 사회적 거리두기 조치 하에 놓여 있는데 중증 환자가 단기간에 발생하는 것을 막기 위한 억제 정책의 일환이라 하겠다.

8 코로나 19의 경우 전체 환자의 약 80%는 경증 환자, 15%는 산소 마스크를 필요로 하는 중증 환자, 5% 정도는 인공호흡기 치료를 요하는 최중증 환자로 알려졌다.

▶ **그림 3. 역학 웨이브 낮추기 – x축은 첫 환자 발생 이후의 시간이고, y축은 일일 신환자 발생 수를 뜻한다.**

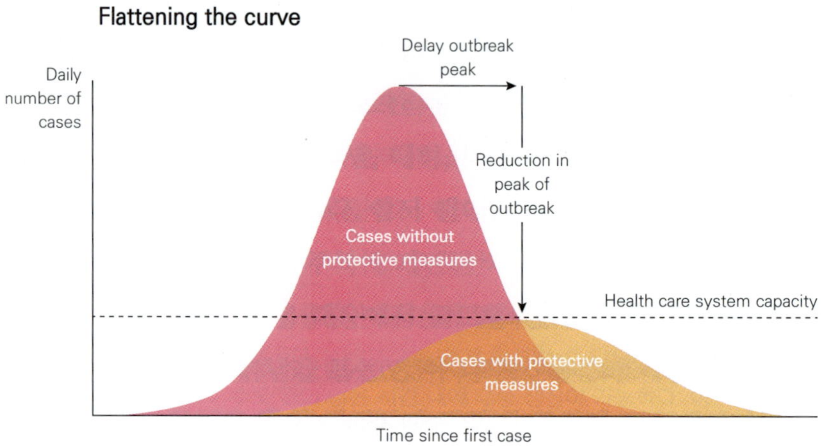

출처: 미국 질병관리센터, CDC

완화 (mitigation)

개인의 자유를 제한하고, 경제 사회적으로 엄청난 비용을 요구하는 억제 전략을 국가가 취하지 않거나, 국가의 강경 정책을 구성원들이 받아들이지 않거나 못하는 경우 남게 되는 마지막 옵션은 완화 정책이다. 억제를 포기하고 완화로 선회하는 것은 R값이 1 이상으로 되는 것을 감수한다는 의미이기도 하다. 즉, 코로나 19의 확산은 계속되고, 신환자가 단기간에 계속 늘게 되어, 의료시스템이 감당할 수 없는 수준의 중환자 발생으로 인해 많은 사망자가 나타나게 됨을 의미한다. 이는 봉쇄가 있기 전까지의 우한 지역 상황에 해당된다고 생각되는데, 우한 지역의 환자 치사율은 초창기 20%를 상회했다가 지역 봉쇄, 즉 억제로의 변환이 있었던 1월 23일 이후 R수치가 1 이하로 낮아 지면서 치사율도 2-3% 정도로 낮아졌다([그림 4, 5] 참조).

▶ **그림 4. 중국 우한 및 전체의 코로나 19 치사율**(case fatality rate)

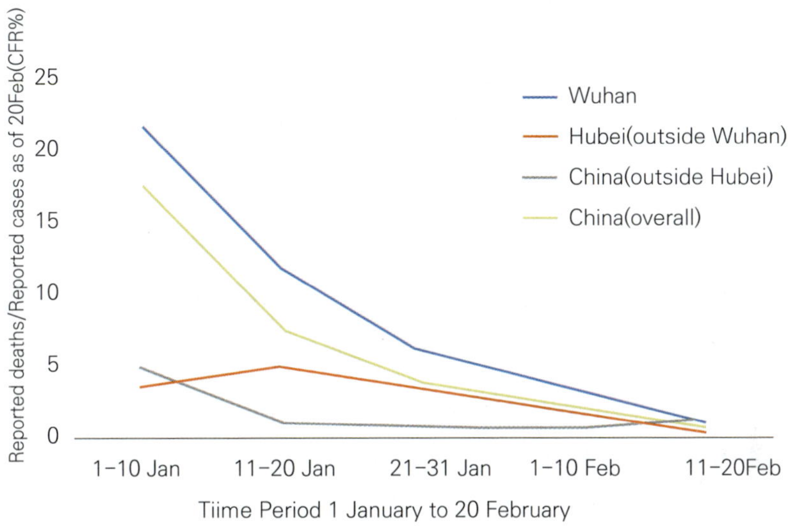

출처: WHO 중국 방문팀 리포트

▶ **그림 5. 우한 지역의 신환자 발생 수**(A)**와 감염 재생산 수**(B)**. R0이 초기에는 3.9 정도로 상당히 높았다가, 완화 조치로 인해 낮아지긴 했으나 1월 23일 지역봉쇄 직전 1.3 정도였고, 그 후 0.3 정도로 낮아짐을 보임**

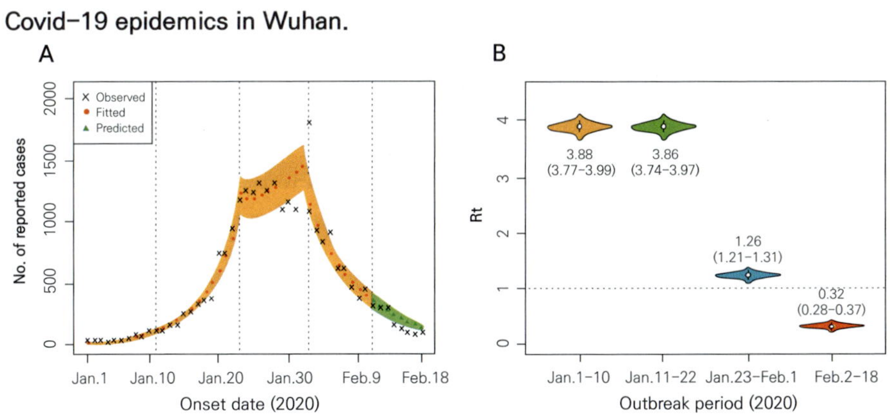

출처: British Medical Journal

치사율이 별로 높지 않았던 2009년의 신종 인플루엔자 팬데믹 때 취했던 조치들이 완화정책에 해당된다. 치사율(IFR)이 유행성 독감 정도로 비교적 낮은 상태에서 개인위생, 환자 발견 및 검역 강화, 휴교, 대단위 모임의 폐쇄 정도의 완화 정책을 국가에 따라 실행했는데, 이 경우 정책의 큰 방향/목표는 백신접종이나 집단면역에 의한 리스크 감소와 맞닿아 있다고 할 수 있겠다(이 글의 시나리오 2, 3 참조).

이상으로 코로나 19 팬데믹 상황에서 선택 가능한 전략적 방향내지 정책적 옵션들을 살펴보았는데, 무슨 의미인지 실감하기가 쉽지 않은 면이 있을 것이다. 따라서, 어떤 정책을 취했을 때 어느 정도의 환자(특히 중증 환자)가 발생하며, 보건의료적 부담이 어떨지 구체적인 수치를 인용하면서 살펴보고자 한다. 역학적 상황에 따른 보건 의료의 부담을 예측해 보는 것을 모델링(modeling)이라고 하는데 여기서는 최근에 발표된 이후 전 세계적으로 여러 미디어와 고위 정치가들의 많은 관심을 끌었던 영국 임페리얼 대학교의 모델링을 살펴보면서, 억제와 완화가 갖는 의미를 추적해 보고자 한다.

4. 영국 임페리얼 대학의 모델링(modeling)

영국 임페리얼 대학은 미국의 하버드 의대 및 영국 런던 위생 열대의학 대학원(London School of Hygiene and Tropical Medicine)과 함께 감염병 모델링의 선구자적 역할을 해 오고 있으며, 영국정부의 보건 자문 역할을 해 왔고, WHO 등과도 긴밀한 협력 관계에 있다.

닐 퍼거슨이 이끄는 임페리얼 대학 코로나 태스크 팀은 영국과 미국이 강력한 억제 정책이 아니라 다소 느슨한 완화조치를 취하는 경우 얼마나 많은 중환자들이 발생할지, 또한 어떤 종류의 사회적 거리두기 정책을 어느 기간 취하는 것이 필요한지 등에 대해 예측 모델을 3월 중순경에 발표하였는데, 이 리포트가 영국 수상실은 물론 미국 백악관에도 전달된 직후 영국과 미국이 자택거주와 이동제한 등 강경 모드로 전환하게 되면서 세계적 관심을 끌었다. 한국, 중국과는 다른 맥락에 있는 영국과 미국을 겨냥해서 모델링을 한 것이라 세세한 방법론보다는 적용 가능한 큰 원리 중심으로 리뷰하는 것이 바람직할 것이다.

접촉자수를 줄이기 위한 조치들

[표 1]은 접촉자 수를 줄이기 위해 취할 수 있는 공중보건학적 조치들이다. 접촉자수를 줄일 수 있는 a-e의 조치들 중 어떤 조치들을 어느 조합으로 하느냐에 따라 앞에서 기술했던 '억제'와 '완화'로 나뉘어 진다.

▶ 표 1. 접촉자 수를 줄이기 위한 조치들

정책/조치	내용
a. 휴교	모든 학교의 휴교(대학의 약 25%는 제외)
b. 환자 자가 격리	유증상 환자의 자가 격리(자택에서)
c. 환자 가족의 자발적 격리	유증상 환자 가족들의 자발적 자가 격리(2주간 자택에서)
d. 70세 이상 주민의 사회적 거리두기 시행	70세 이상 주민의 75% 이상이 실천함을 전제로 함
e. 모든 주민의 사회적 거리두기 시행	주민의 평균 접촉자 수를 보통 때의 약 25% 이하로 줄이는 것을 목표로 함

완화 (mitigation) 모델

[그림 6]은 [표 1]에 있는 여러 정책 중(a-e), 완화 모델에 해당하는 예시 4가지의 경우와 예상되는 중환자 치료에 필요한 인구 10만명당의 병상수를 기술한 것이다. 첫 3가지 경우, 즉 (1) 환자 자가 격리, (2) <환자 자가 격리 + 환자 가족 격리>, (3) 휴교보다는 (4) <환자 자가 격리 + 환자 가족 격리 + 70세 이상 주민의 사회적 거리두기를 동시에 시행하는 경우>, 발생하는 중환자 수가 적게 예상된다. 하지만 (4)의 경우도 영국의 중환자 최대 수용 역량의 8배로 여전히 상당히 높을 것으로 예측되어, 완화 정책은 충분치 않다고 결론 짓고 있다.

▶ **그림 6. 완화 모델: y축은 4가지의 서로 다른 완화모델 시 필요하다고 예측되는 인구 10만 명당의 중환자 병상 수. (4)번 파란색처럼 환자 격리 + 환자 가족 격리 + 70세 이상 주민의 사회적 거리두기를 동시에 시행하는 경우가 완화 정책 중 가장 효과가 높긴 하지만 이 경우도 중환자 수용 최대 역량의 8배로 엄청난 과부화가 걸림.**

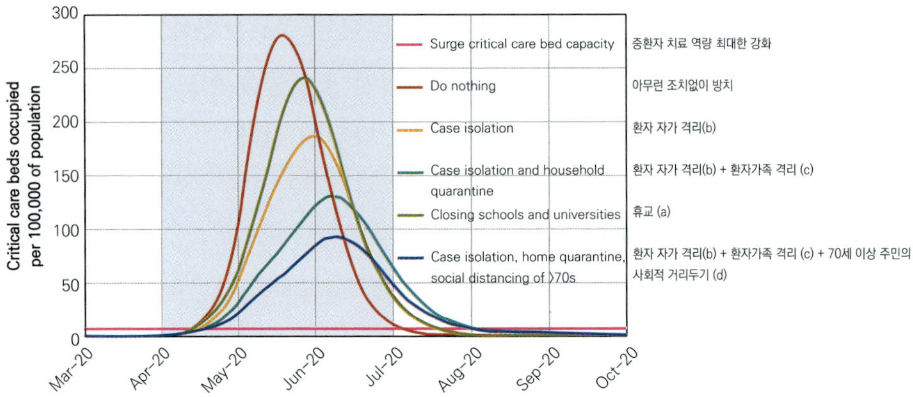

출처: 임페리얼 대학 코로나 리포트

억제(suppression) 모델

[표 1]에 있는 여러 정책 중(a-e), 억제 조치에 해당하는 예시 두 가지에 대해 중환자 치료에 필요한 인구 10만 명당의 병상수를 예측한 것이 [그림 7(A)]이다. (1) <환자 가족 격리+환자 가족 격리+모든 주민의 사회적 격리>와 (2) <휴교+환자 가족 격리+모든 주민의 사회적 거리두기>의 경우가 억제 정책에 해당되는 예들인데, 다음과 같은 시사점을 갖는다.

- 억제 모델의 두 가지 예 모두, 예상되는 중환자 병상 수는 [그림 7(B)]에서 보는 것처럼 의료시스템의 최대 역량 이내에 있거나 두 배 미만으로 그치므로, 사망자 수는 상당히 적을 것으로 예측된다.
- 모든 주민의 사회적 격리를 약 5개월 가량 시행해야 하며(가령 4.20-9.20), 그 이후 억제 조치를 완화했을 때 두 번째 웨이브가 나타날 수도 있는데 그렇게 되면 다시 억제 정책을 펼쳐야 한다. 따라서 이 경우 백신의 조기 개발이 중요하게 대두된다.

▶ 그림 7. 억제 모델: y축은 두 가지의 억제 모델 정책 시행 시 필요하다고 예측되는 인구 10만 명당의 중환자 병상 수. B에서처럼 두 가지 (1), (2) 경우 모두 중환자 수용 최대 역량 이내에 있거나 약 2배 정도만의 과부하가 예상됨.

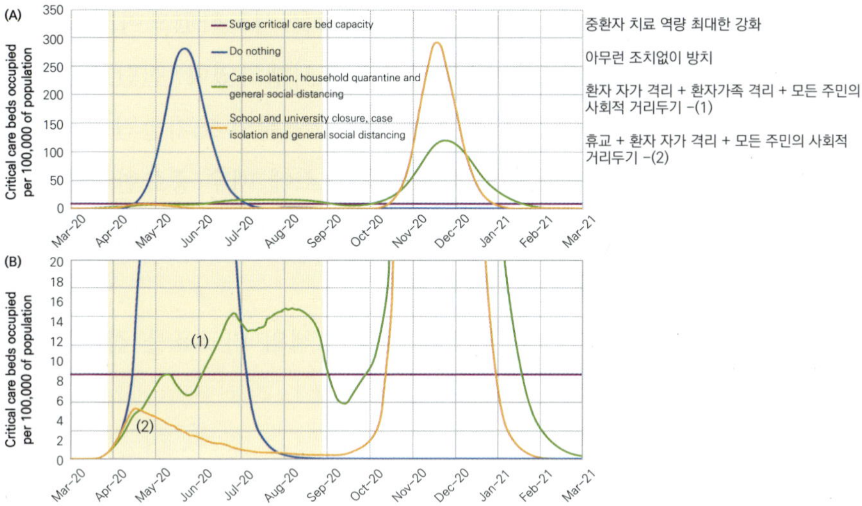

출처: 임페리얼 대학 코로나 리포트

임페리얼 대학 모델링 영향과 한계점

이런 종류의 역학적 스터디가 정책입안자에게 많은 영향을 미치고 있다는 보도는 사실인 듯하다. 지난 2-3주 사이에 미국, 영국, 스페인, 프랑스, 독일, 인도, 말레이지아 등 적지 않은 국가가 사회적 격리와 지역봉쇄 등 억제 혹은 완화 정책을 시행해 오고 있는데, 그것이 억제인지 완화인지의 구별에 지나친 의미를 부여하기보다 (국가 간 맥락이 다르고, 경제뿐 아니라 사회문화적 요인도 고려해야 하므로) 각 국가가 현재 실행하고 있는 정책의 실효성이나 결과를 세심히 살펴보면서, 향후 억제와 완화 사이에서의 조율을 어떻게 해 나가야 할지 결정해 나가야 할 것이다.

이 모델은 중국이나 한국보다는 유럽이나 미국의 상황에 맞추어 디자인되었다. 임페리얼 스터디의 경우 완화, 억제 모두의 경우 적극적 환자 발견이란 중요한 보건학적 접근이 포함되지 않았다. 적극적 환자 발견은 진단 역량이 매우 제한적인 영국과 미국[9]의 상황때문에 모델링에서 빠지고, 주로 사회적 거리두기의 실행 정도에 따른 환자 감소의 양상을 예측한 것으로 여겨 진다.

중국은 우한시를 봉쇄한 후 집집마다 보건요원이 방문하여 코로나 19 의심자를 적극적으로 찾아내어, 환자 발견과 조기 격리를 시도하였으며, 한국도 모든 접촉자를 대상으로 코로나 검사를 공격적으로 시행하였다. 진단 역량이 뛰어난 두 나라는 적극적 환자발견 노력에 힘입어 감염원의 조기발견 및 격리를 통해 새로운 감염예방이 가능했으며, 이는 환자감소에 매우 중요한 역할을 한 것으로 알려졌다. 따라서 닐 퍼거슨팀의 모델을 한국이나 중국 상황에 그대로 적용하기에는 무리가 따른다고 여겨진다.

향후 시나리오로 넘어가기 전, 억제와 완화 정책의 비교표를 정리해 보면 [표 2]와 같다.

▶ 표 2. 억제와 완화 정책 비교

	억제 (suppression)	완화 (mitigation)
목표	감염 재상산 수를 1.0 이하로 낮춤으로 감염의 확산속도가 (상당히) 지연되고, 환자 수는 시간이 지나면서 감소됨. 의료시스템의 과부하를 현저히 줄여서, 중환자 사망자를 상당히 줄이게 됨.	감염 재생산수를 낮추되, 1.0 이하까지는 못 미치게 되고 따라서 확산속도는 다소 감소되나 환자 수는 시간이 지나면서 증가됨. 의료시스템의 과부하를 일부 줄이며(영국의 경우 중환자 치료 역량의 8배에 해당하는 환자 발생을 예측), 중환자 사망자도 다소 줄게 됨.
내용	[표 1]의 여러 조치들을 복합적으로 동시에 시행([그림 7])	[표 1]의 조치들 중 일부를 부분적으로 시행([그림 6])
사회적 거리두기	나이에 관계없이 전주민에게 반드시 시행하는 것이 억제조치의 핵심 사안 중 하나	70세 이상의 주민만을 대상으로 시행함.
사회적 거리두기의 기간	최소 5개월, 그 후 필요에 따라 해제와 강화를 반복	수주 혹은 그 이상이나 억압보다는 짧은 기간

출처: 임페리얼 대학 코로나 리포트

9 미국은 진단 역량을 최근 강화해 나가기 시작했는데, 임페리어 대학의 리포트가 작성되던 3월 초-중순경에는 매우 제한적이었다.

5. 향후 시나리오

팬데믹 상황이 앞으로 어떻게 전개되고 또 끝날 것인지에 대해 답을 얻으려면 무증상 환자의 감염력과 수, 감염된 사람의 수(IFR을 얻기 위해), 돌연변이의 가능성, 백신 개발의 시기 및 효용성(efficacy), 감염 후 면역력 획득 여부, 기후가 바이러스의 활동성에 미치는 영향 등 많은 질문에 대한 정확한 답을 갖고 있어야 한다. 하지만 이런 대부분의 이슈에 대한 정확한 답을 현재로선 잘 모르고 있어, 시나리오 예측을 어렵게 만들고 있다. 이런 제한 속에서 그동안 이야기되어 온 시나리오를 정리하면 아마도 다음의 3가지 정도로 요약할 수 있을 것이다.

시나리오 1: 수개월 이내에 코로나 19가 퇴치됨

SARS나 서아프리카의 에볼라처럼 퇴치되는 것은 팬데믹 이전 단계에서나 가능한 시나리오고, 일단 팬데믹 상황에서는 퇴치가 (거의) 불가능하다고 대부분의 전문가들은 입을 모으고 있다. 만약 예외적으로 퇴치를 하는 국가가 생긴다면 아마도 중국이 될 수 있을지도 모른다고 생각되지만, 일시적 현상에 그치고 결국은 외국에서 유입되는 환자가 계속 생기면서 두 번째, 혹 세 번째 웨이브가 일어날 것으로 보는 견해가 좀 더 많은 것 같다. 서로 촘촘히 연결된 세계화된 상황속에서 사회적 비용과 경제적 희생을 무한정 치루면서 격리와 고립 정책을 일년 혹은 그 이상 끌고 가기가 쉽지 않기 때문이다. 중국은 자국 내 발생 환자는 3월 29일 이후 현재까지 없으며, 소수의 해외 유입 환자가 발생하고 있다는 것이 중국 정부의 입장이다. 앞으로 추이를 지켜 볼 필요가 있겠다.

한국은 중국 다음으로 환자발생을 줄이면서 방역에 성공하고 있는데, 앞으로의 목표를 시나리오 1(퇴치)로 할 수 있는 것인지, 아니면 시나리오 3(백신, 토착화)이나 2(집단면역, 토착화)를 염두에 두면서 나아갈지, 또한 시나리오 3이나 2의 경우, 억제와 완화 사이에서의 선택[10]을 해야하는 시간이 점점 다가오고 있는데 (예를 들어 휴교의 연장 vs 개학), 중국의 상황 전개가 우리의 정책 방향을 정하는데 무관하지만은 않을 듯하다.

시나리오 2: 지속적으로 확산되어 다수의 인구가 감염되면서 집단 면역이 생기고, 그 이후에는 간헐적으로/계절에 따라 크고 작은 유행이 나타나면서 토착화 됨

이 시나리오는 시나리오 3과 함께 상당히 유력한 시나리오로 많이 거론되고 있는데 과거의 경험에서 그 근거를 찾고 있다. [그림 8]은 그동안 있었던 3번의 인플루엔자 팬데믹[11]이 어떤 과정을 밟으면서 토착화 되었는지를 보여주는데, 1918~1919년의 스페인 독감 바이러스인 인플루엔자 A(H1N1)는 1년 반의 팬데믹 기간 동안 전 세계적으로 4~5,000만 명의 생명을 앗아간 이후 계속적으로 유행성 독감의 형태로 약 40년 가까이 나타났었다. 그 후 1957~1958년 아시아 독감으로 알려진 인플루엔자 A H2N2에 의해 두 번째 팬데믹이 발생하면서 사라졌다. 이렇듯, A(H2N2)는 1968~1969년의 홍콩 독감 바이러스 인플루엔자 A(H3N2)가 나타날 때까지 10여 년간 지속 되었고, 홍콩 독감은 그 이후 지금까지 유행성 독감을 일으키는 원인 바이러스의 하나로 토착화되면서 지속되고 있다.

10 오명돈 신종 감염병 중앙 상임위원회 위원장은 3월 22일 기자회견을 통해 모든 방역조치를 총동원한 한국의 코로나 억제정책의 성과를 긍정적으로 평가하면서, 동시에 억제정책의 한계성을 지적하였다. 가령, 개학을 하게 되면 환자가 다시 증가할 것이라고 주장하면서 억제 정책을 지속할 것이냐 완화할 것이냐 여부를 사회, 문화, 교육에 미치는 영향과 함께 고려하면서 사회 구성원의 이해와 사회적 합의가 중요함을 강조하였다.

11 2009년의 신종 인플루엔자 팬데믹까지 합치면 지난 100년동안 인플루엔자에 의한 팬데믹은 전부 4번이었다.

▶ **그림 8. 미국에서 있었던 세번의 팬데믹과 팬데믹 이후 시간의 변화에 따른 66세 이상 추가 사망자의 정도**(x축은 년도, y축은 66세 이상 인구의 추가사망자의 정도로 인플루엔자로 인한 사망을 시사함)

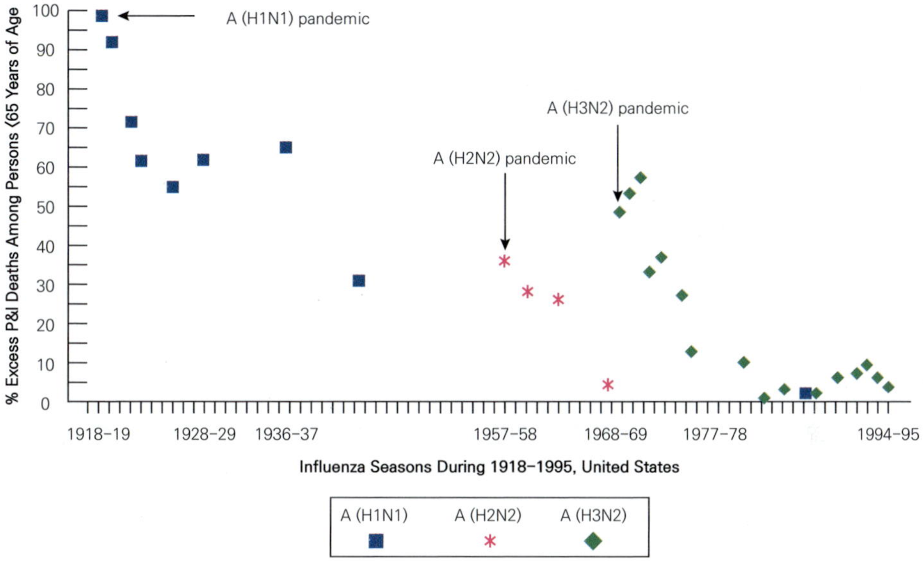

시나리오 3. 확산이 지속되지만 효과적인 백신이 개발되면서, 예방접종에 의한 면역이 생기고, 그 이후에는 간헐적으로/계절에 따라 크고 작은 유행이 나타나면서 토착화 됨

시나리오 2와 비슷한 경로를 밟게되는데 차이는 백신 예방접종에 의한 면역획득이다. 안전하고, 유효한 백신을 다량으로 생산 공급하게 되는 시기와 가격등이 중요한 이슈로 부각될 것이다. 통상적으로 백신 개발에는 1-1.5년이 필요하다고 여겨지나, 2009년 신종인플루엔자 팬데믹때는 약 6개월 만에 다량의 백신이 생산 공급되기도 했다. 여러 제약회사나 국제기관들이 바쁘게 움직이고 있음은 주지의 사실이다.

위의 3 시나리오들과 관련된 정책들을 [표 3]에 기술하였다. 진행되는 상황(시나리오)에 따라 정책이 이루어 질수도 있고, 정책의 선택에 따라 향후의 상황(시나리오)이 자리잡는 면도 있는데, 국가마다 상황이 다를 것으로 보여 진다.

▶ **표 3. 각 시나리오의 과거 사례와 관련된 정책들**

시나리오	내용	가능성	과거의 예	정책 / 비고
퇴치	감염병의 확산이 멈추고, 환자가 더 이상 발병하지 않게 됨. 통상적으로 잠복기 기간의 두배에 해당되는 기간동안 (코로나의 경우는 14x2=28일) 신환자 발생이 없으면, 일단 퇴치된 것으로 봄.	일단 팬데믹 상황이 되면 퇴치는 (거의) 불가능하다고 알려져 있음. 예외적으로 중국의 퇴치 가능성을 완전 배제할 수는 없겠으나, 만약 퇴치된다 하더라도 외국에서 유입되는 환자로 인해, 아니면 지속적 격리로 인한 경제 및 사회적 비용으로 인해 일시적 퇴치 상황 후 결국에는 제 2, 3의 웨이브가 올 것으로 예상하는 전문가가 다수. 중국 전역의 퇴치가 어려우면, 베이징 등 특정 지역을 퇴치 상태로 유지하려 할 수도 있을 것임.	a) SARS: 2002년 11월에 발생하여 26개 국가로 확산되었는데 2004년 5월 전 세계적으로 퇴치되었음. b) 에볼라: 1976년 아프리카에서 첫 발생 이후 수년을 주기로 발병과 퇴치를 반복	퇴치를 위해선 중국의 경우 현재와 같은 지역 격리/봉쇄 및 사회적 거리두기등을 상당기간동안 유지해야 하는데, 경제 사회적 비용, 정치적 부담, 보건학적 가능성 등을 고려하여 시나리오 3이나 2로의 전환 여부를 결정해 나갈 것으로 여겨짐.
장기화+감염에 따른 집단 면역+토착화	팬데믹 상황이 계속 확산되어 인구의 50-60%[12] 가량이 감염되면서 집단면역이 형성됨으로 확산이 그치고, 그 후에는 계절에 따라 간헐적으로 나타남.	시나리오 3의 백신 개발이 지연되는 경우, 지연되는 만큼 시나리오2로 전개될 것으로 보여짐.	백신이나 치료제가 없었던 근대 이전에 발생했던 많은 감염병들이 이 과정을 밟았음.	앞에서 자세히 언급했던 억제와 완화 정책 중 각 국가가 선택해야 함.

12 R의 값이 2.5일 때 약 50-70% 정도의 인구가 감염되면 집단 면역이 생긴다고 알려져 있는데, 집단면역이 생기는데 필요한 감염인구의 정도는 R값에 비례한다.

		백신 개발의 시기에 따라 시나리오 2와 3의 하이브리드(중간 형태)가 나타날 것으로 보여짐.	1918 스페인 인플루엔자 팬데믹 때, 감염에 의한 집단면역이 생기기 전까지 4-5000만 명이 사망한 것으로 추정	아프리카나 아시아의 많은 저소득 국가들의 경우, 백신이 개발되어도 저렴한 가격에 공급되는 게 아니면 시나리오 3대신 2로 남게 되는 상황에 직면할 수 있어 국제적 공조가 필요한 상황임.
장기화+ 백신에 의한 면역+ 토착화	판데믹 상황은 계속 확산되면서, 백신의 대량생산이 가능해지면, 백신 접종에 의한 (집단)면역이 형성되어 확산은 중지되고, 그 후에는 계절에 따라 간헐적으로 나타남.	현재 코로나 백신의 개발을 위해 전 세계적으로 치열한 경쟁이 전개되고 있는데, 백신개발에 통상적으로 1-1.5년이 소요되므로 2021에나 가능할것으로 예상(보수적 전망)하는 그룹과 임상실험이 곧 시작되므로 금년내에 가능할것으로 내다보는 낙관적 견해가 공존	2009년 4월에 시작한 H1N1 신종 인플루엔자 팬데믹 때, 백신이 그해 9월에 개발되어 상용화가 이루어짐.	억제와 완화 정책 중 각 국가가 선택해야 함. 2009년 팬데믹 당시 WHO가 국제적 제약회사들과 사전 협의를 통해 5천만 명분의 백신을 WHO가 기증받아 개발도상국에 배포하여, 산모나 기저질환이 있는 고위험군에 우선적으로 예방접종을 하도록 하였음.

출처: Vox에 실린 세 가지 시나리오를 틀로 해서 필자 작성

6. 나가며

지금까지 아시아에 머물던 코로나 19 신종 바이러스가 유럽과 북미 대륙으로 확산되어 간 이후 이들 국가들이 취하고 있는 강경 정책들의 배경이 무엇이며, 무엇을 지향하고, 또 무엇을 피하려는 것인지 살펴 보았다. 거론되고 있는 향후 시나리오들도 소개하였는데 지구촌의 2020년은 도전과 역경의 한 해가

될 것으로 전망된다.

팬데믹으로 인해 얼마나 많은 사람이 사망할 것인지에 대한 여러 예측들이 있지만, 이번 호에서는 다루지 않았다. 인류 역사를 뒤흔들고 있는 이 신종 바이러스에 대해 아는 것보다 모르는 것이 더 많은 상태에서 이루어진 예측들이라 인용하는 것 자체가 조심스럽기 때문인데, 특집 시리즈의 뒷부분에서 간단히라도 다룰 예정이다.

이리보나 저리보나 과거로부터의 배움이 필요한 형국이다. 10년 전, 더 나아가서 100년 전 인류사회로 침투해 왔던 바이러스[13]들과 인류가 어떻게 싸웠는지 살펴보는 것이 다음 3호의 주제가 되겠다.

참고문헌

논문

Adam Kucharski,etc, *Early dynamics of transmission and control of COIVD 19: a mathematical modeling study*, Lancet, 11 Mar 2020.

CDC, *Community strategy for pandemic influenza mitigation in US*, Feb 2007.

Editorial, *Coronavirus response: a focus on containment is still apt,* Nature, 3 Mar 2020.

Chen Shen, etc *Review of Ferguson, et al, 'Non-pharmaceutical interventions…',* New England Complex Systems institute, 17 Mar 2020.

Chaolong Wang, etc E*volving epidemiology and impact of non-pharmaceutical interventions on the outbreak of corona virus disease 2019 in Wuhan China*, medRxiv (not peer reviewed) 3 Mar 2020.

13 2009년의 H1N1인플루엔자 팬데믹과 1918년의 스페인 독감

Imperial College COVID 19 Response Team, *Impact of non-pharmaceutical interventions to reduce COVID 19 mortality and health care demand*, Imperial College London, 16 Mar 2020.

L. Villant, *Epidemiology of fatal cases associated with pandemic H1N1 influenza 2009*, Euro-surveillance, 20 Aug 2009.

World Health Organization, *Report of the WHO-China joint mission on coronavirus disease 2019*, 16-24 Feb, 2020.

기사

Brian Resmick, How does coronavirus outbreak end?, Vox, 7 Mar 2020.

David Adam, *Modelers struggle to predict the future of corona 19 pandemic*, Scientist, 12 Mar 2020.

Nick Paton Walsh, US, *UK coronavirus strategies shifted following UK epidemiologist's ominous report*. CNN, 17 Mar 2020.

The Learning Network. How does the new coronavirus compare to other infectious diseases [Internet]. New York Times. 2020 Feb 18 [cited 2025 Sep 26]. Available from: https://www.nytimes.com/2020/02/18/learning/whats-going-on-in-this-graph-coronavirus-outbreak.html

임준호, 코로나 19 정책 한계, 개학 후 환자 증가 가능성, 톱스타뉴스, 2020.3.23.

코로나 19 특집-3

개도국에 밀어 닥치고 있는 코로나 쓰나미

2020년 5월 10일

주요 메시지

- 지난 수주간 코로나 19는 유럽 및 북미에 의해 커다란 웨이브를 그리며 진행해 왔는데, 유럽은 확장세가 다소 꺾이면서 신환자 발생히 서서히 감소하고 있으나, 북미는 등락을 보이면서 여전히 상승세를 보이고 있다([그림 1]).
- 개발도상국은 인구 100만 명당 누적 환자 수가 0-10명이었던 6주전에 비해, 5월 5일 현재 5-100명으로 상당히 많이 증가하였다. 개도국의 검사 시행 역량 및 빈도가 선진국의 1/10 내지 1/100정도로 매우 낮은 것을 감안하면, 실제로는 훨씬 많은 환자가 발생하고 있다고 보아야 할 것이다. 향후 아시아, 아프리카 및 남미의 인구대국들에 의한 새로운 코로나 신환 및 누적환자 웨이브가 형성될 것으로 보인다([그림 2, 3]).
- 개도국은 코로나 사망 고위험군인 노령인구가 낮아 치사율이 OECD국가들에 비해 낮을 것으로 예측되지만, 열악한 보건의료 시스템, 영양실조와 HIV로 인한 면역 저하, 식수 부족과 더위로 인한 개인위생 강화의 어려움, 일일 생계형 도시 근로자의 높은 비율 및 밀집된 주거 형태 등으로 인해 코로나 19의 극복이 매우 지난할 것으로 예상된다. 글로벌 방역 정책을 개도국 상황에 맏게 적용하는 것이 필요하며([표 2]), 봉쇄 및 강제적 자택 격리로 인한 생계의 문제, 그리고 더 나아가 코로나 쓰나미로 인해 새로 형성되고 있는 약 5억 명의 빈곤층 문제를 해결하기 위해 전지구적 연대가 절실한 상황이다(박스 1 참조).

1. 들어가며

유럽과 북미의 현대 문명 및 경제의 거점도시들을 강타하면서 확산하여 간 코로나 19가 아프리카 및 남미 대륙에서도 점차 확산일로에 있다. 전 세계 최저빈민국이 몰려 있는 사하라 사막 이남의 아프리카 국가들은 어떻게 질병과 싸울것인가에 앞서 과연 생계를 이어 갈 수 있을지를 더 걱정하면서 코로나 쓰나미를 맞고 있다. 이번 호에서는 현재 개도국에 밀어 닥치고 있는 코로나 상황과 대응에 대해 살펴보고자 하는데 이는 아프리카 대륙의 코로나 상황이 끝나야 전 지구적 코로나 사태가 끝나는 것이고, 서로 촘촘히 연결된 세계화 속에서 감염병 퇴치를 위해 우리에게 필요한 것은 전 지구적 연대의식(global solidarity)과 협력이기 때문이다.

2. 코로나 19 상황 업데이트

코로나 특집 1호 글이 쓰여졌던 3월 13일 이후 팬데믹의 상황은 많이 변하였으므로, 개도국의 코로나 상황을 살펴보기 전에 전 세계적 상황을 간단히나마 살펴보고자 한다. [그림 1]의 위는 코로나 19 신환자의 추세인데, 3월 초부터 시작된 두 번째 웨이브가 정점을 향하여 치닫다가 정점 부근에서 등락을 거듭하고 있다. 두 번째 웨이브는 유럽(연두색)과 북미 국가들(오렌지색)에서 발생한 환자들에 형성되고 있다. 다음의 그래프는 각 지역별 신규 확진자 추세가 나타나 있는데, 유럽은 확산세가 주춤하면서 확진자 발생이 서서히 감소하고 있으나 북미는 등락을 반복하면서 약간 상승하고 있는 것으로 나타난다. 중국과 한국이 포함돼 있는 Western Pacific 지역은 첫 번째 웨이브가 지나가면서 비교적 안정기에 접어든 것으로 보인다. 인도, 방글라데시, 파키스탄, 인도네시아 등을 포함하는 South-East Asia, 아프리카 및 중동 지역은 모두 증가하고 있다.

인구 Top 10 국가[14]의 신환자 발생 추세를 보면([그림 2] 참조) 미국은 여전히 일일 3만 명 전후의 환자가 발생하고 있으며, 일일 발생 신환자가 약 10명 정도인 중국을 제외하면 거의 모든 나라가 증가 추세에 있어 [그림 1]의 위에 있는 현재의 웨이브는 향후 훨씬 더 높고 넓은 모양을 그리며 증폭할 것으로 보인다. 바이러스가 기후의 영향을 받는 것과 관련하여, 남반구의 겨

14 인구가 많은 10대 국가는 순서대로 중국(14억), 인도, 미국, 인도네시아, 파키스탄, 브라질, 나이지리아, 방글라데시, 러시아, 멕시코(1억 3천만)이다.

▶ 그림 1. 코로나 19, 전 세계 신환자 추세. 2020.5. 9

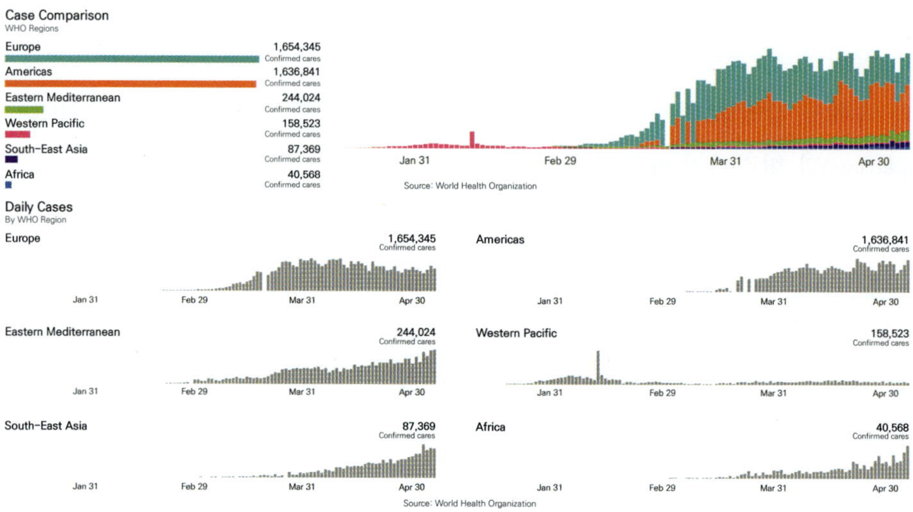

출처: WHO

▶ 그림 2. 인구가 많은 국가와 남반부 및 아프리카 주요 국가들의 신규 확진자 추세 .2020.5.4

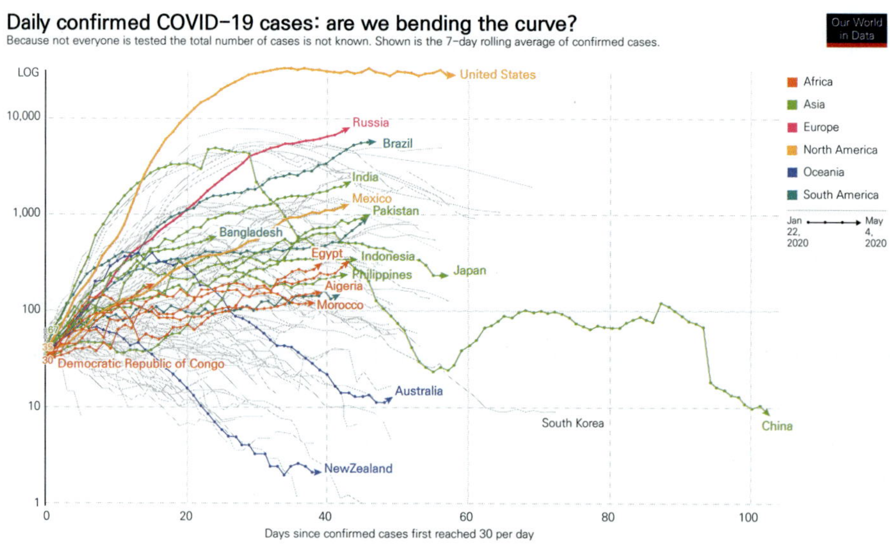

출처: 유럽 CDC / Our world in data

울철에 접어든 호주나 뉴질랜드의 추세가 주목되고 있지만 최근에 증가세는 없어 기후의 영향을 별로 받지 않음을 보여주는 데이터라 할 수 있겠다.

지난 2호에서 다루었듯이 환자 한 사람이 몇 사람에게 감염을 일으키는지를 뜻하는 재감염 지수(R 값)가 역학적으로 중요하다. 임페리얼 대학에서는 R값을 추정한 후 이것을 토대로 향후 확산 속도를 정기적으로 예측하고 있으며[15], 최근 발표한 국가별 예측은 [표 1]과 같다. R값에 따라 각 국가들이 취해야 하는 또 취할 수 있는 대응 전략이나 정책에 대해서는 두 번째 특집 글에서 비교적 자세히 언급했으므로 참고하기 바란다.

▶ 표 1. 향후 확산 속도 전망

분류	내용	국가	향후 전략 및 숙제	비고
(정점을 지난 후) 안정기에 접어듦 (14개국)	R값이 1 전후로 추정됨.	한국, 이탈리아 등	억압과 완화 사이의 선택을 고민하면서 R값을 계속 낮게 (1 이하) 유지함으로 제2, 제3의 웨이브가 안 생기도록 해야 함.	중국도 여기에 속함. 일부 국가를 제외하고는 진단 역량이 낮아 공격적인 접촉자 추적이 어려워 보임[16].
천천히 확산 (2개국)	R값이 1과 2 사이로 추정	스페인, 네덜란드	가능한 한 억압 정책을 지속하여 확산 속도를 더 줄여야 사망자 수를 감소시킬 수 있음.	
빠르게 확산 (26개국)	R값이 2 이상으로 추정	미국, 영국 등	강도 높은 억압 정책을 지속하여 확산 속도를 훨씬 더 줄여야 사망자를 감소시킬 수 있음.	일부 국가를 제외하고는 진단 역량이 낮아 공격적인 접촉자 추적이 어려워 보임.

출처: 임페리얼 대학이 4월 8일 발표한 R값에 대한 추정에 필자가 향후 전략 및 숙제/비고를 첨가

15 R값에 기반한 신환자의 추세에 관심있는 독자는 https://mrc-ide.github.io/covid19-short-term-forecasts/index.html을 방문하여 업데이트된 상황을 파악할 수 있다.

16 현재 유럽 및 북미 등 많은 국가가 한국이나 대만처럼 봉쇄없이 코로나 상황을 관리해 가길 원하는데 그러기 위해선 모든 접촉자를 대상으로 공격적인 접촉자 추적과 검사가 이루어져야 한다.

한국은 4월말 현재 R값이 0.3 전후로 상당히 낮은 것으로 알려 졌음.

3. 개발도상국가의 코로나 19 상황

코로나 19의 확산

지난 수주간 북미와 유럽을 강타한 코로나 19는 인도, 방글라데시, 파키스탄, 인도네시아 등 인구가 많은 아시아의 여러 국가와 보건 의료 인프라가 매우 열악한 아프리카 대부분의 국가에서 점차 확산세를 이어가고 있다. 말 그대로 폭풍 전야의 고요함이 이제 막 끝나가고 있는 것 같다.

[그림 3]은 인구 100만 명당 코로나 19 누적 확진자 수를 나타내는데, 이는 국가마다 인구 수가 다르므로 환자의 절대 수보다 코로나 감염의 정도를 파악하는데 도움이 될 것이다. 남아프리카 공화국은 누적 환자 수가 5월 6일 현재 7,500명 정도로 아프리카 국가 중 가장 많은데, 코로나 감염 초기인 3월 27일 국가를 봉쇄하고, 전 국민의 이동을 제한하면서 코로나에 매우 적극적으로 대처해 왔다. 13억 인구를 이끌고 있는 모디 총리는 역시 코로나 감염 초기였던 3월 25일 전 국민에게 '집에 머물라'('Stay at home')는 강력한 행정조치를 초기에 펼치면서 전 세계를 다소 놀라게 했다. [그림 3]의 왼쪽 지도는 3월 26일의 상황으로 대부분의 개발도상국의 경우 코로나 누적 환자 수는 인구 100만 명당 0-10명 정도였다. 그러나 두 번째 그림은 40일가량 지난 5월 5일, 아프리카, 아시아, 남미의 대부분의 저소득 및 중소득 국가의 환자 수는 인구 100만 명당 5-500명에[17] 이르면서 증가하고 있다.

17 가령 인도의 경우 3월 26일 100만 명당 0.5명이었으나 5월 5일 31명으로 60배가량 증가하였고, 브라질은 같은 기간 100만 명당 11명에서 507명으로 약 50배 가량 증가 하였다. 남아프리카 공화국은 인구 100만 명당 12명에서 120명으로 10배가량 증가하는데 그쳤는데 남아프리카의 경우 봉쇄의 영향에 대한 약학적 조사가 진행 중이다.

▶ 그림 3. 인구 100만 명당의 코로나 19 누적 확진자 비교. 좌, 2020.3.26, 우, 2020.5.5

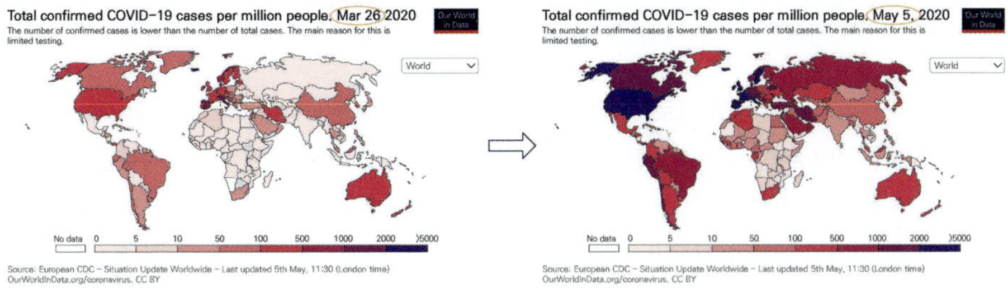

출처: 유럽 CDC/Our world in data

여기서 몇 개 나라만 살펴보면, 위에서 언급한 남아프리카 공화국은 100만 명당 12명에서 120명으로 10배, 인도는 0.5명에서 31명으로 60배, 브라질은 11명에서 507명으로 50배 증가하였다. 이렇게 보면 마치 남아공은 이동 제한 조치가 효과를 매우 많이 본 것처럼 판단할 수 있으나, 각각의 국가의 인구밀집도, 실제적인 행정조치 수행 정도, 문화 등 다양한 요인과 함께 봐야 하므로, 실제로 효과를 얼마나 봤는지는 조사가 필요하다(실제로 남아공은 행정조치의 영향 정도를 조사하고 있음).

[그림 4]는 아프리카 코로나 19 누적 환자 수의 추세를 나타내는데, 부챗살 모양의 직선은 누적 환자 수가 2배로 되는 데 걸리는 기간을 뜻한다. 아프리카 국가 대부분의 경우 환자가 2배로 증가하는데 소요되는 기간이 약 3-10일 사이로 2-5일 만에 두 배로 증가하는 국가가 많은 유럽에 비해 다소 서서히 진행하는 양상을 보이고 있다. 이런 차이를 나타내는 이유는 아프리카 국가들의 진단 역량이 유럽에 비해 약 1/10 내지 1/100 정도로 훨씬 못 미치기 때문에 발견되지 않은 환자가 많아 아프리카의 경우 마치 확산 속도가 늦은 것처럼 보이고 있지만, 실제 확산 속도는 보고된 것보다는 빠른 것으로 보아야 할 것이다. 코로나 19 바이러스도 다른 인플루엔자 바이러스들처럼 온도가 높고 습도가 많은 공기 중에서 오래 살지 못하므로 열대지역인 아프리카의 확산 속도가 유럽보다 늦다고 보는 시각도 있지만, 비슷한 기후의 아시아의 국가들 중에는 확

산 속도가 비교적 빨라 계절의 영향을 거의 안 받는 것으로 보이기도 한다. 따라서 기후의 영향 여부는 아직 시간을 두고 좀 더 관찰해야 할 것 같다[18].

▶ 그림 4. 아프리카와 유럽의 코로나 19 누적 환자 수 추세. 오렌지색이 아프리카 국가이고, 진한 파란색이 유럽 국가. x축은 누적 환자가 100명이 된 이후의 일수이고, y축은 누적환자 수를 표현한 것(분석의 용이성을 위해 로그를 취함; Log)**이다. 부챗살 모양으로 그려져 있는 연한 회색의 직선은 환자가 2배로 증가하는데 걸리는 기간을 뜻한다. 2020.5.6**

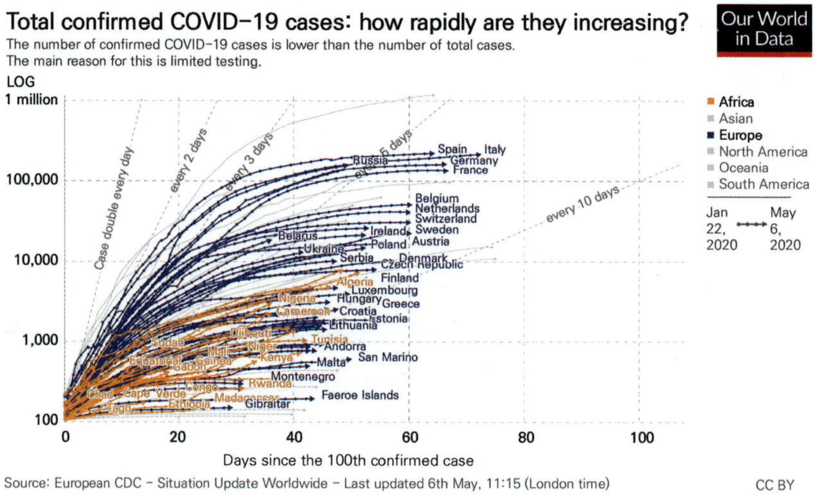

출처: 유럽 CDC/Our world in data

개도국 코로나 확산 및 사망에 영향주는 요인들

개도국의 보건 의료학적 및 사회적 요인들이 코로나 감염 확산 및 코로나 중환자 예후에 미치는 결과를 살펴보면 다음과 같다.

18 일반적으로 여름철에는 환기가 잘 되는 덜 밀폐된 공간에 있게 되고, 여름 방학이 있기 때문에 바이러스 감염이 적게 일어나는데 이는 코로나 경우도 해당된다고 할 수 있다. 그러나 이는 고온 다습한 열대 기후에 바이러스의 활동이 약화되느냐 여부와는 다른 이슈이다.

코로나 위험부담을 높이는 요인

- 코로나 진단 역량의 부재 및 부족[19]
- 열악한 보건의료 시스템
- 영양실조 및 HIV 등으로 인한 면역 감소 및 결핵 등의 기저 질환
- 개인 위생 강화에 필요한 물, 마스크 부족
- 도시 저소득층의 높은 인구 밀도(가구당 많은 가족수나 도시 빈민들의 집단주거)
- 생계형 일일 도시 근로자의 높은 비율[20] 및 그로 인해 자택 격리 시 발생할 수 있는 생존의 문제

코로나 위험부담을 낮추는 요인

- 노령 인구의 낮은 분포
- 고온 다습한 기후[21]

위의 요인들이 코로나 대응 정책 등과 연계하여 어떤 의미가 있는지 [표 2]와 함께 살펴보면 좋을 것이다. 코로나 대응을 위해선 1. 정부 2. 개인 3. 지역사회 4. 의료시스템의 총체적 접근이 필요하다. 하지만 개도국의 경우, 위에 열거한 부정적 요인들로 인하여 네 그룹의 역할이 상당히 제한되거나 어려운 경우가 다반사이다. 정부는 방역활동을 수행할 보건요원이나 그들에게 필요한 진단 장비 등이 턱없이 모자르고, 먹을 물도 구하기 힘든 상황에서 손씻기를 하거나

---

19 코로나 검사가 이루어진 숫자는 인구 1,000명당 약 14명 정도가 상위에 속하며 한국, 미국, 이탈리아 등이 이에 해당한다. 아프리카에서 가장 많은 검사가 시행되고 있는 국가 중 하나인 남아프리카 공화국이 1000명당 1.5명인데 반해 우간다, 케냐, 인도네시아 등은 인구 1000명당 약 0.15명이고, 에티오피아는 이보다 훨씬 낮아 0.04명에 그친다. 한국 등에서 많이 사용하고 있는 PCR 진단법은 매우 예민한 검사법으로 검사 중 오염이 일어나기 때문에, 이를 예방하기 위해선 각 국가의 지방 실험실 단위까지 정도 관리 시스템이 구축되어야만 비로소 사용할 수 있다. 따라서 진단 역량의 향상을 위해선 진단 키트의 공급 외에도 많은 시간과 투자가 필요하다.

20 전 세계적으로 12억의 인구가 도시의 슬럼 지역에서 하루하루 벌어서 생계를 겨우 유지하고 있는데, 이들이야말로 코로나 19에 가장 취약한 계층이며 피해자이다. 자세한 내용은 https://www.thenewhumanitarian.org/interview/2020/04/01/coronavirus-cities-urban-poor 참조.

21 앞의 3. 개발도상국의 코로나 19 상황의 코로나 19의 확산 참조.

뙤약볕에서 마스크를 쓰는 것은 상상하기가 매우 힘든 지경이다. 자택에 머물면서 사회적 거리두기를 한다는 것은 하루 일해 그날그날을 살아가는 수많은 도시의 노동자 취약계층에게는 생계를 포기하라는 이야기가 될 수도 있다(실제로 인도 뭄바이 등에서는 자택격리, 즉 Stay at home policy를 해제하라는 군중들의 데모가 여러 차례 벌어졌었다). 많은 사람이 우려하듯이 사회적 거리두기는 곧 폭동으로 이어질지도 모른다. 개도국 병원의 중환자 시설은 10만 명당 5병상 정도로 유럽의 1/10도 채 안되고, 의사, 간호사 및 기타 보건의료 종사자들의 수도 유럽의 1/10 혹은 그보다 훨씬 못 미치는 경우가 많다. 코로나 환자의 흔한 사망요인이 되기도 하는 2차 세균성 폐렴에 사용할 항생제도 매우 부족한 편이다. 개도국에서의 코로나가 쓰나미인 이유들이다.

▶ 그림 5. GDP에 따른 연령 분포의 패턴

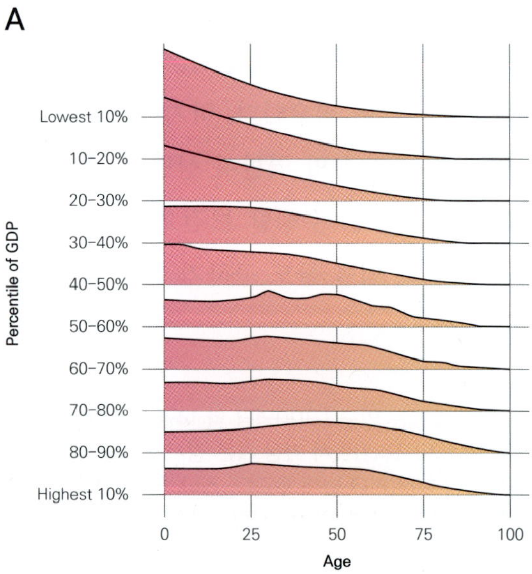

출처: World Bank

그러나 개도국의 낮은 노령인구 분포는 OECD 국가들과는 다른 치사율 양상이 예측된다. [그림 5]는 GDP의 수준에 따라 인구 분포가 어떻게 달라지는지를 나타내고 있다. GDP가 높을수록 고령 인구가 차지하는 비율이 높아지고, GDP가 낮아질수록 고령 인구의 비율은 낮아지는 양상을 보인다. 사하라 이남 아프리카의 경우 65세 이상 고령자는 전 인구의 3.0%이며, 17%인 OECD 국가들보다 현저히 낮다. 잘 알려진 대로 코로나 감염자 중의 사망자는 고연령층과 기저 질환자에서 높고, 소아부터 40~50대까지의 연령층에서는 매우 낮은 것으로 보고되어 있다([그림 6] 참조). 따라서 젊은 연령층이 대부분인 저소득 국가의 경우 코로나로 인한 사망자는 고령 인구가 많은 OECD 국가보다 상대적 낮을 것으로 예측되고 있다.

최근 예일 대학교는 코로나 19로 인한 국가별 사망률 예측을 발표했다. 이 스터디는 연령별 인구분포의 차이와 의료 시스템의 차이로 인해 국가마다 다르게 나타날 수 있는 코로나 19로 인한 사망 위험요인도 고려했다. [그림 7]에서 보듯이, 이 스터디에 의하면 미국을 포함한 OECD국가의 경우 코로나 방역을 위해 아무런 조처를 하지 않거나 사회적 거리 두기를 약하게 시행한 경우 인구의 0.8%-0.4%가 코로나 감염 때문에 사망할 것으로 예측하였다. 하지만 코로나로 인한 치사율이 낮은 젊은 연령층이 인구 대부분을 차지하는 사하라 사막 이남의 아프리카 국가의 경우는 0.2% 정도에 그칠 것으로 내다보았다. 또한, 아프리카의 경우 고강도의 사회적 거리 두기 등의 억압 정책을 써서 중환자 수를 줄이더라도 코로나 사태 이전부터 이미 중환자 치료 시설이 포화 상태에 달한 경우가 많아 소위 Flattening the curve(환자 발생 속도를 늦추어 최대한 보건의료 시스템의 역량 안으로 환자 수를 유지시키는 것)로 인한 효과가 미비 할 것으로 예측하였다. 그래프에서 보면 Late suppression(억제 정책)인 경우라 해도 자연 상태보다 사망률의 감소가 0.1%도 채 안 되는 것으로 나타난다.

▶ 그림 6. 코로나 환자의 치사율. 국가에 관계없이 고령으로 갈수록 감염자 중의 사망자는 높아지고 있음을 알 수 있다.

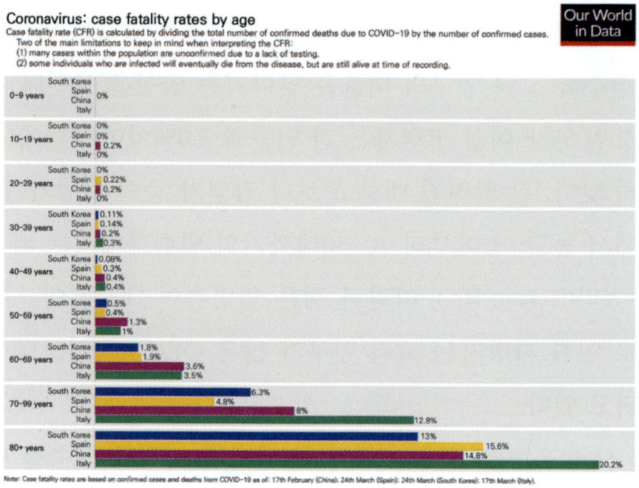

출처: 유럽 CDC / Our world in data

▶ 그림 7. OECD 국가 및 사하라 이남 아프리카의 코로나 사망율 추정 예측. X 축은 방역 조치를 전혀 취하지 않은 자연상태(unmitigated), 사회적 거리 두기를 고령 인구에만 취한 가벼운 완화 정책(social distancing), 전 인구의 사회적 거리두기인 완화 정책 플러스(social distancing+), 전 인구의 사회적 거리두기 외에 휴교 및 적극적 환자 발견 등의 억압 정책을 취한 경우(late and early suppression)들을 나타내고, y축은 전체 인구 중 코로나 19로 인한 예측 사망율을 인구 전체의 백분율로 표시

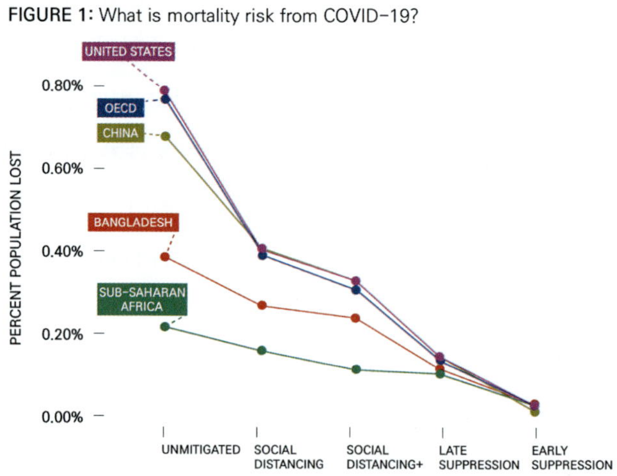

출처: 예일 대학교

4. 개발도상국의 코로나 19 대응

유럽 및 북미의 경제 선진국들이 지금까지 코로나에 대응하고 있는 큰 방향은 어떻게 하든 팬데믹의 확산 속도를 줄여서 사망자의 속출을 막는 'Flattening the curve'와 'Stay at home'에 초점이 모이고 있다고 할 수 있겠다. 수주간의 봉쇄 조치로 인한 사회적 비용은 감당 못 할 수준은 아니며, 경제적 손실과 회복은 차후의 숙제로 넘길 수밖에 없지 않느냐는 기조가 아직은 지배적인 것으로 보인다[22]. 또한 미국이나 EU 등에서는 이미 천문학적 액수의 코로나 긴급 재난 지원 및 경제 활성화 재정을 마련하고 있다[23].

하지만 개발도상국의 코로나 상황에 대한 접근은 과연 어떻게 다른지/다를 수 있는지(보건전략전 당위성이나 사회/경제적 타당성, 혹 정책 옵션의 현실성에 있어서) 살펴보도록 하자.

코로나 확산 방지 정책

우선 코로나 감염의 확산 방지를 위한 정책적인 측면을 보자. 앞에서 언급한 대로 코로나 대응측면에서 불리하게 작용할 수밖에 없는 보건의료 인프라의 취약성과 대응측면에서 유리하게 작용할 고령 인구의 낮은 분포를 감안했을 때 [표 2]에 요약되어 있는 정책적 접근이 가능하고, 또 필요할 것으로 보인다. 표의 왼쪽부터 전 세계적으로 현재 많이 사용하고 있는 대응 정책의 표준

22 코로나 감염의 확산에 의한 집단면역을 유도하는 정책을 쓰는 OECD국가는 스웨덴 정도이며, 공중보건 및 역학 전문가들의 목소리가 국가의 코로나 대응 정책 수립에 상당히 영향을 미치고 있고, 경제적 논리는 소수의 견해로 머물고 있다고 보여진다. 트럼프 미국 대통령 자신은 가을의 대통령 선거를 의식해서 조기에 봉쇄를 해제하고, 경제활동을 강화하는 쪽으로 움직이려 하나, 보건 전문가들은 미국 코로나 19 환자 신규 확진자 발생이 5월 내내 전혀 수그러들지 않을 것이란 예측을 최근 새롭게 내놓았다. 과연 코로나의 최대 감염국이며, 인구 대국 중 하나인 미국이 어떤 선택을 하고, 그 결과 상황이 어떻게 전개될지 중요한 시점이다.

23 미국의 경우 2조 달러의 Corona stimulation funds를 행정부에서 국회에 제시했는데 이 중 개도국을 돕는 재정은 11억 달러로 전체의 0.1%도 안되어 여러 국제개발 기관이나 인권단체로부터 비난을 받고 있다.

들에 해당하는 것이며(자세한 내용은 필자의 코로나 특집 2 참조), 가장 우측의 '코로나 19에 대한 글로벌 정책을 개도국에서 적용 시 고려할 점'은 최근 WHO에서 발행한 'COVID 19 strategy update'에 기술되어 있는 일반적인 원리들이다.

▶ 표 2. 코로나 대응 정책 수립 시 고려해야 할 개도국의 보건의료 및 사회적 상황과 그에 따른 정책 적용 방향

대응 주체	글로벌 대응 정책	개도국의 보건의료 및 사회적 상황	대응 정책을 개도국에 적용 시 고려할 점이나 솔루션
정부	방역 (진단, 접촉자 추적, 격리 등)	• 검사 키트 및 역량 부족 • 접촉자 추적 및 관리할 보건 요원 부족 • 환자 격리 시설 부족	• 검사 대상자의 우선순위 설정 (1. 노령자 및 기저 질환자, 2. 유증상의 보건의료 요원, 3. 학교, 요양원, 교도소 등의 집단 감염 시 처음으로 발견된 환자 그룹[24]
개인	개인위생 강화 (손씻기, 마스크 착용)	• 손씻을 물 부족[25]	• 공공기관이나 시설의 입구에 간이용 물통 비치 • 가정에서 만든 면마스크 사용
지역 사회	사회적 거리두기 (불필요한 이동 및 모임 자제, 휴교, 재택근무 등)	• 일용직 생계형 근로자가 다수를 차지하는 도시의 경제 취약층 • 도시 저소득층의 높은 인구밀도 및 밀집된 주거 형태 • 재택 근무로의 대치가 가능한 사무직의 낮은 비율 • 열악한 교육 인프라로 인한 온라인 교육의 어려움	• 자택격리나 이동제한은 사회, 경제적으로 매우 심각한 부작용을 나을 수 있으므로 신중히 결정하되, 부작용을 극소화하기 위해선 식량 및 재난보조금 등의 지원이 동반되어야 함.

24 이는 집단 감염을 조기 발견하여 감염원을 신속히 격리하기 위해 필요하다.

25 사하라 사막 이남의 아프리카는 인구의 60%만이 식수에 대한 접근성이 확보돼 있으며, 손 씻을 물을 구하기가 쉽지 않은 경우가 많다.

의료 기관	환자 치료 및 백신 접종	• 열악한 보건 의료 인프라 (의사, 병상 및 중환자 치료 시설, 항생제 등의 부족) • 영양실조, HIV 및 결핵 등의 기저 질환으로 인한 면역력 저하	• 코로나 중증 환자 치료는 인공호흡기 등이 아니라 단순 산소 공급에 초점을 맞춤으로 가능한 많은 환자가 혜택을 받도록 함. • 코로나 환자의 검사 및 치료 과정 중 발생할 수 있는 병원 감염을 예방하기 위해, 병원 내 구별된 지역을 선정하여, 격리 운영

출처: WHO의 COVID-19 Strategy에 기술되어 있는 개도국에 적용 시 고려할 점을 참고로 필자 작성

표에서 주목할 점은 사회적 거리두기와 관련된 사항이다. 개도국에서의 봉쇄정책 (자택격리 및 주민 이동의 제한을 동반하는 landlock 혹은 shut-down policy)의 시행에 대해 WHO를 포함한 여러 보건 전문가들은 조건없는 지지보다 상당히 조심스러운 접근과 결정이 필요하다는 견해를 밝히고 있는데 다음의 세 가지 이유 때문이다.

첫째, 봉쇄는 감염 속도를 줄임으로 인해 단기간에 많은 환자가 발생하여 생기는 높은 중환자 사망율을 줄이기 위함인데, 개도국은 고령 인구가 상당히 낮아 봉쇄로 인한 효과는 기대만큼 높지 않을 수 있고([그림 5, 6, 7] 참조),

둘째, 개도국의 경우 (특히 최저 빈민국의 경우) 코로나 이외의 질환으로 인해 이미 중환자실이 포화 상태인 경우, 코로나로 인해 추가로 발생하는 중환자를 흡수할 시스템에 여유 부분이 적어 Flattening the curve(보건으로 시스템의 역량 유지) 효과를 실제로 얼만큼 거둘 수 있을지 회의적인 시각이 있으며[26],

셋째, 봉쇄 자체가 일으킬 수 있는 경제 사회적 비용이 국가에 따라서는 너무 크기 때문에 부작용을 극대화할 수 있는 조치가[27] 동반되어야 하기 때문이다.

26 자세한 내용은 예일 대학교에서 발행한 개도국과 사회적 거리두기 (https://som.yale.edu/sites/default/files/mushifiq-howell-v2.pdf) 참조. 이 경우 중환자 시스템의 역량을 우선 늘려야 한다.

27 봉쇄 기간 동안의 도시 빈민층에 대한 식량 공급, 코로나로 인한 빈곤층 실직자에 대한 재난 구재금을 현금으로 정부가 지급하는 것 등이 해당되는데 개도국에서의 재난보조금을 지급하는 것의 필요성은 세계은행을 포함한 여러 기관에 의해 자주 강조되고 있는 것 중 하나이다.

▶ **그림 8. 개도국 및 전 세계의 사회적 거리두기 조치 실행 상황. 아시아 및 아프리카 개도국 대부분이 자택 격리 및 이동제한 정책**(왼쪽/stay at home policy), **휴교**(오른쪽 위) **및 대중교통 수단의 중단 조치**(오른쪽 아래)**를 하고 있음을 보여준다. 2020.5.7**

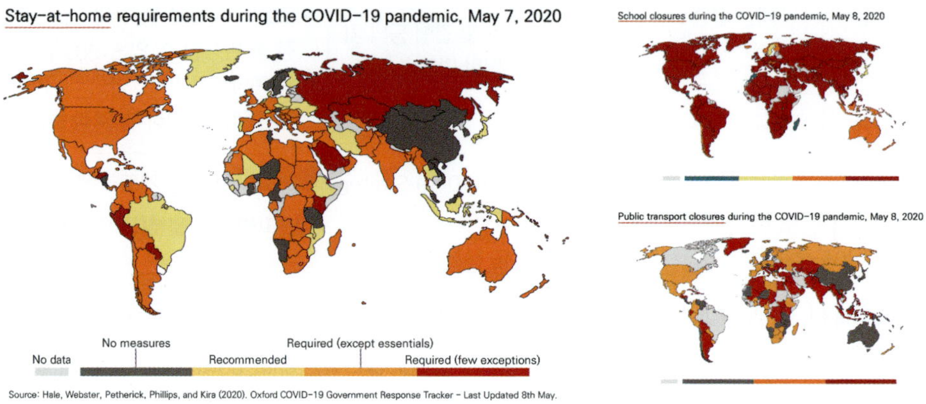

출처: 옥스포드 대학교

[그림 8]에서 보듯이 현재 전 세계적으로 많은 국가가 봉쇄, 휴교, 대중교통의 중단 조치 등을 취하고 있다. 우한에서 시작했던 사회적 거리두기의 극단적 형태라 할 수 있는 강제적 봉쇄(stay at home) 조치를 막상 대부분의 선진국이 저마다 따라하면서, 대유행처럼 많은 국가로 확산하고 있다. 과연 봉쇄가 개도국에 적절한지, 봉쇄로 인한 유익이 손실을 뛰어넘을 만큼 명확한지 현재로서는 정확히 알기가 어렵고, 앞으로 시간이 지나면서 결과가 나타날 것이다. 또한 지역사회 감염이 상당히 확산됐을 때 봉쇄 정책을 들고 나왔던 유럽이나 북미에 비해, 개도국의 경우 지역사회 감염 초기 단계부터 봉쇄에 들어간 경우가 많다[28].

코로나 19로 인한 경제 사회적 문제의 중요성

개도국의 코로나 감염이 아직 본격적인 국면에 접어들지 않았지만, 개도국

28 대표적인 예가 인도나 남아프리카 공화국이다. 반면 인도네시아는 심각한 사회적 부작용을 우려해 봉쇄 조치를 하지 않은 대표적인 국가 중 하나이다.

의 도시빈곤층이 겪게 될/겪고 있는 재난 상황은 물론 전 세계 경제가 셧-다운 되면서 최빈국 국가나 많은 개도국에 쓰나미처럼 밀어 닥치고 있는 경제적 어려움에 대한[29] 여러 경고와 호소의 메시지들이 넘쳐 나고 있는 상황이다.

국제개발과 관련하여 중요한 사회, 경제적 이슈가 있을 때마다 정책적 방향을 제시하며 국제 사회가 어떻게 움직여야 하는지 선도적 역할을 해 온 영향력 있는 국제 NGO인 옥스팜은 4월 초에 코로나 관련 정책 브리핑 문서인 'Economic rescue plan for all'을 발표하였는데 이 문서의 주요 메시지를 요약한 것을 Box 1에 소개한다.

박스 1

'빈곤이 아닌 존엄한 삶을' - 코로나 위기를 극복하고 공평한 세상을 위한 'Economic Rescue Plan for All '

엄청난 규모의 재정지원이 지금 당장 이루어지지 않으면, 코로나 19로 인해 전 세계 5억 명의 인구가 빈곤층으로 전락할 것이다. 코로나 바이러스는 모든 인류를 예외없이 강타했다 - 한 국가의 황태자도 또 유명한 영화 배우도 예외가 없이. 그러나 예외 없음은 여기에서 끝난다. 가난한 자와 부한 자, 빈국과 부국 사이의 불평등으로 인해 이 새로운 바이러스가 인류에게 안겨주고 있는 고통은 상상을 초월한다.

오직 전 인류가 하나가 되어 싸울 때 비로소 우리는 이 신종 바이러스를 물리칠 수 있다. 개발도상국들도 (부자 나라들처럼) 자국의 국민들을 바이러스로부터 보호해 주어야 하며, 이를 위해선 부자 나라들의 도움이 너무나도 절실한 상황이다. 부국들은 G-20를 중심으로 개도국들이 코로나 위기를 헤쳐 나올 수 있도록 도와야 한다. 팬데믹을 물리치고, 개도국 및 그로 인한 세계경제의 붕괴를 막기 위해서 2.5조 달러의 재정 지원이 필요함을 강조하고자 한다. 코로나 19 사태로 인해 빈곤 상태로 몰락하고 있는 개도국의 저소득층도 (부자 나라의 국민들처럼) 긴급재난지원금이 절실하며, 한걸음 더 나아가 빈국들에 멍에가 되고 있는 국가부채의 즉각적인 탕감이 필요하다. 이를 위해선 IMF의 지원, 부국들의 원조의 증액 등이 절실히 요구된다.

2020.4.9 옥스팜

29 가령 아프리카의 경우 원자재, 지하 자원, 석유 등을 수출하거나 관광 자원에 의존하여 경제를 운영하는 경우가 많은데 세계의 공장이라고 하는 중국에서 생산이 멈추거나 급격히 감소하고, 석유값은 폭락하고, 관광은 제로 상태가 되면서 아프리카 경제의 붕괴가 예상되고 있다.

옥스팜은 개도국의 코로나 상황을 보건의료적 이슈로 보기보다 도시 빈민들의 생계와 생존 문제로, 개도국 경제의 붕괴 위기로, 지구촌에 새롭게 나타나고 있는 5억 명의 빈곤 문제로 보면서, 부자나라들과 IMF가 코로나 재난 긴급재정과 부채 탕감에 주도적 역할을 해야 한다고 강조하고 있다[30].

G-20의 일원인 한국이 앞으로 코로나 관련 ODA나 포스트 코로나 세팅을 해 나갈 때, 코로나로 인해 새로 형성되고 있는 개도국의 거대한 빈곤층과 경제 시스템 전체가 붕괴되고 있는 빈민국가들을 염두에 두어야 할 것이다.

5. 나가며

아프리카, 아시아 및 남미의 개도국 지역에서 진행되고 있는 코로나의 역학적 상황은 (유럽이나 북미에 비해) 불확실한 면이 많이 있다. 감염의 확산속도나 정도와 관련해서는 낮은 진단 역량으로 인한 미발견 환자의 정도, 기후로 인한 바이러스의 활동성 감소 여부가 있고, 코로나 사망률과 관련해서는 개도국의 낮은 노령인구 분포와 열악한 의료 시스템이 어떤 결과를 가져올 지 좀 더 지켜봐야 할 것이다. 하지만 현재 명확한 것이 한가지 있는데, '코로나의 평등성'은 감염의 평등성에 국한된다는 것이다. 즉 나이, 성별, 인종, 경제 상태에 관계없이 누구나 동일하게 감염될 수 있다. 하지만 감염 이후 한 개인이나 사회가 겪는 과정은 국가마다 큰 차이가 있고, 감염의 확산을 막기 위한 (봉쇄) 조치에 수반되는 부작용도 앞서 살펴본 대로 가난한 나라와 부자 나라 사이에 어마어

30 옥스팜은 서아프리카에 에볼라가 한참 유행하던 2015년에도 에볼라 정책 브리핑 문서를 'Never again'이란 제목하에 발행하였다. 2014-2016 에볼라로 인해 아프리카의 기니아, 시에라리온, 라이베리아 3국에 국가 비상사태가 선포되고, 생명줄과 같은 유럽으로의 모든 항로가 폐쇄되고, 530억 달러의 경제적 손실을 일으켰다. 그 당시 옥스팜이 강조했던 것은 에볼라를 어떻게 퇴치하고, 보건의료 시스템을 재건하여 앞으로 비슷한 상황에 다시 빠져들지 않아야 한다는데 (그래서 문서의 이름이 'Never again'이었다) 촛점이 맞추어 있었지, 경제 사회 문제로 접근하지 않았었다. 그만큼 이번 코로나 사태를 보건의료의 위기로 보기보다 국가 경제와 국민들의 삶을 송두리째 뒤흔들면서 사회 경제 시스템의 붕괴 상황으로 몰고가는 전국가적, 전지구적 위기 상황으로 인식하고 있음을 알 수 있다.

마한 차이가 있다. 옥스팜의 메시지가 우리에게 와 닿는 이유이다.

북미나 유럽이 앞으로 수주 후 현재의 웨이브에서 벗어난다고 전제했을 때, 한국을 포함한 OECD국가들은 앞으로 출구전략에 대해 더 많은 고민을 하게 될 것이다. 그리고 이들이 마련하는 출구전략은 이제 막 힘겹게 코로나의 쓰나미와 사투를 벌이기 시작한 개도국에 시사점을 던져 줄 것이다[31].

참고문헌

논문 / Guidelines

Comment, *COVID-19 pandemic in west Africa,* Lancet, Published online April 1, 2020.

Comment, L*imiting the spread of COVID-19 in Africa: one size mitigation strategies do not fit all countries*, Lancet, Published online April 28 2020.

WHO, *COVID-19 strategy update*, World Health Organization, 14 April 2020.

Zachary Barnett-howell, etc, *Should low income countries impose the same social distancing guidelines as Europe and North America to halt the spread of COVIC-19?*, Yale Univ, Yale-Y-Rise, 2 April 2020.

기사 / Media briefing

신기섭, *G-20, 77개 최빈국 부채 상환 유예했지만*, 한겨레, 2020.4.16.

31 지난 4월 2일 발행됐던 특집 2호 말미에 100년전의 팬데믹 리뷰가 (1918년의 스페인 독감 등) 이번 3호 글의 주된 내용이 될 것 같다고 예상/계획했었는데, 지난 한달 동안 개도국으로 코로나 19가 확산되어 가면서 이번 글의 주제를 개도국의 팬데믹으로 바꾸게 되었다. 다음 호는 향후 한달 정도 코로나 상황을 지켜보면서, 출구전략이나 중요하게 부각되는 다른 이슈를 다룰 계획이다. 혹 예정에서 좀 비껴가게 되는 경우 독자들의 양해를 미리 구한다. 20세기의 팬데믹 리뷰는 출구전략에서 부분적으로 다루어 질 수 있을 것이다.

Josh Rogin, *America's $2 trillion corona virus stimulation package ignores the rest of world.* Washington Post, 27 March 2020.

Kelsey Piper, *Devastating consequences of corona virus lockdown in poor countries.* Vox, 18 April 2020.

Leaders, *Corona virus could devastate poor countries*, The Economist, 26 March 2020.

Andrew Gully, *Corona virus in the city: A Q&A on the catastrophe confronting the urban poor*, The humanitarian, 1 April 2020.

Martin Ravallion, *Pandemic policies in poor places, Center for Global Development*, 20 April 2020.

Oxfam, *Dignity not destitution - An 'Economic rescue plan for all' to tackle the corona virus crisis and rebuild a more equal world*, Oxfam media briefing, 9 April 2020.

Ricardo Hausmann, *Flattening the COVID-19 curve in developing countries*, World Economic Forum, 24 March 2020.

웹 사이트

- European Centre for Disease Prevention and Control. COVID-19 situation update worldwide [Internet]. [cited 2025 Sep 26]. Available from: https://www.ecdc.europa.eu/en/geographical-distribution-2019-ncov-cases
- Imperial College London. COVID-19 short-term forecasts [Internet]. [cited 2025 Sep 26]. Available from: https://mrc-ide.github.io/covid19-short-term-forecasts/index.html
- Our World in Data. Coronavirus data and research [Internet]. [cited 2025 Sep 26]. Available from: https://ourworldindata.org/coronavirus
- World Health Organization. Coronavirus disease (COVID-19) outbreak: situation dashboard [Internet]. [cited 2025 Sep 26]. Available from: https://experience.arcgis.com/experience/685d0ace521648f8a5beeeee1b9125cd

코로나 19 특집-4

일차 커브 그 이후는?

2020년 9월 1일

주요 메시지

- 3월 이후 수주간 계속된 봉쇄의 효과로 유럽은 코로나 19 감염의 확산이 줄어들었다가 봉쇄 해제 이후 다시 상승세를 보이기 시작했고, 봉쇄의 효과가 뚜렷하지 않은 북남미 지역과 아시아는 전반적으로 감염의 확산이 지속되고 있다. 아프리카는 신환자 수가 정점을 찍은 후 감소되고 있지만 진단 능력의 미비로 인한 착시현상일 수 있다는 견해도 있어 주의깊은 관찰을 요한다([그림 1] 참조).
- 백신 개발은 내년(초나) 중반까지는 완성될 것으로 보는 견해가 많은데, 백신의 확보를 위한 각 국가간의 치열한 각개전투와 국제공조(예: 코백스 퍼실리티)가 공존하는 양상이다.
- 현재 전 세계 주요 국가들의 코로나 19 역학적 양상은 다음의 네 그룹으로 나눌 수 있다([그림 3, 4] 및 [표 2] 참조). 지속형(그룹 1), 단일 커브(그룹 2), 두 개의 커브(그룹 3) 및 하이브리드형(그룹 4)인데 한국은 그룹 2에서 최근 그룹 3으로 바뀌었다.
- 향후 코로나의 역학적 양상이 어떻게 발전해 갈지 시나리오 플랜을 할 때 가장 많이 참고하는 팬데믹 사례는 두세 번 이상의 다회 커브(Multiple curves)를 그리며 발전해 갔던 1918년 스페인 인플루엔자이다([그림 8] 참조). 미네소타 대학 감염병 연구 정책 센터에서 제시한 세 개의 코로나 19 역학 시나리오가 앞으로 2021년 말까지의 코로나 커브의 전개 양상을 예측하는데 도움이 될 것이다([그림 9] 참조).

1. 들어가며

3호 특집이 발행된 후 수주가 지났다. 총 5회에 걸쳐서 쓰는 것을 목표로 시작했는데, 전 세계의 상황이 계속 변하고 있고, 코로나 사태가 장거리 마라톤으로 가는 것이 확실해졌기에, 조금은 시간 간격을 두고 쓰는게 적절하다고 판단 되어 4호의 발간을 조금 늦추었다. 유럽 국가들은 3월 이후의 수주간의 봉쇄효과로 인해 환자 발생이 감소하고 일차 커브의 정점을 지나면서 잠정적인 안정기에 들어갔으나, 봉쇄 해제 및 여름 휴가철로 인해 환자가 다시 증가하면서 이차 커브가 형성되기 시작하였다. 한국도 최근 서울과 수도권을 중심으로 환자 증가가 계속되면서 이차 커브로 발전하고 있어 우려가 고조하고 있으며, 이는 일차 커브 이후의 시나리오 예측이 특집 4호의 주 내용이 된 배경이다.

2. 코로나 19 상황 업데이트

특집 3호가 발행되었던 5월 10일 이후 9월 초까지 세계적인 코로나 19 상황 및 대응과 관련해서 있었던 가장 큰 변화를 다음의 세 가지에 초점을 맞추어 살펴 본다.

(1) 봉쇄 해제 이후의 역학적 상황

선진국은 물론 많은 개발도상국에서까지 3월 혹은 4월부터 수주 내지 그 이상 시행되었던 봉쇄(Lock-down) 및 사회적 거리두기 정책들이 6월 전후부터 일부 혹은 상당부분 해제되면서 다음의 세 가지 양상들이 나타나고 있다(이 부분은 [그림 1, 2, 3] 및 [표 2] 참조 바람).

첫째, 서유럽을 포함한 여러 국가에서 계속 증가하던 신환자의 발생은 정점을 찍은 후 6-7월부터 감소되는 양상이 나타났는데, 이는 봉쇄 효과로 보여진다. 그러나 봉쇄 해제 및 사회적 거리두기의 완화와 여름 휴가철이 겹치면서, 최근 수주 사이에 신환자 수가 서서히 증가하기 시작하면서 불안정한 상태를 보이거나, 뚜렷이 증가하여 스페인이나 프랑스처럼 이차 커브가 진행되는 국가들도 관찰되고 있다.

둘째, 미국 및 브라질, 페루 등의 여러 남미국가들처럼 봉쇄 효과는 거의 나타나지 않고, 계속적으로 환자가 증가하고 있는 경우도 있다. 이는 정부의 봉쇄 시행이 상당히 약하게 집행 되었었거나 마스크 착용 등 개인위생 강화에 대한 정책이 불확실하거나 국가정책에 대한 시민들의 협력이 결여되어 봉쇄 효과가 나타나지 않은 것으로 보여 진다.

셋째, 아시아와 아프리카 개발도상국의 경우이다. 아시아는 인도, 인도네시아, 필리핀 등 여러 나라에서 환자 수가 계속 증가하고 있는 추세이다. 이들 국가들도 봉쇄정책을 내걸고 시행하였지만, 봉쇄로 인해 악화되기 쉬운 생계 및 식량 부족 문제들로 인해 처음부터 봉쇄가 효과적으로 시행될지 의문시 되었었는데, 그런 우려가 현실화된 것으로 보여 진다. 이에 반해 아프리카는, 지역 전체의 일일 환자 수는 7월에 피크를 찍은 후 계속 감소하는 추세를 보이고 있고, 인구 100만 명당의 감염자 수도 아시아의 경우보다 많이 낮은 것으로 보고되었다. 아프리카도 아시아 개발도상국처럼 봉쇄 정책의 효과를 기대하기 어려운 환경이었음에도 불구하고, 현재까지 보고된 환자 수만을 놓고 보면 비교적 코로나와의 전쟁에서 비교적 선방하고 있는 것처럼 보여 진다. 하지만 코로나 19 진단 능력이 현저히 떨어져 있고, 환자 정보 및 보고 시스템이 열악하여 진단되지않거나 보고되지 않은 환자 수가 다른 대륙보다 월등히 많기 때문에 생기는 착시 현상으로 보는 견해도 제법있어, 신중한 해석을 요하며, 앞으로 좀 더 지켜보아야 할 것 같다.[32] 또한 아프리카는 다른 대륙보다 낮은 사망률을 보이고 있는데, 코로나 사망 고위험군인 노령 인구층이 적은 인구학적 특성과 사망자의 코로나 진단 부재 및 미흡이 혼재되어 나타난 양상으로 보여 진다.[33]

32 아프리카의 항체 검사율을 근거로 감염 환자 수를 추정해 보면 추정 환자 수가 실제 진단되어 보고된 환자 수에 비해 수백 배 이상 높게 나타나는 경우도 있어 발견되지 않은 환자의 비율이 유럽 등과는 비교가 안될 정도로 많은 것 아닌가하는 의심을 낳고 있다. 예를 들어 인구 5100만 명의 케냐의 경우 6월에 실시한 코로나 19 항체검사 결과 인구의 5.6%가 감염된 것으로 나타났다. 이는 약 286만 명의 환자가 발생한 것을 의미하는데 실제로 6월 중순까지 보고된 누적 환자 수는 3700명 밖에 안 된다. 이는 보고된 환자보다 약 770배나 많은 환자가 있을 수 있다는 것을 의미한다(286만/3700=770). 유럽의 경우 약 10배 정도의 차이가 나는데 그친다. 아프리카 지역의 진단 역량의 부재나 미흡 외에도 말라리아 등 다른 질환에 감염된 경우 코로나 19 항체검사에 양성을 나타내는 것일 수 있다는 주장이 나오고 있지만 이를 뒷받침할 만한 의학적 근거는 아직 제시되지 못했다.

33 인구학적 특성에 대해서는 특집 3호 글의 4-5쪽 참조 바람.

▶ 그림 1. 지역별 일일 신환자 추세. 미대륙(Americas)**은 북미와 남미 대륙 합친 것을 뜻하는데 미국, 브라질, 페루, 멕시코 등의 환자가 증가하면서 지역 전체 환자가 수가 꾸준히 증가하고 있다. 유럽은 일차 커브 이후 감소를 보이다가 다시 완만하게 상승중인데, 스페인 등에선 이미 2차 커브가 뚜렷이 형성되었다. 동남아시아**(South East Asia)**는 인도, 인도네시아, 방글라데시 등에 의해 일차 커브가 지속적으로 확산되고 있다. 아프리카 지역은 일차커브의 정점을 지나 완만한 하향세가 계속되고 있다.**

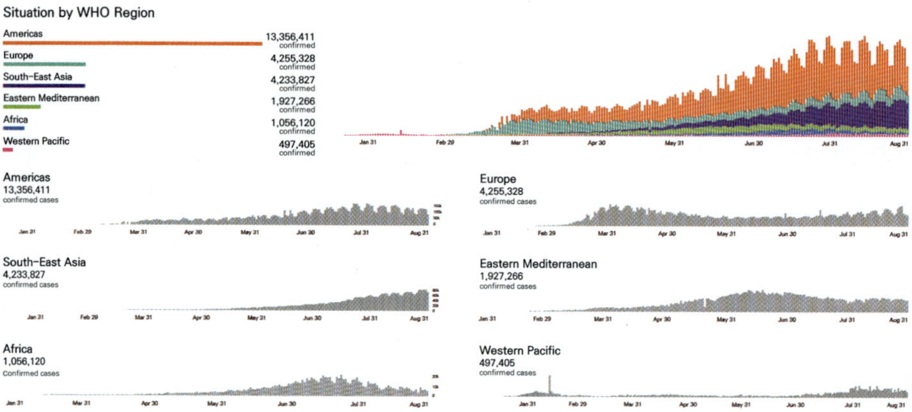

출처 WHO. 2020.9.1

(2) 코로나 19 감염 확산의 정도와 감염 치사율을 알려주는 항체검사 결과

코로나 사태가 시작된 이래 현재까지 개발도상국은 물론 대부분의 선진국가들조차 진단 역량이 상당히 미흡하여 충분한 검사가 이루어지지 못하여, 각 국가로부터 보고된 코로나 19의 환자 수와 실제 감염자 수 사이에는 커다란 차이가 있다고 알려져 있다. 따라서 항체 검사를 시행하여 코로나 19에 노출(즉, 감염)된 정도를 추정하여, i) 현재까지 인구의 몇 퍼센트가 감염됐는지를 파악하고, ii) 감염치사율[34]을 알아냄으로써 향후 코로나 19 정책을 세우는데 중요하게 활용할 수 있게 된다. 지난 4월에서 6월 사이 여러 국가들에서 항체 검사가 시행되었는데 그중 대표적인 스터디 결과를 살펴보면 [표 1]과 같다.

34 감염치사율은 전체감염자 중 사망한 사람을 백분율로 표시한 것인데, 감염이 되었을 것으로 추정되는 환자 수는 항체검사를 실시하여 구할 수 있다. 좀 더 자세한 내용은 특집 2호글 2쪽 참조 바람.

▶ 표 1. 국가별 코로나 항체 검사 결과

국가/지역	항체 양성율	검사 시기	비고
스페인	5%	4월말-5월 중순	전국 단위의 스터디로 의학저널에 실렸고, 가장 많이 인용되는 연구 중 하나
스웨덴 스톡홀름	7.3%	4월말	집단면역 형성 여부를 가름하는데 중요한 지표가 되므로 많은 관심을 모았던 연구
영국	6.3% (런던 17%)	5월말	인구가 많고 밀집된 런던의 항체 양성율이 국가 평균보다 높이 나옴. 현재도 진행 중인 연구로 추후 최종 결과가 나올 예정
중국 우한	3.5%	3월초-4월초	세계적으로 최초의 항체검사에 해당되는데 봉쇄조치후 항체 형성이 가장 많이 되었을 것으로 추정되는 시기에 검사를 시행하였는데, 양성율이 예측보다 낮게 나왔음
미국 뉴욕시	20% (뉴욕주 15%)	5월말	항체 검사를 원하는 자발적 지원자들이 많은 편향된 샘플로 실제 양성율은 이보다 낮을 것으로 추정됨
이탈리아 베르가모	57%	4월말-6월초	세계적으로 가장 많은 환자가 집단적으로 발생했던 이탈리아 북부 지역의 특수한 상황을 반영
일본 동경	1%	6월초	여러 스터디 중 비교적 낮은 양성율을 나타냈는데, 이 경우도 감염된 환자의 약 1/3만이 발견, 보고된 것으로 알려짐
한국 (대구지역 제외)	0.03%	4월 중순-6월 중순	환자가 가장 많았던 대구 지역을 제외한 스터디로 매우 낮게 나왔는데, 그 이후 대구지역을 중심으로 한 대학병원의 스터디에서는 매우 높은 양성 결과가 나왔음. 좀 더 정확한 정보를 얻기 위해 현재 질병관리본부에서 전국단위의 항체 양성율 조사를 시행 중

출처: Lancet, 영국 정부, 뉴욕시 등

항체 검사를 통한 감염의 정도와 감염치사율을 스페인의 경우를 통해 구해보면 다음과 같다. 스페인의 인구는 약 4700만 명이고 항체 양성율은 5%이므로, 이는 약 235만 명이(4700만 명x5%=235만 명) 감염된 것으로 추정할 수 있다. 검사가 시행되던 5월 초까지 스페인에서 검사 후 발견된 코로나 19 누적 환자 수는 약 254,000명이다. 즉 전체 감염환자의 약 10.8%만이 발견된 것으로 추정할 수 있는데(254,000/235만x 100 = 10.8%) 이는 코로나 19에 감염되었더라도 많은 경우 증상이 가벼워 의심하지 않고 그냥 지나갔거나(실제로 코로나 19의 약 80%가 경증 환자로 알려졌다) 증상이 있었지만 진단 검사가 시행 안되었거나 못되었기 때문으로 보여 진다. 영국, 중국의 우한 등도 스페인의 경우처럼 동일하게 계산을 해 보면 감염된 것으로 추정되는 환자 수와 실제로 보고된 환자 사이에 약 10배 혹은 그 이상의 차이가 있음을 알 수 있다.

또한 스페인의 감염치사율을 계산해 보면, 다음과 같다. 5월 초까지의 코로나 19로 인한 누적 사망자 수는 약 25,000명인데 이를 5월 초까지 발견된 누적 환자 수 254,000으로 나누면 치사율이 9.8%로 높게 나오지만, 감염추정자 235만 명으로 나누면 1.1%정도로(25,000/235만x100 = 1.1%) 훨씬 낮아지는 것을 알 수 있다.

[표 1]의 항체 양성율은 이탈리아북부를 공포와 죽음의 도시로 몰고갔던 베르가모 지역처럼 57%에 이르는 경우도 있고, 환자발견과 접촉자 추적을 전 세계에서 가장 촘촘히 관리해 온 한국처럼 0.1%도 안되는 경우까지 큰 차이를 보고 있는데, 대체로 2020년 5월 기준 전 세계적으로 약 5% 전후일 것으로 보고 있다. 집단면역 정책을 펴고 있는 스웨덴은 수도 스톡홀름의 경우 항체 양성율이 약 7% 정도로 기대했던 것보다 낮게 나와 자연감염에 의한 집단면역형성까지는 상당 시간이 걸릴 것으로 보는 견해들도 있으나 집단 감염율이 20-30%만 되어도 확산이 지연될 수 있다는 설도 있어 앞으로 좀 더 지켜보아야 할 것 같다.[35]

사망과 관련하여 가장 중요한 지표인 감염치사율(감염자 수 대비 사망율)은 전 세계적으로 약 0.3%-1.0%의 범위일 것으로 대부분의 역학 전문가들은 보고 있다. 이는 전 세계적으로 약 3-4% 전후로 알려진 환자치사율(발견된 환자 수 대비

35 스웨덴 정부의 역학 팀장이며 집단면역 정책을 주도해온 Ander Tegnell은 8월 9일 미디어 인터뷰에서 당시 스웨덴 국민의 약 30% 정도가 감염되었을 것으로 믿고 있다고 이야기 하면서 집단면역에 대한 희망을 포기하지 않고 있음을 내비쳤다. [표 1]의 7.3%는 4월말 시행했던 (따라서 약 2주 전인 4월 중순경의 항체 양성자 비율을 반영) 검사 결과인데, 그 후 6월에 시행한 검사는 양성율이 10%로 나왔다.

사망률)에 비해 큰 차이가 있으며, 감염치사율이 약 0.1%로 알려진 유행성 독감에 의한 사망과 비교했을 때 엄청나게 높은 것은 아니란 시각도 있는 것이 사실이다. 하지만 코로나 19는 인류에게 나타난 신종 감염병이라 인류 전체가 면역형성이 안되어 60-70%의 인류가 감염될 때까지 확산이 계속될 수 있다는 점에서 (오랜 세월에 걸쳐 이미 면역이 상당히 형성돼 있어 감염확산이 제한적으로 발생하는) 유행성 독감과는 비교의 대상이 안 된다고 보아야 할 것이다. 코로나 19가 인류와 함께 상당 기간(아마도 또 다른 신종 바이러스가 나타나고 그것에 의해 대치될 때까지) 공존할 것으로 보기는 하지만 감염의 확산, 백신의 개발 및 접종 등으로 인해 첫 2-3년이 지나고 나면 코로나 19의 발병과 사망은 상당히 감소될 것으로 예측된다.

항체 양성율은 코로나 19의 정책 결정에 중요한 데이터로 현재 WHO에서는 'Solidarity 2(두 번째 국제연대)'란 프로젝트 이름 하에 많은 국가들이 항체 양성율 검사를 국제적 기준에 따라 시행할 수 있도록 지원 협력하고 있다.

(3) 백신 개발의 진전

봉쇄가 풀리면서 잠시 가라앉던 코로나 19 감염이 다시 확산세에 접어 들자, 백신이 거의 유일한 희망처럼 떠오른 형국이다. 효과적이면서도 안전한 백신이 사용 가능하게 될 시기, 백신의 확보, 백신 접종과 관련된 이슈들에 대해 간단히 살펴보도록 하자.

가) 백신 개발 시기

통상적으로 백신개발은 수년이[36] 소요되지만, 미국, 유럽 및 중국을 비롯한 여러 국가들의 막대한 재정 지원으로 인해 개발 리스크가 급감되고, 백신개발 기술이 향상되어, 개발에 소요되는 기간이 많이 단축될 것으로 예견하고 있다. [그림 2]는 2020년 8월 25일 현재의 백신 개발 상황을 나타낸다. 전 세계적으로 170여 개의 백신개발 프로젝트가 진행되고 있는데, 가장 중요하면서도 시

36 볼거리라고 알려진 유행성 이하선염 백신 개발에 4년간 소요된 것이 가장 짧은 경우였고, 소아마비 백신은 7년, 홍역 백신이 9년, 인유두종 바이러스 백신이 15년 소요되었다.

간이 많이 소요되는 3단계 임상실험에까지 이른 경우는 7개로 알려 졌다. 이들 7개의 제약회사는 중국이 4개로 가장 많고, 미국, 영국, 독일이 각각 하나씩 이다.[37] 이들 제약회사들은 대체로 12-18개월의 시간표를 세워 놓고, 금년 초부터 연구 개발에 착수하였는데, 상당수의 전문가들은 내년 (초반이나) 중반에는 다량의 백신 생산이 가능할 것으로 내다보고 있다. 백신의 개발이 완성되면, 미국이나 유럽의 식품의약청(FDA)의 승인 절차를 거친 후 국내 및 해외 판매 등으로 이어지는 것이 통상적인데, 코로나 19의 특수 상황에서 일부 국가들은 글로벌 스탠더드를 따르지 않으면서 승인 및 접종에 가속화를 기하고 있는 실정이다[38].

▶ 그림 2. 백신개발의 단계와 참여하고 있는 제약회사 수. 상단은 임상실험 전 단계부터 임상실험 1, 2, 3 단계를 거쳐 FDA의 승인까지를 나타내는데, 현재 7개의 제약회사가 임상 3단계 실험을 진행 중이다.

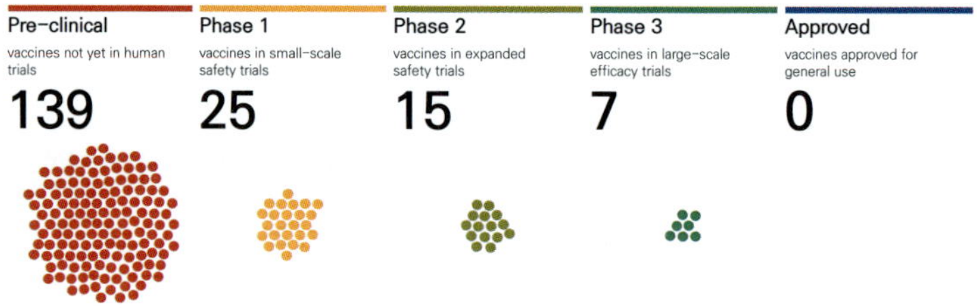

출처: WHO/워싱턴 포스트. 2020.8.25

37 AstraZeneca(영국), Moderna(미국)가 백신개발의 선두에 있다고 알려져 있고, BioNTech(독일) 및 중국의 4 제약회사(CanSino Biological Institute, Sinovac, Wuhan Institute of Biolological Products, Beijing Institute of Biological Produces)가 있으며, 최근 임상실험이 끝나기 전인 8월부터 실험적으로 백신 접종을 시작하겠다고 발표하여 미디어의 주목을 받았던 러시아의 Gamaleya Research Institute까지 포함하면 총 8개의 제약회사가 임상 3단계 실험을 진행 중인 셈이다.

38 새로 개발된 백신이 미국 FDA의 승인을 받기 위해선 통상적으로 최소 50%의 효과를 입증해야 한다. 미국이나 유럽 FDA의 승인을 얻은 제품을 다른 국가에서 수입하여 자국에 등록한 후 사용하는 것이 신약이나 새로 나온 백신과 관련된 통상적인 절차이다. 중국 국무원은 지난 6월 임상실험이 끝나지 않은 자국 생산 백신의 긴급 사용을 승인했고, 7월부터 이미 군인 등 특정 인구 집단을 대상으로 코로나 19 백신을 사용하고 있다고 최근 언론에 보도되었다. 러시아도 8월부터 임상실험중인 백신의 사용을 시작한다고 발표하였다. 8월 31일에는 미국 FDA 디렉터도 백신의 임상실험이 끝나기 전이더라도 특정 집단에 대한 긴급사용 목적으로 백신사용을 승인할 수도 있다고 밝혔다.

나) 백신 확보

백신의 확보는 마치 전쟁상황에서 핵이나 첨단 신무기의 확보만큼 매우 민감하며 정치적으로도 중요한 이슈이다. G2의 입장이 중요한데 미국은 철저히 시장 논리를 기반으로 미국 제약회사는 물론 타국 제약회사에서 연구개발 중인 백신의 확보를 위해 막대한 달러를 일찍부터 투입해 왔다. 가장 먼저 코로나 19 발생이 보고된 중국은 세계적 확산의 책임에서 자유롭지 못하고, 미국은 코로나 19 확산방지 및 국제공조의 실패로 인해 G2모두 국제적 위상에 상처를 많이 입었는데, 백신의 대량생산 및 확보가 이루어지면 정치적 도구로 활용되는 것이 아닌가 하는 우려가 국제 사회에 있는 것도 사실이다.

그런가 하면, 백신은 글로벌 공공재(global public goods)이므로, 일반 재화처럼 시장의 논리에 맡겨선 안되고, 개발도상국들을 포함한 많은 국가들에게 백신에 대한 공정한 접근권을 보장하도록 하기 위해 최근 설립된 국제적 이니셔티브인 COVAX Facility(코백스 퍼실리티, 이하 코백스)도 있다. 코백스는 국제 백신연합(Gavi/ Global alliance of vaccine initiative), WHO, 감염병 혁신연합(CEPI/Coalition for epidemic preparedness initiative)에 의해 최근 수립되었다. 코백스는 백신 개발의 촉매 역할을 하고, 백신 생산능력을 증가시키고, 공정한 분배가 이루어 질 수 있도록 조정하는 것을 목표로 한다. 현재 75개 국이 가입되어 있는데, 2021년까지 20억 명분의 백신을 확보하여 평등하게 공급한다는 목표를 세우고 추진 중이다[39].

다국적 제약회사들이 백신 개발을 하더라도 그 생산능력은 거대한 수요에 훨씬 못 미치기 때문에 여러 다른 제약 회사들에 위탁생산을 의뢰해서 공급능력을 향상시켜야 한다. 한국은 위탁생산의 기술력을 인정받고 있고, 생산 규모도 작지가 않아, 이를 통해 백신 생산에 참여할 예정인데, 이 경우 생산되는 백신의 일정량을 확보할 수 있을 것으로 알려졌다[40].

---

39 코백스는 백신이 개발되면 초기생산분에 한해 각 국가 인구수의 20%에 해당하는 백신을 적정가격에 공동구매하여 공급하는 것을 원칙으로 내세우고 있다. 코백스는 현재 감염병 혁신연합(CEPI)을 통해 9개 백신 후보군을 보유하고 있으며 이 중 8개가 임상 시험 단계에 접어들었는데, 3단계에 진입한 모더나와 아스트라제네카의 백신도 여기에 포함된다.

40 한국의 SK 바이오사이언스는 지난 7월 영국의 아스트라제네카와 그리고 최근 8월에는 미국의 노

다) 백신 접종

3단계 임상실험에서 백신 접종 후 최소 50% 이상에서 면역 반응이 형성된다는 것이 입증되면 미국 식품의약청(FDA)으로부터 승인을 받게 될 것으로 예상하고 있다. 새로 개발되고 있는 백신의 효과성이 어느 정도 일지, 면역 기간이 얼마나 지속될지, 코로나 19로 인한 사망 고위험군인 노령 인구도 젊은 연령층만큼 면역 효과를 나타낼 지[41] (백신의 임상 실험에는 보통 면역반응을 잘 일으키는 젊은 연령층이 참여한다) 등에 따라 백신접종의 정책이 수립될 것이다. 또한 백신 개발에 사용했던 것과 동일한 종류의 바이러스가 그 후 감염 확산되는 과정에서 상당 수준의 변이가 일어나는지, 만약 일어나는 경우 그로 인한 백신 효과의 감소가 어느 정도 감소되는지도 계속 살펴보아야 할 점이다[42]. 한정된 분량의 백신의 배분도 예민한 문제로 직종, 건강상태나 연령 등 여러 사안을 고려해서 국가마다 정해야 하는데, 2009년의 신종 플루 팬데믹 때 WHO는 보건의료요원, 만성기저질환자 및 산모들에게 우선적으로 접종할 것을 권장하였다.

코로나 19 자연 감염의 확산이나 백신 접종 확대로 인해 어느 정도의 집단면역이 어느 시점에 형성되는지도 백신 접종 및 코로나 19 정책수립에 중요한 지표가 될 것이다.

3. 일차커브 이후는?

(1) 주요 국가들의 역학적 커브의 변화

[그림 3]은 누적 환자 수가 가장 많은 소위 Top 12국가들의 일일 신환자 추

바백스 등과 코로나 19 백신의 위탁생산 계약을 체결하였다.

41 최근 모더나는 노년층을 대상으로 별개의 백신 효과 검증 임상 시험을 시행했는데, 28일 가격으로 두 차례 투여한 결과 바이러스를 무력화시키는 중화학체와 인간면역계에서 중요한 역할을 하는 T세포가 형성되었다고 발표하였다.

42 바이러스에 변이가 일어나서 생산된 백신의 효과가 감소하는 문제는 유행성 독감을 일으키는 인플루엔자의 경우 흔히 관찰되지만 코로나 19는 인플루엔자 바이러스에 비해 변이가 덜 일어나기 때문에 변이로 인한 백신의 효과 감소 문제는 적을 것으로 내다보고 있다.

이를 나타내며, [그림 4]는 진단역량이 비교적 괜찮은 주요 국가들의[43] 일일 신환자 추이를 나타낸다. 그리고 [그림 3, 4]에 있는 주요 국가들의 역학적 패턴을 4개의 유형으로 나누어 분석한 것이 [표 2]에 해당한다.

▶ 그림 3. Top12 국가들의 일일 신환자의 추이- [표 2]의 그룹 1-4의 설명 참조 바람.

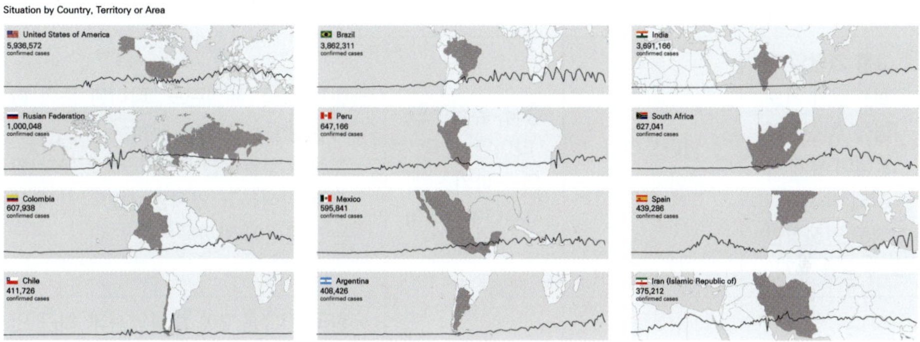

출처: WHO, 2020.9.1

▶ 그림 4. 기타 국가들의 일일 신환자의 추이 - [표 2]의 그룹 1-4의 설명 참조 바람.

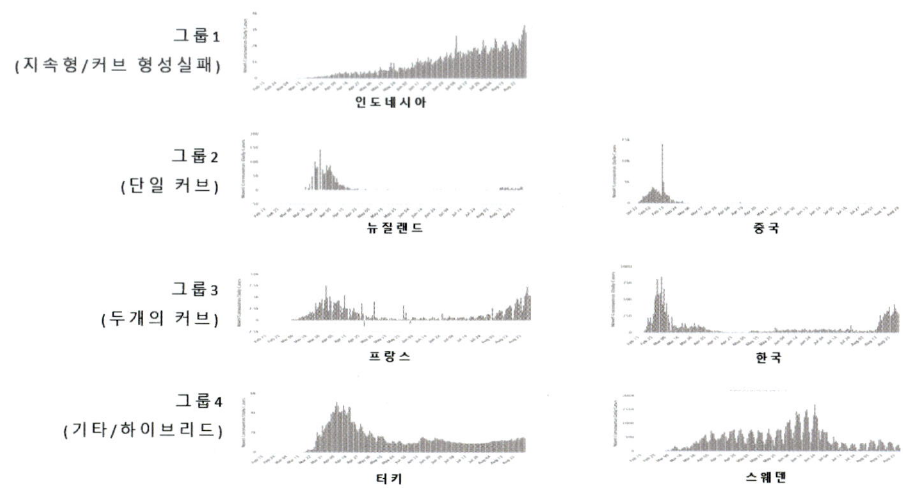

출처: Worldometer, 2020.9.1

43 진단역량이 많이 떨어지는 경우는 보고되는 환자 수와 감염으로 추정되는 실제 환자 수 사이에 차이가 너무 심해 신뢰성이 떨어지므로 분석의 대상에서 제외하였다.

▶ **표 2. 전 세계 주요 국가들의 코로나 19 역학 패턴**

역학적 패턴	예 (Top 12 국가 중)	예 (기타 국가 중)	비고
그룹 1(지속형): 뚜렷한 일차 커브 형성을 못한 채 감염이 지속적으로 확산	미국, 브라질, 인도, 페루, 멕시코, 콜롬비아, 이란, 아르헨티나	인도네시아	- 미국과 페루는 뚜렷한 일차 커브가 형성되기 전 다시 상승하여, 그룹 3이 아닌 그룹 1로 분류 - 이란은 4월 말의 감소가 뚜렷하지 않아 그룹 3 대신 1로 분류
그룹 2(단일 커브): 일차 커브 형성 후 신환자 발생이 낮게 유지되거나 어느 정도 안정적인 수준을 유지	남아프리카 공화국, 칠레	중국, 뉴질랜드, 타이완, 태국, 영국 파키스탄, 사우디아라비아	- 현재 중국, 뉴질랜드, 타이완 등의 환자 발생율은 상당히 낮음 - 칠레는 일일 2천 명 정도의 많은 신환자가 발생하고 있지만 전반적인 추세는 그룹 2에 가까움.
그룹 3(두개의 커브): 일차 커브 후, 현재 이차 커브 진행 중	스페인	프랑스, 베트남, 일본, 호주, 한국, 모로코	- 한국은 그룹 2에 속하였는데 최근 안타깝게도 그룹 3으로 바뀌었지만, 한국의 일차 및 이차 커브는 그 높이가 한국과 인구 규모에서 큰 차이가 나지 않는 스페인, 프랑스 등에 비해 훨씬 낮음.
그룹 4(하이브리드): 1, 2, 3의 중간 형태들이 많은 기타 그룹	러시아, 이탈리아	스웨덴, 터키	- 러시아는 일차 커브의 정점을 지나 하향세가 진행 중 - 이탈리아는 이차 커브 형성의 초기 단계이며, 그룹 2와 3의 중간에 해당. - 터키는 그룹 2에 가까우나 신환자 발생율이 다소 높게 유지 되고 있음.

출처: WHO와 Worldometer 자료를 기반으로 필자 작성. 2020.9.1

첫째 그룹에는 미국, 브라질, 인도를 포함한 여러 Top12 국가들이 포함된다. 국가 리더쉽의 부재와 정책적 혼란 및 이로 인한 봉쇄정책의 비효과성, 국가적 연대 형성의 실패 등으로 인해 3월 이후 한번도 뚜렷한 정점 형성을 못한 채 지속적으로 환자가 증가하고 있는 경우이다[44].

---

44 가령 브라질의 경우 브루소나루 대통령은 '사람은 언젠가 죽는다. 만약 이런 상황이 지속된

둘째 그룹은 일차 커브가 정점을 찍은 후 계속 감소되었고, 현재는 신환자 발생이 낮게 유지되거나 비교적 안정된 양상을 보이고 있는 경우로 이차 커브의 형성은 아직 일어나지 않고 있다. 이들은 코로나 19와의 전쟁에서 현재 가장 선전하고 있는 국가들에 해당되는데 중국[45], 뉴질랜드, 타이완, 남아프리카 공화국 등이 대표적인 예이고, 태국 등도 이에 속한다고 보여 진다. 국가의 리더쉽과 함께 강력한 봉쇄 정책 및 경제 살리기의 자제 등이 빚어낸 결과로 보여 진다. 한국은 8월 초나 중순까지 이 그룹에 속했었으나 최근 셋째 그룹으로 이행해 간 경우이다.

셋째 그룹은 봉쇄정책의 영향으로 일차 커브가 형성되었다가, 봉쇄 완화 및 성급한 경제 살리기 정책 그리고 여름 휴가철 등이 겹치면서 이차 커브가 형성된 경우이다. 스페인은 유럽 국가 중 가장 먼저 이차 커브를 형성하였고, 프랑스, 일본, 그리고 한국 등이 이 그룹에 속하는데, 사회적 거리두기의 강화와 완화(혹 봉쇄 정책의 재 시행 여부) 사이에서 정책적 선택을 고민하는 국가들이다.

넷째는 기타 그룹으로 다양한 형태를 띄는데, 그룹 1, 2, 3의 하이브리드 형태인 경우가 많다. 시간이 지나면서 일부는 그룹 2나 3으로 이행해 갈 수도 있을 것이다.

이렇듯 서로 다른 패턴을 보이면서 역학적 상황이 진행되고 있는데, 향후 어떤 양상을 그리면서 발전해 갈 지는 잘 알려진 대로 바이러스의 변이 유무와 정도[46], 인류의 행동 양식의 변화(손씻기와 마스크 착용등의 개인위생, 사회적 거리두기, 환

다면 회복하기까지 몇 년이 걸리는 심각한 수준의 대량실업이 발생할 것이다. 교통사고가 났다고 해서 자동차 공장을 멈출 수는 없는 일'이라고 주장하면서 격리조치 확대를 주장하는 보건부 장관을 향해 해임을 언급하며 위협했다고 외신은 전한다. 브라질은 현재 미국에 이어 전 세계에서 둘째로 코로나 신환자 발생이 많다.

45 중국은 지난 1-2월 우한을 중심으로 정점에 달했던 일차 커브가 완전히 가라 앉은 후, 6월에 베이징 지역에 환자가 일시적으로 증가하였지만, 그 이후 현재까지 상당히 낮은 수준의 신환 발생만이 보고 되고 있다. 신환자의 대부분은 해외 유입 케이스이다. 현재 우한에서 마스크 착용한 사람은 보기 어렵고, 주민들의 생활은 완전히 일상으로 돌아간 것으로 보도되고 있다.

46 모든 바이러스는 항상 변하면서 변이를 일으키는데 코로나 19도 예외가 아니다. 우한에서

자격리 및 검역 등), 인구 밀도 및 기후 등의 환경적인 요인 세 가지에 의해서 결정될 것으로 보여진다.

(2) 스페인 인플루엔자 팬데믹

가) 1918년 당시의 인플루엔자 감염 상황과 결과

[표 2]에서 살펴보았듯이 코로나 19의 감염 향후 1-2년간 어떤 역학적 커브를 그리며 확산을 계속해 갈지 예측해 보는 것은 정책 수립에서는 물론 코로나와 함께 일상을 영위해 가는 많은 사람에게 도움이 되고, 또 흥미로운 일일 것이다. 이를 위해 많은 학자들이 100년 전으로의 시간 여행을 하고 있는데 그 이유는 다음과 같다.

코로나 19 외에도 사스(SARS), 메르스(MERS)등이 코로나 계열에 속하는 바이러스에 의해 발생하는데[47], 사스와 메르스 두 경우 모두 팬데믹에 이르지 못하고 수 개월만에 퇴치되면서 사라졌거나(사스의 경우), 일부 제한된 지역에서 간헐적으로 작은 규모의 확산이 일어나는 정도로 그치고 말아(메르스의 경우), 이들은 역학적 양상에 있어서 코로나 19와는 비교 연구의 대상이 전혀 되지 못한다. 코로나 19는 오히려 인플루엔자 바이러스에 의한 팬데믹과 역학적 특성에 좀 더 가까운 양상을 보일 수 있다고 보고 있다.

코로나 19 이전 약 100년 동안 총 4회에 걸쳐 인플루엔자 팬데믹이 있었다[48]. 팬데믹을 일으켰던 인플루엔자 바이러스와 코로나 19 바이러스의 공통점으로

이탈리아로 이동해간 바이러스에 변이가 일어난 후, 전 세계로 퍼져 나갔고(변이된 바이러스는 'D614G' 타입으로 알려 졌음), 현재 D614G는 전 세계 97%의 샘플에서 발견될 정도로 주된 유형으로 자리 잡았다. 변이와 함께 전파력은 좀 더 강해진 것으로 이해되지만 독성이 강해져서 임상적으로 더 악화되거나 사망률이 증가한다는 증거는 아직 알려진 바가 없다. 일반적으로 바이러스에 변이가 생겨 전파력이 증가하면 독성은 약해지는 경향이 있는데 코로나 19는 어떨지 앞으로 주시해 보아야 할 점이다. 또한 코로나 19에서 일어나는 변이의 빈도는 인플루엔자 바이러스에 비해 적은 것으로 알려 졌다.

47 사스(SARS)는 SARS-CoV-1에 의해, 메르스(MERS)는 MERS-CoV에 의해, 코로나 19은 SARS-CoV-2라는 코로나 계열에는 속하지만 각각 다른 바이러스에 의해 생긴다.

48 1918-1919년의 스페인 독감(H1N1), 1957-1958년의 아시아 독감(H2N2), 1968-1969년의 홍콩 독감(H3N2), 2009년의 신종 플루(H1N1) 등 네 번에 걸친 인플루엔자 팬데믹이 있었는데 괄호안에 있는 것은 독감을 일으켰던 인플루엔자 A바이러스의 subtype 이름을 뜻한다.

는 둘다 기본적으로 호흡기 감염을 일으키는 질환이며, 무증상자부터 사망에 이르는 중환자까지 다양한 환자들이 있고, 접촉이나 비말 및 에어로졸을 통해 감염되기 때문에 손씻기나 마스크 착용 등의 개인위생 강화가 예방에 중요하다는 점이다. 중요한 차이점으로는 두 경우 모두 무증상 환자도 감염을 일으키는데 전체 환자 중 무증상 환자의 비율이 코로나 19가 더 높고, 잠복기간도 코로나 19가 인플루엔자보다 길어 (따라서 잠복기간동안 무증상으로부터의 감염이 코로나 19의 경우 더 많이 일어나기 때문에), 코로나 19의 전파력이 더 높은 것으로 되어 있다. 실제로 코로나 19의 초기 재감염자수(R0값)는 2-2.5로 1.5-1.8 정도인 인플루엔자보다 높다고 알려졌다.

지난 100년 동안 있었던 네번의 인플루엔자 팬데믹 중 감염 확산의 규모나 사망의 정도에 있어 코로나 19와 비견될 수 있는 것은 1918년의 스페인 독감일 것이다[49].

▶ 그림 5. 1918-1919 스페인 인플루엔자 팬데믹 당시 영국의 인구 1000명당 사망률

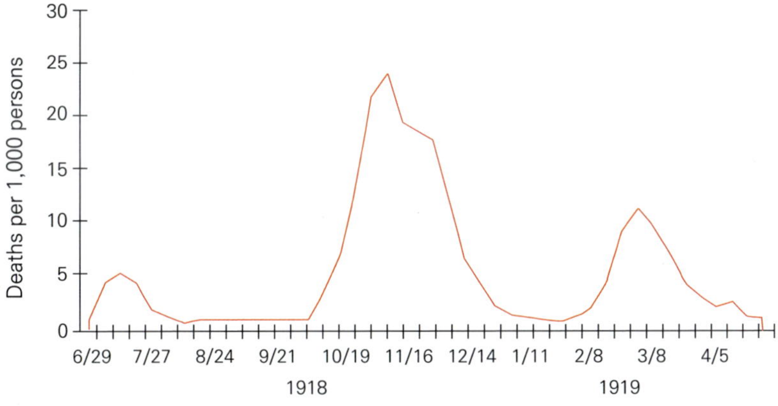

출처:Jordan E, 1927

49 물론 코로나 19의 원인 바이러스인 SARS-CoV-2 와 스페인 독감을 일으킨 H1N1 인플루엔자 바이러스는 유사점도 많지만 상이점도 많고, 당시의 환경도 매우 다르며(인구 밀도, 이동의 정도 및 이동에 걸리는 시간, 사회 문화적 요소 등), 인류의 대응도 상당히 차이가 있어(1918년은 일차 세계대전 중이었고, 신종 전염병에 대한 이해도 떨어져서, 지금과 같은 전국적 봉쇄나 강력한 사회적 거리두기는 거의 시행되지 않았고, 일부 국가에서만 부분적인 조치가 취해진 것으로 알려 졌다), 100년전과는 당연히 다른 역학적 양상이 전개되겠지만 여전히 오늘의 우리에게 시사점을 던져주는 면들이 있다고 여겨진다.

▶ **그림 6. 1918-1920년의 인플루엔자 팬데믹. 점선은 1918년 3월부터 시작한 일차 웨이브의 확산 경로를 의미하며, 직선은 수개월 후 가을부터 시작된 두 번째 웨이브의 확산경로를 나타낸다. 검은 사각형**(1차 웨이브)**과 원**(2차 웨이브)**은 그 당시 감염의 거점 지역을 각각 나타낸다.**

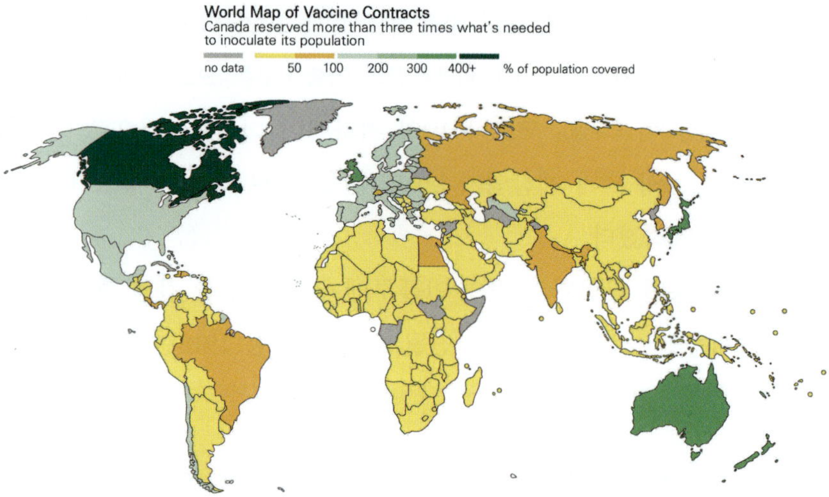

출처: Nicholeson의 Textbook of Influenza 등

스페인 인플루엔자는 전부 세번의 커브를 형성하면서 약 2년간에 걸쳐 진행되었고, 그 이후 수십 년간 인류와 공존하면서 서서히 사라져 갔다. 2년 동안 전 세계 인구의 (1918년 당시 약 18억 명으로 추산) 약 1/3정도가 감염된 것으로 알려졌는데, 좀 더 많은 인구가 감염되지 않고 확산이 멈춘 것은 그전부터 있었던 비슷한 종류의 인플루엔자 바이러스들에 의해 감염된 노령인구층의 많은 사람들에게 교차면역이 형성되었기 때문이다.

[그림 4]는 1918-1920년 영국에서 스페인 인플루엔자 바이러스(H1N1)가 어떤 커브를 그리며 확산되어 갔는지를 모형적으로 보여주고 있다. Y축은 인플루엔자 및 그로 인한 합병증인 폐렴에 의한 사망자를 나타내고 있다. 함께 보면 유익한 지도가 [그림 6]인데 당시 바이러스가 지리적으로 어떻게 확산되어 갔는지를 시간변화와 함께 나타내고 있다. 스페인 인플루엔자가 어디서 기원

했는지에 대해선 의견이 분분하지만([그림 6]의 점선 '?' 에 해당)[50] 1918년 초에 미국 서부지역으로 확산되었던 인플루엔자 감염이 동부지역으로 확산된 후([그림 6]의 점선 0에 해당) 전 세계로 계속 퍼져 나간 것으로 보는 데는 거의 이견이 없는 것 같다. 그 당시 1차 세계대전에 참전코자 유럽으로 출항한 미군 함대를 통해 [그림 6]의 점선 1처럼 미국 동부 항구지역에서 유럽으로 바이러스가 확산되어 갔으며, 그 이후 아프리카, 아시아 및 오세아니아주의 일부로 계속 확산되어 간 것으로 보고 있다(점선 2-5). 이렇게 해서 첫 번째 커브가 1918년 3월부터 수개월간에 걸쳐 남반부의 여름철에 형성되었는데 그 확산이 아직 전 세계적 수준이 아니었다. 이는 [그림 4]의 세 개의 커브 중 가장 왼쪽에 해당되는데 영국의 경우에서 보듯이 사망률도 그렇게 높지는 않았다.

하지만 유럽으로 건너간 바이러스에 상당한 수준의 변이가 발생하면서 독성이 훨씬 강해졌고, 변이된 바이러스가 그해 10월경부터 이차 확산을 일으키며 퍼져나간 것으로 보는데, 계절의 영향을 받아 확산이 매우 광범위하게 일어났다고 학자들은 이해하고 있다([그림 6]의 직선 2-7 참조). 이때 발생한 이차 커브로 인한 사망자는 일차 커브에 비해 상당히 많았으며, 전체 사망자의 약 70%가 이 당시에 발생한 것으로 보고 있다([그림 5] 참조). 그 이후 삼차 커브가 1919년에 일어나면서 약 2년간에 걸쳐 팬데믹이 진행된 것으로 이해하고 있다[51].

[그림 7]은 1918년 당시 사망자의 대부분이 젊은 연령층과 5세 미만의 아동에게서 일어난 것을 보여준다. 인플루엔자에 의한 노령 인구의 사망률이 낮았던 이유는 앞서 기술한 교차면역 때문으로 보고 있다. 당시의 사망자는 학자마다 다소 큰 차이를 나타내는데, 적게는 2-3천만 명에서 많게는 8천만 명-1억 명으로 추산하고 있으며, 통상 4-5천만 명의 추정치를 가장 많이 인용하는 편이다. 아프리카와 아시아의 개발도상국에서의 (특히 인도, 중국, 파키스탄, 나이지리아 등

50 기원에 대해서는 학자들마다 의견이 나누어지는데, 중국이나 다른 아시아 국가, 프랑스, 미국, 스페인 등의 지명이 거론되어 왔다.

51 1920년 이후에도 수십 년간 인류와 공존하면서 점차 약화되어 갔는데 이 부분은 필자의 특집 2호의 [그림 8] 참조 바람.

▶ 그림 7. 1911-1918년까지 미국에서의 인플루엔자 및 그 합병증인 폐렴으로 인한 인구 10만 명당의 사망률. 팬데믹이 있었던 1918년(직선)의 15-54세까지 젊은 연령층의 인플루엔자에 의한 사망률이 팬데믹 이전인 1911-1917년(점선)에 비해 상당히 높은 것을 알 수 있음

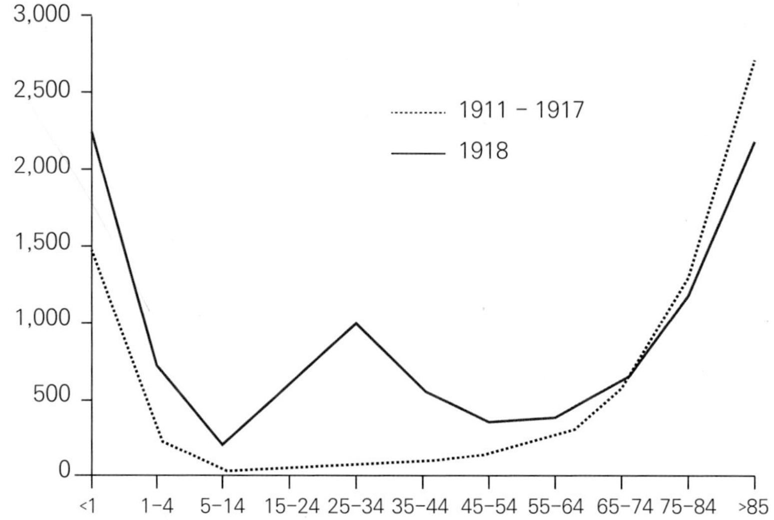

출처: Grove RD, 1968

사하라 이남의 아프리카 국가) 인구당 사망률이 유럽이나 북미 선진국가보다 수 배 이상 높아 아시아와 아프리카 국가가 전체 사망자의 약 80%를 차지한 것으로 추정하고 있다.

[그림 8]은 당시 유럽 14개 국가의 사망률의 추이를 나타내고 있는데 각 국가마다 실제로 역학적 커브의 양상을 이해하는데 많은 도움이 된다. 당시 유럽의 14개 국가들은 서로 다른 역학적 커브들을 그리면서 인플루엔자 팬데믹이 진행되었다. 단일 커브를 나타낸 나라도 있지만, 두 개 혹은 여러 개의 커브를 나타낸 국가들도 있음을 알 수 있는데 공통점은 1918년 가을에 일어난 감염 확산 때의 커브가 가장 크다는 점이다.

▶ **그림 8. 1917-1921년 유럽 14개 국가의 인구 10,000명당의 사망율. 1918년 팬데믹때의 역학적 양상을 잘 나타내고 있다.**

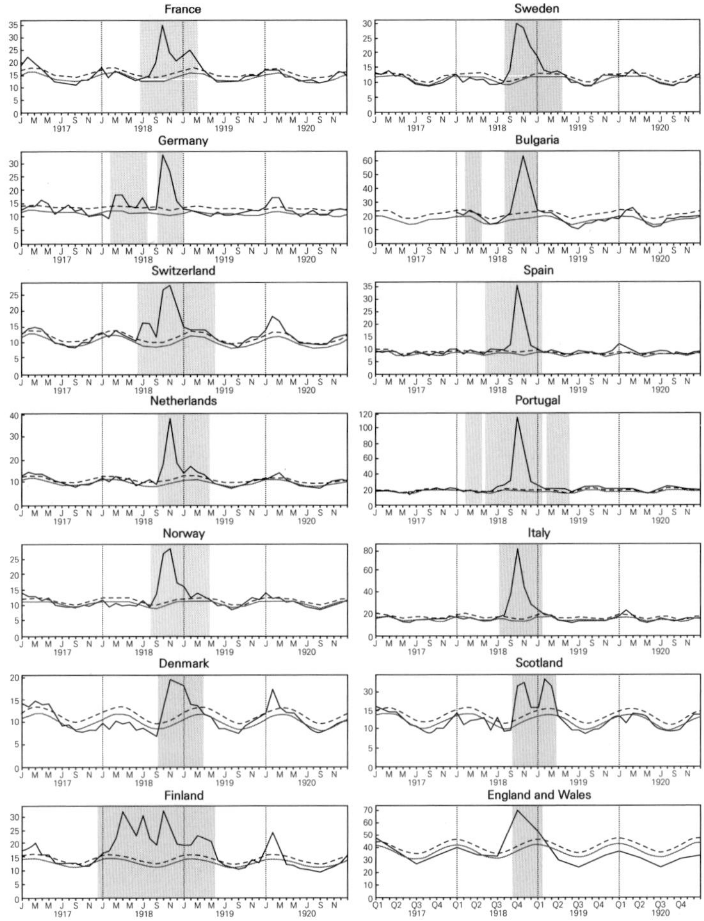

출처: Severine Ansart 등. 2009

나) 시나리오 도출을 위한 관찰

100년전의 팬데믹으로부터 코로나 역학의 시나리오 도출을 위한 관찰 사항을 정리해 보면 다음과 같다.

첫째, 국가마다 서로 다른 역학적 커브가 일어 날 수 있으며,

둘째, 감염의 확산과 사망의 정도는 100년전이나 지금이나 "바이러스의 특성-숙주인 인간의 행동양식-환경 요인"의 세 가지 상호 작용의 결과에 의해서

일어난다는 면에서 동일하다. 하지만 100년전에는 바이러스의 특성(상당 수준의 변이를 일으켜 독성이 강해진 바이러스에 의한 2차 커브 때가 높은 사망률을 보임)과 환경 요인(가을철에 일어났던 2차 감염이 지리적으로 더 광범위하게 퍼짐) 이 중요한 역할을 한 것으로 보여지는데 반해, 코로나 19의 경우는 바이러스의 특성(증상이 없지만 감염을 일으키는 무증상자의 비율이 코로나 19 환자의 약 15%나 됨)과 인간의 행동양식(전 세계적으로 광범위하게 실시된 봉쇄 정책이나 사회적 거리두기 운동 및 광범위한 마스크 착용 등은 스페인 독감 때와는 비교가 안된다)이 중요하게 작용하고 있다고 보여진다. 그동안 코로나 19 바이러스의 변이들을 여러 학자들이 보고 하였지만, 다행히 환자의 임상적인 증상을 악화시키거나 치사율을 높아지지는 않은 것으로 알려 졌다.

셋째, 환경요인 중 기후적 요인은 스페인 독감에서는 중요하게 작용했으나 코로나 19에서는 덜 영향을 미치는 반면[52], 높은 인구밀도와 세계화로 촘촘히 연결된 오늘날의 사회 구조는 코로나 19와의 전쟁에서 인류가 고전하고 있는 원인 중 하나로 작용하고 있다.

넷째, 1918년의 감염 확산이 전체 인류의 1/3정도에서 멈춘 것은 그전에 있었던 여러종류의 인플루엔자 바이러스에 의한 감염에 의해 형성된 교차면역 때문인 것으로 알려졌는데, 코로나 19는 완전히 새로운 바이러스로 교차면역을 기대하기 어려운 상황이라 하겠다. 집단면역이 형성될 때까지 (아마도 약 60-65% 전후의 인류가 감염될 때까지) 바이러스의 확산이 계속될 가능성이 높으며, 따라서 백신개발이 우리에게는 매우 중요한 전략적 도구인 셈이다.

다섯째, 100년 전 스페인 인플루엔자 팬데믹 때는 젊은 연령층의 사망률이 매우 높았고, 따라서 인도를 비롯한 여러 개발도상국에서 많은 사망자가 발생하였는데, 코로나 19는 정반대로 취약층인 노령인구가 많은 선진국들에서 많은 사망자가 속출하고 있다. 개발 중인 백신이 과연 백신에 의한 면역 형성이

52 코로나 19 초기에는 북반구가 여름철로 접어들어 고온 다습해지면 바이러스의 활동력이 감소되고 감염도 수그러들 수도 있을 것으로 예측했으나, 최근까지 과학자들은 이를 지지하는 뚜렷한 증거나 데이터를 발견하지 못한 것으로 보여 진다.

일반적으로 낮다고 알려진 노인층에서 어떤 반응을 할 지가 중요하다고 여겨진다.

(3) 일차 커브 이후에 대한 전망

앞으로 백신 개발 및 대량생산이 가능해질 때까지 그리고 그 이후 일정기간 동안 코로나 19와의 전쟁을 지속해야하는 우리에게 가장 중요한 질문이 하나 있다면 '앞으로 몇 번의 커브가 어떤 형태로 올 것인가'([표 2]의 그룹 1의 국가들에게는 '첫 번째 커브가 과연 언제 올 것인가')일 것이다.

이와 관련하여 흥미로운 전망이 이미 오래전 (4월30일) 미국 미네소타 대학에서 발간한 감염병 연구 정책 센터 Viewpoint 에 실렸는데 우리에게 잘 알려진 하버드의 역학교수인 Marc Lipsitch도 이 작업에 참가하였다. Viewpoint에는 앞으로 나타날 수 있는 코로나 19의 역학적 커브 씨나리오가 세 가지 제시되어 있다([그림 9] 참조).

[그림 9]의 시나리오는 20세기 초부터 최근까지 있었던 인플루엔자 팬데믹들을 분석하여 향후 코로나 19가 어떤 역학적 양상을 나타내며 전개해 갈지를 추측한 것으로, 북반구 지역의 기후대를 반영해서 작성되었는데, 남반구 국가들은 약 6개월 정도의 시간 차만 있을 뿐 패턴은 비슷할 것으로 내다보고 있다.

첫째 시나리오는 큰 커브가 지속적으로 반복되는 경우이다. 매번 커브가 진행될 때마다 봉쇄나 사회적 거리두기를 강화해야 하고, 경제 살리기를 위해 완화하면 다시 악화되는 패턴을 반복하는 경우이다. 스페인이나 프랑스는 현재까지 비교적 큰 커브가 두 번 나타났는데 이 시나리오의 앞부분과 일치한다고 볼 수 있겠다.

둘째 시나리오는 2020년 가을철에 매우 큰 커브가 형성되고, 그 이후는 작은 커브들이 몇 차례에 걸쳐 나타나는 경우이다. 이는 스페인 인플루엔자 팬데믹때와 유사한 상황으로 전개되는 것을 뜻한다. 향후 경제 살리기와 계절의 영향 등에 힘입어 이런 패턴으로 이전해 가는 국가가 나타날지 살펴보아야 하겠다.

▶ **그림 9. 코로나 19 역학적 시나리오들**

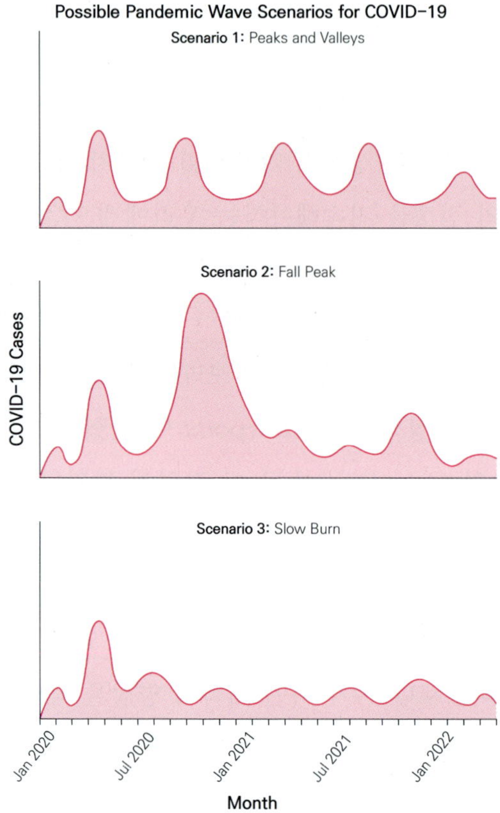

시나리오 1: 매우 큰 커브들이 지속적으로 반복되어 나타남 (매번 사회적 거리두기/봉쇄의 강화와 완화를 반복해야 됨)

시나리오 2: 스페인 독감때처럼 매우 큰 커브가 금년 가을/겨울에 나타나고, 그 후는 작은 커브들이 나타남

시나리오 3: 초반의 커브 이후 계속 작은 커브들만 나타나 강화된 사회적 거리두기나 봉쇄가 지속적으로 필요치는 않음

출처: 미국 미네소타 대학 감염병 연구 정책 센터

셋째 시나리오는 2020년 상반기에 큰 커브가 지나간 후 감염의 정도가 비교적 낮게 유지되어 재봉쇄없이 완화된 사회적 거리두기로도 상황이 악화되지 않는 경우를 나타낸다. 뉴질랜드나 타이완의 현재까지의 양상과 흡사하다.

[표 2]의 국가들과 위의 세 시나리오의 연관성을 좀 더 살펴 보면 박스 1과 같다.

박스 1

> [표 2]의 그룹 1 국가들은 앞으로 첫째 시나리오나 둘째 시나리오에 가깝게 혹은 이들의 변형된 형태로 진행 될 가능성이 있으며, 그룹 2의 국가들의 향후의 이상적인 모델은 시나리오 3일 것이다. 그룹 3의 국가들은 이미 두번째 커브를 그리고 있는데 시나리오 2의 길을 밟을지 시나리오 1처럼 온탕 냉탕을 반복하면서 진행될 지, 아니면 절치부심끝에 시나리오 3의 양상을 밟을수 있을지 지켜 보아야 할 것이다. 물론 적지 않은 국가가 시나리오 1, 2, 3의 전형적인 패턴보다는 다소 변형된 양상을 띄거나 하이브리드 양상을 띌 가능성이 많아 보인다.

세 가지 시나리오의 공통점이 하나 있는데 약 2년여에 걸쳐 한두번의 커브에 그치지 않고, 여러 번의 커브(Multiple curves)가 나타날 수 있다는 점이다.

이런 류의 시나리오 작업은 실제로 일어나는지의 여부보다 과학적 상상력을 자극하며 플랜을 해 나가는데 도움이 될 수도 있다는 이야기를 하면서 마무리를 짓고자 한다.

4. 나가며

일차 커브 이후 낮은 수준의 신환자 발생을 유지하던 한국은 최근 이차 커브가 형성되면서 사회적 거리두기를 강화하였고, 마지막 카드인 3단계로의 격상 여부를 놓고 치열한 논의가 진행 중이다.

100년 전으로의 시간 여행을 하고, 시나리오 작업의 한 예를 소개한 것은 증거기반의 정책(Evidence based policy)을 세우기 위해선 과학적 팩트와 증거들이 많이 필요한데 코로나 19에 관한한 여전히 우리는 (한국뿐 아니라 전 세계가) '실행하면서 학습해 가는' 단계이며(Learning by doing), 필요하면 과학적 상상력까지도 동원해야 하는 상황이기 때문이다.

지난 7월 20일 코로나와의 전쟁 6개월을 맞을때 당시 정은경 질병관리 본부장은 오후 정례 브리핑에서 지난 6개월에 대한 소회를 묻자 "개인적인 느낌으로는 마라톤을 뛰는데 10km 정도 오지 않았나 한다. 그런데 그 10km를 100m 달리기하듯이 전력 질주한 것 같다"고 밝혔다.

코로나 19와의 전쟁이라는 마라톤은 전 국민이 참가하는 매우 특별한 일이다. 성공적인 완주를 위해서는 참가자 각자가 힘을 비축하고 내공을 쌓아가며 뛰어야 하고, 다른 사람과의 연대(National solidarity)도 필요하다.

특집 마지막인 5호글은 4호와 마찬가지로 어느 정도의 시간 간격을 두고 쓰게 될 것 같은데, 마라톤의 반환점을 돌면서 남은 과제와 출구전략에 대한 관심이 고조될 때가 될 것 같다.

참고문헌

논문/저서

C.W. Potter, A history of influenza, Journal of applied microbiology, Vol 91, 572-579, 2001.

Grove RD, Vital statistics rates in the United States: 1940-1960. Washington: US Government Printing Office, 1968.

Isabella Eckerle, SARS-CoV-2 seroprevalence in COVID-19 hotspots, Lancet, 6 July 2020.

Jeffery K. Taubenberger, etc, 1918 Influenza: the Mother of All Pandemics, Emerging Infectious Diseases, Vol.12, 1 Jan 2006.

John P.A. Ioannidis, The infection fatality rate of COVID-19 inferred from seroprevalence data, medRxiv, 14 Jul 2020.

Kristine A. Moore and Marc Lipsitch, COVID-19: The CIDRAP Viewpoint, Part 1: The Future of the COVID-19 Pandemic: Lessons Learned from Pandemic Influenza, University of Minnesota, 30 April 2020.

Linda Nordling, The pandemic appears to have spared Africa so far-Scientists are struggling to explain why, Science, 11 Aug 2020.

Marina Pollán on behalf of the ENE-COVID Study Group, Prevalence of SARS-CoV-2 in Spain (ENE-COVID): a nationwide, population-based seroepidemiological study, Lancet, Vol 396, 22 Aug 2020.

Se′ verine Ansart, Mortality burden of the 1918–1919 influenza pandemic in Europe, Influenza and Other Respiratory Viruses, 3, 99–106, 8 April 2009.

Sophie Uyoga, Seroprevalence of anti-SARS-CoV-2 IgG antibodies in Kenyan blood donors, medRxiv, 27 Jul 2020.

웹 사이트

• GAVI, the Vaccine Alliance. COVAX Facility [Internet]. [cited 2025 Sep 26]. Available from: https://www.gavi.org/covid19/covax-facility

• World Health Organization. WHO coronavirus(COVID-19) dashboard [Internet]. [cited 2025 Sep 26]. Available from: https://covid19.who.int/

• World Health Organization. Global seroprevalence survey – Solidarity 2 [Internet]. [cited 2025 Sep 26]. Available from: https://www.who.int/emergencies/diseases/novel-coronavirus-2019/global-research-on-novel-coronavirus-2019-ncov/solidarity-2-global-serologic-study-for-covid-19

• Worldometer. Coronavirus [Internet]. [cited 2025 Sep 26]. Available from: https://www.worldometers.info/coronavirus/

기사

조유라, 사람은 언젠가 죽는다며 격리확대보다 경제가 우선이라는 브라질 대통령, 동아일보, 2020.3.31.

데일리머니, 아스트라제나카와 SK케미칼 코로나 19 백신 위탁생산 계약 체결, 2020.7.24.

Aaron Steckelberg, etc. These are the top coronavirus vaccines to watch, Washington Post, 25 Aug, 2020.

Hilary BRUECK, Antibody tests around the world suggest very, very few people have built immunity to the coronavirus, Business Insider, India, 11 JUL, 2020.

Linda Nordling, The pandemic appears to have spared Africa so far - Scientists are struggling to explain why, Science, 11 Aug 2020.

Sinéad Baker, The architect of Sweden's no-lockdown strategy said up to 30% of its population could now be immune to COVID-19, a claim backed up by little data, Business Insider, 18 Aug 2020.

The conversation, Why we can't tell if warmer weather slows down the spread of coronavirus, 23 July 2020.

코로나 19 특집-5

코로나 출구전략과 원 헬스(One health)

2021년 1월 18일

주요 메시지

- 코로나 백신의 임상 3상시험 결과 백신의 유효성이 95%로 예상보다 높게 발표되면서 코로나 19의 출구전략의 발판이 마련되었다고 판단된다. 백신을 충분히 확보한 고소득 국가들은 백신접종을 통해 2021년 하반기에 집단면역이 가능할 것으로 보여진다. 하지만 저소득 국가들은 백신 확보가 여의치 않아 2023년은 되어야 집단면역이 가능할 것으로 예측되고 있다.
- 백신이 게임 체인저로 완전히 자리 잡을 수 있을지 판단하기 위해선 두세 가지 기술적인 문제에 대한 관찰이 필요하다. 백신의 면역력이 최소 1년 이상 지속될지, 백신으로 예방이 안되는 무증상 감염자의 비율이 어느 정도인지, 변종 바이러스에도 백신의 유효성이 있을지 등에 대한 답을 얻어야 하는데, 현재 전 세계적으로 다량의 백신 접종과 함께 많은 연구가 동시에 진행되고 있어, 아마 수개월후면 이에 대한 답이 나올 것으로 기대된다.
- 백신에 대한 접근성이 국가에 따라 불균형적으로 이루어 지고 있는 가운데 Covax를 통한 백신 구입이 현재 저소득국가의 유일한 옵션인 상황이다. 팬데믹이 지역 국가의 문제라기보다 전 지구적 문제임을 감안할 때 지구적 연대와 협력을 통한 상생이 절실한 상황이다.
- 신종 감염병은 지난 70년간 지속적으로 증가해 왔다. 그중 60%는 인수공통 감염병에 기인한다. 신종 감염병의 주요 유발 요인은 산림파괴의 결과인 야생동물의 서식지 감소로 인한 야생동물-가축-사람 간의 접촉이 확대되고 생물학적 종의 다양성이 상실되는 것, 대량생산을 목표로 하는 산업화된 비복지형 축산시스템[53] 및 세계화로 인한 지구촌의 교류 증가(여행 및 물자 수송) 등이다. 사람의 건강 뿐 아니라 동물의 건강, 그리고 건강한 자연환경, 세 가지 목표를 갖고 접근하는 원 헬스(One health) 전략이 필요한데, 초기 단계의 원 헬스를 어떻게 향상 시키고 확장해 가는 가의 숙제가 인류에게 주어져 있다.

53 좁은 우리에 많은 동물을 가두어 키우는 산업화된 대량 축산시스템으로 인해 동물들은 많은 스트레스를 받아 면역력이 감소되어 감염에 취약해지고, 밀폐된 공간에서의 잦은 접촉 기회로 인해 발생한 감염병이 쉽게 확산된다.

1. 들어가며

전 세계의 관심과 기대속에서 개발된 코로나 백신의 질병예방 유효성이 예상보다도 높이 나타나고, 해당 국가 식약청(FDA, Food and drug administration)의 승인을 얻은 후 백신 접종이 시작되면서 출구전략에 대한 논의가 한창이다. 출구전략이 가시화되면 코로나 19 특집 시리즈의 마지막 5호글을 쓸 수 있을 것으로 생각하면서 작년 9월초 4호글을 마쳤는데, 코로나 19 출구전략을 주제로 글을 쓰면서 새해를 맞아 한결 가벼운 마음이다.

이번호에서는 백신의 유효성, 백신 확보의 글로벌 상황, 집단 면역 형성 예측 시기 등을 짚어 보고, 언젠가 닥치게 될 수도 있는 새로운 팬데믹의 예방을 위해 무엇이 필요한지를 살펴보고자 한다.

2. 코로나 19 백신: 게임 체인저?

가) 백신의 유효성

전 세계적으로 2021년 1월 7일 현재 국가의 승인을 얻었거나 사용 중인 코로나 19 백신의 현황은 [그림 1]과 같다. 이 중 백신의 유효성과 안전성 검증에서 가장 엄격한 기준을 적용하여 전 세계적인 신뢰를 얻고 있는 기관은 미국 FDA와 유럽연합(EU) FDA인데, 화이저와 모더나 백신은 이 두 기관의 승인을 받은 후 사용 국가 FDA의 승인을 거쳐 미국, 캐나다, 이스라엘 등 여러 나라에서 현재 사용 중이다. 중국 및 러시아에서 생산된 백신들은 자국의 승인 이후, 혹 승인 획득 전단계부터 자국 및 여러 개발도상국가에서 제한적으로 응급사용을 하고 있다.

▶ **그림 1. 국가별 승인/사용중인 백신**

국가	수	백신
미국	2	화이자, 모더나
캐나다	2	화이자, 모더나
러시아	2	스푸트니크V, 벡터연구소
중국	4	칸시노, 시노팜, 시노박, 시노팜-우한
영국	2	아스트라제네카, 화이자
EU	2	화이자, 모더나
인도	2	아스트라제네카, 바라트바이오테크
아르헨티나	3	스푸트니크V, 아스트라제네카, 화이자
벨라루스	1	스푸트니크V
UAE	2	시노팜, 시노팜-우한
바레인	2	시노팜, 화이자
이스라엘	2	화이자, 모더나

출처: 중앙일보, 2021.1.7

위의 여러 백신 중 화이자 백신은 임상실험 결과와 데이터를 신뢰할 만한 전문 학술지 게재를 통해 과학적 검증을 마친 상황이다[54]. 화이자 백신은 메신저 RNA 백신군에 속하는데[55] 그 유효성 및 부작용에 대해 살펴보면 다음과 같다.

54 모더나 백신은 회사의 홈페이지 및 미국 NIH 홈페이지를 통해 백신의 유효성이 94%라고 보고 하였는데, 아직 과학 저널에 게재되지는 않았다.

55 메신저 RNA 백신의 작용 기작은 다음과 같다. 즉 바이러스의 메신저 RNA일부를 신체에 주사하면, 메신저 RNA가 인체의 면역세포로 들어간 후 바이러스의 단백질 조각이 만들어져서 인체 면역세포의 표면에 붙게 되는데, 그 후 우리 몸의 면역체계가 코로나 19 자연감염에서 일어나는것과 같은 면역반응을 일으켜 항체를 형성하면서 향후 감염을 방어하게 되는 것이다.

▶ **그림 2. 화이자 백신**(BNT162b2) **접종 후의 유효성**(출처: F. Polack 등, 2020.12.16). **x축은 1차 접종 후의 기간**(날짜), **y축은 코로나 유증상 누적 환자 발생율. 빨간색 원은 백신 접종자중 발생한 누적 환자 비율, 푸른색 사각형은 플라세보**(코로나 백신 접종이 안 된 경우를 뜻함) **그룹 중 발생한 누적 환자 비율을 가리킴. 원이나 사각형 안에 검은색으로 표시된 경우는 중 환자를 뜻함. 좌상측 사각형 안의 그래프는 접종 후 첫 21일간의 발생율을 확대한 것인데, 접종 후 12일경부터 두 그룹 간 환자 발생율에 차이가 벌어지는 것을 알 수 있음.**

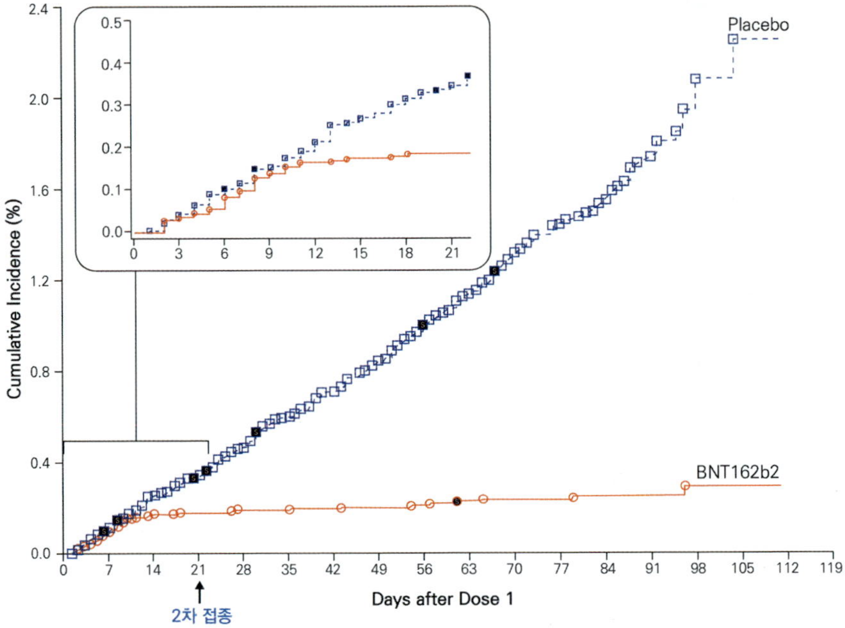

화이저 백신의 임상 3상 실험은 2020년 7월부터 11월까지 약 4개월에 걸쳐 16세 이상의 성인 남녀 약 44,000명을 대상으로 전 세계 6개 국가 152 지역에서 시행되었다. 결과는 [표 1]에서 보는 것처럼 1회 접종 시 백신 유효성 52.4%, 2회 접종 시 94.8%의 결과가 나왔다.

▶ **표 1. 코로나 19 백신 접종 유효성**

유증상 코로나 환자 수	코로나 백신 그룹 (BNT162b2) (총 21,669명)	플라세보 접종 그룹 (코로나 백신 비접종 그룹) (총 21,686명)	백신 유효성 (%)
일차 접종 후부터 2차 접종 직전까지 (1차 접종 21일 후 2차 접종 시행)	39명	82명	52.4%
2차 접종 7일 후부터	9명	172명	94.8%

출처: F. Polack 등, 2020.12.16

여기서 95%의 유효성이 과연 무엇을 뜻하는 지가 중요하다. 코로나 백신 접종 그룹과 플라세보 그룹(코로나 백신 비접종 그룹) 약 2만여 명을 비교했을 때 백신 접종 그룹에서 코로나 증상이 나타난 경우는 9명이었고, 비접종 그룹에서는 172명으로 백신 접종 그룹의 유증상 코로나 환자의 발생이 95% 예방된 것을 의미한다. 하지만 무증상 감염자가 어느 정도인지 임상실험에서는 체크하지 않아서 현재로선 알 수 없고 따라서 유효성 95%는 유증상감염의 예방에 국한한다. 가령 화이자 CEO는 백신의 타인에 대한 감염예방 효과는 최소 약 50~60% 정도는 될 것으로 예측한다고 한 언론 인터뷰에서 이야기하였다. 현재 백신 접종이 여러 나라에서 활발히 진행되고 있는데, 향후 수개월 이내에 이에 대한 연구 결과가 나오게 되면 백신의 정확한 감염 예방 유효성(즉, 유증상 및 무증상 감염 모두를 예방하는 정도)이 밝혀지게 될 것으로 보여 진다. 또한 다른 사람에게 감염을 일으키지 않는 정도가 백신 접종 그룹과 플라세보 그룹에서 얼마만큼 차이가 나는지도 임상실험에서는 측정하지 않았는데 95%보다는 어느 정도 낮아질 것으로 예측하고 있다. 코로나 무증상 감염자가 코로나 19 백신 접종 그룹과 비접종 그룹에서 과연 몇 명이 발생을 하였는가인데 이를 알려면 PCR 검사나 항체 검사를 시행해야 하는데, 통상 수년간 걸리는 임상실험을 수개월 이내에 마치려다 보니 이런 검사들은 생략한 채로 임상실험이 진행되었다. 즉, 백신이 유증상 감염을 예방하는 효과(유효성)가 어느 정도인지를 임상실험에서 관찰하였고, 무증상 감염의 예방 정도는 관찰하지 않았다. 이는 백신에 의한 집단면역 형성 시기를 예측하는데 중요하게 작용하게 되는데 향후 수개월 사이에 이에 관한 많은 데이터가 축적될 것으로 보인다.

현재까지 알려진 바로는 모더나의 유효성은 약 94%, 아스트라제네카는 70% 정도인데 이들도 화이저와 마찬가지로 유증상 코로나 질병의 예방 효과를 나타내는 것으로, 무증상 감염의 예방까지 포함한 결과는 아니다.

백신의 안전성은 화이저의 경우 접종 후 2개월간 관찰한 것인데 Grade 4의 심각한 부작용은 거의 없었기 때문에 백신 대량 접종의 걸림돌이 되지는 않을 것으로 전문가들은 보고 있다.[56]

나) 백신에 의한 집단면역 형성

코로나 백신 접종의 목적은 두 가지이다. 첫째는, 코로나 감염 및 사망 고위험군에 (감염 고위험군에는 보건의료요원 등이 있으며, 사망 고위험군은 65세 이상의 고연령층과 기저질환자가 해당된다) 접종하여 환자 치사율을 낮추고, 보건의료요원들이 안심하고 코로나 방역 및 치료 활동에 전념할 수 있도록 돕는 것을 목표로 한다. 이들 우선 접종 대상자들의 수는 국가마다 다르지만 어림잡아 인구의 약 20% 정도가 될 것으로 보고 있다. 둘째는 백신에 의한 집단면역 형성을 유도함으로써 감염의 확산이 멈추도록 하는 것이다. 여기서는 두번째 목표인 집단면역에 대해 좀 더 자세히 살펴보도록 하겠다.

[그림 3]은 집단면역의 개념을 쉽게 이해할 수 있도록 모형화한 것이다. 백신이나 자연감염에 의해 면역이 형성된 사람이 지역사회 구성원 중에 점점 많아지면 감염의 연결고리가 끊겨서 새로운 감염이 일어나지 못하게 되면서 감염이 점차 감소하게 된다는 이론이다. 그림에서는 자연감염이나 백신접종에 의해 면역이 생긴 사람(녹색)때문에 백신접종을 받지 않았는데도(푸른색의 네 사람)

56 최근 노르웨이에서 2021년 1월 16일 현재까지 42,000명 정도가 화이자 백신 접종을 받았는데 백신 접종 후 얼마 지나지 않아 사망한 사람이 29명으로 보고되었다. 사망자들은 대부분 75세의 고령자이면서 기저질환이 있는 사람으로 백신에 의한 면역 반응 형성 과정이 고령자에게 부담으로 작용했을 가능성으로 보고 정밀 조사가 진행 중인 것으로 알려졌다.

감염에서부터 보호되는 것을 보여주고 있다. 집단면역의 형성은 바이러스의 재생산지수(R0)와 밀접한 관계가 있는데 재생산지수가 2.5로 알려진 코로나 19의 경우는 약 60-65%의 인구가 자연 감염되거나 백신 접종을 받으면 집단면역이 형성되는 것으로 알려졌다. 하지만 이 60-65%는 백신의 감염 예방 유효성이 100%인 경우이기 때문에, 실제 사용하는 백신의 감염 예방 유효성이 100%가 안되는 경우 집단면역 형성에 필요한 백신 접종율은 그만큼 높아지게 된다.

▶ 그림 3. 집단 면역 모형 (출처: Mohammed Al-Betar, 2020.8.27): **● Susceptible은 면역형성이 안 되어 있어 향후 감염이 쉽게 일어날 가능성이 많은 사람, ● Infected는 현재 감염된 사람, ● Immuned는 이미 면역이 형성된 사람, ● Indirectly protected는 집단면역 효과로 인해 감염으로부터 보호받게 되는 사람, 즉 집단면역의 수혜자를 뜻한다. 왼쪽은 집단면역이 형성 안되었을 때의 상황이고, 오른쪽은 집단면역이 형성된 경우를 나타내는데, 푸른색(●)의 네 사람이 집단면역 효과로 인해 감염이 일어나지 않는 것을 보여준다.**

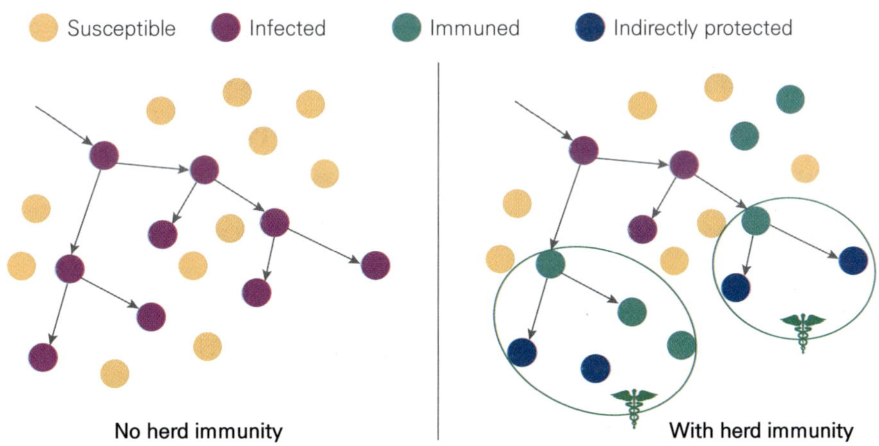

세계적인 컨설팅 회사인 멕킨지에서는 작년 9월부터 최근까지 코로나 19 백신에 의한 미국의 집단면역 형성 시기를 예측한 리포트를 2회에 걸쳐 발표하였다. [그림 4]는 백신의 유효성을 95%로 보고([그림 4]의 1), 미국인의 0-25%가 코로나 19 감염으로 인해 항체가 형성되었다고 전제했을 때([그림 4]의 2), 백

신접종에 의한 집단면역이 형성되려면 45-60%의 인구가 백신접종을 하여야 한다는 시나리오를 나타낸다. 하지만 앞서 기술한 것처럼 95%의 백신 유효성은 유증상 감염의 예방에 국한된 것으로 백신 접종 후 발생할 수 있는 무증상 감염 가능성[57]을 고려하면 백신의 감염예방 유효성은 95%보다 떨어질 것으로 보아야 할 것이다. [그림 5]의 왼쪽은 유효성을 75%, 오른쪽은 50%로 가정했을 때 집단면역에 필요한 접종백신율이 각각 60-80%와 90% 이상이 된다는 좀 더 현실적인 시나리오를 나타낸다. 미국의 저명한 감염병 전문가인 앤서니 파우치도 최근 언론 인터뷰에서 미국인의 약 85%가 접종을 해야 집단면역에 이를 수 있다는 의견을 피력하였다.

맥킨지 리포트는 위와 같은 시나리오를 근거로 미국의 경우 2021년 3-4분기에 집단면역이 형성되면서 코로나 19의 출구가 마련될 것으로 예측하였다.

다) 게임 체인저

코로나 19의 고사망군이 노령의 연령층인데 반해 일반적으로 백신에 의한 면역형성이 노령인구에서는 잘 안되거나 더딘 경향이 있어 우려가 있어 왔다. 다행히 화이저 백신의 경우 임상실험에 참가했던 약 4만 명의 백신 접종자중 65세 이상이 차지하는 비율이 21%였고, 이 연령층에서도 젊은 층과 동일하게 95%가량의 백신 유효성이 나타난 것으로 발표되어 고무적이다. 백신이 게임 체인저가 될 가능성은 상당히 높지만 아직 몇 가지 넘어야 할 장벽들이 있다. 첫째, 백신 접종으로 인한 면역형성이 얼마만큼 오래 지속될 것인지가 중요하다. 임상 실험에서는 약 4개월간 관찰한 것을 토대로 95%의 유효성을 발표하였는데, 최소 일년내지 일년 반 정도 면역이 지속되어야 실용성이 있을 것으로 과학자들은 보고 있으며, 앞으로 대규모 임상 관찰을 통해 이와 관련한 데이터가 축적될 것으로 보인다. 둘째, 변종 바이러스에 대한 유효성 여부이다. 최근

57 통상적으로 코로나 19 환자의 약 30%가 무증상 감염 환자인 것으로 알려졌다.

▶ **그림 4. 집단면역 형성 시기 예측 시나리오 1**(백신의 감염예방 유효성이 95%인 경우, 미국)**: x축은 백신 접종율**(vaccine coverage)**, 왼쪽의 y축은 백신의 유효성**(vaccine efficacy)**, 오른쪽의 y축은 자연감염에 의한 면역형성 정도**(range of current assumed natural immunity)**를 나타낸다. 코로나 19에 감염된 후 면역이 형성된 것으로 추정하는 인구의 비율과**(그림의 2) **백신의 유효성**(그림의 1)**에 따라 집단면역 형성에 요구되는 백신접종율을**(그림의 3) **구한 후, 그만큼의 대량 접종이 이루어 지는 시기를 예측하여 집단면역에 도달하는 시기를 측정한 것.**

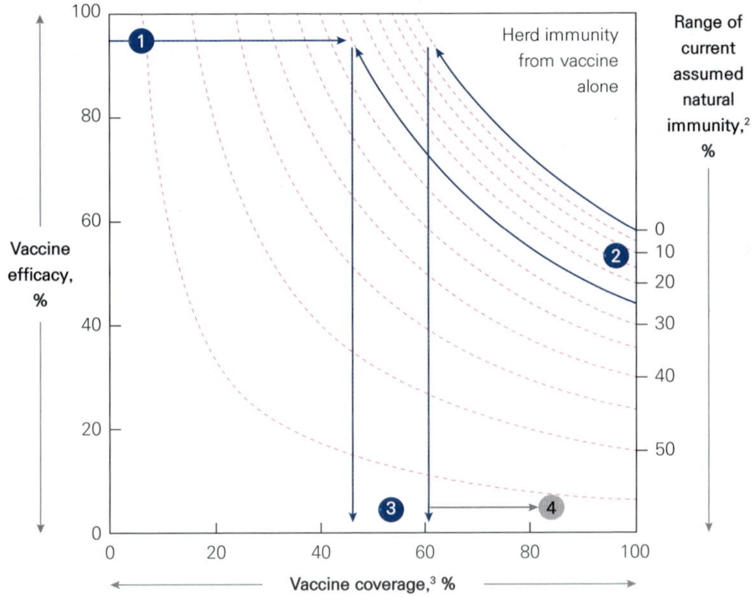

출처: 맥킨지, 2020.11.

영국을 비롯한 여러 국가에서 코로나 19 변종 바이러스가 보고되고 있는데 특징은 감염력이 기종의 코로나 19 바이러스보다 70%가량 높긴 하지만 독성은 비슷한 것으로 알려져 있고, 현재 사용하고 있는 백신에 동일한 수준의 면역반응을 보일 것으로 예측하고 있다[58]. 만약 변종바이러스에 대한 백신 유효성이 상당히 떨어지는 것으로 밝혀지면 변종 바이러스의 메신저 RNA를 사용해서 새로운 백신을 약 6주 정도면 만들 수 있을 것으로 보고 있어(계열이 같은 바이러스이기 때문에 상대적으로 개발속도가 빠름) 전문가들은 바이러스 변이에 대해 다소 낙관

58 실험실상이긴 하지만 화이자 백신의 경우 변종 바이러스에도 반응을 잘 한다는 발표가 최근 있었다.

▶ **그림 5. 집단면역 형성 시기 예측 시나리오 2**(좌: 백신의 감염예방 유효성이 75%인 경우, 우: 유효성이 50%인 경우, 미국) **백신 유효성이 75%인 경우 60-80%의 백신접종이 이루어져야 집단면역을 기대할 수 있고, 50%인 경우는 90%에 이르러야 함을 뜻한다.**

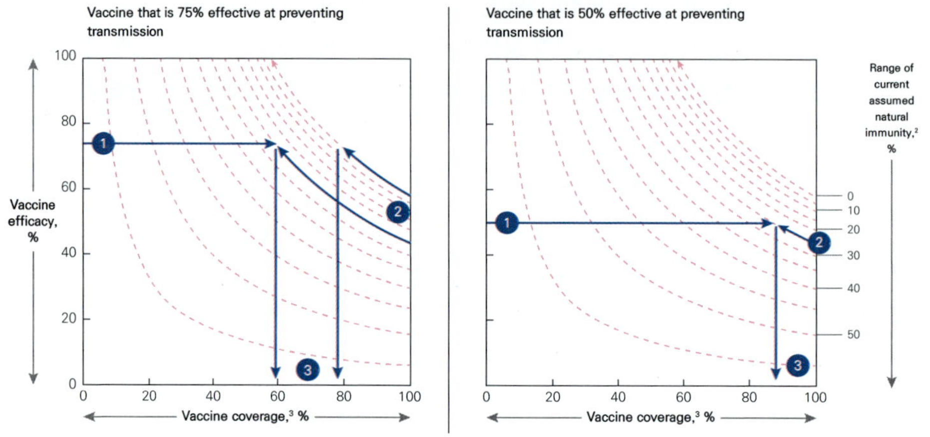

출처: 맥킨지, 2020.11.

적인 견해를 가진 것으로 알려 졌다. 셋째, 백신 접종에 대한 거부감으로, 미국의 경우 30-40%가량이 거부감을 나타내고 있으며 유럽국가들은 더 높은 것으로 보도되고 있다. 마지막으로는 백신수급의 불균형이다. 개발도상국의 백신 확보는 상당히 미약하여 2022-2023년은 되어야 백신접종율이 집단면역에 필요한 수준에 이를 것으로 예상된다. 팬데믹 상황에서는 지구적 차원의 집단면역이 궁극적으로 요구되는데 반해 국가 백신 이기주의가 상당한 수준이라 우려가 되고 있는데 이에 대해서 좀 더 살펴보도록 하자.

3. 백신의 확보

한국의 백신 확보 상황은 최근 여러 언론매체를 통해 자세히 보도되었으므로, 여기서는 전 세계적인 백신의 공급과 확보 상황에 초점을 맞춰 기술하고자 한다. 미국과 유럽의 고소득 국가들은 국가봉쇄에서 불구하고 팬데믹 상황이 호전되지 않아 백신 개발 및 구입에 사활을 걸고 국가 차원에서 임하였다. 여러 굴지의 제약회사들의 백신 개발을 위해 공격적 투자를 2020년 초부터 했고[59], 그 대가로 확보한 백신 우선 구매권을 활용하여 작년 중반부터 백신 구매 계약을 서두른 결과 자국 인구보다 2-3배 많은 백신을 확보한 국가들이 적지 않다. [그림 6]에서처럼 캐나다, 미국 및 유럽 연합에 속한 국가 및 호주, 뉴질랜드, 일본 등이 여기에 속한다. 백신 구입 계약이 가장 저조한 저소득 국가들은 대부분 WHO, CEPI, Gavi가 공동구매하는 Covax[60]를 통해 인구의 20% 확보를 목표로 움직였지만 현재까지 확보된 백신은 5% 전후인 경우가 대부분이다([그림 6]의 연한 노란색은 50% 미만을 뜻하는데, 남미 국가들과 동남아시아의 일부 국가를 제외한 대부분의 국가들은 겨우 5%만을 확보한 상태이다).

국제구호단체인 옥스팜 등이 참여하는 백신동맹이(People's Vaccine Alliance) 최근 발간한 보고서에 의하면 전 세계 인구의 14%에 해당하는 부유한 국가들이 코로나 19 백신의 53%를 사들였고, 그 결과 70여 개 저소득 국가의 90%가 2021년 말까지 코로나 19 예방 접종을 못할 것으로 예측된다. 실제로 95% 가량의 높은 백신 유효성을 보인 화이저 백신의 96%와 모더나 백신 거의 전량이 고소득 국가로 판매 계약이 이루어졌는데, 두 백신 모두 가격이 높이 형성 되었고, 영하 20-70도의 초저기온에 보관해야 하는 기술적인 문제들이 겹쳐, 중저소득 국가들은 구매가 쉽지 않았다. 옥스포드 대학과 함께 개발된 아스트라제네카는 일반 냉장온도에서의 보관이 가능하고 가격도 저렴하여 중저소득 국가에 유리하지만, 생산 능력이 제한되어 있어 2021년 한 해 동안 전 세계 인구의 18%만이 접종을 받을 수 있게 될 것으로 전망된다.

---

59 영국 일간지 간디언에 의하면(2020.12.9.) 화이자, 모더나, 아스트라제니카 세 제약회사에 투입된 고소득 국가의 공적자금만도 5조 원 이상이다.

60 Covax는 WHO, CEPI, Gavi 등이 주축이 되어 형성한 개발도상국의 백신 확보를 위한 국제적인 노력의 일환인데 저자의 특집 4호글 참조 바람.

▶ **그림 6. 글로벌 백신 계약 상황**(출처: 브룸버그, 2021.1.10) **캐나다가 인구대비 백신을 가장 많이 확보한 것으로 알려 졌는데 전체 인구의 약 4배량을 확보한데 반해 대부분의 사하라 사막 이남의 아프리카 국가들은 인구의 5% 정도만을 확보한 것으로 보인다.**

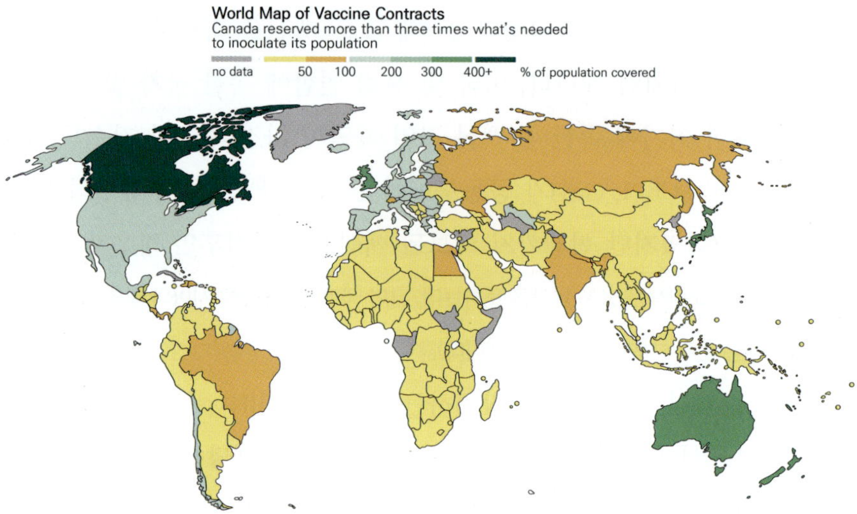

▶ **그림 7. 집단면역이 가능한 수준의 백신 확보 예측 시기**

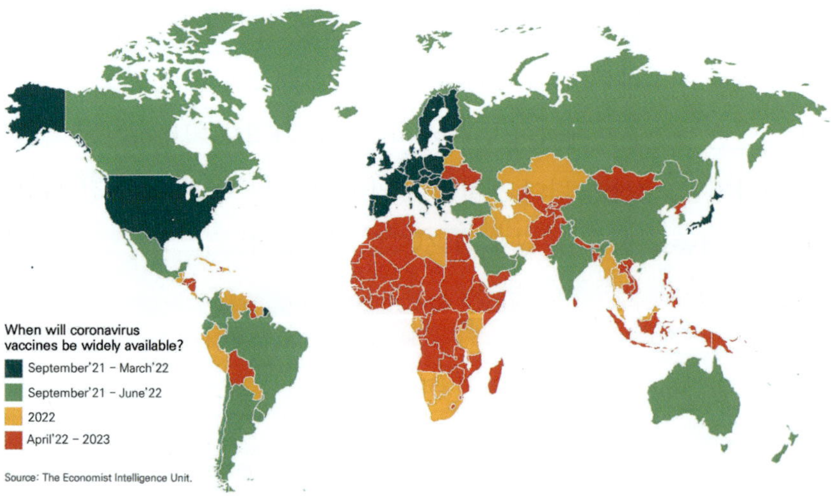

출처: 이코노미스트, 2020.12.18

영국에서 발행되는 국제 경제, 정치 저널인 이코노미스트는 코로나 백신의 공급이 충분히 이루어져서 초기의 고위험군에 대한 접종을 지나 집단 면역을 유도할 정도의 충분한 양의 백신 공급이 언제 이루어 질 것인지를 예측하여 최근 발표하였는데 [그림 7]과 같다. 선진국들은 다량의 백신을 실제 의료기관에서 접종하기까지 백신 운송 및 보관 등의 문제를 해결해야 하기 때문에 2021년 중반은 지나야 다량의 백신 접종이 가능할 것으로 예측하였다. 중소득 및 저소득 국가들은 현재 백신 공급이 제한 되어 있고 또 백신 구매를 위한 재정 확보가 필요하기 때문에 중소득 국가들은 2021년 말이나 2022년 중반은 되어야 백신의 다량 접종이 가능해질 것으로 예측되며, 저소득 국가들은 2022-2023년 전에는 확보가 쉽지 않을 것으로 예측하고 있다.

저소득 국가중 직접 제약회사를 통해 백신을 확보한 국가는 없으며, 대부분 Covax를 통한 백신 구매를 꾀하고 있는 실정이다. WHO나 CEPI 등은 Covax 참여국 전체 인구의 20%에 해당하는 백신을 확보하여 2021년에 접종을 시작하는 것을 목표로 하고 있는데, 백신 생산의 제한, 선구매 국가들과의 경쟁, 구매에 필요한 재정 확보 등으로 인해 목표 달성이 과연 가능할지 회의적인 시각이 있기도 해서 앞으로 추세를 지켜보아야 할 것이다.

▶ 그림 8. 백신 공급 상황에 따른 코로나 사망 예방의 차이

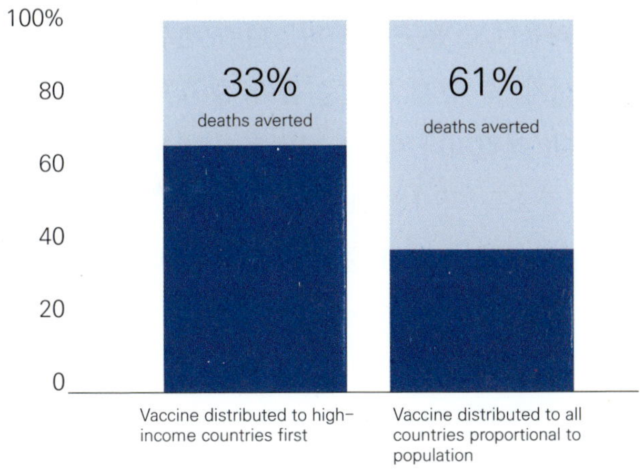

출처: 노스이스트 대학, 2020.9.

백신을 공공재로 인식하고 전 세계적으로 균등한 분배가 이루어져야 한다는 목소리가 미국 노스이스트 대학의 연구결과를 토대로 나왔다. [그림 8]에서 보듯이 전 세계적으로 사용가능한 백신의 첫 20%를 인구수에 비례하여 모든 국가에 균등하게 배분하여 각 국가의 고위험군(고연령자나 기저질환자 및 보건의료 종사자 등)에 우선 접종하는 경우([그림 8]의 왼쪽 막대 그래프)와 첫 20%의 대부분이 고소득 국가에 배분되어 고소득 국가의 고위험군 외에 일반시민 대다수에게 집단면역 유도를 위해 사용되는 경우([그림 8]의 오른쪽 막대 그래프로 현재 이 시나리오에 따라 진행되고 있다)의 사망 예측을 비교하였다. 전자의 경우, 백신개발이 안되었다고 전제했을 때 예측되는 사망자의 61%를 백신 접종으로 예방할 수 있는데 반해, 후자의 경우는 33%에 그친다는 연구 결과이다. 빌 게이츠는 이 연구를 근거로 백신이 부자 나라 국민 대다수에게 우선 접종케 되는 쪽으로 전개되는 상황에 대한 심각한 우려를 표하였다.

이제까지 기술한 코로나 19 백신에 대해 요약하면, 백신은 게임 체인저로 작용할 가능성이 상당히 많지만 향후 아직 밝혀지지 않은 다음의 세 가지가 명확해져야 한다. 즉, 백신의 감염예방 효과가 어느 정도인지(앞서 기술한대로 백신에 의한 무감염증상의 예방에 대해선 아직 알려진 바가 없다), 백신 접종으로 획득된 면역력이 얼마동안 지속될지, 마지막으로 변종 바이러스에 대해서도 동일한 수준의 예방 효과를 갖는 지이다.

예측 모델의 어려움에도 불구하고 비즈니스 컨설팅 그룹에서는 백신에 의한 집단면역 형성 시기, 즉 언제 노멀로 돌아 갈 것인지에 대한 예측들을 발빠르게 쏟아 내고 있다. 맥킨지나 이코노미스트지의 분석에 의하면 고소득 국가가 2021년 후반기, 중소득 국가는 2022년 중반까지, 저소득 국가는 2023년에 이르러야 집단면역 형성에 필요한 충분한 백신 접종이 가능해질 것으로 보고 있다.

4. 미래의 또 다른 팬데믹에 어떻게 대비할 것인가

여태까지 기술한 팬데믹 출구 전략에 이어 포스트 코로나 19의 과제인 미래의 또 다른 팬데믹에 어떻게 대비할 것인지에 대해 이야기하면서 특집을 마치고자 한다.

가) 신종 감염병의 증가 추세

2003년 SARS를 겪으면서 신종 감염병 팬데믹 상황이 언제나 인류사회를 초토화시킬 수도 있다고 염려해 왔었다. 2009년 발생했던 신종 플루는 팬데믹 상황이긴 했지만 바이러스로 인한 치사율이 독감 수준으로 상당히 낮아 큰 여파 없이 지나갔고, 2014-2016년 서아프리카 지역을 강타했던 에볼라는 치사율은 70% 정도로 무척 높았지만 직접 접촉에 의해서만 감염되기 때문에 전체적인 감염율은 비교적 낮아 에볼라 확산은 10개 국가 정도로 그쳤다. 그러나 이번 코로나 19는 무증상 감염으로 인한 감염과 독감에 비해 높은 감염 치사율(독감의 경우 사망자가 감염자의 약 0.05-0.1% 정도인데 반해 코로나는 감염자의 약 0.3-1.0% 정도가 사망하는 것으로 보고 있어 약 10배가량 차이가 난다)로 인해 보건 의료뿐 아니라 경제, 사회 전반에 걸쳐 전 세계적으로 전대미문의 큰 위기 상황을 초래하였다. 만약 감염력은 코로나 19 정도로 높으면서 치사율이 5-10% 정도의 신종 감염병이 앞으로 나타난다면, 이번 코로나 19 사태와는 비교가 안될 가공의 상황이 벌어 질 것이다.

신종 감염병의 발생은 [그림 9]에서 보듯이 지난 70년간 계속 증가해 왔으며, 이 중 약 60%가량은 인수공통 전염병에 기인한다. 인수공통 감염병은 동물과 인간 모두에 발생하는 감염병인데, 박쥐 등 자연 숙주에 서식하는 바이러스가 침팬지, 원숭이 등 야생동물로 옮겨와 서식하다가 닭, 돼지, 소 등 가축에 감염을 일으킨 후 사람에게까지 감염이 일어나게 되거나 야생동물로부터 직접 사람에게 감염이 일어나기도 한다. HIV는 침팬지, 조류독감은 닭, SARS는 사향고양이, MERS는 낙타를 통해 사람에게 감염이 일어난 후 사람 간 전파가 일

▶ **그림 9. 신종 감염병의 추세**

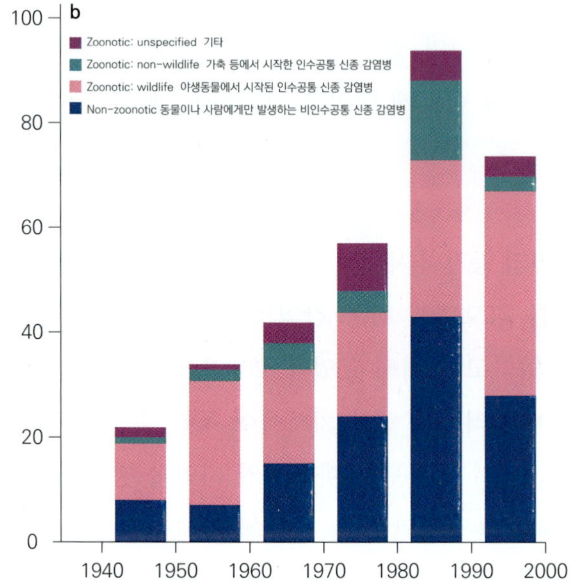

출처: E Johns, 2008

어난 것으로 보며, 코로나 19는 천갑산을 통해 인류에게 바이러스가 전파된 것으로 추정하고 있다. 박쥐 등 자연 숙주에 기생하던 바이러스가 직접 사람에게 전파되는 경우도 드물기는 하지만 보고되었다. 아무튼 이런 경로들을 통해 동물에서 사람에게 감염이 일어나더라도 대부분 인체의 면역력에 의해 바이러스는 사망하게 되고, 사람과 사람 사이의 전파는 일반적으로 잘 일어나지 않는다. 그러나 매우 효과적으로 인체 간의 감염이 일어나는 경우가 있으며(SARS, MERS 등), 심하게 되면 팬데믹 상황에까지 이르게 된다. 따라서 신종 감염병의 근본적인 원인은 야생동물과 인류가 직접 혹은 간접적으로 (가축을 매개로) 접촉하는 일이 많아 지면서 야생동물에 서식하는 바이러스가 인류에게 넘어와 (이를 영어로는 spillover라고 함) 심각한 상황을 초래하는 것이다.

[그림 10]은 신종 감염병의 발생과 확산을 유발하는 요인들을 계량화해서 나타낸 것이다. 신종 감염병의 발생에 가장 큰 영향을 미치는 것은 농업 경작지 확장과 목재 생산 등을 위해 산림 개간을 하면서 야생동물의 서식지가 상실되기 때문이다[61](land use change). 또한 동물 단백질인 육류의 대량생산을 위한 대규모 산업화된 축산 시스템에서 닭, 돼지, 소 등은 엄청난 스트레스를 받으며 사육되고, 밀집된 공간에서의 접촉증가로 인해 전염병의 발생이 증가하고 또 쉽게 전파되는 결과를 초래한다(agricultural industry changes). 이렇듯, 산림의 파괴와 대규모 산업형 축산 환경으로 인해 생물의 다양성이 줄게 되면서, 야생동물에 서식하던 바이러스가 가축 및 농장동물로 쉽게 이동해서(spillover) 질병을 일으키게 되는 것이다.

▶ **그림 10. 신종 감염병의 유발 원인**(출처: Loh 등 2015)

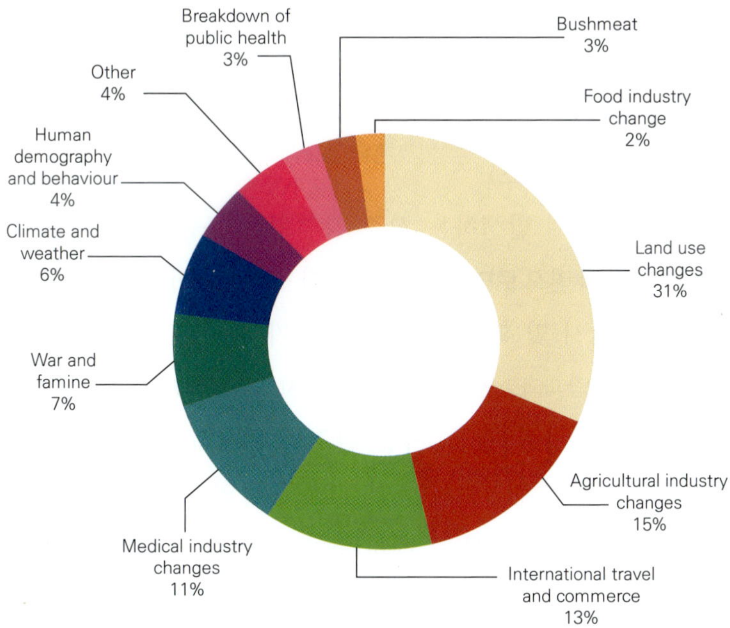

61 서식지를 잃은 야생동물들이 사람이나 가축이 사는 지역으로 이동하게 되면서(혹은 그 반대로) 야생동물과 사람 혹은 가축사이에 접촉이 많아지게 되고 야생동물의 바이러스가 가축 및 사람에게 전파되는 것이다.

- Land use changes: 경작지 확장을 위한 파괴 31%
- Agricultural industry change: 산업형 축산과 댐/수로 건설 15%
- International travel and commerce: 국가 간 여행 및 물자 이동 13%
- Medical industry changes: 항생제 남용으로 인한 동물의 약제 내성 11%
- War and famine: 전쟁과 기아 7%
- Climate and weather: 기후변화와 이상기온 6%
- Human demography and behaviour: 인구구조 및 인간의 행동양식 4%
- Other: 기타 4%
- Breakdown of public health: 공중보건학의 붕괴 3%
- Bushmeat: 야생동물 고기 3%
- Food industry change: 식품 산업의 변화 2%

이와 같이 새로 발생된 감염병은 국가간 여행이나 물자 이동의 증가로 인해 매우 빠른 속도로 전 세계로 확산되어 가는데, 이는 [그림 10]에서 보는 것처럼 신종 감염병 촉진의 세 번째 중요한 요인이다(international travel and commerce).

나) One health (원 헬스)

원 헬스는 인간에게 발생하는 신종 감염병을 공중보건학적인 측면에서의 감시 및 대응이란 측면으로만 접근하기보다 그 원인이 되는 동물에서 발생하는 인수감염병의 감시 및 확산 방지, 더 나아가서 근본적인 원인이라 할 수 있는 생태학적 이슈(산림 파괴로 인한 야생동물의 서식지 및 생물다양성 감소로 인한 신종 감염병의 발생)등을 다룸으로써 사람, 동물, 자연/환경 모두에게 최적의 건강을 제공하는 것을 목적으로 한다. [그림 11]처럼 인간 및 동물의 건강, 건강한 생태계 유지를 목표로 하는게 원 헬스인데 그 메커니즘을 좀 더 자세히 도식화한 것이 [그림 12]이다.

▶ **그림 11. 원 헬스**(One health) **모형**

출처: 유엔 환경 프로그램, 2020

앞서 설명한 것과 같이 자연훼손을 통해 야생몽물에 서식하던 바이러스가 가축과 사람에게까지 전파되면서 인수공통 감염병을 일으키게 되는 것을 보여주고 있다. 야생동물에서 가축 등을 거치지 않고 직접 사람에게 직접 전파되는 경우도 간혹 일어난다. 또한 야생동물-가축-사람으로의 바이러스 전파가 모기나 진드기 등의 매개곤충을(vector) 통하여 일어나는 경우도 많이 있다. 매개 곤충을 통한 전파는 기후변화로 인해 증가하는 것으로 알려져 있다.

원 헬스 접근으로 어떻게 미래의 또 다른 팬데믹 출현에 대비할 것이지를 살펴보자. 2020년 7월 사이언스(Science)에 실린 '팬데믹 예방을 위한 생태경제학'이란 기고문에서 강조하고 있는 네 가지 전략은 원 헬스에 근거를 두고 있는데 요약하면 다음과 같다. 첫째, 자연 및 산림 파괴를 줄여야 한다. 그동안 개발정책의 일환으로 목재 산업 및 농경지 확대를 위한 벌목과 개간이 광범위하게 진행되어 왔지만, 코로나 19 팬데믹과 그로 인한 전대미문의 사회 경제적

▶ **그림 12. 인구증가 및 자연파괴로 인한 신종 인수공통병의 발생 기전**(Willam Kareshi, etc, Lancet, 2012)

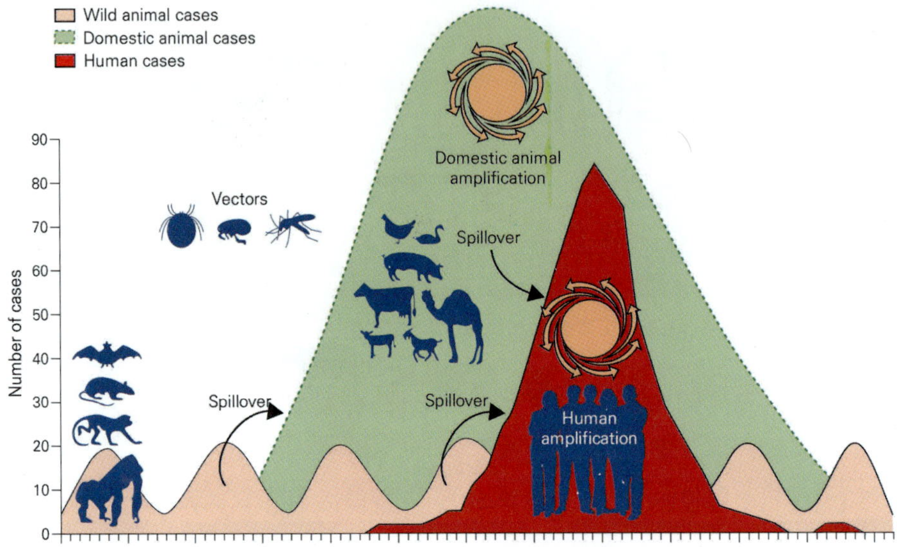

피해 상황은 자연과 산림을 훼손하는 개발을 근본적으로 되돌아보게 하고 있다. 전 세계적으로 진행되고 있는 벌목 및 개간을 반으로 줄이기 위해선 약 10조 원이란 적지 않은 비용이 들지만 코로나 19로 인한 경제적 손실은 이보다 수백 배에 달하므로 개발 프레임의 근본적인 재고가 필요하다는 것이다[62]. 둘째, 야생동물의 반출 및 반입의 제한과 규정을 강화해야 한다. 아프리카 등의 가난한 나라에서는 굶지 않기 위한 식용의 목적으로 야생동물들을 수렵하는 데 반해, 미국, 유럽, 중국 등 여러 국가에서는 다른 목적으로 야생동물들을 기르거나 먹고 있다. 미국은 야생동물 최다 반입국이며, 중국의 야생동물 농장의

62 일반적으로 산림의 25%가 사라지면 사람이나 가축이 야생동물과 접촉할 가능성이 유의하게 증가하는데, 벌목을 막기 위해 (즉 벌목 금지나 제한으로 인한 경제적 손실을 보상하느라) 년간 10조 원을 사용하면 야생동물에 기생하는 바이러스가 사람이나 가축에게 전파될 위험도가 가장 높은 지역의 약 40%에서 그 위험도를 현저히 감소시킬 수 있다는 연구 결과를 인용하면서 벌목 등의 산림 파괴를 중단해야 한다고 주장하였다.

경제 규모는 년간 20조 원을 상회하며 천 오백만 명이 야생동물 농장이나 관련 산업에서 일하는 것으로 알려져 있다. 코로나 19의 기원도 우한의 수산물 시장이라고 알려져 있어 야생동물 취급시의 규제를 강화하고, 밀반출을 금지하고, 반입 및 반출과 관련된 법규를 강화할 필요가 있지만 이런 영역을 다루는 국제적인 기구 및 NGO의 활동이나 예산이 매우 미약하여 향후 이 부분의 강화가 시급한 편이다. 셋째, 가축이나 야생동물에서 발생하는 인수공통 감염병의 감시체계 강화 및 확산 방지를 위한 조치들을 취해야 한다. 조류 인플루엔자, 구제역, 돼지 열병 등 일부 감염병에 대해서는 일정 수준의 감시 및 살처분 등이 이루어 지고 있으나 선진국에 국한된 경우가 많고, 상당히 많은 개발도상국의 경우 정부의 취약한 재정과 행정력의 제한으로 인해 필요한 조치가 제대로 시행되지 못하는 경우가 많다[63]. 넷째, 축산 및 농장의 안전관리를 강화하고, 복지형 축산으로 전환해야 한다. 앞에서 살펴보았듯이 동물 단백질의 대량 생산을 목표로 하는 비복지형 축산 구조는 동물들이 받는 스트레스와 생물학적 다양성의 상실로 인해 축산 동물들에게 신종 감염병 발생 위험이 높아질 수밖에 없다. 개발도상국에서는 다소 요원해 보이지만 복지형 축산의 도입 확대가 전 세계적으로 필요한데 (결국 지구 한구석에서 발생한 신종 인수공통 감염병이 전 세계로 확산되어 나가면서 팬데믹에 이르는 것이므로) 이런 부분에까지 고소득 나라의 손길이 미치기를 기대하는 것은 쉽지 않아 보여 우려가 된다.

5. 나가며

5회로 기획하고 시작한 '감염병의 세계화, 세계화 속의 감염병' 시리즈를 마치게 되어 개인적으로는 다소 아쉽기도 하지만, 일단의 짐을 내려 놓게 되어 홀가분한 마음이 들기도 한다.

---

63 정부가 살처분과 관련해서 보상비를 농가에 지급해야 하는데 저소득 국가의 경우 정부가 재정이 부족해서 이런 조치들을 쉽게 취하지 못하는 경우가 많다.

작년 2월말 첫 호를 쓸 때는 과연 말 그대로 지구촌 구석구석까지 바이러스에게 처절하게 점령당하게 될지, 아니면 멀지 않은 시기에 반전의 계기가 나타날 수도 있지 않을까 하는 막연한 기대속에서 특집을 시작했었다. 하지만 코로나 바이러스는 예외 없이 지구촌 곳곳을 매우 잔인할 정도로 휘갈겼고, 그 위력 앞에 거의 대부분의 나라가 백기 투항하며 무너져 내렸다. 그러던 중 12월 8일 세계 최초로 코로나 19 백신이 84세의 커이 컬웨이씨에게 영국에서 접종되면서 인류의 반격이 시작되었다[64].

코로나 19에 대한 출구전략은 마련되었지만, 코로나 19 이후 언젠가 닥칠지도 모를, 아니 언젠가 또다시 닥치게 될, 새로운 바이러스의 공격에 대해 어떻게 대비해야 할 것인가란 질문 앞에 숙연해진다. 미래의 팬데믹 예방을 위해선 여러 인문학자들이 이야기한 것처럼 자연의 정복과 함께 진행되어 온 인류 문명에 대한 성찰과 반성에서부터 시작해야 한다[65]. 공중보건학적 접근이나, 과학적 솔루션에서부터 눈을 돌려 자연과 공존하는 마음을 갖고 겸허하게 포스트 코로나 19 시대를 준비해야 할 것이다.

참고문헌

논문 / 특집 리포트 / 저서

- Andrew Dobson, Ecology and economics for pandemic prevention, Science, 24 Jul 2020.
- Bill and Melinda Gates, 2020 Goalkeeper's report, Covid-19 Global perspectives, Sep 2020.

64 12월 8일 국내 한 일간지의 헤드 라인은 '인류의 반격이 시작되다'였다.

65 코로나 19에 대한 인문학적 접근과 성찰에 도움을 주는 책으로는 「코로나 사피엔스」, 「오늘부터의 세계」, 「팬데믹과 문명」 등이 있다. Reference 참조.

- Felicia Keesing, Impacts of biodiversity on the emergence and transmission of infectious diseases, Nature, 2 Dec 2010.
- Fernando Polack, Safety and Efficacy of the BNT162b2 mRNA Covid-19 Vaccine, NEJM, 31 Dec 2020.
- Jason Rohr, Emerging human infectious diseases and the links to global food production, Nature Sustainability, June 2019.
- Kate E. Jones, Global trends in emerging infectious diseases, Nature, Feb 2008.
- Loh, E.H. Targeting transmission pathways for emerging zoonotic disease surveillance and control. Vector-Borne and Zoonotic Diseases, 15(7), 432-437. 2015.
- UNEP(UN Environment program), PREVENTING THE NEXT PANDEMIC: Zoonotic diseases and how to break the chain of transmission, 20 Jul, 2020.
- Sarun Charumilind, When will the COVID-19 pandemic end? An update, 23 Nov 2020(https://www.mckinsey.com/industries/healthcare-systems-and-services/our-insights/when-will-the-covid-19-pandemic-end)
- UNEP, Emerging Issues of Environmental Concern, FRONTIERS 2016 REPORT, 2016.
- William Karesh, Ecology of zoonoses: natural and unnatural histories. Lancet, 380(9857), 1936-1945. 2012.
- 김명자, 팬데믹과 문명, 까치, 2020.
- 안동일, 코로나 대응 전략과 향후 시나리오, 글로벌케어, 2020.4.2 [Internet]. Seoul: Global Care; 2020 Apr 2 [cited 2025 Sep 26]. Available from: http://www.globalcare.or.kr/bbs/board.php?bo_table=s3_4
- 안동일, 일차 커브 그 이후는, 글로벌케어, 2020.9.1 [cited 2025 Sep 26]. Available from: http://www.globalcare.or.kr/bbs/board.php?bo_table=s3_4
- 제레미 리프킨 외 인터뷰/안희경, 오늘부터의 세계, 메디치미디어, 2020.
- 최재천, 장하준 외, 코로나 사피엔스, 인플루엔셜, 2020.

기사

- Abigail Ng, WHO chief scientist warns against Covid complacency, says herd immunity unlikely until end-2021, CNBC, 23 Dec 2020.
- Azmi Al-Betar, Coronavirus herd immunity optimizer(CHIO) Springer-Verlag London Ltd., 12 August 2020.
- Bloomberg, Covid-19 Vaccine tracker, 10 Jan 2021.
- Dylan Scott, Fauci: 85 percent of the US needs to get the Covid-19 vaccine for true herd immunity, Vox, Dec 15, 2020.
- Kiley Price, 3 ways to prevent pandemic with nature, according to science, 23 Jul 2020.
- Sarah Bosley, Nine out of 10 in poor nations to miss out on inoculation as west buys up Covid vaccines, Guardian, 9 Dec 2020.
- The Economist, Rich countries will get access to coronavirus vaccines earlier than others, Fri, 18th Dec 2020.
- 국가별 승인/사용중인 백신, 중앙일보, 2021.1.7.
- 이근영, 인간의 식량 탓…2050년이면 야생동물 90% 서식지 잃어, 한겨레, 2020.12.25.

웹 사이트

- Launch & Scale, Mapping Covid-19 vaccine pre-purchases across the globe, Duke Univ, 11 Jan 2021(https://launchandscalefaster.org/COVID-19)
- Moderna. Moderna announces primary efficacy analysis in phase 3 COVE study for its COVID-19 vaccine candidate and filing today with U.S. FDA for emergency use authorization [Internet]. 2020 Nov 30 [cited 2025 Sep 26]. Available from: https://investors.modernatx.com/news-releases/news-release-details/moderna-announces-primary-efficacy-analysis-phase-3-

cove-study

- World Health Organization. SARS-CoV-2 variant: UK and Northern Ireland. Disease outbreak news [Internet]. 2020 Dec 21 [cited 2025 Sep 26]. Available from: https://www.who.int/csr/don/21-december-2020-sars-cov2-variant-united-kingdom/en/

02 추천 도서

(1) 감염병과 팬데믹에 대한 과학적 분석과 공중보건학적 전략에 관한 책

① 마이클 오스터홈, *살인 미생물과의 전쟁*, 글항아리, 2020

미네소타 대학교 감염병 연구정책센터(CIDRAP)의 설립자 마이클 오스터홈은 세계적인 감염병 전문가로, 이 책은 그가 팬데믹 이전인 2017년에 공저로 출간한 역작이다. 신종 감염병의 위협과 팬데믹의 본질, 그리고 보건의료 시스템이 어떻게 대응해야 하는지를 가장 선명하게 조망한 저서 중 하나로 평가된다. 감염병의 역사와 현재를 되짚고, 미래의 대응 전략을 모색하는 이 책은 공중보건 분야 종사자뿐만 아니라 관심 있는 일반 독자에게도 유익한 통찰을 제공한다. 에미상을 수상한 베스트셀러 작가 마크 올세이커와의 협업으로 문체는 생동감 있고 읽기 쉽다.

② 감염병 X, 코로나 이전 세상은 다시 오지 않는다, 박영사, 2024

이 책은 코로나 팬데믹 당시 중앙방역대책본부 부본부장을 역임하며 대한민국의 팬데믹 대응을 주도했던 권준욱 전 국립보건연구원장이 2024년 8월에 출간한 저서이다. 저자는 코로나 19 기간 동안 직접 작성한 메모를 바탕으로 한국의 팬데믹 대응 과정을 시기별로 복기하고, 방역 정책에 대한 개인적 소회와 평가를 정리하였다. 일종의 개인적 시각이 담긴 팬데믹 백서라 할 수 있으며, 팬데믹이라는 거대한 위기를 체험한 한 보건 전문가의 기록이자 성찰이다. 책 말미의 '경험에서 얻은 방역 10계명'이 매우 인상적이다.

③ 김명자, *팬데믹과 문명*, 까치, 2020

화학자이자 전 환경부 장관인 김명자 박사는 팬데믹 초기인 2020년, 이 책을 통해 코로나 19의 바이러스학적 특성은 물론, 고대부터 21세기까지 이어진 감염병의 역사, 기후변화와 신종 감염병의 연관성, 그리고 코로나 이후의 세계에 이르기까지 방대한 주제를 다뤘다. 풍부한 외국 문헌을 바탕으로 네 가지 핵심 주제를 과학적이고 논리적으로 풀어가며, 학문적 깊이와 사회적 통찰을 겸비한 보기 드문 팬데믹 입문서로 손꼽힌다. (2), (3)의 주제도 다루고 있다.

(2) 중세 이후 현대에 이르기까지 주요 감염병의 전개 과정을 역사학적 시각에서 조망한 책

① 윌리엄 맥닐, *전염병의 세계사*, 이산,2005

1976년 출간된 이 고전은 인류사의 주요 전환점에서 감염병이 문명에 미친 영향을 다룬 세계적 명저다. 미국의 저명한 역사학자인 윌리엄 맥닐은 전염병을 단지 생물학적 현상이 아닌, 정치·경제·종교·사회 질서의 변화를 야기한 강력한 역사적 요인으로 분석한다. 감염병과 문명의 상호작용에 대한 거시적 접근을 통해, 공중보건 역사서의 원형으로 평가받는 이 책은 팬데믹 시대를 살아가는 오늘날 더욱 큰 울림을 준다.

② 프랭크 스노든, *감염병과 사회*, 문학사상, 2021

예일대학교 의학사 전공의 명예교수 프랭크 스노든은 이 책에서 페스트부터 HIV, 코로나 19에 이르기까지 감염병이 사회 구조, 문화, 정치에 미친 영향을 심층적으로 탐구한다. 원서 출간은 코로나 19 발생 직전이었지만, 한국어판(2020년 12월)에는 코로나 19에 대한 내용을 특별히 추가해 시대적 맥락을 반영했다. 방대한 역사적 사례와 사회적 통찰이 어우러진 이 책은 감염병의 사회적 기원을 이해하고자 하는 독자에게 필독서라 할 수 있다.

(3) 코로나 19 팬데믹을 계기로 변화한 세계 질서와 인류 사회의 미래를 다룬 책

① 최재천 외, *코로나 사피엔스 1 & 2*, 인플루엔셜, 2020 & 2021

코로나 19 사태 이후, 한국의 대표 석학 6인이 각자의 전문 분야에서 인류가 직면한 전환점과 새로운 삶의 양식을 논의한 대담집이다. 생태학자 최재천(생태와 인간), 경제학자 장하준(경제의 재편), 공학자 최재붕(디지털 문명), 사회학자 김누리(세계관의 전복), 경제사상가 홍기빈(체제의 전환), 심리학자 김경일(행복의 재정의)이 참여하였다. CBS 라디오 '시사자키 정관용입니다'의 특집 대담을 바탕으로 한 첫 권은 2020년 6월에, 후속편은 2021년 3월에 출간되었다. 분량은 많지 않지만, 팬데믹 이후의 인류적 질문에 대한 응답으로 가볍지 않은 메시지를 담고 있다.

② 파리드 자카리아, *팬데믹 다음 세상을 위한 텐 레슨*, 민음사, 2021

세계적인 국제정치 전문가 파리드 자카리아가 코로나 19 팬데믹 이후 세계 질서의 변화와 인간 사회의 미래를 전망하며 제시한 10가지 교훈. 2020년 미국에서 출간되었고, 국내 번역은 2021년 4월에 이루어졌다. 기술, 국제 협력, 민주주의의 위기, 글로벌 공급망 등 중요한 주제를 종합적으로 조망하며, 팬데믹 이후 '뉴노멀'을 성찰하는 데 탁월한 길잡이가 된다. 본서의 제7장은 저자가 기술한 '팬데믹 이후의 변화' 서술에 직접적으로 활용되었을 만큼 실질적인 영향력을 지녔다.

(4) 코로나 팬데믹의 현장 기록으로, 고통과 혼란의 시간부터 백신 개발이라는 승리의 순간까지를 생생하게 담아낸 다큐멘터리 책

① 팡팡, *우한일기: 코로나 19로 봉쇄된 도시의 기록*, 문학동네, 2020

코로나 19 발생 초기, 중국 우한에서 봉쇄 기간 동안 작성된 팡팡의 일기를 바탕으로 한 이 책은 그 자체로 생생한 기록이자 저항의 목소리다. 시민들의 일상, 정보통제, 의료붕괴, 사회적 불안 등 당시 중국 내부 상황을 적나라하게 드러낸 이 책은 '중국의 양심'이라 불리는 저자의 용기와 책임감을 보여준다. 코로나 19의 진실에 접근하고자 하는 이들에게 반드시 권하고 싶은 책이다.

② 앨버트 불라, *문샷: 불가능을 가능으로 만든 화이자의 대담한 전략*, 인플루엔셜, 2022

화이자 CEO 앨버트 불라가 직접 쓴 이 책은 전례 없는 속도로 개발된 코로나 19 백신의 비하인드 스토리를 담은 실화 기반 다큐멘터리다. 평범한 제약회사 CEO의 이야기를 넘어, 과학자·경영자·정치인·규제기관이 얽힌 팬데믹 속 백신 전쟁의 드라마를 생생히 전한다. 과학의 진보와 글로벌 협력의 가능성을 보여주는 사례로서도 읽을 만하며, 문체는 간결하고 접근성도 뛰어나다.

03 국제보건의 길: WHO와 글로벌 무대에서 성장하기

WHO에서 21년간 일한 후, 은퇴를 하고 고국으로 돌아온 것은 2016년 여름이었다. 오랜 해외 생활을 마치고 한국에 정착하는 과정에서 여러 변화가 있었다. 정착 후 몇 달 지나, 연세대학교 의과대학의 전 우택 교수와 식사를 함께할 기회가 있었고, 그로부터 WHO에서의 경험을 책으로 내면 어떻겠냐는 제안을 들었다. 그러나 그때만 해도 나는 막 귀국하여 아직 한국 생활에 적응하는 중이었다. 40세가 되던 해 한국을 떠나 필리핀, 라오스, 피지, 캄보디아 등을 거치며 20여 년간 해외에서 살았다. 물론 일 년에 한두 번은 한국을 방문했기에 음식도, 언어도, 사람들도 여전히 익숙하였지만, 이상하게도 모든 것이 낯설게 느껴졌다. 마치 남의 집에 손님으로 초대된 듯한 기분이 들었고, 일상적인 것들마저 서툴렀다. 그런 상황에서 책을 쓸 마음의 준비는 전혀 되어 있지 않았다.

귀국 후 6개월이 지나면서 점차 적응해 나갔다. 2017년 1월부터 국제보건 NGO인 글로벌케어에서 시니어 컨설턴트로 주 1회 일하기 시작하였다. 글로벌케어는 아프리카와 아시아 여러 국가에서 국제보건 사업을 펼치는 NGO로, 가까운 동료들과 후배 의사들이 설립하여 지금도 운영하고 있다. 가난한 환자들을 돕기 위해 열정적으로 일하는 그들의 모습이 인상 깊었고, 나 역시 자연스럽게 동참하게 되었다. 지금까지도 그들과 함께하며 개발도상국의 보건 문제 해결을 위해 노력하고 있다. 같은 해 3월부터는 연세대학교 보건대학원에서 강의를 시작하였다. 마침 대학원에서는 아프리카와 아시아에서 온 의사와 간호사를 대상으로 공중보건학 석사 과정을 신설하고 있었다. 이 과정은 한국국제협력단(KOICA)의 재정 지원을 받아 운영되며, '글로벌 보건안보(Global Health Security)'라는 이름으로 감염병 및 팬데믹 대응을 중점적으로 다룬다. 이후, 이 과정의 졸업생들은 코로나 19 팬데믹 당시 자국에서 중요한 역할을 수행하였다. 현재도 개발도상국에서 온 미래 보건 전문가들에게 강의를 하며, 감염병 대응 역량을 키우는 데 힘쓰고 있다. 그렇게 시간이 흘러 귀국한 지도 어느덧 9년 차에 접어들었다. 하지만 내가 하는 일의 본질은 크게 변하지 않았다. 여전히 국제보건과 감염병 대응을 연구하고, 개발도상국의 보건의료 상황 개선을 위해 힘쓰고 있다.

그러던 중 8년이 지나 이 책을 쓰게 되었고, 그 사실을 전 우택 교수에게 알리자, 그는 WHO 에서의 경험을 이 책 부록으로 넣으면 어떻겠냐는 제안을 다시 하였다. 잠시 고민하였지만, 이번에는 거절할 수가 없었다. 사실 나도 얼마 전, 한 작가에게 이런 조언을 들었기 때문이다. "책은 저자가 쓰고 싶은 것을 쓰는 것이 아니라, 독자가 읽고 싶은 것을 써야 한다." 그래서 독자들에게 조금이나마 실질적인 도움을 줄 수 있기를 바라며, 조심스럽지만 부록의 글을 쓰기로 하였다.

(1) AI가 묻고, 닥터 안이 답하다

이 글을 쓰기에 앞서, AI에게 다음과 같은 질문을 던졌다. "WHO나 국제기구에서 일하기를 꿈꾸는 후배들에게 주는 글을 Q&A 형식으로 쓰려고 해. 국제보건을 꿈꾸는 후배들이 가장 궁금해할 질문 10개를 뽑아 줘." 두 개의 AI에게 동일한 요청을 했고, 그 결과에서 공통적이면서 가장 적절하다고 생각되는 질문 8개를 추렸다. 그리고 그 질문에 대해 필자가 답을 달았다. 질문은 WHO나 국제기구에서 일하는 것과 관련이 있지만, 필자의 답변은 국제무대에서 활동하는 보다 폭넓은 경우에도(한국의 NGO, 대학이나 연구소, 보건의료 ODA 활동가 등) 적용될 수 있도록 작성하였다.

① 질문. 국제기구에서 일하는 데 필요한 핵심 역량과 기술은 무엇인가요?

■ 닥터 안: 이 질문에 답하기 위해서는 먼저 국제기구의 클라이언트가 누구인지, 그리고 국제기구의 역할이 무엇인지 이해할 필요가 있다. 국제기구의 대표적인 기관은 유엔(UN)이다. 이 외에도 세계무역기구(WTO), 국제통화기금(IMF), 세계은행(World Bank) 등이 있다. 유엔을 예로 들면, 유엔의 클라이언트는 회원국이다. 현재 193개 국가가 유엔에 가입되어 있으며, 유엔은 이 국가들을 위해 일하는 조직이다. 유엔의 주요 역할은 평화 유지, 인권 보호, 개발 협력이며, 이를 수행하기 위해 인적 자원, 재정 지원, 제도적 지원을 활용한다.

유엔의 직원들은 회원국을 위한 어젠다 설정, 기준 및 규범(Norm and Standard) 수립, 정책 조율 및 조정 등의 역할을 수행한다. 특히 개발도상국은 평화, 인권, 개발 측면에서 재정적으로 취약하고 자체 해결 역량이 부족한 경우가 많기 때문에, 이들 국가를 대상으로 역량 강화 및 기술 지원이 이루어진다. 이러한 기술 지원은 특히 개발 협력 분야에서 흔히 볼 수 있다.

WHO는 유엔의 전문기구 중 하나로, 전 세계 주요 보건 문제 해결을 위해 글로벌 표준을 설정하고, 정책을 조율하며, 회원국(특히 개발도상국)의 기술 및 재정 지원을 제공하는 역할을 한다. 또한, 국제 보건 문제(예: 각종 감염병)에 대한 협력을 증진하기 위해 1948년에 설립되었다. WHO가 누구를 대상으로, 어떤 역할을 수행하는지를 이해하면, 국제기구에서 일하는 데 필요한 핵심 역량과 기술이 무엇인지 쉽게 도출할 수 있다. 필자는 세 가지 핵심 역량을 강조하고 싶다.

첫 번째 핵심 역량은 보건의료 분야의 전문성이다.

국제보건의 중요한 개념 중 하나는 보건(Health)과 의료(Medicine)의 차이를 명확히 이해하는 것이다. 두 개념은 밀접하게 연결되어 있지만, 목적과 접근 방식에서 차이가 있다. 보건은 지역사회 차원의 건강 유지 및 증진, 질병 예방을 위한 공중보건 활동을 포함한다. 이에 반해 의료는 환자의 질병을 진단하고 치료하는 임상적 행위를 의미한다. 공중보건은 주로 정부나 공공기관(질병관리청, WHO 등)이 주도하는 반면, 의료는 병원, 의원, 제약회사 등 민간 부문이 중요한 역할을 한다.

그렇다면 국제기구에서 일하려면 어느 정도 수준의 보건(의료) 전문성이 필요할까?

예를 들어, 한 국가에서 신종 감염병이 발생하였다고 가정해 보자. 이 국가의 전문가들은 감염병의 원인을 찾고 확산을 막기 위해 노력하지만, 상황이 악화되면 WHO에 기술 지원을 요청하는 경우가 많다. WHO의 감염병 전문가들은 현지로 파견되어 상황을 평가하고, 적절한 조언을 제공해야 한다. 이때 WHO 전문가에게 요구되는 것은 현지 전문가보다 더 높은 수준의 지식과 분석력, 그리고 실질적인 솔루션을 제시할 수 있는 능력이다.

2015년 한국에서 메르스 사태가 발생했을 때, 당시 WHO 사무총장은 대한민국 대통령의 초청으로 WHO 감염병 전문가들을 대동하고 한국을 방문하였다. 그들은 청와대를 찾아 한국의 메르스 대응을 평가하며, 초기 대응 과정에서 일부 이슈가 있었지만 전반적으로는 비교적 잘 대응하였다는 긍정적인 의견을 표명하였다. 이는 WHO 전문가들이 객관적인 분석과 판단을 바탕으로 한 평가를 내린 결과였다. 이러한 사례를 통해 알 수 있듯이, WHO 전문가의 수준은 회원국 내 전문가들보다 한 단계 높은 전문성을 요구 받는다. 국제기구에서 일하기 위해서는 단순한 지식이 아니라, 보다 넓고 깊은 수준의 전문성이 필요하다.

두 번째 핵심 역량은 어젠다와 이슈에 대한 조정 능력(Coordination)이다.[66]

보건의료 문제는 스위스 제네바의 WHO 본부에서 발생하는 것이 아니라, 각 회원국의 현장에서 일어나는 현실적인 문제들이다. 특히 개발도상국의 경우, 보건 문제를 해결하는 데 있어 재정적 한계를 겪는 경우가 많다. 이런 상황에서 WHO는 세계은행, G20, OECD 국가들을 대상으로 해당 국가의 보건 문

66 어젠다 수립과 조정은 정책의 우선순위를 정하고, 이해관계자 간의 합의를 도출하는 과정을 의미한다. 공공 정책, 국제 협력, 보건 외교, 거버넌스 등 다양한 분야에서 핵심 개념이다.

제의 중요성과 긴급성을 알리고, 재정 지원과 보건 공적개발원조(ODA)가 개발도상국으로 향하도록 조율하는 역할을 수행한다.

2022년초부터 비풍토병지역(아프리카 외 지역)에서 엠폭스(Mpox) 환자가 급격히 확산되고, 5월 이후 유럽과 북미 지역에서 수천건의 사례가 보고되자 WHO는 엠폭스로 인한 국제공중보건비상사태를 2022년 7월 23일 선언하였다. 그 결과 엠폭스에 대한 경각심이 전 세계적으로 고조되었고, 유럽과 북미 국가들은 엠폭스 감염의 주요 대상인 남성 동성애자들에게 보건교육 및 백신접종을 실시하였다. 유럽과 북미는 이에 힘입어 환자 발생이 현저히 감소하였다. 하지만 아프리카는 보건의료 체계의 취약성, 낮은 백신 접근성, 진단 역량 부족 등으로 인해 2023-2024년에 오히려 환자가 증가하였다. 이에 아프리카 CDC(질병통제예방센터)와 WHO가 백신확보 및 기술지원을 위한 국제협력의 조정 역할을 맡고, 유럽연합(EU), 글로벌 펀드, 일본 및 영국 정부 등이 백신 및 재정 지원을 하여 감염 확산을 줄이고자 노력하고 있다. (엠폭스는 9장 감염병 X의 경고에 비교적 자세히 기술되어 있다). 이와 같이 어젠다 수립 및 조정이란 보건의료 상황이나 이슈의 긴급성이나 중요성을 전 세계에 알려서 해당 국가들이 필요한 조치를 취하도록 촉진하고, 취약국들에게 필요한 기술 및 재정 지원이 가능해지도록 직간접적으로 돕고 지원하는 것을 뜻한다.

WHO가 이러한 조정 역할을 효과적으로 수행하기 위해서는 세 가지 핵심 역량이 요구된다.

첫째, 중립성(Neutrality)이다. 유엔의 역할 중 하나를 뉴트럴 브로커(Neutral Broker), 즉 중립적인 중개자라고 표현하는 경우가 많다. 유엔은 193개 회원국의 입장을 반영하고, 이들 모두의 이익을 위해 존재하는 조직이다. 고소득 국가나 OECD 국가들의 입장에서만 문제를 접근하면, 개발도상국의 반발을 초래할 수 있다. 따라서 글로벌 이슈를 해결하기 위해서는 개발도상국도 적극적으로 동참할 수 있도록 조정하는 것이 필수적이다. 그래야만 전 세계 193개 국가의 폭넓은 지지를 받을 수 있다.

미국이나 중국, G7, G20이 주도하는 이슈도 많지만, 유엔이 중재하면서 국제적 합의를 도출하는 이슈들도 많다. 이를 다자주의(Multilateralism) 혹은 다자간 협력이라고 하며, 대표적인 사례로 기후변화, 감염병 및 팬데믹 대응, 난민 문제, 4차 산업혁명과 관련된 윤리적 이슈 및 규제 등을 들 수 있다. G2, G7, G20 등은 정치 경제력을 발판으로 어젠다 설정을 주도하는 경우가 많다. 하지만 다자간 협력을 주도하는 유엔(WHO도 유엔산하 기관 중 하나이다)의 비교우위는 그들의 중립성에 있다. 따라서 중립적 중개자의 역할을 잘 하는 것이 중요하고 이 중립성으로 인해 조정자의 역할이 주어지는 경우가 많다. 그리고 유엔이 저소득 국가의 입장이나 이익이 무시당하거나 반영되지 않는 일을 가능한 한 막기 위해 애를 쓰는 이유는 국제사회에서 기울어진 운동장의 균형을 맞추기 위한 노력의 일환인 경우가 많다.

둘째, 데이터 및 정보 활용(Utilization of Data and Information) 능력이다. 보건 분야에서는 전 세계 193개 국가의 보건의료 데이터 및 정보를 수집, 분석한 후 정기적으로 발행하는 역할을 WHO가 맡고 있다. 어떤 특정 국가가 다른 국가의 데이터를 요청할 경우, 다양한 이유로 인해 데이터 공유를 거부할 수도 있다. 그러나 WHO와 같은 국제기구가 뉴트럴 브로커로서 데이터 및 정보를 요청하면, 대체로 신뢰를 바탕으로 데이터를 공유하는 경우가 많다. 정보가 곧 힘이다. WHO는 수집한 데이터 및 정보를 분석하고, 이를 바탕으로 어젠다 설정을 주도하고(예를 들어 흡연으로 인한 사망자가 전 세계적으로 증가하자 담배 사용을 효과적으로 규제하기 위한 국제적인 담배규제금연협약을 수립을 주도하여 전 세계의 금연운동을 촉진하고 있다) 해결책을 제시하며, 재원조달 및 국가 간 협력을 조정하는 역할을 한다.

셋째, 분석 능력(Analytical Skills)과 논리적 사고(Logical Thinking)이다. 중개자로서의 역할을 수행할 때, 그리고 수집한 데이터를 활용할 때, 분석적 접근이 필수적이다. 데이터를 해석하고, 이를 기반으로 글로벌 정책을 수립하는 과정에서 논리적 사고력이 중요한 역할을 한다.

WHO 내에서도 가장 성공적인 프로그램 중 하나로 예방접종 프로그램과 결핵 프로그램이 자주 언급된다. 1980년대 말까지만 해도 WHO의 결핵 프로그램은 상당히 약한 상태였다. 그러나 닥터 코치(Dr. Kochi)라는 일본인 의사가 WHO 제네바 본부의 결핵 책임자로 부임하면서, 결핵 퇴치를 위한 'Stop TB' 프로그램을 론칭하였다. 'Stop TB' 프로그램은 보건의료 자원의 상당 부분을 결핵 퇴치에 집중하도록 전략적으로 조정한 성공적인 사례다. 그 결과, 2000년대 초에는 전 세계 결핵 환자의 발견율과 치료율이 크게 개선되면서, Stop TB는 WHO 내에서 가장 성공적인 프로그램 중 하나로 자리 잡았다. 1980년대 말 제네바 본부의 결핵팀 규모는 10명 미만이었는데 1990년대말에는 약 70명으로 크게 성장하였다. 흥미로운 점은, 닥터 코치가 하버드대학교에서 경영학 석사(MBA)를 받은 사람이라는 점이다. 그가 WHO에서 성공할 수 있었던 이유는 단순히 보건의료 지식 때문이 아니라, MBA를 통해 배운 분석 능력과 논리적 접근법을 적극적으로 활용했기 때문이었다.

세번째 핵심 역량은 문화적 다양성을 존중하고 촉진하는 능력이다. WHO에서 일하는 것은 필연적으로 다양한 문화와 접촉하는 일이다. 영어로 Cross-cultural이라는 표현이 더 와닿을 수도 있다. 국제기구의 직원은 자신의 모국 문화에 익숙한 상태에서 일하는 것이 아니라, 자신이 돕고 지원해야 할 해당 국가의 문화 속에서 일해야 한다. 따라서 그 문화에 대한 이해와 존중은 필수적이며, 나아가 타문화를 존경하고 배울 점이 많다고 여기는 태도가 있다면 더욱 이상적이다. 국제보건이나 국제개발협력에서는 문화적 우월주의를 바탕으로 한 Top-down 방식의 접근법은 절대 성공할 수 없다. WHO를 포함한 국제기구에서 활동하는 사람들은 현지 주민들과 협력하며 일해야 하며, 상대방을 진심으로 이해하고 존중하는 태도 없이는 지속 가능한 성과를 만들 수 없다.

필자는 1995년부터 WHO에서 일을 시작하였는데 , 첫10년은 서태평양 지역본부가 있는 필리핀에서 보냈다. 그리고, 필리핀 생활 3년차때부터 필리핀 정부와 WHO가 함께 추진하는 결핵 프로젝트를 위해 마닐라에서 3시간 떨어진 바탕가스(Batangas) 지역과, 비행기로 1시간 30분 거리에 있는 일로일로(Iloilo) 지역을 수없이 방문하였다. 그렇게 첫 3~4년이 지나고 나서야 필자는 새로운 깨달음을 얻었다. “만약 내가 필리핀의 외딴 지역이나 작은 섬에서 태어났다면?” 이런 가정 속에서, 자연스럽게 필자는 다음과 같은 생각을 하게 되었다. “교육을 제대로 받지 못했을 가능성이 크겠구나. 설령 컴퓨터가 있다 해도 다룰 기회가 많지 않았을 것이고, 집에 한 대뿐인 컴퓨터를 아버지와 다섯 형제들이 돌아가며 사용해야 했을 테니, 제대로 배우기는커녕 컴맹 수준에서 벗어나기 어려웠을 거야. 에어컨도 없는 집에서 지내야 했을 것이고, 한낮의 무더위를 피하려면 그늘 아래에서 낮잠을 자는 것이 가장 현명한 선택일 수도 있겠지. 하지만 모기장이 없는 환경이라면, 말라리아나 뎅기열에 걸려 일 년에 한두 번은 목숨을 잃을 뻔한 경험을 하며 살아야 했겠구나. 내가 특별해서 이 나라에 와서 결핵 프로젝트를 지원하는 것이 아니라, 그저 운이 좋았을 뿐이구나. 한국이라는 나라에서 태어났고, 좋은 교육을 받을 기회가 주어졌기 때문이야.” 이러한 경험을 통해 필자는 깨달았다. “못 살고 못 배웠다고 해서 그들을 무시하면 절대 안 된다. 나는 단지 운이 좋았을 뿐이며, 한국에서 태어났다는 사실에 감사하며 겸손하게 살아야 한다.”

이렇게 길게 이야기를 하는 이유는 타문화에 대한 존경과 관심, 그리고 매력을 느끼는 것이 단순한 인식의 문제가 아니라 경험을 통해 얻어지는 것임을 강조하기 위해서다. 국제기구에서 일하는 사람이라면, 타문화를 존중하는 수준을 넘어 그 문화 자체를 배우고 싶고, 알고 싶고, 매력을 느끼는 단계에 도달해야 한다.

이제 첫 번째 질문인 국제기구에서 필요한 세 가지 핵심 역량에 대한 답을 정리해 보도록 하자. 국제기구에서 일하기 위해 필요한 세 가지 핵심 역량은 비교적 높은 수준의 공중보건 전문성, 분석능력과 논리적 사고를 바탕으로 한 조정 능력, 그리고 타문화에 대한 깊은 이해와 존중에서 비롯된 겸손한 태도이다. 이 세 가지는 단순히 국제기구에서만 필요한 역량이 아니다. 국제보건과 국제개발협력 사업에 몸담고 있는 사람이라면 누구에게나 적용될 수 있다.

② 질문. WHO나 국제기구에서 일하기 위해 필요한 주요 자격과 경험은 무엇인가요?

■ 닥터 안: 첫 번째 질문에서 다룬 핵심 역량과 연결되는 내용이다. WHO에서 일하기 위해 요구되는 공식적인 자격과 실제 경험이 어떤 의미를 갖는지에 대해 구체적으로 살펴보면 다음과 같다.

자격을 먼저 살펴보면, WHO에 엔트리 레벨로 입사하기 위해서는 공중보건학적 전문성이 기본 요건이다. 일반적으로 공중보건학 석사(Master of Public Health, MPH) 과정을 마친 후, 최소 3~5년의 필드 경험을 갖춘 사람이 WHO에서 일할 자격을 갖춘 것으로 간주된다. 공중보건 석사는 한국에서도 취득할 수 있고, 해외에서도 할 수 있다. 해외에서 MPH 과정을 이수하는 것이 WHO 입사에 유리할 수도 있는데, 그 이유는 크게 세 가지다.

첫째, 학문적 깊이 때문이다.

공중보건학 자체는 한국에서도 일정 수준에 도달하였다고 평가할 수 있다. 하지만 국제보건 또는 국제개발협력의 역사적 관점에서 보면, 한국은 아직 경험이 짧은 편이다. 대표적인 한국의 공적개발원조(ODA) 기관인 KOICA(Korea International Cooperation Agency)가 설립된 것이 1991년인데, 초기에는 재정 규모가 너무 작아 국제보건 경험을 쌓을 기회가 많이 제공되지 않았다. 반면, 선진국들은 제2차 세계대전 이후부터 ODA를 적극적으로 실행해 왔고, 국제보건의 역사는 식민지 시대까지 거슬러 올라간다. 초창기에는 국제보건을 열대의학이라고 불렀을 정도로, 개발도상국 보건 문제를 오래전부터 연구하고 개입해 왔다. 이런 차이 때문에 해외 MPH 과정에서는 국제보건 관련 케이스 스터디가 풍부하게 제공되며, 국제적인 감각을 기를 수 있는 기회가 많다.

둘째, 네트워킹 때문이다.

국제보건 필드에서 일하는 다양한 전문가 및 기관들과 자연스럽게 네트워킹 할 수 있다는 점은 해외 MPH 과정의 큰 장점이다. 국제기구에서 일하려면 국내 네트워크도 중요하지만, 국제적인 네트워크를 형성하는 것이 더욱 결정적인 요소가 될 수 있다.

셋째, 타문화 경험 때문이다.

아시아의 비영어권 국가 출신이라면, 영어권 국가에서 MPH를 이수하는 과정에서 외국어 능력도 향상시키고, 타문화를 경험할 수 있는 기회를 가질 수 있다. 언어뿐만 아니라, 문화적 다양성을 몸소 체험하는 것이 WHO와 같은 국제기구에서 일하는 데 있어 중요한 자산이 된다.

공중보건을 전공해야만 WHO에서 일할 수 있는 것은 아니다. WHO는 환경보건, 보건정책, 보건경제, 사회학, 역학 등 다양한 학문적 배경을 가진 전문가들이 협력하는 다학제적 접근을 취하는 기관이다. 의학 전공자가 WHO에서 유리한 위치에 있는 것은 사실이지만, 의사가 아니어도 중요한 역할을 수행할 수 있다. WHO 사무총장인 테워드로스 거브러이여수스도 의사 출신이 아니다. 그는 에티오피아 출신으로, 생물학 학사를 마친 후 런던 위생·열대의학대학원에서 감염병 관련 석사 학위를 받은 비의사 출신이다.

다음은 WHO에서 요구하는 필드 경험에 대해 알아 보자. 필드 경험은 어느 기관에서 쌓았는지, 어느 지역에서 활동했는지보다, 그 경험을 통해 얼마나 실제적인 내공을 쌓았는지가 핵심이다. WHO의 채용 면접에서 공중보건학 이론을 묻는 경우는 극히 드물다. 대신, 지원자의 필드 경험이 실제로 어떤 의미를 가졌고, 그 과정에서 어떤 고민과 해결책을 도출했는지가 중요하게 평가된다. 예를 들어, 어떤 지원자가 캄보디아에서 3년간 모성보건 사업을 수행하였다고 가정하자. 면접관은 단순히 “당신이 캄보디아에서 어떤 일을 했습니까?”라고 묻지 않는다. 대신, 이렇게 질문할 가능성이 높다. “캄보디아에서 모성보건 사업을 하면서 가장 어려웠던 두 가지는 무엇이었고, 그 문제를 어떻게 해결했습니까?” 이 질문에 대한 답은 교과서에 나와 있지 않다. 중요한 것은 그 3년 동안 얼마나 깊이 고민하였으며, 문제 해결을 위해 어떤 노력을 하였는지이다. 필드 경험이 단순한 이력서상의 경력에 머무르지 않고, 실제로 그 과정에서 만들어진 작은 성공 스토리들이 면접에서 가장 강력한 무기가 된다. 또 다른 예를 들어보자. 한국 질병관리청에서 코로나 19 대응 기간 동안 역학조사관으로 일했던 지원자가 WHO 채용에 지원하였다고 가정하자. 이 지원자가 서류심사를 통과하였다면, 면접에서 다음과 같은 질문이 나올 수 있다. "한국은 다른 국가들과 달리, 강력한 봉쇄(Lockdown) 없이도 접촉자 추적을 성공적으로 수행하며 코로나 19 위기를 극복했습니다. 한국이 성공할 수 있었던 이유는 무엇이며, 다른 국가들이 한국처럼 하지 못한 이유는 무엇이라고 생각하십니까?" 이 질문 역시 교과서적인 답이 존재하지 않는다. 하루 12시간씩 접촉자 추적 업무를 수행하면서 한국의 역학조사 시스템을 직접 경험하고, 시스템의 강점과 한계를 고민했던 사람이라면, WHO 면접에서 '한국의 접촉자 추적 시스템의 강점과 개선할 점'에 대해 깊이 있는 답변을 할 수 있을 것이다. 반면, 단순히 경험을 나열하는 데 그친다면 강한 인상을 남기기 어려울 것이다. WHO는 단순히 경력을 나열하는 지원자보다, 자신만의 경험을 통해 배운 교훈을 정리할 수 있는 지원자를 선호한다.

개발도상국에서 실전 경험을 쌓는다는 것은 단순히 국제보건 ODA 사업에 참여하는 것이 아니라, 실제로 그 현장에서 풀타임(Full-time)으로 거주하며 일하는 것을 의미한다. 한국을 기반으로 하여 출장을 다니며 개발도상국 보건사업을 수행하는 방식은 경험을 쌓는 데 한계가 있으며, WHO가 요구하는4~5년의 필드 경험에 포함되지 않는 경우가 많다. WHO는 지원자가 단순히 현장을 방문한 경험이 아니라, 실제로 저소득 또는 중소득 국가에서 생활하며, 현지의 한계를 깊이 이해하고, 제한된 환경 속에서 해결책을 찾아 나간 경험이 있는지를 본다.

필드 경험 외에 자국 내 경험도 도움이 되는 경우가 있다. WHO의 카운터파트 기관인 질병관리청, 보건복지부, 또는 대학에서 정식 직원으로 수년간 근무하는 방식이다. 국내에서 전문가로 자리 잡는 것이 먼저이며, 그 과정에서 자연스럽게 국제기구와 직·간접적으로 협업할 기회가 생길 수 있다. 이를 통해 국내 전문가에서 국제 전문가로 전환이 이루어질 수 있으며, 국제기구에 지원

할 기회도 열릴 가능성이 커진다. 이런 방식은 WHO에서 일할 가능성을 높이는 데도 유리하다. 질병관리청이나 보건복지부의 공무원으로 근무하면 WHO를 카운터파트로 삼아 협업할 기회가 많아진다. WHO 회의에 참석하거나 컨설턴트로 초청받을 수도 있고, 다른 국가의 필드 방문에도 참여할 수 있다. 이렇게 국제기구와의 접점을 늘려가면서 경험을 쌓는 것이 WHO 진입에 매우 중요한 역할을 한다.

MPH(공중보건학 석사, Master of Public Health)를 먼저 취득한 후 개발도상국에서 실전 경험을 쌓을 수도 있고, 반대로 먼저 필드 경험을 한 후 MPH를 이수할 수도 있다. 개인적으로는 후자를 권하는 편이다. 필드에서 2~3년 동안 풀타임으로 실제 일해 보면, 자신이 "노마딕 DNA(Nomadic DNA)", 즉 유목민적 기질을 가졌는지 아닌지를 대체로 알게 되기 때문이다. 국제개발이나 국제보건에서 본격적으로 커리어를 쌓으려면, 이런 노마딕 DNA가 있는 사람인지 먼저 확인하는 것이 중요하다. 필드 경험을 해보면서 이 생활 방식이 자신의 성향과 맞는지 확인하고, 그 이후에 MPH를 위한 시간과 비용을 투자하는 것이 더 합리적일 수 있다. 반대로, 필드 경험을 하면서 유목민적 기질과 성향이 별로 없다는 것을 알게 된다면, 국제개발이나 국제보건 분야에서 계속 일하는 것이 적절한지 진지하게 고민해볼 필요가 있다. 왜냐하면 국제보건 및 개발협력에서 일하는 것은 단순한 전문적·기술적 영역의 문제가 아니라, 삶의 가치와 방향성, 그리고 철학적 관점의 문제이기 때문이다. 이 분야에서 일한다는 것은 다른 나라 사람들과 함께 생활하며, 다른 문화 속에서 배우고 성장하는 것이 내게 매력적인지, 아니면 단순한 직업적 선택인지 고민해보아야 한다. 문화적 차이를 이해하고 받아들이는 것이 즐겁다면 국제보건 분야에서 지속적으로 성장할 수 있지만, 그렇지 않다면 이 분야에서 장기적으로 커리어를 이어가는 것이 쉽지 않을 수 있다.

국제기구에서 일하기 위해 박사학위(Ph.D.)가 필수적인 것은 아니다. WHO나 대부분의 국제기구는 연구소가 아니라 실질적인 문제를 다루고 솔루션을 찾으며 협업을 수행하는 조직이기 때문이다. 따라서 박사학위보다는 매니지

먼트 스킬(Management Skills)이 더 중요할 수도 있다. 개인적인 생각으로는 만약 MPH 이후 추가적인 학위를 고려한다면, 박사학위(Ph.D.)보다는 경영학 석사(MBA)가 더욱 유용할 수도 있다. 국제기구는 연구기관이 아니라 실무 중심의 조직이기 때문에, 전략적 사고와 협업 역량을 키울 수 있는 MBA 과정이 실질적으로 더 도움이 되는 경우가 많다.

결론적으로, MPH를 먼저 하고 필드 경험을 쌓을 수도 있고, 반대로 필드 경험을 먼저 한 후 MPH를 할 수도 있다. 중요한 것은 국제개발과 국제보건이 단순한 직업이 아니라, 삶의 가치와 방향성에 대한 깊은 고민이 필요한 분야라는 점이다. 국제기구에서 일하는 것은 단순한 경력 개발의 문제가 아니라, 자신의 삶을 어디에 두고, 어떤 방식으로 살아갈 것인지에 대한 철학적 선택이기도 하다.

③ 질문. 국제보건 분야에서 최신 트렌드와 정책 변화를 따라가는 방법은 무엇인가요?

■ 닥터 안: 이 질문은 WHO와 같은 국제기구에서 일하는 사람들뿐만 아니라, 한국이나 외국의 국제보건 기관(NGO, 대학, 보건 ODA 재정 지원 기관 등)에서 활동하는 국제보건 전문가들에게도 해당되는 중요한 질문이다. 필자는 이 주제를 "일하면서 어떻게 내공을 쌓을 것인가"라는 질문으로 바꿔서 생각하곤 한다. 국제보건 활동가가 내공을 쌓는 방법은 크게 두 가지다. 하나는 'Learning by Doing'(일을 통해 배우기), 또 하나는 '인터넷 바다에서 헤엄치기'(스스로 정보를 찾아 학습하기)다.

먼저, Learning by Doing부터 살펴보자. 이 개념은 단순히 일을 하면서 배우는 것을 의미하는 것이 아니다. 중요한 것은 소속된 기관의 역량과 시스템이 Learning by Doing을 가능하게 해주는가이다. 만약 소속 기관이 크고, 뛰어난 전문가들이 많으며, 체계적인 시스템이 구축되어 있다면, 그 속에서 열심히 일하는 것만으로도 3~4년 후에는 자연스럽게 내공이 쌓이게 된다. 이런 환경에서는 조직이 제공하는 업무 경험을 바탕으로 약간의 추가적 학습만 하면 된다. 시간이 지나면서 중견 직원이 되고, 후배들을 코칭하는 역할을 맡게 되면 또 다른 형태의 Learning by Doing이 시작된다. 코칭을 하려면 내가 먼저 명확하게 알고 있어야 한다. 남에게 설명하고 가르치는 과정 자체가 또 하나의 배움이 된다. 즉, 후배들에게 코칭을 하는 것도 일종의 자기 학습 과정이다.

반면, 소속 기관이 작고, 나에게 업무를 체계적으로 가르쳐 줄 수 있는 선배가 거의 없는 경우라면, 4~5년이 지나도 지식과 경험이 크게 늘어나지 않을 수 있다. 여전히 해결해야 할 문제들에 대한 답을 찾지 못한 채 시간을 보내게 될 수도 있다. 이럴 때 필요한 것이 두 번째 방법인 인터넷 바다에서 헤엄치기다. AI의 시대가 본격적으로 도래하고 있지만, 여기서는 AI 활용은 접어 두고 인터넷을 활용한 전통적인 내공쌓기에 대해 이야기해 보겠다. 인터넷은 인류가 만든 거대한 도서관과 같다. 그리고 대부분의 정보는 무료다. 이것은 영어로 표현하면 "어메이징한 시스템"이다. 국제보건 전문가가 내공을 쌓기 위해 필요한 지식, 정보, 데이터, 해결책, 전략 등 거의 모든 것이 인터넷에 존재한다. 문제는 사람들이 그것을 충분히 활용하지 않거나, 활용하는 방법을 모르기 때문이다.

먼저, 왜 인터넷 도서관을 적극적으로 활용해야 하는지에 대해 이야기해 보자. 필자가 WHO에 입사한 것은 1995년이었다. 당시에는 인터넷 검색이나 이메일이 보편화되지 않았다. 내가 맡았던 주요 업무 중 하나는 WHO 서태평양 지역본부의 결핵 프로그램에서 하루 약 15장의 팩스를 처리하는 일이었다. 팩스의 내용은 대체로 다음과 같았다. "A국의 결핵 현황과 관련 정보를 알려달라." "아시아 지역의 결핵 환자 발생 추이 데이터를 제공해 달라." "B국의 결핵 프로그램을 평가하고 개선 방안을 제시해 달라." 당시에는 구글 검색이 존재하지 않았고, WHO가 각국의 보건의료 정보와 데이터를 거의 독점하고 있었다. 국가별로 수집된 결핵 데이터를 기반으로 아시아 지역 결핵 상황을 분석한 후 리포트를 발행하고, 결핵 퇴치 가이드라인을 만들었으며, 매년 아시아 지역 국가의 결핵 담당자들을 초청하여 세미나를 개최하면서 정보를 공유하였다. 이런 방식으로 WHO는 국제보건 분야에서 리더십을 발휘하였다.

그러나 2005-2010년 전후로 상황이 급변하였다. 인터넷과 이메일을 통해 데이터와 정보가 사이버 공간에서 자유롭게 이동하기 시작하면서, 보건의료 지식의 독점이 깨졌다. 이제는 아프리카의 작은 NGO에서 일하는 사람도 인터넷 검색을 통해 자신이 필요한 정보를 얻을 수 있다. 이메일을 통해 국가 간, 기관 간, 개인 간에 베스트 프랙티스(Best Practice, 모범 사례)가 공유되고, 이를 적극적으로 활용하는 사람들이 점점 리더로 성장하는 것을 쉽게 관찰할 수 있다. 오늘날, 인터넷을 활용하면 전 세계의 최신 보건 정책, 연구 결과, 전략 보고서, 프로젝트 리뷰 리포트 등 다양한 자료를 손쉽게 찾을 수 있다. 따라서, 국제보건 분야에서 일하는 사람이라면 매일 최소 1시간 정도는 인터넷에서 자료를 찾고, 읽고, 자신의 지식으로 소화하는 작업을 해야 한다. 특히, 주말의 일정한 시간을 활용하여 체계적으로 학습하는 것이 중요하다. 이러한 습관을 꾸준히 유지하면, 단순히 직장에서 주어진 업무를 수행하는 것이 아니라 스스로 지식을 축적하며 성장할 수 있다.

이야기가 나왔으니까 인터넷 검색에 대해 좀 더 이야기를 해보자. 국제 보건이나 공중보건학에 대한 거의 모든 자료는 인터넷 공간에 있다고 보아도 무방하다. 대학교 도서관을 이용하지 않아도, 필요한 자료의 대부분은 인터넷, 특히 구글에서 충분히 확보 가능하다. 필자는 대학원에서 강의를 하면서 많은 파워포인트 슬라이드를 만들고 있다. 거의 모든 슬라이드에는 참고 문헌을 명기하는데, 그중 95퍼센트 이상이 구글에서 다운로드한 자료다. 도서관에서 찾은 자료는 5퍼센트도 채 되지 않는다. 대부분의 사람들은 자신이 관심 있는 주제—예를 들어 의상, 여행, 역사 등에 대해서는 구글이나 네이버 등의 어떤 사이트에 어떤 내용이 있고, 누가 관련 자료를 작성했는지 자연스럽게 매핑(mapping)되어 있다. 국제보건과 공중보건도 마찬가지다. 예를 들어 모성보건에 대한 자료를 검색하다 보면, 이 주제에 대해 많은 기여를 하는 기관이나 연구소의 이름이 점점 익숙해진다. 또한 주요 서브 토픽(예: 모성 사망률, 출산 전후 합병증, 산전 관리 등)이나 이 주제의 중요한 저자들도 자연스럽게 알게 된다.

어떤 주제에 대해 깊이 있는 정보를 얻으려면 보통 이틀 정도의 검색 시간이 필요하다. 예를 들어, 개발도상국에서 모성 사망률이 높은 이유와 해결책에 대해 연구하려고 한다면, 먼저 해당 주제의 폴더를 만들어 정리하는 것부터 시작한다. 그다음, 2~3시간 동안 인터넷에서 검색을 진행한다. 이 과정에서 보고서, 논문, 정책 보고서 등을 최소 약 10개 정도 확보할 수 있다. 그러나 이 중에는 질적으로 뛰어난 자료와 그렇지 않은 자료가 섞여 있을 가능성이 크다. 그리고, 하루 정도 추가적으로 검색을 진행하면 최대 20개 정도의 PDF 파일을 수집할 수 있다. 하지만 이들은 아직 정제되지 않은 원자료(raw material)이다. 이제부터는 수집한 자료의 핵심 내용을 훑어 보는 시간이 필요하다. 논문이나 리포트를 다 읽을 필요는 거의 없다. 지루하기만 하고, 시간 낭비가 많다. 요약(abstract)이나 핵심요약(Executive summary)을 읽은 후 그림과 표를 살펴보는 것이 시간도 세이브되고, 내용을 쉽게 이해하는데 도움이 된다. 인문 과학쪽은 그림이나 표가 없는 경우가 많지만 국제보건이나 공중보건학은 중요한 내용이 대체로 표나 그림에 정리돼 있는 경우가 많다. 이런 경우엔 요약, 그림과 표, 결과(Results)와 결론(Conclusion)만 읽어도 논문의 약 80-90퍼센트를 이해할 수 있다. 이런 과정이 끝나면 해당 주제에 대한 20분짜리 발표, 강의, 또는 보고서 작성이 가능해진다.

한글로 된 자료는 매우 제한적이기 때문에, 영어로 검색하는 것이 필수적이다. 요즘은 온라인 번역 기능이 뛰어나기 때문에 한글로 번역해 읽을 수도 있지만, 결국 전문 용어(Terminology)에 익숙해 져야하기 때문에 가능하면 원문을 직접 읽는 것이 좋다. 특히 현장에서 실제로 일하게 되면, 대부분의 커뮤니케이션이 영어로 이루어지기 때문에 영어 논문이나 보고서에 익숙해지는 것이 필요하다.

이처럼 검색을 통한 자기주도 학습에 대해 길게 설명한 이유는 국제보건 활동가들이 처한 현실과 관련이 있기 때문이다. 많은 국제보건 활동가들은 Learning by Doing이 제대로 갖춰진 기관에서 일하는 경우보다(이런 기관을 가리켜 영어로는 Learning organization이라고 부른다), 그렇지 않은 기관에서 스스로 배워야 하는 경우가 많다. 따라서 스스로 학습하고 성장할 수 있는 능력이 매우 중요하다. 필자가 코로나 19 기간 동안 어떻게 코로나 19란 새로운 학문 영역에 도전하면서 미지의 영역을 스스로 개척해 나갈 수 있게 되었는지 이 책의 프롤로그에 간략하게나마 소개되어 있다. 참고가 되기 바란다.

④ 질문. WHO와 같은 국제기구에서의 '일과 삶의 균형'(Work-Life Balance, 워라벨)은 어떠한가요?

■ 닥터 안: 국제기구에서 워라벨은 상당히 보장되는 편이다. 조직 차원에서도 이를 중시하며, 이를 위한 제도적 지원도 잘 갖춰져 있는 편이다. 최근 20년 사이에 많은 사람들이 국제기구에서 일하는 것에 관심을 가지게 된 이유 중 하나도 워라벨이 보장되는 근무 환경 때문이라고 생각한다.

1945년 유엔(UN)이 창설될 당시, 미국이 주도하면서 유엔 직원들의 근무 시스템이 미국 공무원의 업무 방식을 참고하여 설계되었다고 한다. 유엔과 그 산하 국제기구들은 주어진 시간에 성실히 일하고, 퇴근 후와 주말에는 개인과 가족을 위한 시간을 충분히 보장하는 것이 기본 철학이다. 20여 년 전의 일본이나 한국처럼 조직을 위해 개인이 희생하면서 끝없이 일하는 문화는 국제기구에서는 매우 드문 경우이다. 월요일부터 금요일까지는 성실하게 일하지만, 주말에는 급한 일이 아니면 이메일이나 업무 연락을 삼가는 것이 일반적이다. 국제기구 직원들은 연간 30일의 유급 휴가가 보장된다. 한·중·일 출신 직원들은 처음에는 이 긴 휴가를 어떻게 다 써야 할지 고민하는 경우가 많다. 하지만 유럽이나 북미 출신 직원들은 오히려 이 여름 휴가를 위해 11개월 동안 일한다고 해도 과언이 아닐 정도로 철저하게 휴가를 계획하고 즐긴다. 예를 들어, 프랑스나 영국 출신 직원들은 여름 휴가 동안 약 2주간은 자국에서 가족들과 시간을 보내고, 나머지 2주는 직계 가족이 유럽의 여러 국가를 여행하며 한 달 내내 휴식을 취하는 경우가 많다.

국제기구에서 일하다 보면, 북미와 유럽 직원들은 조직이 개인을 위해 존재한다고 생각하는 반면, 아시아 출신 직원들은 개인이 조직을 위해 존재한다고 믿는 경향이 강하다. 그렇다 보니 출장을 가면 출장 후 2~3일 정도 휴가를 내어 출장 간 국가에서 관광이나 문화 탐방을 하는 서구 직원들도 많다. 반면, 아시아 출신 직원들은 출장 전후 개인 휴가를 취하는것에 대해 스스로 편하게 생각하지 않는 분위기이다. 또한 조직의 필요가 있다면 개인의 일정을 미루는 것이 당연하다고 생각하는 경우가 많다. 그러나 국제기구에서 5~6년 정도 근무하다 보면, 아시아 출신 직원들도 점점 서구식 워라벨 문화에 적응하게 된다. 주말에는 충분히 쉬고, 휴가도 적극적으로 활용하는 방식으로 자연스럽게 바뀌는 것이다.

일하는 기관에서 워라벨이 가능하려면 직장 분위기가 건강해야 한다. 이를 보장하는 시스템 중 하나가 바로 옴부즈맨(Ombudsman) 제도이다. 필자는 처음 WHO에서 근무할 때 이 단어를 몰랐다가, 몇 년 후에야 그 의미를 알게 되었다. 우리말로 하면 고충처리 담당관 또는 감찰관에 해당한다. 국제기구에서는 모든 직원이 성희롱, 차별, 직장 내 괴롭힘 등을 당했을 경우, 즉시 옴부즈맨에게 신고할 수 있다. 옴부즈맨은 경험이 풍부한 직원 중에서 임명되며, 철저하게 독립적인 입장에서 업무를 수행한다. 고충이 접수되면, 옴부즈맨은 관련 당사자들을 개별적으로 만나 사실관계를 확인한 후, 문제가 확인되면 WHO 윤리위원회에 보고한다. 윤리위원회는 피해자의 사생활 보호를 철저히 보장하며, 조직 차원에서 적절한 대응을 결정한다. 이 과정에서 해당 직원의 상사도 전혀 내용을 알 수 없다. 즉, 피해자가 보복을 걱정할 필요 없이 보호받을 수 있는 시스템이 작동한다. 이러한 제도가 있기 때문에, 국제기구에서는 동료나 부하 직원에게 신사적으로 행동하고, 인간적으로 대하지 않으면 심각한 문제를 겪을 수 있다. 직장 내 왕따 문화가 없고, 직원들의 인권이 보장되며, 건강한 직장 분위기가 유지되기 때문에 워라벨이 가능한 것이다. WHO와 같은 국제기구는 요즘 MZ세대가 선호할 만한 근무 환경을 갖춘 곳이다. 조직은 개인의 삶을 보장하는 방향으로 운영되며, 주어진 시간 동안 성실하게 일하고, 퇴근 후에는 자유롭게 개인 생활을 즐길 수 있는 문화가 자리 잡고 있다.

⑤ 질문. WHO에서 일하면서 가장 보람 있었던 순간과 도전적인 일은 무엇이었나요?

■ 닥터 안: 첫 번째 질문에서 필리핀에서의 경험을 언급하였는데, 이 이야기를 좀 더 확장하여 답을 해보겠다. 나는 1995년부터 마닐라에 있는 WHO 서태평양 지역사무소의 결핵 프로그램에서 근무를 시작하였다. 일을 시작한 지 약 2년쯤 지났을 때, 서태평양 지역을 총괄하는 한 상태 사무처장님이 나를 불러 이렇게 말하였다. "이제 일도 많이 배웠을 테니, 좀 더 본격적인 결핵 프로젝트를 해보면 좋겠어요. 필리핀의 결핵 상황이 심각하니, 필리핀 보건부와 협력해서 필리핀 결핵 문제 해결에 올인해 봅시다." 그렇게 해서 필리핀 보건부 장관과의 미팅이 이루어졌다. 미팅에서 한 상태 사무처장님은 보건부 장관에게 이렇게 제안하였다. "WHO가 필리핀에서 여러 보건 프로그램을 지원하고 있지만, 지원 규모가 작다 보니 실질적인 성과를 내기 어렵습니다. 그래서 전체 지원 예산의 80퍼센트를 결핵 단일 프로그램에 집중 투자해서, 2~3년간 강도 높게 사업을 진행하면 결핵 문제 해결의 발판을 마련할 수 있을 것입니다." 보건부 장관도 이 의견에 적극 동의하면서, 기존 예산의 재분배와 함께 새로운 결핵 프로젝트가 시작되었다.

이 프로젝트의 핵심은 WHO가 1990년대 초부터 개발한 '직접 관찰 치료(Directly Observed Treatment, DOT)' 전략을 필리핀에 도입하는 것이었다. 결핵 환자는 항결핵제를 2~3주간 복용하면 기침, 호흡곤란, 식욕 저하 등의 증상이 사라진다. 그런데 문제는 여기서 발생한다. 증상이 사라지면 환자들은 치료가 끝난 줄 알고 약을 중단하는 경우가 많다. 약제 복용 중단 후 증상이 악화되면 다시 약을 복용하지만, 이런 일이 반복되면 항결핵제 내성이 생겨, 나중에는 약을 써도 치료가 되지 않는 상황에 이르게 된다. 이를 해결하기 위해 WHO가 도입한 치료법이 바로 '직접 관찰 치료'(DOT)다. 기존에는 환자가 보건소에서 한 달 치 약을 받아 집에서 스스로 복용하는 방식이었다. 그러나 새로운 방식에서는 환자가 직접 약을 보관하는 것이 아니라, 치료보조자로 세워진 마을 보건요원이나 보건소 간호사가 약을 보관한다. 환자는 매일 일정한 시간에 보건요원이나 간호사를 직접 만나, 그 앞에서 약을 복용해야 한다. 이 방식이 다소 번거로워 보일 수도 있지만, 실제로 이렇게 하면 환자의 치료 지속률이 높아지고, 내성 결핵 발생을 크게 줄일 수 있다는 것이 이미 검증된 상태였다. 특히 환자 교육이 쉽지 않은 개발도상국에서는 매우 효과적인 접근법으로 인정받기 시작하였다. 보건소 결핵 담당자는 치료 보조자가 보건소에 와서 약을 받을 때, 치료 과정이 제대로 이루어지고 있는지를 점검한다. 하지만 이런 새로운 치료법을 도입하는 과정은 단순히 정책 하나 바꾼다고 해결될 문제가 아니었다. 사람들은 본능적으로 변화를 싫어한다. 따라서 새로운 치료 시스템을 정착시키려면, 각 보건소를 직접 방문하여 치료법을 설명하고, 설득하고, 지원하는 과정이 반드시 필요하였다. 또한, 보건소를 관장하는 각 도(州)의 결핵 담당 정책관들이 움직여야 프로그램이 성공할 수 있었다. 결핵 담당 정책관의 상사들도 새로운 치료법의 장점을 충분히 이해해야 하였다. 그래야만 실무진들에게 필요한 차량 지원, 재정 투입 등을 승인해주고, 프로그램이 제대로 운영될 수 있다. 결국, 이런 새로운 치료법을 도입하려면, 단순히 정책 변경이 아니라, 보건소에서 일하는 수많은 사람들이 함께 땀을 흘리며 노력해야만 가능하였다. 이 프로젝트는 단순한 기술적 지원이 아니라, 시스템을 바꾸고, 사람들의 인식을 바꾸는 과정이었다. 새로운 정책이 실제로 현장에서 작동할 수 있도록, 이해관계자들을 설득하고, 지원하고, 끊임없이 모니터링하는 과정이 필수적이다.

그날 미팅에 참석한 이후, 나의 삶은 완전히 달라졌다. 기존에 다른 프로그램으로 배정되었던 예산을 결핵 프로그램으로 재배정했기 때문에, 이 프로젝트를 반드시 성공시켜야 한다는 부담감이 상당하였다. 새로운 치료법을 도입하는 첫 단계는 시범 사업을 계획하고 실행하여 긍정적인 성과를 내는 것이다. 시범 사업이 성공해야만 다음 단계인 전국적 확산이 가능해진다. 만약 시범 사업이 실패한다면, 필리핀 보건부는 새로운 치료법 도입을 포기할 가능성이 컸다. “필리핀의 현실에는 맞지 않는다”, 혹은 “필리핀 보건 시스템이 아직 이 치료법을 적용할 준비가 되어 있지 않다”는 평가가 내려질 수 있기 때문이다. 나는 필리핀 보건부의 결핵 담당 과장인 닥터 만탈라(Dr. Mantala)와 매주 두 세 번씩 만나 시범 사업을 준비하였다. 한 달에 절반 이상은 시범 사업 지역을 방문하였다. 시범 사업 지역으로는 바탕가스 주(州) (Batangas Province)와 일로일로(Iloilo)시가 선정되었다. 바탕가스는 마닐라에서 차로 3시간 거리, 일로일로는 비행기로 1시간 반 거리에 있는 곳으로, 한국의 도(道) 단위에 해당하는 지역이었다. 바탕가스주는 여덟 개의 군(郡)으로 이루어져 있었으며, 각 군 단위에서 교육을 진행한 뒤 약 3개월 후에 필리핀에서 처음으로 '직접 관찰 치료' 시범 사업이 공식적으로 시작되었다.

3개월 동안 수십 번이나 시범 사업 지역을 방문하며 머무는 동안, 나는 프로젝트의 성공을 방해하는 수많은 장애물이 존재한다는 사실을 깨닫게 되었다. 보건소 직원들 중에는 교육을 제대로 받지 못한 보건요원들이 많았다. 객담 검사를 하려고 해도 시약이 떨어지거나 현미경이 고장 나 있어서 검사를 진행할 수 없는 경우도 흔하였다. 날씨는 덥고, 봉급은 낮았으며, 보건소 직원이나 마을 보건요원들의 동기를 유발하는 것이 쉽지 않았다. 현장을 제대로 모니터링하려 해도 차량 지원이 원활하지 않아, 사비를 들여 마을과 보건소를 방문해야 하는 경우도 적지 않았다. 시범 사업이 시작된 지 3~4개월이 지나자, 나는 흥미로운 사실을 발견하였다. 시범 사업이 성공하는 지역과 그렇지 못한 지역 사이에는 확연한 차이가 있었다. 그 차이는 다름 아닌 사람이었다. 성공하는 지역에는 반드시 한 명의 핵심 인물이 있었다. 여러 사람이 아닌 단 한 사람이었다. 아마도 이 프로젝트를 걱정하며 잠 못 이루었을 한 사람이었다. 그 한 사람의 배경은 지역마다 달랐다. 어떤 곳에서는 군 보건소의 결핵 프로그램을 책임지는 의사가 그 역할을 하였다. 어떤 곳에서는 군 보건과의 말단 직원이었던 한 간호사가 프로젝트를 이끌었다. 어떤 지역에서는 시장이었다. 그는 과거 결핵으로 아버지를 잃은 경험이 있었다. 그는 말하길, "당시에는 직접 관찰 치료법이 없었기 때문에 아버지가 치료를 제대로 받지 못했을 것이다. 이 치료법이 얼마나 중요한지 알기 때문에, 나는 반드시 이 사업을 성공시키고 싶다." 그는 보건소의 의사와 간호사들을 격려하며 시범 사업에 필요한 행정적 지원과 예산을 적극적으로 마련하였다.

마닐라에도 잠 못 이루는 두 사람이 있었다. 한 사람은 필리핀 보건부의 닥터 만탈라, 그리고 또 한 사람은 나였다. 우리 둘은 시범 사업의 실무 책임자로서, 시범 지역을 끊임없이 방문하였다. 처음에는 교육과 훈련, 그리고 결핵 사업의 모니터링을 위해 방문하였다. 그러나 시간이 지나면서 우리의 방문 목적은 바뀌었다. 우리는 사람을 찾기 위해 방문하고 있었다. 조국 필리핀에 새롭게 뿌리를 내리려는 직접 관찰 치료법이 정착될 수 있도록, 자신의 도(道), 군(郡), 마을을 위해 헌신할 '그 한 사람'을 찾고, 격려하고, 키워내기 위해 방문한 것이었다. 그 한 사람만 있으면, 그 지역의 결핵 치료 프로그램은 성공할 수 있었다. 나는 이 프로젝트를 통해 국제보건에서 사람이 가장 중요한 요소라는 사실을 다시 한번 깨닫게 되었다.

시범 사업이 시작된 지 약 1년 반이 지나자, 그 결과가 뚜렷하게 나타나기 시작하였다. 다행히도 90퍼센트 이상의 군(郡)에서 결핵 환자 발견율과 치료 성과가 현저하게 개선되었다. 이러한 성과를 확인한 필리핀 정부는 새로운 치료법을 전국적으로 확산하기로 결정하였다. 시범 사업의 성공이 입증되자, 미국, 일본, 유럽 국가들이 적극적으로 참여하기 시작하였다. 그로부터 4년 후, 새로운 치료법은 전국적으로 확산되었고, 성공적으로 정착하였다. 그 과정에서 가장 중요한 역할을 했던 것은 조국을 위해 밤잠을 이루지 못하며 헌신한 수많은 '그 한 사람'들이었다.

국가 보건 프로젝트의 실행 주체는 각국의 정부이며, WHO가 아니다. WHO의 역할은 규범과 표준을 세우고, 가이드라인과 글로벌 전략을 수립하며, 개발도상국에 대한 기술 지원을 제공하는 것이다. 그리고 국제보건의 자원이 필요한 지역에서 필요한 프로그램에 배분되고 사용될 수 있도록 가이드하고 조정하는 역할을 한다. 필리핀 결핵 시범 사업도 WHO가 직접 사업을 운영한 것이 아니라, WHO가 새로운 결핵 치료법을 필리핀 정부에 강력하게 권고하고, 시범 사업의 성공을 위해 필요한 재정 및 기술 지원을 제공한 사례였다. 그렇기 때문에 실무 책임을 맡았던 나에게는 엄청난 부담이 따랐고, 밤잠을 설치는 날들이 많았다. WHO에서 은퇴할 즈음, 나는 문득 깨달았다. "아, 19년전 필리핀 결핵 시범 사업을 위해 바탕가스 곳곳을 누비며 다녔던 그때가 내 인생에서 가장 값지고 축복 어린 시간이었구나." 나는 그때 보건의료 현장의 실상을 직접 경험했고, 보건 시스템이 실제로 어떻게 작동하는지 몸으로 배웠다. 바탕가스가 내게는 '국제보건의 실전 교과서'였던 것이다.

⑥ 질문. WHO와 같은 국제기구에서 일하는 것이 개인의 삶에 어떤 영향을 끼쳤다고 할 수 있나요?

■ 닥터 안: 내가 한국의 병원 시스템에서 일하다가 WHO에 입사했을 때, 동료 의사들은 나에게 이렇게 말하였다. "청진기를 손에서 놓는 것이 쉽지 않을 수도 있겠네요." WHO는 개별 환자를 직접 치료하는 의료기관이 아니다. 대신 국가나 지역사회, 더 나아가 인구집단 전체의 보건의료 상황을 개선하는 데 초점을 맞추는 공중보건 기관이다. WHO의 역할은 한 국가의 보건의료 상황을 파악하고, 질병 발생의 사회경제적 원인을 연구하며, 국가의 보건 정책 및 전략 수립을 돕는 것이다. 특히 WHO는 개발도상국의 보건의료 문제 해결을 지원하는 데 많은 관심을 갖는데 그 이유는 단순하다. 개발도상국은 자체적으로 문제를 분석하고 해결할 역량이 부족하고, 자원과 의료 인프라도 열악하기 때문이다. 따라서 WHO는 빈곤 퇴치, 보건의료 인프라 구축, 결핵 및 말라리아와 같은 열대 감염병 퇴치 등 개발도상국에 특히 중요한 보건 문제를 해결하는 데 우선순위를 둔다.

WHO에서 일하다 보면, 자연스럽게 보건 문제의 사회경제적 요인에 관심을 갖게 된다. 진료실에서 개별 환자와 그가 앓고 있는 질병에 집중하는 것이 임상의학이라면, 공중보건은 사회와 질병의 원인을 분석하는 학문이다. 임상의학은 치료 중심적인 반면, 보건은 예방 중심적이다. 국제기구에서 일하면서, 나는 오랫동안 가난한 나라에서 살아가며 이런 고민을 하게 되었다. "왜 이들은 가난에서 벗어나지 못하는가?" "이들 국가에서 전염병을 줄이려면 어디서부터 시작해야 하는가?" "교육이 우선인가?" (깨끗한 물을 마셔야 한다는 사실을 모르는 어머니들을 대상으로) “병원을 짓는 것이 우선인가?” (진단과 치료를 위한 의료 접근성을 높이기 위해) “아니면 경제 발전을 통해 영양 상태와 교육 수준을 높이는 것이 더 중요한가?” 국제무대에서 보건의료 사업을 하다 보면, 이런 질문에 대한 답을 찾아가는 과정에서 자연스럽게 세상과 사회, 특히 개발도상국의 현실을 깊이 배우고 이해할 기회가 많아진다. 처음 WHO에서 일을 시작한 3~4년 동안은, 나는 전문가가 되어야 한다는 부담감 때문에 결핵 퇴치의 글로벌 전략과 정책을 배우는 데 집중하였다. 그러나 시간이 지나면서, 단순히 결핵 치료법을 익히는 것이 아니라 “왜 결핵이 개발도상국에서 특히 많이 발생하는가?”, “왜 가난하고 교육을 받지 못한 사람들에게 결핵이 집중적으로 발생하는가?”, “이 문제를 해결하기 위해 무엇을 해야 하는가?”라는 질문에 더 관심을 가지게 되었다. 몇 년 후에는 관심의 범위가 더욱 넓어졌다. ‘개발도상국의 보건 문제를 해결하기 위해서는 국제적인 협력이 필수적인데, 왜 국제 공조는 항상 어려운가?’ ‘ODA(공적개발원조)의 진정한 목적은 무엇인가?’ ‘수원국(개발도상국)의 경제·사회 발전을 위한 것인가, 아니면 공여국(선진국)의 경제적·정치적 이익을 위한 것인가?’ 이런 고민을 하면서, WHO에서의 경험은 단순히 보건을 넘어 국제 협력, 경제 개발, 정치적 이해관계 등 더욱 복합적인 영역으로 확장되었다.

WHO에 입사할 당시, 나는 3~5년 정도 국제 경험을 쌓은 후 한국으로 돌아가 임상 분야에서 계속 일할 계획이었다. 그러나 일을 하면 할수록, 나는 WHO에서 계속 일하는 쪽으로 생각이 바뀌었다. 그 이유는 세 가지였다.

첫째, 자율성이 보장되는 조직 문화였다. WHO는 톱다운(Top-down) 방식의 조직 운영이 거의 없다. 업무를 수행하면서 스스로 배워가고 성장할 수 있는 Learning by Doing이 가능하며, 곳곳에 훌륭한 멘토들이 많아 성장할 기회가 풍부한 환경이었다. 나는 처음에는 이곳에서 몇 년만 경험을 쌓을 계획이었지만, 점점 이곳이 나에게 더 맞는 환경이라는 것을 깨닫게 되었다. WHO에서 일하면서, 나는 단순히 한 명의 의사가 아니라, 보건 정책을 고민하고, 국제 협력을 이끌며, 글로벌 보건 문제를 해결하는 전문가로 성장하고 있었다. 그리고 그것이 나에게 더 의미 있는 일이 되었다.

WHO에서 계속 일하기로 결정한 두 번째 이유는 세상과 사회를 배울 수 있는 기회가 자주 주어졌기 때문이었다. 나는 1년에 약 80~100일 정도 해외 출장을 다녔다. 대부분 유럽이나 북미가 아닌, 내가 속해 있던 아시아 지역의 여러 개발도상국을 방문하였다. 출장을 준비하면서, 그리고 카운터파트들과 논의를 하는 과정에서, 나는 단순히 기술적인 부분을 배우는 것이 아니라 세상이 돌아가는 방식과 그 작동 원리를 직접 경험할 수 있었다. 특히 필드에서 현지 지역 주민들과 환자들을 만나고, 그들이 살아가는 모습을 가까이에서 보면서, 이론이 아닌 현실 속에서 공중보건을 배울 수 있었다. 이 과정은 단순한 직업적 경험이 아니라, 나에게는 세상을 배우는 과정이었고, 동시에 매우 흥미롭고 유익한 경험이었다.

WHO에서 계속 일하기로 한 세 번째 이유는 장기적인 영향력(Impact)에 대한 깨달음 때문이었다. WHO에서 3~4년 정도 일하던 어느 날, 나는 문득 생각하였다. "내가 평생 동안 얼마나 많은 환자들에게 도움을 줄 수 있을까?" 한국에서 결핵 환자를 진료한다고 가정하면, 하루에 20명의 신환자를 보고, 1년에 200일을 진료한다고 했을 때, 30년 동안 약 12만 명(120,000명)의 결핵 환자들을 치료하고 도울 수 있다. 그러나 WHO에서 일하면서 70만 명의 결핵 환자가 있는 국가에서, 진단율을 30퍼센트 개선하는 프로젝트를 30개국에서 진행한다고 가정하면, 약 630만 명의 결핵 환자들에게 진단과 치료의 도움을 줄 수 있다. 그 차이는 약 50배였다. 그때 나는 깨달았다. 진료실에서 1:1로 환자를 보는 '마이크로 접근법'과, 개발도상국의 보건 시스템을 개선하는 '매크로 접근법'의 영향력 차이는 엄청났다. 나는 점점 더 많은 사람들에게 영향을 미칠 수 있는 공중보건적 접근 방식에 매료되었다. 위의 세 가지 이유 때문에 나는 WHO에서 은퇴할 때까지 장기간 근무하게 되었다.

오랜 해외 생활을 통해 얻은 또 하나의 소중한 경험은 다양한 타문화에 대한 깊은 이해였다. 내가 10년 동안 근무했던 WHO 마닐라 사무소에는 약 250명의 직원이 있었으며, 필리핀을 비롯한 아시아 여러 나라, 유럽, 북미, 남미, 아프리카 등 전 세계에서 온 사람들이 함께 일하고 있었다. 그들과 함께 일하면서 나는 자연스럽게 다양한 문화를 배우고 경험할 수 있었다. 그 후 마닐라를 떠나 라오스, 피지, 캄보디아에서 약 10년을 더 일하였다. 지역 사무소에서 근무할 때와 달리, 국가 사무소에서 일할 때는 그 나라의 지방 곳곳을 출장 다니면서, 현지 주민들의 생활을 더욱 가까이에서 보게 되었다. 나는 직접 눈으로 보았다. 왜 가난이 이곳에 머물러 있는지, 인프라는 얼마나 열악한지, 그리고 그 문제를 해결하기 위해 무엇을 해야 하는지. 하지만 그 과정에서 나는 단순히 문제점만 본 것이 아니었다. 나는 열악한 환경 속에서도 현지 주민들이 보여주는 따뜻하고 순박한 마음, 서로 돕는 공동체 정신, 그리고 가난을 극복하려고 노력하는 다양한 모습들을 보았다. 이것은 단순한 직업적 경험이 아니라, 인생을 배우는 과정이었다.

WHO에서 은퇴한 후, 나는 한국으로 돌아와 9년째 생활하고 있다. 그러나 내 생활은 크게 달라지지 않았다. 현재 나는 연세대학교 보건대학원에서 석사 과정을 밟는 아프리카와 아시아 출신 보건부 소속 의사 및 간호사들에게 국제 보건과 감염병에 대해 가르치고 있다. 또한, 한국의 보건의료 NGO인 글로벌 케어에서 자문 역할을 맡으며, 여전히 아시아와 아프리카로 출장을 다니고 있다. WHO에서 일했던 20여 년 동안, 나의 주요 클라이언트는 개발도상국 보건부의 의사와 감염병 전문가들이었다. 그리고 은퇴 후에도 내 클라이언트는 여전히 동일하다. 나는 이들이 자국의 가난하고 의료 서비스에 접근하기 어려운 환자들을 위해 최선을 다하는 성실한 전문가들이라는 것을 잘 알고 있다. 그렇기 때문에 지금도 나는 그들과 함께 일하는 것이 즐겁고, 여전히 의미 있다고 느낀다. 20여 년 동안 아시아 태평양의 개발도상국에서 보냈던 시간들이 나에게는 너무나 소중하고, 감사한 경험이었다.

⑦ 질문. WHO에서 일하게 된 동기나 계기는 무엇이었나요?

■ 닥터 안: 1995년, WHO 서태평양지역사무소가 있는 마닐라로 떠나기 직전이었다. 가족, 친구, 동료들에게 작별 인사를 할 때마다 다들 고개를 갸웃하였다. “이제 한국이 막 잘 살기 시작하였는데, 왜 굳이 개발도상국 필리핀으로

가느냐"고 하면서. 당시만 해도, 한국은 '마이카' 시대가 막 열리던 때였다. 중산층이 처음으로 자가용을 사며 삶의 질이 눈에 띄게 나아지던 시기였고, 기업들도 해외진출에 소극적이었기에 저처럼 '지도 밖으로 행군'하는 이들은 드물었다. 특히 의사 세계는 더욱 그랬다. 마치 모노레일 위를 달리듯, 정해진 길을 벗어나지 않는 것이 미덕처럼 여겨졌다. 그런 분위기 속에서 나는 한 발 옆으로, 익숙한 선로를 벗어난 첫 번째 걸음을 내디뎠다.

사실 그 시작은 의대 졸업을 반년 앞둔 어느 겨울날로 거슬러 올라간다. 필자는 마산에 있는 한 아동결핵병원을 찾았다. 영국에서 온 의료선교사가 척추결핵 환자들을 위해 모든 것을 쏟아붓고 있었다. 그가 환자 한 명 한 명을 얼마나 정성껏 돌보는지를 보면서, 어린 의대생이었던 제 마음에 '의사란 무엇이고, 그 삶은 어떠해야 하는가'에 대한 질문이 처음으로 깊이 자리 잡았다. 의대를 졸업한 후에도 길은 쉽게 정해지지 않았다. 전공을 고민하던 중, 국립의료원 흉부내과에서 수련을 받던 한 선배를 만났다. 선배는 담담하게 말하였다. "결핵 환자들은 대부분 가난하고, 제대로 교육받지 못했어. 의사가 해줄 수 있는 일이 많지. 그리고, 그만큼 의미 있는 일이야." 선배의 권유는 내 마음에 꽤 오래 울렸고, 결국 결핵을 전문분야로 삼기로 결심하였다.

그 후 미국으로 건너가 2년간 호흡기 내과 연구 펠로우 생활을 하며, 처음으로 넓은 세상을 직접 마주하였다. 미국에서의 시간은 말 그대로 필자의 눈을 뜨게 하였다. 국적, 인종, 언어가 다른 사람들이 저마다의 방식으로 살아가는 모습에서, '의료'라는 것이 더 이상 병원 울타리 안에만 있는 것이 아님을 절감하였다. 귀국 후에는 대한결핵협회에서 일하며 환자 진료뿐 아니라 국가 결핵관리 프로그램에도 조금씩 참여하였다. 그 무렵부터 주변 친구들은 의료선교를 하기 위해 하나둘씩 아시아, 아프리카로 떠나기 시작하였다. 하지만 솔직히 말하면, 나는 선교사가 될 마음은 없었다. 뭔가 다른 길, 다른 방법으로 보건의료에 기여할 수 있기를 바랐던 것 같다.

그러던 중, 결핵연구원장님이 조심스럽게 제안하셨다. "WHO에서 아시아 출신 결핵 전문가를 찾는데, 한번 지원해 보겠나?" 그렇게 시작된 도전이 나를

WHO 마닐라 사무소로 이끌었다. 처음에는 정식 직원이 아닌 단기 컨설턴트 자격으로 3개월, 말 그대로 '맛보기' 기간이었다. 이 기간 동안 파푸아뉴기니아를 포함한 몇몇 나라에 출장을 다녀올 기회를 얻었다. 당시 파푸아뉴기니아는 아시아에서도 손꼽히는 위험 지역이었고, 식인 풍습이 남아있을 정도였다. 출장을 앞두고 주변에서는 걱정이 컸지만, WHO는 현지에서도 직원들의 안전과 업무 지원을 철저히 보장하였다. 막연하게만 느꼈던 국제기구의 세계는 생각보다 체계적이고 안전한 곳이었다.

그리고 현장에서 만난 개발도상국의 결핵 환자들은 한국에서 보아온 환자들과는 비교할 수 없을 만큼 열악한 환경 속에 있었다. 가난했고, 병에 대한 이해도는 거의 없었으며, 의료 접근성은 절망적이었다. 그 모습은 필자의 초심을 강하게 자극하였다. '가난하고 무지해서 감염병을 얻은 이웃을 돕겠다'는, 의과대학 시절부터 품어온 생각이 더욱 구체적이고 선명해졌다. 더 나아가, 임상 진료만으로는 이들의 삶을 근본적으로 바꾸기 어렵다는 사실도 깨달았다. 공중보건학적 접근이야말로 더 넓고 깊은 영향을 줄 수 있다는 것을 실감한 것이다. 그렇게 WHO에서의 3개월은 20년으로 이어졌고, 나의 인생 방향도 완전히 달라졌다.

⑧ 질문. 국제무대에서 일하기를 꿈꾸는 후배들에게 해주고 싶은 조언이 있다면 무엇인가요?

■ 닥터 안: 국제개발협력이나 국제보건 ODA에 관심을 가지고 매진하는 사람들 중에는 가치 지향적인 삶을 추구하는 이들이 많다. 인도주의적 접근을 통해 글로벌 건강 불평등 해소에 기여하고자 하는 사람들, 물질문명과 자본주의 경제 체제의 거대한 흐름에서 한 걸음 벗어나 좁은 길을 걸으며 가난하고 소외된 사람들을 위해 헌신하는 사람들, 그리고 가치 추구를 위해 타문화 속에서의 유목민적 삶을 마다하지 않는 사람들, 나는 이런 분들에게 한없는 박수를 보내고 싶다.

국제무대에서 일한다는 것은 국제기구뿐만 아니라 한국 기반의 NGO, 대학, 지방자치단체 등에서 시행하는 보건의료 ODA 사업에 종사하는 활동가들의 삶을 지칭한다. 국제개발협력이나 국제보건 사업은 20년 전과 비교하면 놀라울 정도로 향상되었다. 향후 20년 후에는 지금보다 국제보건과 국제개발의 생태계가 더욱 발전할 것이라 확신하면서 다음 세 가지를 조언하고 싶다.

첫째, 국제보건 전문가의 진로 설정 시 처음부터 국제기구를 목표로 하기보다는 다양한 옵션을 고려하며 점진적으로 이동하는 것이 현실적인 접근법이다. 국제기구는 일하는 환경과 조건이 좋은 편이지만, 들어가는 문이 매우 좁고, 정기적인 입사시험이 있는 것도 아니므로 접근 자체가 제한적이고 입사 프로세스가 매우 더디게 진행되며 결과 예측이 쉽지 않다. 질문 2에서 이야기한 것처럼, 전문성을 키우고 필드에서 몇 년 이상 일하며 보람과 성과를 쌓는 것이 우선 중요하다. 그런 경험을 충분히 쌓은 후에 국제기구의 문을 두드리는 것이, 처음부터 국제기구 입사를 목표로 애쓰는 것보다 훨씬 현실적이고 덜 어려운 길일 것이다.

둘째, 한국 기관을 기반으로 국제보건 업무를 하는 경우, 시간이 지나면서 'Learning by Doing'이 이루어지는 구조 속에 있는지 점검하는 것이 중요하다. 다행히 긍정적인 학습 구조 속에서 일할 수 있다면 다행이지만, 그렇지 않은 경우라면 내공을 쌓기 위한 특단의 조치를 개인적으로 취해야 한다. 앞서 이야기한 것처럼, 'Learning by Searching and Reading'(자료 검색과 독서를 통한 학습)을 적극적으로 활용하여, 정보 검색 능력과 분석적 사고력(Analytical Skills)을 키우는 것이 필수적이다. 또한 대학교 때의 스터디 그룹처럼 국제보건 활동가들 몇몇이 동아리를 형성하여 자신들이 하는 보건 프로젝트를 심도있게 나누고 조언을 듣고, 피드백을 받는 동료그룹 평가 모임(Peer group review)이 도움이 될 것이다.

셋째, 인문사회학적 접근을 적극적으로 할수록 더 많은 유익을 얻을 수 있다. 단기적으로 보면, 국제개발이나 공중보건과 같은 기술적 접근이 매우 유용하고 실질적으로 필요하다. 하지만 질문 6에서 이야기한 것처럼, 질병의 사회경제적 요인은 매우 중요하며, 국제질서가 어떻게 돌아가는지를 깊이 이해할수록 도움이 된다. 현재 씨름하고 있는 많은 문제들의 답은 역사를 통해 찾을 수 있다. 그리고 이런 인문사회학적 접근을 간과하기에는, 인생이 너무 길어졌다. 과거에는 대부분의 사람들이 60세쯤 은퇴하고, 얼마 지나지 않아 생을 마무리하는 경우가 많았다. 하지만 지금은 상황이 다르다. 개인차가 있긴 하지만, 대체로 70대 중후반까지 계속 배우고, 일할 수 있는 시대가 되었다. 그렇기 때문에, 50대부터라도 인문사회학적 공부를 시작하는 것이 전혀 늦지 않다. 국제보건과 국제개발은 단순한 기술적 접근을 넘어서, 더 넓은 시야를 가지고 인간과 사회를 깊이 이해하는 과정이 함께 이루어질 때 더욱 의미 있는 성과를 낼 수 있는 분야다.

이런 점을 기억하면서, 후배들이 국제무대에서 더욱 의미 있는 길을 개척해 나가기를 바란다.

에필로그

팬데믹 시대를 살아가는 당신에게

전 세계의 전문가들은 더 이상 '다음 팬데믹이 올 것인가?'를 묻지 않는다. 대신, '언제 올 것인가?'를 묻는다. 과거에는 신종 감염병이 예외적인 사건으로 여겨졌지만, 이제는 문명의 발전과 함께 필연적으로 반복되는 상수가 되어가고 있다. 만약 향후 10년, 20년 내에 또다시 대규모 팬데믹이 발생한다면, 신종 감염병은 완전한 상수로 자리 잡게 될 것이다. 그리고 팬데믹을 철저히 대비하고 효과적으로 극복하는 국가가 승자가 될 것이며, 그렇지 못한 국가는 필연적으로 쇠퇴할 수밖에 없다.

이 책은 지난 100년간의 세계보건 역사를 팬데믹의 관점에서 되짚어보며, 왜 다음 팬데믹을 준비해야 하는지, 그리고 어떻게 대비해야 하는지를 설명하는 데 초점을 맞추었다. 이를 위해 인류 역사에서 중요한 의미를 갖거나, 미래 팬데믹을 대비하는 데 결정적인 교훈을 제공하는 8가지 감염병 사례를 선정하였다. 1918년 스페인 독감, HIV, 코로나 19 팬데믹은 지난 100년 동안 인류가 겪은 감염병 중 가장 큰 충격을 남긴 빅3라 할 수 있다.[1] 2003년 사스는 신종 감염병 시대의 서막을 연 상징적인 사건이며, 2009년 신종 인플루엔자 대유행은 비교적 빠르고 효과적인 대응이 가능했던 현대 팬데믹의 대표적인 사례다.

1 5천만 명의 사망자를 낸 모든 팬데믹의 원조격인 1918~1920년 스페인 독감, 그리고 1980년 초 최초로 발생한 이후 최근까지 현재까지 약 4,200만 명의 사망자를 낸 것으로 추정되는 HIV 감염, 2020년 이후 2025년 초 현재까지 약 2천만 명 이상이 사망한 것으로 추정되는(보고된 공식 사망자는 약 칠백여만 명이다) 코로나 팬데믹이 빅3로 꼽히고 있다.

2014~2016년 서아프리카 에볼라 유행은 의료 인프라가 취약한 지역에서 팬데믹이 발생할 경우 얼마나 치명적인 결과를 초래할 수 있는지를 여실히 보여주었다. 천연두는 백신을 통해 완전 박멸이 가능했던 과거의 팬데믹으로, 팬데믹 대응 전략에서 백신이 차지하는 역할을 이해하는 데 중요한 사례다. 마지막으로, 감염병 X는 아직 실체가 없는 가상의 감염병이지만, 언제든 출현할 가능성이 높은 새로운 병원체를 대비해야 한다는 전략적 필요성을 강조하기 위해 포함하였다.

이들 8가지 감염병은 유형별로 정리하면 다음과 같다. 첫 번째 범주는 이미 지구상에서 사라진 병원체들이다. 대표적으로 스페인 독감, 천연두, 사스가 이에 해당한다.[2] 천연두는 백신 접종을 통해 완전히 박멸된 최초이자 유일한 감염병이며, 스페인 독감과 사스는 더 이상 유행하지 않는 병원체이지만, 역사적으로 팬데믹 대응 전략 수립에 중요한 교훈을 제공하였다. 두 번째 범주는 풍토병으로 인류와 공존하는 병원체들이다. 2009년 신종 플루 대유행과 2014~2016년 서아프리카 에볼라 유행이 이에 해당한다. 신종 플루는 현재 계절성 독감의 형태로 남아 있으며, 에볼라는 특정 지역에서 여전히 산발적으로 발생하며 풍토병화 된 상태다. 세 번째 범주는 현재도 활발하게 감염을 일으키고 있는 병원체들이다. HIV와 코로나 19가 대표적이다. HIV는 지난 수십 년간 전 세계적으로 수천만 명이 감염된 질병으로, 아직 완치약이 없는 상태다. 코로나 19는 팬데믹에서 엔데믹으로 전환되었지만, 변이 바이러스가 계속 출현하면서 여전히 전 세계적으로 공중보건의 주요 과제로 남아 있다. 네 번째는, 아직 나타나지 않았지만 미래에 출현할 가능성이 높은 병원체가 있다. 바로 감염병 X이다. 감염병 X는 실체가 없는 개념적 용어이지만, 어떤 병원체가 팬데믹을 일으키든 우리는 대비해야 한다는 원칙을 상징한다.

---

2 천연두 바이러스는 전 세계에서 퇴치되었지만 미국과 러시아의 두 실험실에 보관되어 있다. 백신과 치료제 연구 및 생물무기 대비 필요성 등의 이유로 유지되고 있다. WHO는 2011년 보관바이러스의 폐기 여부를 논의했으나 양국의 반대로 현 상태가 유지되고 있다.

인류가 더 나은 팬데믹 대비와 대응을 위해 과거의 사례를 어떻게 반면교사로 삼을 수 있을지를 고민하면서 이 책을 집필하였다.[3] 집필을 시작할 때부터 미래 팬데믹에 대한 시사점을 어느 정도 예상하고는 있었지만, 구체적인 해답을 완벽히 알고 출발한 것은 아니었다. 그러나 다양한 사례를 연구하며 한 가지 분명한 공통점을 발견하였다. 감염병 위기를 경험한 국가들은 다음 감염병 사태에서 훨씬 효과적으로 대응하였다는 점이다.

책의 마지막 부분인 4부 '미래를 위한 제안'은 이 책의 결론에 해당한다. 특히, 마지막 10장 '팬데믹 대비를 어떻게 할 것인가'에서 제시한 5가지 접근법은 핵심적인 내용이다. 처음부터 이러한 결론을 염두에 두고 집필을 시작한 것은 아니었다. 다만, 지난 100년간 인류가 수많은 감염병에 어떻게 대응해 왔으며, 현재 어떤 방식으로 대비하고 있는지를 살펴보고, 특히 지난 5년간 코로나 팬데믹을 통해 우리가 경험하고 배운 교훈을 반추하면서 자연스럽게 도달한 결론이다.

마지막 장에서 다음 팬데믹을 대비하기 위한 5가지 접근법을 이야기하였지만, 여전히 무언가 부족한 느낌이 남아 있었다. 과연 우리는 팬데믹을 단순한 보건의료 위기로만 바라봐야 하는가? 인류가 문명의 발전을 위해 감염병과 싸워온 과정에서 우리가 놓치고 있는 더 본질적인 질문은 없는가? 이 물음에 대한 답을 찾던 중, 코로나 팬데믹 초기 어느 날, 오랜 친구가 보내준 한 편의 시가 깊은 울림을 주었다. 이 학성 시인의 '댓글러'라는 시였다.[4] 시를 읽는 순간, 나는 말 그대로 얼어붙었다. '지구의 입장에서 보자면 인간이 바이러스, 코로나가 백신이다.' 이 한 줄의 문장이 가슴 깊숙이 찔러왔다.

---

3 각 장마다 가능한 한 '미래 팬데믹에 주는 시사점'을 소결론으로 제시하면서 각 장을 마무리 하였다. 시사점의 소제목이 따로 없는 경우도 '그 이후의 변화들'이란 소제목에서 시사점에 준하는 내용이 실려 있다.

4 세계일보, 2020.4.11 [Internet]. 2020 Apr 11 [cited 2025 Sep 26]. Available from: https://www.segye.com/newsView/20200410517107

'댓글러'

얼치기 기사보다는 댓글에 공감한다.
세계 곳곳의 공장이 멈춰서고,
질주하던 자동차 행렬이 줄어드니,
서울 뉴욕 파리 북경 할 것 없이 대기질이 깨끗해 졌단다.
사회적 거리두기가 엄연한 진실을 파헤쳤다.
촌철 살인적인 탁견으로 정곡을 찌른
두고두고 새겨봄직한 댓글 전문을 여기 옮긴다.

'지구의 입장에서 보자면 인간이 바이러스, 코로나가 백신이다.'

충분히 그가 옳아서 엄지 척, 경의를 띄우나
쓸개즙을 사발로 들이켠 듯 입가에 쓴맛이 괸다.
우린 악랄한 지구의 약탈자.
나 역시도 노략질에 가담한 패거리였다.

이 시를 읽는 순간, 팬데믹이 단순한 재난이 아니라 전 인류가 더 깊이 성찰해야 할 문제임을 깨달았다. 인간이 문명을 발전시키면서 환경을 파괴하고, 자연 생태계를 변화시키는 과정에서 새로운 감염병이 출현하였다. 우리가 팬데믹을 예방하고 대비해야 하는 것은 분명하지만, 한편으로는 인류가 만든 환경 변화가 신종 감염병 발생의 근본 원인이란 사실을 되새길 수밖에 없었다. 팬데믹 대비는 단순한 백신 개발이나 보건의료 체계 강화에만 국한되는 것이 아니다. 환경을 보호하고, 지속 가능한 발전을 추구하며, 인간과 자연이 조화를 이루는 방향으로 문명을 재설계하는 것이 필요하다. 그렇지 않다면, 감염병 X는 우리가 예측하는 것보다 훨씬 빠르게, 그리고 더욱 강력한 형태로 찾아올 것이다.

책을 쓰는 사람에게 좋은 출판사와의 만남은 더없이 소중하다. 좋은 책이 독자들에게 제대로 전달되기 위해서는, 책을 세상에 내보내는 과정에서 출판사가 중요한 역할을 한다. 출판은 단순히 책을 인쇄하는 것이 아니라, 저자의 목소리를 세상과 연결하는 과정이다…. 책의 출판 과정에서 정성과 전문성을 다해주신 박영사의 모든 분들께 깊은 감사를 드린다. 특히 출간과 기획 전반을 책임감 있게 이끌어 주신 장규식 차장님, 그리고 편집·디자인·교정 등을 꼼꼼하고 성실하게 맡아 주신 탁종민 과장님께 특별히 감사드린다. 두 분의 헌신 덕분에 이 책이 독자들에게 더 읽기 좋고 정확한 모습으로 다가갈 수 있게 되었다.

이 책을 집필하도록 끊임없이 권유해 주고, 아낌없는 격려를 보내준 연세대학교 의과대학 전우택 교수께 깊은 감사를 드린다. 초안을 읽고 책의 전체적인 방향을 함께 고민해 주었을 뿐 아니라, 부록을 제안하고 구조를 다듬는 과정에서도 그의 조언은 큰 도움이 되었다.

이번 책을 위해 정성껏 추천사를 써주신 다섯 분 — 신영수 박사님, 박노례 교수님, 이종구 부원장님, 손명세 이사장님, 박용준 이사장님 —께 깊은 감사를 드린다. 모두 한국은 물론 글로벌 세계보건의료 영역에서 큰 발자취를 남기신, 보석처럼 귀한 분들로서 저의 멘토이자 삶의 본보기가 되어 주셨고, 오랜 세월 동역자로 함께 걸어주셨다. 바쁜 일정 속에서도 원고를 꼼꼼히 읽고 따뜻한 격려와 귀한 응원의 메시지를 보내주셨음에 다시 한번 깊이 감사의 마음을 전한다.

마지막으로, 언제나 가장 가까운 자리에서 묵묵히 응원해 준 아내에게 진심어린 감사를 전한다. 1995년 한국을 떠나 20여 년 동안 아시아 여러 나라에서 살면서 일할 수 있었던 것은 전적으로 그녀의 지지와 응원, 그리고 헌신 덕분이었다. 이 책의 초안을 읽고 따뜻한 격려와 소중한 조언을 아끼지 않은 첫 번째 독자이자 생의 동반자인 아내에게 고마움과 사랑의 마음을 담아 이 글을 건넨다.

사랑하는 두 자녀와 그들의 가족을 생각하며 이 책을 썼다. 감염병은 인간의 삶에서 완전히 사라지지 않겠지만, 그들의 세대가 지금보다 더 안전하고 자유로운 세상에서 살아가기를 소망하며 이 글을 마무리 한다.

색인

• ㄴ

• ㄷ

• ㄹ

• ㅇ

• ㅍ

• ㅎ

• 가타

팬데믹과 미래: 팬데믹 100년의 기록과 다가올 '감염병 X'

초판발행 2025년 11월 28일

지은이 안동일
펴낸이 안종만·안상준

편 집 탁종민
기획/마케팅 장규식
표지디자인 권아린
제 작 고철민·김원표

펴낸곳 (주) 박영사
서울특별시 금천구 가산디지털2로 53, 210호(가산동, 한라시그마밸리)
등록 1959.3.11. 제300-1959-1호(倫)
전 화 02)733-6771
f a x 02)736-4818
e-mail pys@pybook.co.kr
homepage www.pybook.co.kr
ISBN 979-11-303-2389-3 93510

copyright©안동일, 2025, Printed in Korea

* 파본은 구입하신 곳에서 교환해 드립니다. 본서의 무단복제행위를 금합니다.

정 가 32,000원